ちくま学芸文庫

近代日本思想選

九鬼周造

田中久文 編

筑摩書房

目次

近代日本思想選

九鬼周造

凡例

一、本書を編むにあたり、底本は『九鬼周造全集』（全十二巻、岩波書店、一九八一―八二年）より、第一―第五巻を用いた。

一、旧仮名遣いは新仮名遣いにし、一部の漢字は表記を改めた。また、難読と思われる漢字にはルビを振った。

一、底本において「〇〇頁参照」とある箇所については、編集上一部省略した。

一、明らかな誤りは適宜訂正した。

一、巻末には、関連論考、および解題と解説、年譜を付した。

Ⅰ　自伝的エッセイ

根岸

例年ならば暑くて堪《たま》らない筈《はず》の七月十七日、今年は四五日前から秋のように冷《すず》しい。いつか一度、根岸へ行って見ようとはかねがね思っていたが、夕方近くにふと思い立って行って見た。わたしは七八歳の頃、根岸に住んでいたことがある。当時、父は麴町《こうじまち》三年町にいた。母はわたしより三つ年上の兄とわたしとを連れて中根岸の御行《おぎよう》の松の近くに別居していた。四十年ばかり経った今日まで遂に根岸へ行って見たことがなかった。わたしは数年来、京都に居ることが多い、その前は足かけ九年間ヨーロッパで暮した。その前は大体、東京に住んでいたけれど未だ若い盛りで、過去をふりかえって見るだけの心の余裕もなかった。こんな事情の下にわたしは四十年ぶりで懐しい根岸の里を訪れた。

上野の鶯谷《うぐいすだに》の見晴しのところで自動車を下りたのは午後五時前であったろう。どんよりしたうす曇りの空の下に浅草、本所方面が一体に見渡される。この部分はわたしにとって特に親しみの深い東京である。鶯谷のアスファルトの坂を今昔の感にうたれながら下りると左側に伊香保《いかほ》だの志保原《しほばら》だのいう料理屋が目についた。当時こういう名前の家があったことは幼い自分の脳裏にも印象されていた。やがて左が中根岸で右が簞笥《たんす》町《まち》の通りへ来た。

俗に根岸の大通りと云われているらしい。少し行くと左側に柿本病院というのがあり、更に行くと千手院というのがある。わたしが根岸にいた頃は丁度《ちょうど》この辺に岡倉天心《おかくらてんしん》先生が住んでいられた。その家があるかと探して見たがどうも思い当る家がないから、建ち直ったのであろう。

間もなく道が狭くなる。左側に下谷《したや》病院という大きい洋館建があるが、他は概して古い家が多くて昔の趣がそのまま残っているのはむしろ意外であった。神田一ツ橋にあった高等師範附属小学校へ兄とわたしとは一つの人力車に乗って根岸から毎日この道を通った。梵字《ぼんじ》の書いてある卒塔婆《そとば》が道から見えたのを記憶しているが、どうなったろうと思って歩いて行くと西蔵院という寺があった。そしてトタンの塀が尽きるあたりで塀越しに梵字の卒塔婆の頭がチラチラ見えた。わたしは実にうれしかった。塀に添うて左へ折れる道がある。根岸小学校というのがこの辺にあった筈だから聞いて見たら、あると云う。コンクリートの建物であろうと想像しながら行って見ると古い木造である。前の文房具屋で手帳と鉛筆とを買って四十五六のおかみさんにこの辺は震災では焼けなかったのかと聞いたら、坂本の通まで焼けて来たがこの辺は焼けなかったという。それでは小学校はずっと前からの建物かと聞いたら、懐しそうな顔をして「そうです、もとのままですヨ」と云った。ひょっとするとこのおかみはわたしが根岸に住んでいた頃、同じ根岸でわたしよりも二つ三つ年下の小供であったのかも知れない。この根岸尋常小学校の校長の大友兵馬先生という人を母が家庭教師にたのんでわれわれ兄弟二人を教えに一週に何度か家へ来て貰ったものであった。庭の片端に建っていた離れで稽古をしてもらった。大友先生は理科系統の人であったものと見えて色々の薬品やガラス管を持って来て化学の実験をして見せるのが得意だった。当時既に五十を出た位の年配であったろうし落着いた口数の少ない人であったから、別にしかられたことはなかったがこわい先生とばかり思っていた。兄と二人で庭の松の木へ登っている時に先生が来られたので、大へん悪いことでもしているように思って、あわてて木からすべり落ちたことなどもあった。この根岸小学校へはその当時大友先生に逢いに一二度来たことがあった。わたしは学校の中庭をのぞいて見たが、どうも何ものをも記憶していない。しかし木造の建物であったことは確かであるから、今眼に見る古さからして恐らく当時のままの建物であろう。校舎の窓際に「ラヂオ体操、毎朝六時から三十分」と書いて体操の画が描いてある。四十年前にはラジオ体操などとは思いも寄らなかった。理学好きの大友先生が今まだ生きていられてラジオというものの存在を知られたらさぞ喜ばれることであろう。西蔵院の卒塔婆の見えるところ迄引返して来ると小さな店先にラジオが聞こえていた。四十年目にこの土地へ来たわたしにはそれも不思議に思えた。

そこからもと来た道を進んで行くと根岸倶楽部《クラブ》というのがあって三つ股になっている。この辺は全く昔のままである。震災をまぬがれたことはわたしに取っては何という喜びであろう。そこを右に折れて更に左へ一寸《ちよつと》入ったあたりに門構《もんがまえ》の家があった筈である。その家を探すために大分あちこちうろついたが遂にそれらしい家が見当った。古びた玄関にも見覚えがあるようである。恐らくもとのままなのであろう。わたしは云うに云えない懐しさを覚えて門前にたたずんだ。

この家にわたしは七歳から八歳または九歳にかけて一二年住んだように思う。母と兄とわたしとであった。女中はたしか三人いた。外に書生が一人と車夫が一人いた。母は書見をしたり、琴を弾いたりしていた。姉は三年町で父と一しょに住んでいたが日曜には根岸へ来て、中二階で母から茶ノ湯を習っていた。わたしたち二人の男の兄弟は時に父の家へ行った。帰りに父はママはどうしていると母の様子を聞いて果物などを土産《みやげ》に持って帰らすのであった。こうして別居していた父と母とは全く来往はしなかったように思う。

尋常小学の一二年であったわたしは家へ帰って来るとたいがい庭で遊んでいた。庭の正面には大きな松が一二本あった。ボケやカリンがあって花が咲いたり実がなったりした。奥の中二階の側には榎《えのき》か何かよく知らないが巨大な老木があった。大きい芭蕉の樹もあった。竹で剣を造って腰に下げて小山を駆け上って軍人の真似をするのが好きであった。その竹の剣で自分の左の横腹を誤ってついて血を出して、ひどく母にしかられながら医者へ連れて行かれたことを覚えている。屋根へ上ってシックイをはがしては隣家へ投げつけて遂に隣りから抗議を申込まれ、そのため母にしかられたこともあった。兄とも一しょに兵隊ごっこなどして遊んだ。兄よりも自分の方が腕白《わんぱく》で負け嫌いであった。わたしは母には随分甘えていた。風呂へは母に入れてもらっていた。ママのここから生れたのだと云って母がへそのあたりを指したこともあった。幼いわたしは淋しがりだったと見えて夜は枕許で皆が賑やかに話していて自分だけ早く床に就くのが好きであった。

岡倉天心先生がよく母をたずねて来られた。先生が未だ上野の美術学校の校長の時代である。当時、母は凡《およ》そ三十六七歳位であったろう。父が米国で公使をしている時に岡倉氏に托して母を先に日本へ帰らせた。母と岡倉氏とはそれ以来の親しい間柄である。岡倉氏は中二階の奥の間で母と夕食を共にされることもあった。わたしは母の膝にもたれながらよく岡倉氏の話を聞いた。岡倉氏は朝鮮で虎に出遭った話などをした。夜途《よみち》で真暗がりの中を向うに目の玉が二つギラギラと光っていた。それが虎であったというのである。また案内の二人の朝鮮人がピストルを持った悪漢だったのでこっちから先にうんと大きく出て向うの肝を抜いた功名話などもしていた。岡倉氏は美術学校の話も色々母にされたようである。或る生徒が墓場に月の画題を選んだからつまらぬと云ってしかってやったなどということも小供心に自分は面白く聞いていた。岡倉氏はわたしを美術学校へ連れて行ってくれたこともある。非常に広い畳敷の部屋で生徒があちこちに座って画を描いていた。幼いわたしには生徒はみな大人に見えた。橋本雅邦《がほう》画伯は赤房の三角帽を被《かぶ》ったわたしを写生してくれた。その絵をわたしは暫《しばら》く持っていたが、いつの間にか学校の友達かなにかにやってしまった。いま思うと惜しいことをした。雅邦は画の手本も描いてくれた。根岸時代とは少し後のことかとも思うが川端玉章《ぎょくしょう》も画の手本を描いてくれたことがあった。わたしたち小供は夏休みにはよく鎌倉へ行った。海岸通などまだ両側とも畑ばかりの時代である。父はわたしに画を描かせた。そしてわたしが画が好きなのをいつも大へん喜んでいた。わたしを画家にしようと思ったらしかった。近所の別荘に避暑していた川端玉章のところへ画を習いにやらされた。当時わたしは画家になるのはいやで仕方なかった。父が何になりたいのかと聞くと陸軍大将と答えていた。丁度日清戦争の頃であった。父は笑って聞いていた。父も岡倉氏も美術好きであったのにわたしがその道へ行かなかったのは余程の無縁の衆生《しゆじよう》と見える。岡倉氏は支那人が驢馬《ろば》に乗っている画を描いてくれたことがある。その画は今もありありと眼底に残っている。

驢馬で思い出したが、岡倉氏は三年町のお父さんに驢馬を買ってもらってあげよう。驢馬に乗って学校へかよえばいいと云ってくれた。いつ驢馬が来るか来るかと待っていたがとうとう驢馬は来なかった。贅沢嫌いの父はきっと驢馬には反対したのだろう。しかし他に岡倉氏のお蔭を被《こうむ》ったことがある。それは岡倉氏が小供にはブランコのようなものが必要である。お父さんに云ってこしらえてもらってあげようと云った。間もなく庭の真中にブランコが出来た。

岡倉氏は筑波山へ狩猟に連れて行ってくれたこともある。氏の長男一雄氏とわたしの兄とわたしの四人であったと思う。山中で道に迷ったことや山麓を馬に乗って行ったことなども覚えている。茶店で憩《いこ》うと婆さんがわたしをつかまえてまあ坊ちゃんはお父さんによく似ておいでですネと世辞を云った。岡倉氏は黙って笑っていた。

岡倉氏はいい叔父様としてわたしの印象に残っている。或時わたしが風邪を引いて寝ながら絵本を見ていた。「廉頗《れんぱ》と藺相如《りんしょうじょ》と」の絵があった。岡倉氏はその説明をしてくれてどうだ叔父さんと刎頸《ふんけい》の交《まじわ》りをしようではないかと云ってわたしの腕をグュッとつかんだ。岡倉氏の家へも稀《ま》れに遊びに行った。氏は犬を愛していた。大きな犬がいて鉄の鎖を噛《か》み切ったことがあった。氏は「テックウ」という名を付けた。三年町の父が家に居ながらお客に留守だと云わせることがあると云ったら「叔父さんは留守は使わない」と云ったことも覚えている。うちの中二階の側の芭蕉に小さい実が沢山なったことがあった。岡倉氏はこれがもっと大きくなると食べられるのだと教えてくれた。今でこそバナナは店頭路頭到る処にあるが、当時の小供はバナナなどというものを知っている筈がなかった。思えばずいぶん昔の話である。

わたしの根岸の思出と岡倉天心先生とは離すことの出来ないものがある。わたしは昔をしのびながら未だ庭の大きな松があるだろうか、芭蕉があるだろうかと塀越しに見ようとしたが見えなかった。

それから御行の松のところへ出た。御行の松のなくなったことは聞いていたが、鬱蒼と繁っていた昔を知っているわたしには余りにもひどく物の哀れが感じられた。しかし太い根元が五六尺の高さに残してあるのはせめてものなぐさめである。背後の家に全盛期の松の写真が貼出してあるのも嬉しく思った。傍の碑の裏に「昭和参年枯死シ同五年伐採ス茲《ここ》ニ保存法ヲ施シ遺跡記念ノ為斯《こ》ノ碑ヲ建ツ　昭和五年五月」とあった。わたしは昭和四年に西洋から帰ったのだから、もし其時直ぐに来て見たら枯木としてではあるが未だ御行の松を見ることが出来たのにと残念に思った。この松のところへはよく母に連れられて来たものだった。お祭の時には松の下に露店が沢山に出た。近所をあちこちしているとなまめかしい花柳街がすぐ近くにあるのに驚いた。わたしの住んでいた頃から同じ場所にあったものだろうかいずれにしても幼いわたしはその存在を少しも知らなかった。少し不思議に思ったので聞いて見ると、震災の前年にはじめて出来たとの事であった。根岸盆踊という広告が方々に貼られている。もと尾高邸跡だという広場に出ると盆踊のやぐらや踊場がチョウチンや幕で美しく飾られていた。老若男女がかなり集まっていたが、踊は七時からとのことで未だ始まっていなかった。その近くで「蠅取《はえとり》デー　七月二十日」などという掲示が目についた。盆踊を復活させている国粋主義時代に「デー」は余りにも笑止だと感じた。同僚の澤瀉久孝《おもだかひさたか》教授が「何デー」「何デー」「ナンデイ」「ナンデイ」「ナニヲ云ッテヤガルンデイ」、日の神の「日」という美しい言葉を持ちながら何を苦しんで「デー」などという紅毛の国のダミ言葉を使うのかと云ったのを思い出した。こんなことを考えながら、わたしは再び根岸の大通へ出て当時の国粋主義者岡倉先生の旧居を偲《しの》んだ。先生の著 Book of Tea と The Ideal of the Far East とはわたしの滞欧中に耽読《たんどく》した書である。それから鶯谷の坂を上って上野の両大師のところへ出た。数十の灯籠が路側に立ち並んでいるのはさながら四十年前と同じであった。

（昭和九年七月十七日）

岡倉覚三氏の思出

私が八九歳で、小学校の一二年の頃、父は麹町の三年町に住んでいたが、母は兄と私とを連れて下谷の中根岸の御行の松の近所に別居していた。そのころ岡倉氏の家は上根岸にあったがよく母を訪ねて来られた。上野の美術学校の校長の時代である。当時、母は凡そ三十六七歳で岡倉氏よりは一つ二つ年上だった筈だ。父が駐米全権公使をしてワシントンにいたのは後の斎藤総理大臣が海軍大尉で公使館附武官をしていられた頃だから一昔も二昔も前のことだが、父は何かの都合で母を岡倉氏に托して同じ船で日本へ帰らせた。私はまだ母の胎内にいたので母が日本へ帰ってから生れた。母と岡倉氏とはそれ以来の親しい間柄であって、私たちは岡倉氏を「伯父さま」と呼んでいた。

鹿鳴館《ろくめいかん》時代だった関係もあろうがアメリカへ行っていた頃の母はダンスなども好んだということだが、根岸の家では習字と琴とお茶と生花ばかりしていた。訪問客は親戚の婦人たちが時たま来た位で岡倉氏のほかには余りなかった。岡倉氏はたいていは夕方から来られた。中二階の奥の間でぼんぼりの灯《ほ》かげで母と夕食を共にされることがよくあった。酒の徳利がいつも目についた。氏の真赤な顔を見たこともある。わたしはいつも母の膝にもたれながら岡倉氏の話をきいた。朝鮮で虎に出逢ったという話も覚えている。夜道で闇の中を向うに目の玉が二つギラギラと光っていた。それが虎だったというのである。また案内の二人の朝鮮人がピストルを持った悪漢とわかったのでこっちから先にぐっと大きくて先方の胆玉《きもつたま》を抜いてやったという功名話もあった。美術学校の話も色々母にされていた。或る生徒が墓場に月の出ている画を描いたからつまらぬとしかってやったなど云われたことも小供心に面白く聞いた。

岡倉氏は私を美術学校へ連れて行ってくれたこともある。非常に広い畳敷の部屋で生徒があっちこっちに座って画を描いていた。幼い私には生徒はみな大人に見えた。岡倉氏は橋本雅邦氏に父の名を云って私を紹介した。雅邦は附属小学校の赤房《あかぶさ》の三角帽を被っている私を写生してくれた。その絵を私は半年か一年位は有っていたから図形や色彩をはっきり覚えているが、呉れと云った女中にでもやってしまったのでもあったろうかいま思うと惜しい気がする。雅邦はその後、画帖に画の手本を描いて届けてくれた。それもいつの間にか学校の友達かなにかにやってしまった。

その頃、岡倉氏自身も支那人が驢馬に乗っている画を私に描いてくれたことがある。その画もまだありありと覚えている。岡倉氏はまたお父さんに云って驢馬を買ってもらってあげよう。驢馬に乗って学校へ通えばいいと云った。私はいつ三年町から驢馬が来るか来るかと待っていたが、驢馬はとうとう来なかった。それから岡倉氏は小供にはブランコのようなものが必要だ。お父さんに云ってこしらえてもらってあげようと云った。間もなく庭の真中にブランコができた。

岡倉氏は筑波山へ狩猟に連れて行ってくれたこともある。氏の長男一雄氏と私の兄と私の四人で行った。山中で道に迷って困ったことや、馬に乗って山麓の畑中を行ったことなどを覚えている。茶店で休んだとき、店の婆さんが岡倉氏と私とを見較べて、まあ坊ちゃんはお父さんによく似ていらっしゃるとお世辞を云った。岡倉氏は黙ってただ笑っていた。

或る時、私が風邪を引いて寝ながら絵本を見ていた。廉頗と藺相如とが刎頸の交をする画もあった。岡倉氏はその説明をしてくれてどうだ伯父さんと刎頸の交をしようじゃないかと云って私の小さい腕をギュッと摑んだ。私はその時だけはこわい伯父さまだと思った。中二階の傍にせいの高い芭蕉の樹があって実が沢山なったことがあった。岡倉氏はこれがもっと大きくなると食べられるのだと教えてくれた。今でこそバナナは店頭路頭到る処にあるが、当時の小供はバナナなどというものを知らなかったのだ。

岡倉氏の家へも時々遊びに行った。書斎は明るい気持のいい日本間のように覚えている。ぼんやりした記憶を呼び起して見るとどうも部屋の装飾は支那趣味が勝っていたようだった。岡倉氏は犬を愛していた。大きな犬がいて鉄の鎖を嚙み切ったことがあった。それ以来岡倉氏はその犬に「テックウ」という名を付けた。庭は余り広くはなかったが庭一ぱいに団子だの寿司だのの屋台店が出て私も母に連れられて行ったことがある。美術学校関係の人を招いて園遊会をしたのだろう。大観《たいかん》、観山《かんざん》、春草《しゅんそう》なども来ていたわけだったろう。どういう機会であったか覚えないが、私は三年町の父は家にいてもお客に留守だと云わせることがあると小供心に何の気なしに云うと、岡倉氏は微笑しながら「伯父さんは留守なんかつかわない」と云った。

　岡倉氏の家のすぐ近くに氏の令弟由三郎《よしさぶろう》氏が住んでいられた。そこへも遊びに行ったことがある。郵便切手や古銭の蒐集《しゅうしゅう》を見せてもらった。覚三氏と由三郎氏との印象は小供の私にも全く違った印象だった。天才という言葉こそまだ知らなかったが覚三氏は天才人として私の幼い心に深く感銘されている。近ごろ私のラジオ放送を聞いた未知の女性が、私の話振りが岡倉由三郎氏に似ていると批評したと伝聞して、私は苦笑を禁じ得なかった。

　母は急にひとり京都へ行くことになった。或る夜、岡倉氏は母の膝にもたれている私を顧みながら、荘重な口調でこの児が可愛想ですと云った。父は母を岡倉氏から離すために京都に住まわせたのらしかった。岡倉氏と母との交際に対する岡倉夫人の嫉妬というようなことも其後《そのご》私は耳にしたことがあった。ともかくも母は京都へ行き、兄と私とは当時上野の博物館の主事をしていられた久保田鼎《かなえ》氏のところに暫らくあずけられた。その後、母は京都から帰って来てまた東京で父と別居していた。私が十四五になった中学の一二年頃は坂井犀水《さいすい》氏の塾にいて土曜から日曜へかけて父のところへ行ったり、母のところへ行ったりした。或る日曜の朝早く起きて母の家の庭で一人で遊んでいると岡倉氏が家から出て門の方へ行かれるのとヒョッコリ顔を見合わせた。その時の具体的光景は私の脳裏にはっきり印象されているが、語るに忍びない。間もなく母は父から離縁され、…………。

父は岡倉氏に関して、公けには非常に役に立ってもらった人だが、家庭的には大へん迷惑をかけられたという風に云っていた。岡倉氏がボストンの博物館へ行かれるようになってからは、時々アメリカ人が氏の紹介状を有って父のところへやって来た。たいてい日本の封筒と巻紙に墨で書いてあった。ちょうど私の大学生時代から卒業当時だったが、家で西洋人係をさせられていたから、岡倉氏の動静の大体は間接に知っていた。アメリカ人は美術界に於ける岡倉氏に当る人物が日本の政治界にあれば大したものだと云っていると父が私に話したこともある。岡倉氏はアメリカと日本とを行ったり来たりしていられた。時々他の客と大勢一しょに夕食に父のところへ来られたが私は一度も逢ったことはなかった。岡倉さんは酔われると玄関で小便をされると書生が云ったり、お酔いになると私たちに云々と父の妾が蔭口をきいたりしていた。

当時、岡倉氏は日本で過される半年の間は本郷の帝大で講師として東洋美術史の講義をしていられた。或る日、私は赤門を入って教室の方へ行くところで、向うから岡倉氏が来られた。青色の支那風の服を着ていられた。私は十年振りばかりで逢ったわけだが直ぐに岡倉氏とわかった。小供の時に見たきりの私を先方で覚えていられる筈はない。私は下を向いたままでお辞儀もしないで行き違ってしまった。私がいったいひっこみ思案だからでもあるが、母を悲惨な運命に陥れた人という念もあって氏に対しては複雑な感情を有っていたからでもある。それが私が岡倉氏を見た最後だった。岡倉氏は大正二年、赤倉温泉で亡くなられた。葬式が谷中《やなか》であった時には父の代理に私が行った。

岡倉氏が非凡な人であること、東洋美術史の講義も極めて優れたものであることは、きいていたが、私は私的の感情に支配されて遂に一度も聴かなかったのは今から思えば残念でならない。西洋にいる間に私は岡倉氏の『茶の本』だの『東邦の理想』を原文で読んで深く感激した。そうして度々西洋人への贈物にもした。やがて私の父も死に、母も死んだ。今では私は岡倉氏に対しては殆どまじり気のない尊敬の念だけを有っている。思出のすべてが美しい。明りも美しい。蔭も美しい。誰れも悪いのではない。すべてが詩のように美しい。

父に宛てた岡倉氏の書簡数通を私は今も大切に保存している。その一通は額にして京都の家の茶室に掲げているが、特色のある書体は一種の美を有っている。

謹啓 益御《ますますご》清穆《せいぼく》奉賀《がしたてまつり》候。小生事昨夜上京、明夕西行、七日晩迄には無相違《そういなく》大阪ホテルに伺候可仕《しこうつかまつるべく》候。種々御寵光に可浴予め奉謝候。八日の演題は国宝の保存に就《つい》てと題し、閣下の前にて陳腐の事柄を羅列するの恐れ有之《これあり》候へ共、列国保存の趨勢《すうせい》を述べ試み度、且《かつ》は国民の注意を促し度所存に有之、右にて何卒《なにとぞ》御許容被下度、何《いず》れにても御叱《おしかり》を

蒙《こうむ》る事多々可有之と存候。先《まず》は拝鳳を期し縷述《るじゅつ》可仕候。匆々《そうそう》頓首

十月四日

この手紙は岡倉氏の五浦《いづら》在住当時のもので、西下中の父に宛てたのである。家庭上複雑な関係にあったにも拘らず、父と岡倉氏とが終始親交を続けていたことを如実に語っている点に私は喜びを感じている。

岡倉氏に関してもう一つ思出すのは、このあいだ岡倉氏が来て巴里《パリ》でベルクソンの講義を聞いた話をしていたと濱尾新子爵《はまおあらた》が、大学を出たての私に語られたことである。岡倉氏がコレジ・ド・フランスの講堂でベルクソンの講義に耳を傾けた姿を想像するのは私にとっては興味の無いことではない。

藍碧の岸の思い出

足掛け九年を私はヨーロッパで過した。「こんなにながくこっちにいては、こっちの生活は一生忘れられない思い出になるでしょう」と或る巴里人《パリ》が私に云ったことがある。西洋から帰って六七年になる此頃、その言葉の真理がしみじみと感じられてきた。私は時として堪《た》え難い郷愁に襲われることがある。巴里もずいぶん懐しく思うけれども、ヨーロッパへの私の郷愁は主として「藍碧の岸《コート・ダジュール》」への郷愁である。

藍碧《らんぺき》の岸と呼ばれているのはフランスの東南の一角で、南は地中海に臨み、北はアルプスの山つづきを背負っている。ニースを中心として西にはカンヌがあり、東にはモナコやマントーンがある。フランスの冬場というよりは寧《むし》ろヨーロッパ全体の冬場である。冬でも空と海とが藍碧の色を見せているところに名前の由来がある。私は紀州の白浜の冬に同じような藍碧の色を見たことがあるが、ニース辺の朗《ほが》らかな雰囲気は遂に見出し得なかった。

ヨーロッパ滞在中、私は二冬をニースで過した。或る冬はモナコで暮した。ドイツのマールブルヒの大学に居たとき、冬休みの十日ばかりを利用してサンゴタルドからイタリアを抜けてニースまで出かけたこともあった。

ニイチェは『ツァラトゥストラ』の一部分をニースとマントーンで書いた。恰度《ちょうど》おなじ頃ギュヨーもニースやマントーンに居た。ニイチェが「新旧の板」を考えながら上ったという丘もあるし、ギュヨーが逍遥《しょうよう》しながら『将来の非宗教』の幾頁を書いたという浜辺もある。人間存在の構造契機としての風土性を生の哲学者の中に目撃しようとするならば、その風土性は恐らくは藍碧の岸の官能を帯びたものであろう。

屋外へ出れば到る処に蜜柑《みかん》やレモンの樹があって黄金の実を戴いている。無花果《いちじく》の樹もかなり目につく。松もあるが日本のようにごつごつしていないで、風の無いせいかのんびりとしている。しかし何と云っても一番多くてまた土地の情調を造っているのは橄欖《かんらん》樹である。細長い葉の表は青鈍色《あおにび》で、裏は銀白色である。橄欖の林ほどなごやかなものは他に容易に想像できない。コローの絵の中にでもいるような感じがする。そのほかプラタンやユウカリも多い。淡黄色《たんこう》の花の咲くミモザの木も路傍に多い。日本の内地では冬は温室に入っている葵《あおい》やブウゲンヴィレアが戸外に植えてある。大きく育って美しく咲き誇っている。

朝起きると窓の外へ三四人連れの流しが来てギターに合せて朝の曲《オーバード》を歌う。窓から銀貨を投げてやると更に一曲を歌って去って行く。海岸へ出ると散歩道《プロムナード》は巴里の大通《ブウルヴァール》そのままの華やかな雑沓《ざっとう》を見せている。真冬というのに純白のコスチュームを着て純白の帽子を冠《かむ》って藍碧の海にあでやかな姿を浮出《うきだ》させている女もある。カジノへ行ってルーレットいる。

の遊戯に我を忘れるのもたまには悪くない。数々の大きいホテルでは午後のテー・ダンサンに引続いて夜のダンスがある。ダンス場を出ると夢のような地中海が眼前に展開する。遥か遠くの灯台の明りが光ったり消えたりする。浪は渚をなめるように静かな音を立てている。

毎金曜日の朝のニースの花の市は何とも云えず美しい。色彩の交響楽とでもいうよりほかに言いようがない。バラ、スミレ、ミモザ、百合、フリジア、リラ、カーネーション、ヘリオトロープ、ヒアシンス、アネモネ、チューリップ、縁日の露店のように何町も連《つらな》って両側に切り花ばかり売っている。謝肉祭の当日は花合戦があって花を投げ合う。またコンフェチという色紙の細かい片を往来の誰れ彼れを選ばず投げつけてもかまわない。

伊太利《イタリア》語の女教師に遇《あ》ったので思う存分投げつけて日頃の仕返しをしたこともあった。

昔ローマの植民地になっていたので近くに円戯場の遺跡もある。遊覧自動車に乗ってバイヨンという水の少ない河を渡る時には案内者は「ガイドの懐中のようにこの河はいつも空《から》です」などとフランス人一流の冗談を云う。閑雅なグラスの町へ香水の製造所を見に行ったのも楽しい思い出の一つである。モナコの水族館は立派なもので度々行った。私はそのお蔭で水族館というものに特に興味を覚えるようになった。賭博《とばく》の町モンテ・カルロはモナコの一部をなしている。私がモナコに居た時のことである。或る朝、警察から刑事が来て私に面会したいという。何事かと思うと日本のダンサーがピストルで傷つけられた。

相手も日本人である。事情を取調べているが、日本字の読める人はこの土地にはほかにいないから二人の文通を読んでくれと云うのである。私は甚《はなは》だ迷惑であるから他に方法を講ずるように乞うて艶書（？）を読む役をまぬがれることができた。ダンサーとはモンテ・カルロで日本舞踊を演じていた武林文子のことであるのを翌日の新聞で知った。

私が初めてニースへ行ったとき写真の現像を頼んだ店へ三四年目に再び行ったところが、店の主人が覚えていて「時の経《た》つのは早いものですネ」（ル・タン・パス・ヴィト）と云った。時の経つのは早い。いつの間にか私は日本へ帰って来て、教壇に立って白墨の粉を吸ったり、教授会の末席に連ってしゃちこばるようになった。これが本当の私なのか。それとも藍碧の岸の冬の日を浴びながらコーヒーの匂いを嗅いだり、酒場の灯影に丁子《ちょうじ》を噛《か》みながらコアントロウを味《あじわ》ったりしていた私が本当の私なのか。「汝の生をすべての方向へ発展させよ。内包的にも外延的にも出来るだけ豊かな個体であれ」というギュヨーの言葉を純な人達の胸に呼びかけることができるのであるとすれば、現在の職を呪ってはならないという声がどこかで聞えるようにも思う。

回想のアンリ・ベルクソン

私がベルクソンに会ったのは前後二回だけであるが、第一次欧洲大戦後に出来た国際連盟の知的協力委員会の委員長を病気で辞めて、極く親しい人以外には絶対に面会しなくなってからのことである。当時駐仏大使をしていられた石井菊次郎子が国際連盟の関係で、ベルクソンをよく知っていられたので、その個人的な斡旋《あっせん》で会うことができた。今から十四五年前のことである。

ベルクソンの家はパリの山手ともいうべきパッシイのトロカデロから遠くないリュ・ヴィタルという氏の哲学に関係のあるような名の静かな街にあった。冬の寒い日であった。応接室で暫らく待ってから、二階の書斎へ案内された。ベルクソンは椅子に腰を掛けていたが、杖をつきながら立上ってフランス人独特の慇懃《いんぎん》な言葉で私を迎えてくれた。書斎の壁は書棚になっていて、中央に大きい机があって、その上には書物が沢山載っていた。ベルクソンの容貌は予《かね》て写真で見た通り瀟洒《しょうしゃ》な老人で如何《いか》にもパリジャンといった感じのする人であった。

どこで、誰れについて、どういう哲学を専攻したかというようなことから始まって、東京にはアメリカ人でいい哲学教授があったのではないかという問いを受けた。ベルクソンはフェノロサのことでも誰れかから聞いたことがあったのであろう。大学の卒業論文は何に就いてであったかと問われたので、物心相互の関係についてであったと答えると、それは自分も特に興味を有っている問題だというようなことから、自分の研究の出発点はカントの超越論的感性論であって、空間と時間とを相対立させていること、また当時人の多く研究したスペンサーも同様の見解を取っていたことに対して、自分は不審を懐いたのであった。まだ二十歳代であったが、純粋持続の考を述べた第一の著書が、その不審に対する解答であった。次に自分の興味を引いたのが、つまり物心相互関係の問題であった。記憶の病だけの研究に五年間を費し、結局七年間の研究の結果が第二の著書『物質と記憶』になった。自分の研究は次《つい》で「生命」ということに向って、それが第三の著書『創造的進化』を産むようになった。其後、自分は社会および道徳の方面に考を向けて来ている。

ベルクソンはコレジ・ド・フランスの講義もそうであったというが、一句一句短かく切って非常にはっきりした物の言い方で、従来の研究の径路を詳細に話してくれた。ふと傍《かたわら》の小さい台を見ると宗教史の本が一冊のっていた。当時ベルクソンはスペインの神秘主義者聖テレサを研究する必要上スペイン語を習っているということを聞いていたが、七十歳に近い高齢で態々《わざわざ》原文を読むために病中にも拘《かかわ》らず、外国語を習っていたということは中々普通の者には真似の出来ないことである。

『持続と同時性』の話を出すと、アインシュタインの物理学的時間に対して、純粋持続が哲学的には真の時間であることを力をこめて説き出した。アインシュタインは自分の考を承認しないだろう。彼は物理学者ではあるが、哲学者ではない。『持続と同時性』を理解するには物理学者であると同時に哲学者でなければならないなどと云った。

ベルクソンの哲学が神秘説であるという批評を持ち出すと、やや不服そうな顔付をして反駁《はんばく》をした。神秘説という言葉は色々任意な内容を与えれば、どうにでも云えるが、普通は先ず神秘説とは実証科学を排斥する意味になる。その意味では自分の哲学は決して神秘説ではない。次に、神秘説と云えば神または神性に関係して来る意味がある。その意味でも自分の哲学は神秘説ではない。『形而上学入門』の中に「哲学とは人間的状態を超越するための努力に外ならない」という言葉があったではありませんかと云うと、それは人間の通常用いる悟性によらない直観というだけの意味であって、神性には関係はないという答であった。ベルクソンは神秘説ということをキリスト教的神秘説という風に狭義に解して、それに対してしきりに反駁するのであった。尤《もっと》も自分の哲学が神秘説へ行く傾向を有っていることは事実であるという様な認め方をした。

アムランの話が出たりした後で、私が辞し去ろうとすると、実はまだ高い熱があるので、こうして椅子に腰かけていることは困難なのである。もっと恢復《かいふく》してからゆっくり話合おうと云ってくれた。まあ、石井大使夫婦に宜敷《よろしく》云って下さい。あの人はパリでは非常に尊重され敬愛されていますと云い、送りたいが足が自由でないからと云って杖によりながら辛うじて椅子を立つのであった。

其後一二年してからポンティニーの哲学の会合で講演した話を土台にして書いたものを私はパリで印刷に附したが、ベルクソンの愛弟子《まなでし》のジャック・シュヴァリエ氏が、それを読んだと云って私の所に訪ねて来てくれて、其折《そのおり》、自分が伝えて置くから是非もう一度ベルクソンに会うようにと云ってくれた。それで二度目にまた会うことができた。その時は奥さんに案内されて、やはり二階のこんどは居間らしい部屋で会ったのであるが、二度目なのでベルクソンも大変打ち解けて色々な事を話してくれた。病気は骨の病だと聞いていたが、その治療のために一日の大部分を費さなければならぬので、その余の僅《わず》かな時間に仕事をしているのだと云っていた。

そこへ御嬢さんが出て来られた。三十歳位の人で唖《おし》で聾《ろう》であるので、ベルクソンと手真似で話していた。僅かにキイキイという音が出るだけで実に気の毒な感じがした。この御嬢さんがベルクソンの唯一人の小供である。このことはベルクソンの晩年の思想傾向に内面的に関係を有っていると云う人もあった。この御嬢さんは彫刻家ブールデルの御弟子で絵画も描かれる。階下の応接間には御嬢さんの描かれた絵が沢山懸けてあった。パリのサロン・ドートンヌの展覧会に「動き《ムーヴマン》」という題でダンスなどをしている絵が数種出ていて、私も記念に求めたが、御父さんの哲学思想に関連しているものの様に思われた。

『ヌーヴェル・リテレール』誌の主筆ルフェーヴル氏がそこへ、やって来た。丁度その当時ベルクソンが「ノーベル賞」を貰ったので、『ヌーヴェル・リテレール』誌で記念号を出す、その相談に来たのであった。ベルクソンの写真も数葉借りたいという様な話もしていた。その席でルフェーヴル氏が私にも何か書けということだったので、私も「日本に於けるベルクソン」という題で執筆して、日本に於けるベルクソン研究の有様などを紹介した。

どういう話のつづきからであったか、ベルクソンはルフェーヴルと私とを前に置いて、失語症の研究に関して色々と話をしだした。聾唖のむすめを有つ父哲学者が言語の病気の話をするのを私は一種異様の感じで聞き入ったのであった。

私が『ヌーヴェル・リテレール』誌に執筆したことが機縁になって其後手紙もたびたび貰ったりした。丁度私は日本に帰る前なので、帰るまでにもう一度会おうと云ってくれたのであったが、先方の病気も思わしくなかったり、私の方も帰朝の準備や何かで大変忙しくしていたので、遂にそのまま帰ってしまった。私の発《た》つ前に署名した写真などを送ってくれて、日本に帰ったらその後の動静を知らせよなどと云ってくれたが、私はつい億劫《おっくう》なので帰朝後は一度も手紙も出さないでしまった。

昨年の暮フランスの副総理ラヴァル氏が辞めて、それと同時にジャック・シュヴァリエ氏が文部大臣になったと新聞に出ていたが、それはベルクソンの弟子のシュヴァリエ氏に相違ないと思う。この人はずっとグルノーブル大学の哲学教授をしていた人で、なかなかの活動家であるが――私の所まで訪ねて来ることでもほぼ解ると思うが――どっちかというと親英主義で、イギリスの大学で講演をしたりして、ベルクソンもそうであるが、英国の思想を重んじていた。新聞にも親独の空気が幾ぶん薄くなったと伝えていたが、この辺の事情も関係しているのではないかと思われる。

新聞によるとヴィシー政府がユダヤ人排斥令をベルクソンにだけは適用しないことにしたということであるが、ヴィシー政府としては如何にもそうあるべきだと思うし、一方ベルクソン自身はそれを拒《こば》んだと書いてあったが、それもベルクソンとして如何にも然《しか》るべきだと思う。

ただパリがドイツ軍の占領治下となって、然もユダヤ人を非常に排斥する中で、年とった哲学者が死んで行ったということはまことに同情に堪えない次第である。しかしベルクソンのために喜ばしく思うのは長い間研究を積み重ねてやっと出来上った『道徳と宗教の二源泉』が数年前出版されてから死んだことである。これで謂《い》わばベルクソンの体系が――体系という言葉はベルクソン自身は嫌いであるが――完成されたわけである。

英米の哲学界でベルクソンと関係の深いのはウィリアム・ジェームズとかホワイトヘッドとかであろう。ジェームズの「意識の流れ」という考はいうまでもなくベルクソンと共通点を持っている。ホワイトヘッドの有機的自然観はベルクソンの影響を受けて出来上ったものであろう。この二人の哲学者に対してはベルクソン自身著書の中で讃辞を呈している。現代のドイツではベルクソンは、自分の最も重んずるのはフロイトとフッサールだと云ったということである。これもなるほどとうなずかれる。フロイトが無意識というような謂わば非合理的なものを研究の範囲に取入れていること、フッサールが直観――ベルクソンのそれとは違うが――を重んずること、そこにベルクソンとこれら両人との類似点がある。

ベルクソンの哲学は色々と批判の対象となるが、弟子のペギーがベルクソンに関して実に適切なことを言っている。「何一つ反対して言うことの無い哲学が偉大な哲学なのではない。何かを言った哲学が偉大なのである」と。ベルクソンのような哲学の傾向は、ギリシアの昔から無いことはない。ヘラクレイトスやプロチヌスはよく引合に出される。ベルクソン哲学をどう思うかと聞かれた時、タゴールは、印度では往古からこの哲学を有っているると答えたということである。ドイツ人はシェリングやショーペンハウエルを出して来るであろう。しかし、言うべきことをベルクソンほどはっきり言った人は古来なかったと云えよう。そうして、二十世紀の後半は未だ解らぬとしても、二十世紀の前半が生んだ世界最大の哲学者だということは恐らく誰れも異論はなかろうと思う。

岩下壮一君の思出

岩下君の思出というと私には余り沢山あり過ぎて、何を書いたらいいかわからない位であるし、また余りに関係が近すぎて書きにくい感じもする。岩下君とは一高の生徒として知合いになって相当親しく交ったが、岩下君は英語を第一語学とする組にいたし、私はドイツ語の組にいた関係もあって、真に親しいつき合になったのはむしろ明治四十二年に東京帝大の哲学科に一しょに入学してからと云ってよい。大正四年に岩下君が大学院をやめて鹿児島の七高へ赴任するまでの数年間が交友の絶頂であったようにも思う。つまり大学学生と大学院学生の時代である。

その頃は岩下君にとってちょうど蕾の時代であり、外部の事情に於《お》いても何の心配もない或る意味に於て最も幸福な時期であったろう。岩下君は才気に於て及ぶ者のない程の秀才であり、しかも真面目な勉強家であったから、勝義における模範学生であった。私のように無軌道性を帯びているところも無かったし、ケーベル先生には殊に深く愛されていた。

当時、岩下君は麴町区紀尾井町に住んで居り、私は永田町に住んでいたから、本郷の大学からの帰りも殆どいつも一しょに帰った。本郷通から御茶水橋を渡って、竹橋のところから近衛師団司令部の前を通り、半蔵門、三宅坂を経て、今の帝国議会議事堂のあたりで別れるのであった。人通りの割合に少ない静かなところが多いから、色々の話をすることが出来た。家も赤坂見附を中央にして、清水谷公園と星ケ岡公園とで隔っているだけだから、よく遊びに往《い》ったり来たりした。それに休暇には岩下君も私もたいがい鎌倉へ行ったから、殆ど年じゅう親しくつき合ったのであった。

大学では我々にはケーベル先生の講義は実に楽しいものであった。哲学概論や一般西洋哲学史のほかにには特殊な講義としては中世哲学、カントの哲学、ヘーゲルの現象学、十九世紀のフランス哲学などが講ぜられた。岩下君はヘーゲルにも興味を有っていた。講義と平行してクーノー・フィッシャーのヘーゲルを読んでいたようだったが、早く読んでしまうのが惜しいとまで云って深く味読していた。哲学史に対する研究の態度はブートルーの『哲学史の研究』に教えられるところが多かったようである。カトリック信者であった関係上、メルシエやド・ウルフの新スコラ哲学には学生時代から深い興味を示していた。後に渡欧してベルギーのルーヴァン大学へ行ったのもそのために違いない。岩波講座『哲学』に「新スコラ哲学」を書いたのも遠い由来がある。またカージナル・ニューマンをも賞讃して措《お》かなかった。後にイギリスへ行って勉強した動機もその辺にあるのではなかろうか。今から顧みて時代の推移が可笑《おか》しいほど不思議に感じられるのは、フランス人にベルクソンと云われてわからなかったら、哲学を勉強していてベルクソンを知らないのかと笑われたと、或日学校の帰りに岩下君が私に話した。私もその時はじめてベルクソンという名前を耳にとめたのであった。卒業論文は岩下君はアウグスチヌスの歴史哲学という題でフランス文で書いた。私は物心相互関係という題を選んだのであったが、ケーベル先生がそれはモダンだと評して不服を表明していられたと私に告げて、岩下君自身も不満足らしくしていたのを覚えている。岩下君は歴史哲学に関しては『クルトゥール・デル・ゲーゲンワルト』の「体系的哲学」の中のオイケンの書いた「歴史哲学」の章を参考にしていた。アウグスチヌスの『神の国』についてはよく色々の話をきかしてくれた。後年、岩波書店の大思想文庫に岩下君が「神の国」を書いて故ケーベル先生に捧げているのは古い来歴を有っているのである。卒業に際しては恩賜《おんし》の銀時計をいただいた。大学院の研究題目は岩下君のはたしかギリシヤ哲学というのであったと記憶している。当時、今の田中秀央《ひでなか》博士がまだ大学を卒業されたばかりで東大でギリシヤ語の講師をしていられたが、クセノフォンの『メモラビリア』を習った時には生徒は岩下君と私と二人きりであった。岩下君がギリシヤ語を朗読するとき、発音が玲瓏《れいろう》として玉のように美しかったのが、未だに耳に残っている。後に岩波講座『世界思潮』に「中世思潮」というのを岩下君が書いて、その中に「中世思潮の要素としてのギリシヤ哲学」という一節があるが、岩下君はギリシヤ哲学にも造詣《ぞうけい》が深かった。

その頃、岩下君と私とは学問の話ばかりでなく、心の微《かす》かな動きまでも語り合った。

『幼き耶蘇《ヤソ》のテレジア童貞の自叙伝』はたしか岩下君から貰って耽読したことを覚えている。私がギボンズの『我等の教父たちの信仰』を探しているのを知って、岩下君は三才社かどこかにあったと云って私にその本を贈り物として呉れた。焼絵の草花の模様のついた鼠色のリボンが栞《しおり》の代りに入れてあったが、「主よ我らに共にとどまれ」と墨で書いて「壮一」と署名してあった。私をリギョール師に紹介してくれたのも岩下君であった。岩下君の家と私の家とは元来多少知合っていたので、私共二人の交際は次第に家庭的にも延長して行った。岩下君の父君が西洋へ行かれた御土産《おみやげ》に立派な万年筆を貰ったこともあったし、母君や女婿《じょせい》故山本氏夫妻など一しょの晩餐《ばんさん》の団欒《だんらん》の仲間入りをしたこともあった。私の父も岩下君のことはよく私にたずねた。岩下君とは控え目ではあったが女性に関する話もし合った。結婚問題に関しても前後三回ほど話合うような事情になった。初めの二回は岩下君の方から話を出し、後のは私から出したのであった。岩下君と私とは、ひょっとするともっと外面的にも近づきになる可能性が多分にあった。岩下君に気に入りの美しい侍女がいて、母君の心配で遠ざけられた話を私にしたことがあったが、それも今から思えばほほえましい小さな一挿話に過ぎない。そのころ岩下君はオルガンを弾いたり、習字をしたりしていた。

それは未だ私共の二十歳代のころであった。その後、岩下君は鹿児島の七高へ赴任し、引続いて欧洲へ留学した。私も二年ばかり後《おく》れて西洋へ行ったが、フランスの地中海沿岸のニイスに滞在中ロンドンから岩下君の音信に接した。欧羅巴《ヨーロッパ》では一度も逢う機会がなかったが、モーリス・ブロンデルの話を集めた本の中で、pensée という言葉の哲学的および比較言語学的考察に関して、シルヴァン・レヴィやメイエの名前に続いて「東京の岩下壮一が自分に説明してくれたところに依《よ》れば」という箇所をパリで読んで、懐しく思ったことがあった。

昭和四年に私が西洋から帰って岩下君に逢ったのはちょうど十年ぶりだった。黒い司祭服を著ている姿を初めて見た時にはどうしてか胸が一ぱいになった。其後は四谷の家で岩《いわ》元禎《もとてい》先生を中心にして、立沢剛《たつざわつよし》、三谷隆正《みたにたかまさ》、田中耕太郎の諸君と共に招かれたり、私の家へ招いたりして時々逢った。私はふだんは京都にいるので、岩下君は関西へ来たときにはよく寄ってくれた。天野貞祐《あまのていゆう》君と一しょの時もあり、また私と二人だけの時もあった。岩下君は煙草も吸うし、酒も少量は嗜《たしな》んだし、私たちとは何の障壁もなく話し合ったから、司祭と話しているのだというような感じは少しもなかった。私も勝手なことを云うし、岩下君も学生時代の気分になって真に愉快らしかった。

神山《こうやま》の癩《らい》病院の院長になったと聞いた時には少からず驚いた。どうして君がそんなことをするのかと聞いたら、依頼されたとだけ答えたが、私はただちにその言葉の裏に底知れぬ深いものを感じた。其後は逢うたびに癩病院の話を聞かされた。言葉の隙間から、患者たちの院長に対する信頼心や愛著心のほども読み取られ、また岩下君の方からも患者たちに全心を打ち込んで愛著している様子がありありとわかった。神山での岩下君の生活は聖者のように敬虔《けいけん》に、修道士のように厳格に、人生の深刻悲惨な面に身をさらしていたに相違なく、日夜の刻苦奮闘は容易に第三者の想像をゆるさないであろうが、しかしまた他面に於ては、余裕綽々《しやくしやく》たるものもあったようである。岩下君はこの頃は病院でシェークスピアを読んでいると云っていたこともあるし、君の『いきの構造』の愛読者が居ると云って、某看護婦の教養を称《たた》えていたこともあった。富士の景色もいいから一度遊びに来ないかと度々云ってくれたのであったが、生前には遂に行かないでしまった。岩波茂雄氏が来訪されて大金を寄附してくれたので早速タンクを造ったと云って喜んでいたこともあった。西田幾多郎先生が奥さんと御嬢さんを連れて富士五湖めぐりの途中に寄って下すったと云って、そのとき撮《と》った写真を送ってくれたこともあった。癩患者の文芸作品に私が興味を示してからは、患者の歌や俳句の載っている諸種の雑誌を折々送ってくれた。逝去の報で神山へ行って、千葉現病院長の案内で院内を見せてもらったが、炊事場なども従来は原始的なものであったのを岩下君がすっかり現代的施設に換えたのだということであった。毎年私財一万円余を支出して、経営難に打ち克《か》って来たのだということも初めて聞いた。岩下君の書斎兼寝室が重症患者の病舎の二階にあって、しかも小さな質素極まるものであることをまのあたり見て、深く動かされた。

些細なことではあるが、私はこのついでに岩下君に謝りたい気持のことがある。それは数年前の秋に京都の私のところへ寄った時、高雄の紅葉はさぞいいだろうなと云った。その日は天気も快晴であったし、行こうと云えば岩下君は直ぐにも喜んで行きそうな様子が見えたが、私は翌日講義があるので落ちついた気分にもなれず、何とも云わないでしまった。私は翌日の講義のことなんか忘れて、紅葉見に誘うのが当然だったのである。社会的の重荷をたまにちょっとのあいだ下ろす気もちで旧友を訪ねてくれたことを思うと、私は私の思い遣りの無さを深く悔いて、ひたすらに岩下君に陳謝したい。岩下君はちっともいやな顔もしないで話して帰ったのであった。

私は公務の関係上、自分だけは京都に住んで、家の者は東京に置いてあった。そうした事情に基いて、もちろん私自身も悪いのであるが、どうも家庭のことがうまく行かないので、色々考えたあげく愚妻の霊的指導を岩下君に頼んだ。岩下君ならば安心してすべてを任せると思った。それでその頃は毎週一回だか四谷の岩下君のところへ話をききに行っていた筈である。岩下君は悪く言えば俗っぽい世才にたけたところも無いではなく、余りに利口すぎて宗教家肌という方ではないとも云えるが、他面に、堅い信仰と広い教養とが、高い道徳と深い学問とが、千鈞《せんきん》の重みをなして人格の平衡《へいこう》を飽くまでも保っていた。私も今まで色々の人に接して来たが、岩下君のように衷心《ちゅうしん》から信頼の出来る人というものは決して多くはない。殊《こと》にあの温情と物静かな性格の薫りとは此世《このよ》のものとも思えない雰囲気を醸《かも》し出して、接する者の心をひきつけるのであった。

今から云えば一昨年の五月頃、京都へ発つのに新橋停車場で汽車に乗り込むと、偶然むこうに岩下君が母君と共に坐っていて、私を呼んでくれた。私の荷物に第一ホテルの貼札がついているのを見て、こんなところは君なんかの泊るところじゃないよと云って皮肉な微笑をもらし、こんなものとっちまい給えと云って同ホテルの大衆性にひどく反感を示した。静岡県庁の学務部長かなにか岩下君の知人も傍に腰かけて居たので、皆で雑談をしているうちに汽車が小田原へ着いて、私はそこで途中下車した。岩下君は私の荷物の一つを手にさげてわざわざ降り口まで持って来てくれた。二人きりになったので、私は家庭生活が破綻《はたん》に終ったことを告げると、岩下君は暗い顔をして黙っていた。それが私の岩下君に逢った最後であった。神山へ行って棺《ひつぎ》の中に冷たくなっている岩下君の顔を見たときには本当に夢のようにしか思えなかった。

二三年前のことであるが、静かに夕食を共にしたとき、私は岩下君がもっと学問に専心することを願う気持で、余計なおせっかいと思ったが学位論文を書くことを勧めた。今のような仕事をしていては雑務が多くて、論文を書くようなしんみりした勉強はとうてい出来ないという答であった。しかし逝去《せいきょ》後に聞くと、去年の秋に院長を辞めて、今後は学問の研究に没頭しようとしていたとのことである。それはちょうど私も心から願っていたところで、それをしないで岩下君が世を去ったことは実に残念でならない。近年はまた岩下君は日本という問題を真面目に考え、趣味としても日本趣味をしきりに感じていたようであった。病院の経費に当てるために家伝の日本画を処分しようと思ったが、どうしても手放す気になれなかったと話したこともある。京都南禅寺の瓢亭《ひょうてい》の小座敷や料理を心から味わってくれたこともあったし、「日本的性格」という私の一論文を評価して手紙を呉れたこともあった。

興亜院の委嘱《いしょく》を受けて北支の教会視察のために渡支して、帰途病を得て、遂に神山で倒れたということは、まことに意味が深いと云わなければならない。宗教家、社会事業家としての岩下君は東亜新秩序建設のために大きく働くべき領域を有っていたのである。日本的なもの、東洋的なものに対する理解も必ずそこに役立ったに相違ない。一方、日本の学界は学者としての岩下君の復帰を渇望してやまなかったのである。このあいだ神山に来合わせた或人が、岩下師は他人が百年生きていても出来ないほどの仕事をして行かれたと云っていた。なるほどそうかも知れない。しかし私はもうあと二十年岩下君に生きていてもらいたかった。今後岩下君が実際家として社会に活動しようと、学者として学界に活動しようと、それはいずれであっても、日本の国の正義と真理のために極めて多くを期待し得たのである。

（昭和十六年一月）

Ⅱ　九鬼哲学の出発点

時間の観念と東洋における時間の反復

かくてヤージュニャヴァルキヤは言えり「愛する者よ、我が手を執《と》れ、アルタヴァーガよ、我々二人のみがこの認識をなす。そは人なかで論ずべきにあらず」。
ブリハッド・アーラヌヤカ・ウパニシャッド

もし「東洋的時間」について語る権利があるとすれば、何よりも回帰的時間が重要であると思われる。回帰的時間とは、繰り返す時間、周期的な時間である。だがこの時間概念に取り組む前に、時間一般を特徴づけることが必要である。時間とは何か。時間は意志に属するものである。私が時間は意志に属するというのは、意志が存しない限り時間は存在しないからである。卓や椅子にとって時間は存しない。もしそれらに時間ありとせば、それは意志である限りの意識がそれらに時間を与えたからである。それらにとって時間が存在するのは、意志への、意識への関係においてのみである。

かかる時間概念に出会うのは、たとえばギュヨーにおいてである。彼にとって時間とは意志とその目的との隔たりであり、「意志されたものと手に入れられたものとの区別」であり、「未来に向かって前進するところの内的前途」である。かくして時間の最も重要な特質は「予料」である（『時間観念の発生』パリ、第三版、一九二三年、三三―三九ページ）。

同様にヘルマン・コーエンは、時間を何よりも予料すなわち「見通し」(Vorwegnahme)と解した。彼は、系列の観念は順序づける働きを予想しているという。そして今度は、この働きが自己の目的として系列を措定《そてい》する。かくしてこの系列が「引き続くべきもの」(Folgensollendes)として、この継起を創造するのである。引き続くものは先取される。それ故に「予料は時間の基本的特質である」(『純粋認識の論理学』ベルリン、第三版、一九二二年、一五四ページ)。さらに最近、マルティン・ハイデッガー氏は、時間の「根源的現象」は未来であり、「関心」の「自ら先んじて在ること」(Sich-vorweg-sein)に対応する将来であると述べた(『存在と時間』ハレ、一九二七年、三二七―三二九ページ)。これらの見解はすべて時間を意志によって構成されたものと考える点で一致している。ベルクソン氏の純粋持続もまた例外をなすものではない。『意識の直接与件論』から『創造的進化』に至る彼の思想の展開がそれを証明している。

東洋においても、時間は実は意志的なものであると解されており、そのことはすでに時間に関する若干の古い形而上学的見解によって証明されている。たとえば『シュウェータ―シュワタラ・ウパニシャッド』は、「聖仙の或るものは自性を語り、また同じく他のものは時を語る。彼等は混迷せるものなり、そは実に神の全能性なり、これに依ってこの梵《ぼん》輪《りん》は世界において回転せらるるなり」と言っている。時間は、神の全能性、神の意志から生じる。さらに『婆伽梵歌《ばかぼん》』においてクリシュナは宣言する。「我は無窮の時なり」と。

またさらに『那先比丘経《なせんびく》』は他の見地から、「過去、未来、現在の持続とその根源は無明《むみょう》なり。無明より意志の諸相生ず……」と言っている。かくして意志は無明より生じ、意志から時間が生じる。さらに続けて言う、「前以《もっ》て無明が存在したるには全くあらず。かかる起始は認め得ざるものなり」。「円は起始なく終極なく閉じられたり」。しからば閉じられているこの円とは何か。この梵輪とは何か。それが意味しているものは、いずれも回帰（輪廻《りんね》）にほかならない。

さて、回帰的時間の概念を攻究しよう。回帰（輪廻）とは、無際限の再生、意志の永遠の反復、時間の終りなき回帰である。しかして輪廻について理解し得る最も注目すべき顕著な場合は、人間が永遠に繰り返して再び同一の人間になる場合である。尺取虫《しゃくとりむし》が一つの葉から他の葉に移ったとき、これが依然として同一の葉であった場合、刺繍《ししゅう》する女が新しい模様を造ったとき、それが依然としてもとの古い模様であった場合である。しかしながら、実はこの場合は例外ではない。輪廻は一般に因果律に支配されており、原因と結果とは連鎖をなしている。人間は一つの存在から他の存在へ移るが、後者は前者によって決定されている。或る死者は善業によって男に生まれ変り、他の死者は悪業によって女に生まれ変る。虫に生まれ、バッタに生まれ、蚊に生まれる死者もある。一見そこには変化があるが、その実、何等《なんら》の変化もない。「ここにある如くかしこにあるべし。その行作《ぎょうさ》の如く、しかく人は生成すべし。善行者は善人たるべし。悪行者は悪人たるべし」と『ウパニシャッド』は言っている。また仏教は説く、「かく養われ励まされたる内相こそ、かかる世に再び人を生ましむるものなり。おお弟子共よ、かくの如きものが縁なり。かかる世に再び生ましむる道はかくの如きなり」と。或る女が男に生まれ変るとすれば、彼はすでに男の徳をもっていたのであり、彼女は外見上女であったに過ぎず、実は男だったのである。或る男が女に生まれ変るとすれば、彼はすでに精神的弱さにおいて女だったのである。虫に生まれ変る人々はすでに虫けらのような生を送っていたのである。業すなわち所業と道徳的応報の観念のうちには同一性の概念が必然的に含まれている。ここに支配しているものはむしろ峻厳なる宿命である。一般に、因果性は同一性をめざし同一性に帰着する。かくて輪廻説は「甲は甲である」という同一律に支配されている。それ故に、人間が全く同一の人間に生まれる場合は、輪廻の例外的な場合ではなくて、むしろ典型的な場合である。この場合のもっている特殊性は徹底した論理、深遠な抽象にほかならない。輪廻説の地平を拡大し、同時に論理を徹底させるならば、一切の人間は相互間の具体的関係を保ったまま、諸々《もろもろ》の事情はその具体的全体を背景としたまま、回帰的に生成するという観念に到達する。一言にして言えば、世界はその同一性を保ちつつ回帰することになる。「彼は創りたるものを再び無に帰せしむ……再び新たに創造を始むるために」と『シュウェーターシュワタラ・ウパニシャッド』は言っている。『婆伽梵歌』では、「クンティー夫人の子よ、一切有類は劫滅《ごうめつ》において我が自性《じしょう》に入る。劫初《ごうしょ》においては我れ再び彼らを展開す」と言われている。劫波とは、まさしく、それについて「この世は滅ぶともその力は残存す。しかしてこの力を根とし世は再び生ず。しからざれば因なくして果ありとせざるを得ず。しかるに力は古きと新しきと異種たり得ず。されば不断に宇宙は繰り返さるるとも、宇宙の配列、生物（諸神、獣類、人間）の群団、四姓、四期、義務・応報の状態……に必然的の決定《けつじょう》存在す」と語られた宇宙的期間である。(1)

さて、ここに存するのは永遠に繰り返される同一的時間の観念である。そこには、体験された時間や可測的時間のほかに、一風変ったおそらく第三の時間概念があるのである。この概念はギリシアにおいて、ピタゴラス派およびとりわけストア派の終末論に採用された大宇宙年の概念である。彼らは、世界は細部まで正確に再現されると言った。ソクラテスは再びアテネに生まれ、クサンティペと結婚し、毒を仰いで死ぬであろう。そしてこのことは際限なく繰り返されて行くであろう。それ故、周期的に繰り返される大宇宙年は、もしフッサール氏の用語の使用が許されるなら形相的単体性（eidetische Singularität）の実現されたものと見なすことができる。大宇宙年はいずれもみな同一で、相互に絶対的に同一である。その特徴は一つのエイドス（εἶδος）の見本であるという以外の何ものでもない。従って互いに全然同一でありながら数の上で多であることができる。故に大宇宙年は真の意味の個性という特徴をそなえていない。いわばライプニッツの「不可弁別即同一の原理」(principium identitatis indiscernibilium)の支配の領域外にあるものである。それ故にその絶対的同一性と量的多様性とが相矛盾しないのである。従って各々《おのおの》の瞬間、各々の現在は、異なった時間の同一の今である。この時間は直線ではなく円として解される。矢の形ではなく、自己の上の「車輪」の形をもつ。[2]過去にあったものは未来にあり得、未来に属するものは過去に属し得る。この概念における時間は何らかの可逆性を含んでいる。かかる時間概念はおそらく仮想的なものであろう。いうなればそれはクライン-クリフォードの空間の観念と好一対《いっつい》をなしている。いずれにせよ、それは詩人哲学者ニイチェの時間である。ツァラトゥストラは犬の吼《ほ》えるのを聞いて、遠い昔、同じ犬の同じ吼え声を聞いたことを想起する。それは遥か昔、彼がまだ生まれる前の昔であった。[3]

上述の如き時間は、通常の時間といかなる関係にあるであろうか。最近、時間の現象学的存在学的構造を特徴づけるために「エクスタシス」の語が用いられている。時間は「エクスタシス」すなわち「脱自《だつじ》」の三つの様態をもっている。未来、現在、過去がそれである。時間の特徴はまさしくそのエクスタシスの完全なる統一、「エクスタシス的統一」(マルティン・ハイデッガー『存在と時間』三二九ページ)に存する。この意味のエクスタシスはいわば水平的である。しかるに回帰的時間に関して、我々はなお他に垂直的のエクスタシスが存するということができる。各現在は、一方には未来に、他方には過去に、同一の時間を無数にもっている。それはすなわち無限に深い厚味をもった今である。しかし、このエクスタシスはもはや現象学的ではない。むしろ神秘説的である。それ故、エクスタシスの語は幾分その在来の意味を取り戻すのである。そうして、時間の現象学的脱自と神秘説的脱自との相違は主として二つの点に存する。第一に、前者にあっては、構成契機の連続性ということが核心的である。後者にあっては、その反対に、契機間に非連続性が存していて、それは一種の遠隔作用によってのみ連絡されている。第二に、前者にあっては、各契機は純粋異質性を示し、従って時間は不可逆的である。後者にあっては、脱自の各契機は絶対的同質性をもち、それ故、互いに交換されることができる。その意味において時間が可逆的である。この本質的相違を承認した上で次のように言うことができる。水平面は現象学的存在学的脱自を表わし、垂直面は神秘説的形而上学的脱自を表わしている。水平面は現実面で、垂直面は仮想面であるが、この二面の交わりが時間の特有の構造にほかならない。

おそらくこの回帰的時間の概念には何ら特別なものはないと反論されるかもしれない。大宇宙年を第一大宇宙年、第二大宇宙年、第三大宇宙年うんぬんと数える事実そのものが、大宇宙年の相続くことを証明している。大宇宙年は各々その順序の番号を担っている。それらはこれを数える傍観者を認めねばならないから可逆的ではない。しかし、この点に固執するならば、最初の仮定を無意識に放棄することになるように思われる。大宇宙年はもはや相互に同一ではない。再びクサンティペと結婚するソクラテスはもはや元のソクラテスではない。クサンティペももう元のクサンティペではない。彼ら二人は結婚する毎《ごと》に一大宇宙歳だけ年を取るであろう。彼らはその度毎に幾分かメランコリーを増すのが認められるであろう。しかして「大宇宙年」の観念は、徹底的に考えるならば、むしろ各「大宇宙年」の独立の開始および絶対的更新を意味している。ここに仮定された同一性は、異なる大宇宙年の内容の同一性にほかならぬと、なおも言うことができるかも知れぬ。大宇宙年そのものは互いに同一ではなく、また同一ではありえないかも知れぬ。しかし、内容のない時間を想像し得るであろうか。内容を捨象した後になお時間の概念が成立するであろうか。時間のあらゆる特質はまさしくその内容に基づいているのではあるまいか。時間が可逆的ではないというとき、それは時間の内容が可逆的でないからではあるまいか。しかして、もし時間をその内容から分離できないことが真であり、かつ、ためらうことなく弁証法の全要求に従うならば、大宇宙年の観念は或る時間と他の時間との絶対的同一性という逆説的特質をまさしく含んでいるのである。回帰的時間、より正確に言って、大宇宙年の時間は、それ故、何らかの可逆性をもつ。それは全く時間的ならざる時間である。

さらに詳しく言えば、問題は、なかんずく一つの大宇宙年から他の大宇宙年への推移のうちにある。異なった大宇宙年を連結する鎖が問題である。「樹にかけた綱をつかんで人が堀を飛び越えるように」一つの大宇宙年は新しい大宇宙年に飛び移るのである。この人は受動的に時間に揺られる愚者であろうか。「傍観者」を必要とする幼児であろうか。むしろ、みずから時間を新たに創造する巧みな魔術師ではあるまいか。我々は何よりもまず時間が意志に属するものであること、そして意志の存しないところに時間は存在しないということを明らかにした。かくて絶対的孤独のうちなるこの魔術師は真の魔物であり、彼は自己の存在を終結させかつまた新たに再生せしめ得る力のわざ、あるいはむしろ意志のわざを有している。おそらくその死とその再生との間には、彼の意志は現勢的には存在しないであろうが、それでもなお潜勢的には存在しているのである。問題は「潜勢的意志」というこの観念に集中されている。大宇宙年の観念の全逆説はおそらくこの点に関する思考の曖昧さから生じたのであろうが、それは豊かで幸福な曖昧さであった。この曖昧さが壮大な形而上学的思弁の誕生を可能ならしめたのであった(4)。

いま一つの反論の可能性は「実証論的」精神によってなされ得る。それは大宇宙年の時間を一種の「農業的時間」または「神祇《じんぎ》的時間」と見なす。実証論者に言わせると、非文明人にあっては時間の観念がとりわけ周期的である。たとえば種まきと収穫との間の時間、春祭と秋祭との間の時間の如くである。こういう時間は毎年周期的に繰り返す。かくしてこの実証論的精神は大宇宙年の観念を説明し得ると信じているのである。しかし農業的または神祇的時間と大宇宙年の時間との間には根本的相違が存している。大宇宙年がその細目の全範囲にわたって絶対的同一性を措定するに反して、農業的または神祇的時間は特定周期間の絶対的同質性を要請しない。もとより、この二つの時間概念の差異を最小の限度まで減退せしめることは必ずしも不可能ではない。しかし、両者の関係は零と数との関係に類似している。両者間には常に越ゆべからざる淵が存している。そうしてこの淵を飛び越すと同時に、実証論者はもはやその主義を放棄したのである。

なお、農業的、神祇的時間は老い行く我の意識的連続性を傷つけない。否《いな》、この連続性を前提としている。農業的周期、神祇的周期の回帰を数えるのは老い行く我をおいてほかにはない。それに反して、回帰的時間にあっては、我は再生および再死の法則に従属している。我は常に新たに生を開始し、新たに生を終結する。我の連続性は単に仮想的に存するのみである。——その連続性は、ただ神秘的の瞬間にのみ、ふるえおののく感動とともに我が自己自身を再認識する「深秘な光」の深い瞬間にのみ開示されるのである。「我なし」とともに「我あり」の瞬間である。そうして我々は那先比丘と弥蘭《みらん》王との問答を我々自身につねに繰り返さざるを得ない。「大王よ、人あり、燈を点じたりとせんに、燈は終夜燃えざるべきか。——尊者よ、しかり、燈は終夜燃えん。——大王よ、しからば如何、初夜に覚めたる時の火炎は中夜に覚めたる時の火炎と同一なりや。——尊者よ、しからず。——しからば中夜に覚めたる時の火炎は如何、同夜最後に覚めたる時の火炎と同一なりや。——尊者よ、しからず。——大王よ、しからば如何、初夜に覚めたる時の燈と中夜に覚めたる時の燈と同夜最後に覚めたる時の燈とは各々別物なりしや。——尊者よ、しからず。

燈は同一の材料によって終夜を燃えたるなり」。要するに、大宇宙年の時間の形而上学的概念を、比較社会学のいう農業的、神祇的時間に還元することはできない。いずれにしても発生的経験的考察によっては、形而上学的時間概念の核心に触れることはできない。

すでに東洋的起源の時間概念を説明した。しからば、いかにして時間の解脱の問題が措定され、また、いかにして解決されるか。問題となる時間は、そのために「四海の水より多量の涙を流した」ところの回帰的時間である。この時間を解脱しなければならぬ。しかして仏教的厭世観は、意志の中にすべての悪、すべての苦悩の原因を見る。それ故に、「解脱」するためには、ただただ意志を否定しなければならない。「寂滅は聖福なり」。この寂滅は涅槃と呼ばれているものである。すなわち「消滅」、「世界の廃滅」、世界をはらむ意志の否定である。あるいは意志なる語の使用に異議が唱えられるかも知れぬ。意志なる語の代りに欲望なる語を提案することもできよう。この点について、あえて暗示的な例を借りたい。日本の仏教においては、しばしば欲望の満足を、それが行き過ぎた場合でさえ、許されると考える傾向がある。欲望は、これを妄想なりと観ることを知った瞬間、無になる。ひとたび意志が克服され、我の幻想に対する執着が知性や学問によって克服されると、満足を求める欲望は何か非現実的なものになってしまう。涅槃は意志一般——それは無明に属する——を否定することになる。そのとき、特殊な欲望は存在し得たとしても、断伏される」(6)。

時間は意志に属するものであるから、この仕方で時間を解脱することができる。「流転は

と言うこともできる。これこそ私が涅槃を意志の否定であると言う理由である。(5)しかして

場合は悪循環になるであろう。しかし知性は何か能動的なもの、最小限の活動性を有する

「智者」、「覚者」にとって、一種の妄想あるいは幻影の如きものとしてである。しかし、
意志を否定するこの主体はいかなるものであるか。先刻述べたようにそれは知性である。

意志を否定するとき、その知性は意志そのものではないかと反論されるかも知れぬ。その

場合は悪循環になるであろう。しかし知性は何か能動的なもの、最小限の活動性を有する
と言うこともできる。これこそ私が涅槃を意志の否定であると言う理由である。(5)しかして
時間は意志に属するものであるから、この仕方で時間を解脱することができる。「流転は
断伏される」(6)。

　日本においては仏教のほかに封建時代に武士道と呼ばれるもう一つの道徳的理想が発達した。真心と雄々《おお》しさと誉れと情け、これが武士道の主要徳目である。(7)武士道は意志の肯定であり、否定の否定であり、或る意味において涅槃の廃棄である。それは自己本来の完成をしか気にかけないような意志である。それ故に、仏教にとって最高の悪であった意志の永遠の繰り返しが、今や最高の善となったのである。「この世界においてはどこにも、否、広くこの世界の外においても、ただ善意志の外には無限局に善と見なされ得るようなものは考えられない」とカントは言う。武士道が肯定するのはこれと同じ思想である。無限なる善意志は完全には実現し得えないものであり、つねに「幻滅」すべく運命づけられているのであって、絶えず自己の努力を更新しなければならない。武士道にとって、絶対的価値をもつものは善意志そのものである。満たされない意志も、実現され得ない理想も、

不幸と悲しみの生も、「渇望と苦悩の憂き世」も、要するに永遠に繰り返す「失われた時」も、大して重要ではない。おそれることなく、雄々しく輪廻に立ち向かおう。「幻滅」を明らかに意識して完成を追究しよう。永遠の時間に、ヘーゲルの用語で言えば、無窮性(Endlosigkeit)のうちに生きよう。無窮性のうちに無限性(Unendlichkeit)を、無際限のうちに無限を、終りなき継続のうちに永遠性を見出そう。

いつも皮相だと思うのは、ギリシア人がシシュフォスの神話の中に地獄の刧罰《ごうばつ》を見たことである。彼が岩塊をほとんど頂上まで押し上げると岩は再び落ちてしまう。そして彼は永遠にこれを繰り返す。このことの中に、不幸があるであろうか。罰があるであろうか。私には理解できない。私は信じない。すべてはシシュフォスの主観的態度に依存する。彼の善意志、つねに繰り返そうとし、つねに岩塊を押し上げようとする確固たる意志は、この繰り返しそのものの中に全道徳を、従って彼の全幸福を見出すのである。シシュフォスは不満足を永遠に繰り返すことができるのであるから幸福でなければならない。これは道徳感情に熱中している人間なのである。彼は地獄にいるのではなく、天国にいるのである。すべてはシシュフォスの主観的見地に依存する。あえて一つの例をあげよう。五年前、東京の大半を破壊した大地震の直後、我々は東京に地下鉄の建設を始めた。そのとき私はヨーロッパにいて、「ほとんど百年毎に周期的にくる大地震でつねに破壊されるように運命づけられている地下鉄を、なぜ建設するのか」とたずねられた。私は答えた、「我々が関心を抱くのは企画そのものであって目的ではない。我々は地下鉄を建設しようとしているが、地震が起これば破壊されるであろう。しかし我々は再びそれを建設しようとする。新たな地震がまたもやこれを破壊するであろうが、しかり、我々はつねに新たに取りかかるであろう。我々が評価するのは意志そのもの、自己自身を完成せんとする意志なのである」と。

要約しよう。東洋的時間と呼び得る時間は回帰的時間、すなわち、繰り返される時間、周期的かつ同一の時間である。この時間から解脱するには二つの方法・手段がある。第一、主知主義的超越的解脱、第二、主意主義的内在的解脱である。主知主義的超越的解脱はインドに起源をもつ宗教の涅槃であり、主意主義的内在的解脱は、日本の道徳的理想、武士道である。前者は生きるため、あるいはむしろ非時間的「解放」において、「永遠の休息」において死ぬために、知性によって時間を否定することにあり、後者は生きるため、真・善・美の苦しい探究の無際限の繰り返しの中で真に生きるために、時間を気にしないところにある。前者はむしろ不幸を避けようとする快楽主義の帰結であり、後者は絶えず闘い、不幸を幸福に変え、永遠に我々の内なる神に仕えるべく雄々しく決意した道徳的理想主義の表現である。(8)

原注

（1）回帰と宇宙的期間との関係、すなわちサンサーラ（輪廻）とカルパ（劫波）との関係は、ここでは特に我々の問題ではないが、劫波をもって宇宙的輪廻にほかならないと考えることができるであろう。いずれにせよ、ここで扱っている両者の根底に横たわる回帰的時間の観念は一つである。

（2）「あたかも車を駆るものが、車の両輪を見下ろすが如く、彼は昼夜を見る」（『カウシータキ・ウパニシャッド』）。「尊者は地上に円を描いて王に問えり、この円に端ありや、と」（『那先比丘経』）。「我が生の業火に燃えさかり、赤熱せるこの車輪」（『アヴァダーナシャータカ』）。

（3）「しかり、わが子供のとき、いと遥かなる子供の時代に」（ニイチェ『ツァラトゥストラはかく言えり』第三部、幻影と謎）。ここでいう「子供の時代」が「前世」を意味していることは明らかに見てとれる。同様に『那先比丘経』は、「再び生まれ来るものは同じものなりや、別のものなりや」という問いに対し、「幼童なりしも我、いま成人せるも我なり」ときわめてぎこちない「譬え」で答えている。

（4）もっとも、ストア派が大宇宙年の観念の内にあるこの主要な難点を感じとっていたことは確かである。その証明では、ソクラテス自身を生まれ変らせる代りに、しばしば「ソクラテスと変らない或る人」（*ἀπαράλλακτός τις τῷ Σωκράτει*）で満足している。巧妙な考えではあるが、この理論にとっては破滅的な概念である（*Stoicorum veterum fragmenta*, Arnim II, n°626）。

（5）この観点から、おそらくショーペンハウエルにおける「意志」なる語の使用を正当化することもできるであろう。

（6）業の観念と涅槃の観念との間には矛盾がある。少なくとも、これらの観念を論理的帰結にまで追求すれば矛盾するであろう。前者は前もって決定された同一性を意味し、後者は反対に知的自由を意味しているからである。この困難は確かにきわめて大きいものであるが、しかしこれはほとんどあらゆる種類の決定論に共通の問題にほかならない。他方、この矛盾に陥らないために、多くの場合業の観念を同一性の概念にまで追求しないでおくこともしばしばある。しかし論理的観点からすれば、ひとたび業の観念を認めた上でこれと同一の輪廻の受容を拒否することは、論理的矛盾の非難を免れえないであろう。

(7) 仏教と武士道を対置させるとき、私はそれらの基本的傾向しか考慮に入れていない。一方で大乗仏教の思想に肯定的要素の発達があり、他方武士道のいくつかの特殊部分において仏教の影響があったことは議論の余地がない。それに、仏教の大きな価値を否定するなどということは全く問題になりえない。わが東洋文明のすぐれた部分はそれを仏教に負っているのである。

(8) 明らかにしておくためにあえて言うが、個人的には私は仏教の輪廻を信じていない。同様にキリスト教の意味での死後の生も信じていない。私はただ輪廻を想像する可能性を確かめたいと思っただけである。輪廻の観念の中にあるのは、キリスト教の来世の観念と同様、仮想的なものである。かくて私が概観しかつ展開したのは、東洋起源の周期的同一的時間という問題であった。そして輪廻との関連で武士道について述べたことも、「武士」の道徳のこの仮想的世界への仮定的適用にほかならない。

(坂本賢三訳)

日本芸術における「無限」の表現

上徳は谷のごとし

老子『道徳経』

岡倉天心はいみじくも「日本芸術の歴史はアジアの理想の歴史となっている」（『東洋の理想』セリュイ訳、パリ、一九一七年、三六ページ）といっている。事実、日本の芸術は多くの点で東洋の思想を反映している。西洋において、ギリシアの哲学とユダヤの宗教が、あるいは調和しあるいは対立しながらヨーロッパ文明の発展を規定してきたごとく、東洋において、わがアジア文明の歩みを条件づけてきたものはインドの宗教と中国の哲学であった。インドの宗教の最も秀れた表現は仏教の神秘主義の中に、中国哲学のそれは老子学派の汎神論の中に見出される。神秘主義と汎神論は、おそらく、同じ精神的経験の、一方は宗教における、他方は哲学における表現にほかならぬ。すなわち、時間と空間からの解脱の表現である。

仏教の理想は涅槃である。禅宗の祖師、菩提達磨《ぼだいだるま》は面壁九年坐したまま冥想にふけった。そのため彼は脚を失ったと伝えられているが、この禅定のうちに彼は、涅槃を包む絶対知に、世界が空に寂滅する至福に到達したのである。南朝〔梁〕の武帝が「如何《いかん》か是《こ》れ聖諦《しょうたい》第一義」と問うたとき、達磨は「廓然無聖《かくねんむしょう》」と答え、さらに帝が「朕に対する者は誰《た》ぞ」と、尋ねると大師は「不識」と答えて国を去った。至高の境地に達した者にとっては、聖と無聖の区別も達磨と武帝の区別も消滅しているのである。真理は涅槃であり、涅槃は仏陀である。あるとき釈迦牟尼《しゃかむに》仏は花を一つ取上げ、黙って衆に示した。弟子の迦葉《かしょう》だけが破顔微笑した。彼は涅槃・仏陀を理解していたのである。自己自身のうちに涅槃を見出すとき、人は忽然と仏陀になる。そのためには言葉を必要としない。無の絶対空のうちに仏陀をとらえること、飛躍によって彼をとらえること、そこに禅の神秘主義がある。

　老子にとって、「道」は事物の本質である。「道」には始めなく、あらゆるものに浸透し、万物が「道」に依存している。「道」は天地の誕生に先立ち「世界の母」である。しかし「限定され得る道は永遠の道ではない」。永遠の「道」は「名を有しない」。それは「形のない形」である。「道」はきわめて大きく、かつ小さい。それは存在であると同時に非存在であり、本質であると同時に空虚である。「大きな四角には隅がなく、大きな音は聞き取り難い」。偉大な弁証家であった荘子は、あるとき蝶になった夢を見た。ひらひらと舞う蝶にである。目覚めて荘子はみずからに問う。荘子が蝶になった夢を見たのか、それとも蝶が荘子になった夢を見ているのか、と。荘子と蝶は根本においてはおそらく同じものである。世界には唯一つの「道」以外には何もない。

　日本の芸術は、このインドの神秘主義と中国の汎神論の影響のもとに発展した。武士道もその発展の障害にはならなかった。反対に武士道は芸術についての考え方を深めたのである。日本の道徳である武士道は、絶対精神の信仰であり物質的なるものの軽視である。その理想は「朝日に匂ふ山桜花」のように生きかつ死ぬことにのみ存する。やまとの「内的芸術」を生み出したのは、この三つの源泉である。それが全面的に花開いたのは、この精神的雰囲気においてである。したがって、この三つの人生観・世界観をわずかでも知らずして日本芸術を十分に理解することはほとんど不可能といわねばならぬ。けだし、そのときは、有限における無限の理想主義的表現にほかならぬその意味をとらえ得ないだろうからである。しかもなおヨーロッパでは日本の芸術を真に知る人はきわめて稀である。大多数のヨーロッパ人にとって日本の芸術とは女や風景を描いた版画であるか、さもなくば多彩な磁器の茶道具でしかないのではあるまいか。かかるものは多くの場合ほとんど何の価値も持たぬ。真に偉大な芸術作品は通例知られぬままに残されている。

まず絵画について語ろう。日本絵画における無限の表現を学ぶにあたって、美術作品の主題について、たとえば仏教美術の傑作の主題について描写しようとは思わぬ。それもおそらく興味深いには相違ないが、かかる仕方ではさほど先へ進めないであろう。反対に私は、美学的見地から、より重要なことすなわち絵画の技法そのものについて語りたいと思う。けだし、この技法自体の中にこそ日本芸術の支配的傾向とその本質的関心事、すなわち有限によって無限を表現することが示されているからである。絵画は空間に表現される芸術である。絶対無限を求める形而上学的・倫理的理想主義は、月並な空間概念を壊すのでなくては絵画における芸術表現を見出すことができぬ。しからばいったい、いかなる具体的方法において、破壊的であると同時に建設的なこの理念が日本の芸術に実現されたであろうか。

　西洋美術においては、少なくとも近年に至るまでは遠近法がきわめて重要な役割を演じた。反対に東洋美術では、その理想主義的な流派は何よりもまず空間の幾何学構造を破壊しようとしている。それが追求しているのは、万物の根底にある本質・無限である。「近い」とはいかなる意味であるか、「遠い」とはいかなる意味であるか。神はしばしば我々自身よりも我々に近い。遠くの山は、しばしば近くにある樹木よりもずっと我々の近くにある。しばしば「我々は水の中にいて水を求める」。周知の逸話に、風にはためく旗について二人の僧が論争したとき禅の第六祖慧《え》能《のう》が解決を与えた話がある。ひとりは「動いているのは旗だ」と言い張った。もうひとりは「動いているのは風だ、それが旗を動かしているのだ」と言い張る。そのとき慧能がいった、「風が動くのでも旗が動くのでもない。動いているのはお前たちの心だ」と。数学と物理学の世界は相対的である。心のみが絶対である。もとより芸術家はもし望むなら望むだけ幾何学的遠近法を再建する自由をつねに有している。しかし数学的遠近法に代えて形而上学的遠近法を用いてこそ、おそらく一層芸術的であろう(1)。

さらに、可視的事物が有している形は行動に相対的な形であって、絶対的な形ではありえない。しかるに芸術は絶対をとらえるべく努めなくてはならぬ。それ故に、美的・絶対的な形を創り出すためには、芸術は名称で以て呼ばれる自然の形を破壊し打ち砕かねばならぬ。そこから自由な構成（Composition arbitraire）が出てくる。樹木全体を描くに代えて、画面はしばしば梢や根元を避けて樹幹のみを描き出し、背景には、たとえば寺が描かれる。別の例では、一、二本の枝が片隅から浮かび、それに一羽の黒い鳥がとまっている。橋は杭しか描かれない、杭の間には小舟がある。屋根しか見えない家があり、遠くに山並が見える(2)。しからば自由な構成の美的機能はいかなるものであろうか。「不完全なものは完全になるであろうし、空虚なれば満たされるであろう」と老子はいっている。絶対的な形と美的な形は、きわめてしばしば、不完全で空虚な形、「形なき形」である。かくして絵画の鑑賞者は、物の自然の形をみずから再現するために否応なしに魂の自発性を働かせなくてはならない状況に置かれる。この無意志の活動性においてこそ鑑賞者は幸せを見出すのである。ここに芸術の享受の心理分析を置くこともできよう。美的価値は、しばしば、まさに暗示の価値においてのみあることがわかるだろうと思われるのである(3)。

さて、別の点に移ろう。我々は事物を静態において表象する習慣を有している。たとえば表象された矢はもはや飛ぶことなく、馬はもはや走ることがない。しかるに無限すなわち道は「衆妙の門」であり「玄牝《げんぴん》」であり、「水の流れの如きもの」である。そこから、日本の美術が線に与えている重要性が生じる。線は力動的である。それは現在の中に未来をとらえ、空間のうちに別の空間を含んで、みずから動く。それ故に、線は絶対の力と無限の躍動を表わすのに用いることができるのである。無限と絶対の生き生きしたところは線のリズムと表現によって可視的なものにすることができる。この故にこそ、画家の才能は、力強い大胆な線を描きうる素質の有無によって、しばしば判断されるのである。巨匠によって描かれたばかりの馬が紙面から逃げ出したという話が伝えられている。この馬が力強く大胆な線によって描かれたものであることは疑う余地がない[4]。

最後に、色彩について二、三述べておこう。赤・青・緑・黄・紫は、子供の色、民衆の色である。「五色は人の目を盲ならしむ」と『道徳経』はいっている。真の画家は無限の中に生きる。彼は白と黒の単純な色においてのみ生きるのである。白と黒は光と闇のごとく対立しつつ調和している。画家は白紙に墨で濃淡をつけることにより、また趣きある筆遣いでニュアンスと色調の世界を創出することにより、本来の色にあらざるこの色のうちに、なお「いろどり」の手段を見出している。「万物は陰を負い陽を抱き、沖気《ちゅうき》以て和をなす」。陰は闇・黒であり、陽は光・白である。沖気は筆の一帚《ひとはき》きである。かくて、ここでは山が霞み、かしこでは川が光っている。ここには夢見る月があり、かしこにはすべてを隠す雲がある。単純性と流動性への好尚は、無限への郷愁と、空間の差異を消し去らんとする努力から生ずるのである(5)。

私は日本画の四つの特徴をあげた。それらは汎神論的理想主義の表現である。すなわち、正確な遠近法の不在、自由な構成、線の重要性、水墨画、すべては空間からの解脱にふさわしい方法である。藤田《ふじた》嗣治《つぐはる》のごとき欧風の絵でさえ、私見によれば、これらの技術的特徴の少なくとも二つを保っている。すなわち、線が支配的であり、白と黒への好尚がある。

さて、絵画の主題について一言つけ加えておきたい。無限は至る所にあり、無限のないところには何物もない。荘子はかつて「道は屎尿《しにょう》にあり」と喝破した。無限が万物のうちにありとせば、すべては美となるのであって例外はない。すべてはその見方にかかっているのである。芸術家の仕事はまさに、肉体的ないし精神的に醜いものの中にさえも美を求め美を発見することにある。我々は皆、純真な幼児であり闇夜を避けようとする。しかし夜の内においてさえ我々に光を示すのが芸術家である。彼は一歩一歩、我々に美の王国を現わしてみせる。彼はいう、「そこに美しい怪物が！ そこに美しい悪魔が！」と。鎌倉時代（一二〇〇―一四〇〇）の古い絵巻物の一つには――気味の悪い、むかつくような――ありとあらゆる肉体的な病気が画かれている。真と美への驚嘆すべき愛着である。道徳的見地からすれば、恥ずべき、いやらしい事柄が、しばしば、徳川時代（一六〇〇―一八五〇）の版画の題材になっている。しかし、何と純粋で清澄な熱情を以て扱われていることか。かくて、何世紀も前から、芸術のための芸術の理論、芸術における絶対的理想主義のこの理論が、実践されてきたことがわかる。

日本の彫刻と建築は、空間からの解脱という同じ努力によって特徴づけられる。それは線の優位性と、単純さおよび虚空への好尚のうちに示されている。この特徴は木彫においてきわめて著しい。運慶（一一五〇―一二三〇頃）の仏像、また能面は最も天才的な仕方でこの無限への憧憬を示している。建築における、直線的なあるいは微妙にそり上った屋根の線は、ほとんど常にこの同じ思想の忠実な鏡である。住宅の特別の場所である「床の間」の柱に寄せられる格別の尊重は、線の尊重にほかならぬ。建築材料としての竹の使用も時にこれを証明している。単純さについていえば、最も巨大な寺院も極めて小さい茶室も、内部においては同様に、虚空《こくう》の理念の同じ表現を示している。

さて、日本の詩歌に移ろう。まず第一に、もし無限が至る所にあるとすれば、極めて小さいものも大きなものと同様に無限を含んでいる。禅の第三祖僧璨《さん》の『信心銘《しんじんめい》』に「最小は最大に同じ」という言葉がある。同じ禅宗の別の師は『証道歌』の中で「笛の管から青空をのぞいて、空を小さいといってはならぬ」といっている。これこそ日本の最も洗練された詩型が極めて短い詩であることの理由であって、短歌は三十一文字、俳諧は十七文字である。ここで時間から解放されるものは無限であるということができる。それは長い時間よりも一層多くを含む短い時間を実現する。最古の歌集は『万葉集』で、とりわけ七世紀後半と八世紀前半に属する歌を含むものであるが、そこには三つの型の歌がある。長歌、旋頭歌《せどうか》、短歌である。短歌は最初は単に反歌で、長歌の一種の末尾句《アンヴォア》であった。九世紀初頭に今様歌《いまよう》が発達した。俳諧は比較的起源が新しく十六世紀に創られたものである。これは発句《ほっく》とも呼ばれたが、このことは俳諧が短歌の最初の三行詩《テルセ》であったことを示している。本来、長歌の一部分であった短歌が独立した形で発達したこと、また本来、短歌の一部分であった俳諧が独立して発達したことは、短詩形創造への美的要求を証明している。短歌と俳諧は日本の詩の最も洗練された姿を代表しているが、さらに短歌や発句のほかに長歌とその近代詩形が育っているのである。

ついで、第二に、対称的な形は何となく固定的かつ有限なるものを有している。「至高の生」でありかつ「形なき形」である無限の表現は、非対称的かつ流動的な姿においてのみ実現される(6)。日本の詩歌のリズムの統一性が本来、五音と七音ないしその逆の結合によって形成されるのはこの故である(7)。長歌と今様歌はこの韻律体系に従って構成されている。短歌と俳諧という二種の短詩は、五音と七音の正式の結合の羈絆《きはん》を、いわば緩めたものである。これらは一層の独立性と自由を獲得したのであるが、現在、短歌も俳諧もこの韻律の使用を欠いてはいない。短歌は五・七・五・七・七の五つの詩句に正しく分かたれる。たとえば、

しらつゆも
しぐれもいたく
もるやまは
したばのこらず
いろづきにけり

の如くである。

俳諧は五・七・五の三詩句に分かたれる。たとえば、

ほろほろと
やまぶきちるか
たきのおと

俳諧の五・七・五というこの一連の詩句は、短歌の最初の三行と同様、その本来の美を、五・七および七・五の両者における様々な主題の結合の可能性のうちに有している。調和のとれ過ぎた五・七の結合は第三項の存在で攪乱《かくらん》される。中央の七音は、最初の五音に続く働きをそっくり保持しながら、同時に、終りの五音に先行する機能を果している。かく

して中間部は先行する五音に緩やかな足どりで続き、一転して、続く五音に向かって跳ぶが如き足どりで急ぐ。俳諧の律動的旋律のうち克ち難い美は、まさにこの変化する流動性のうちに、この魅惑的な粋の中にある。(8) そうして、この非対称的かつ流動的な形によって、可測的な時間からの解脱の理念が実現されるのである。

次に、第三に、詩においては、「無限」の躍動と力動的本性は、ただに非対称的かつ流動的な形によるのみならず、一種の予料において時間に先行する暗示的表現の使用によって表わされねばならぬ。すべてを表現してはならず、すべてを説明してもならぬ。ただ本質的な線のみを示し、残余は想像力の生動的な遊びに委ねなくてはならぬ。詩人とは沈黙を守ることを知る人であり、沈黙は雄弁以上に雄弁である。彼は青葉を手に取って囁《ささや》く、「汝みずから森の香をすべて感じよ」と。「大弁は訥のごとし」と老子はいう。一言にしていえば、無限の詩は「文学」ではなくて真に「詩」でなくてはならぬ。詩の最も本質的なこの特色の存在が、わが偉大な詩人のひとり芭蕉(一六四四—九四)の俳諧の基本的特質である。(9) 一例をあげよう。

奈良七重七堂伽藍《がらん》八重桜

古都奈良のすばらしさを描写する代りに、詩人は「七堂伽藍」という語で仏教の偉大さを示し、次いで「八重桜」という別の語で宮廷の華やかさとみだらな逸楽を示している。ここには名詞と形容詞があるのみで動詞はない。畳韻《じょういん》と漢字のみの表記が一緒になってこの句に贅沢な豪華さを与えるのにあずかっている。いま一つ例を挙げよう。

から鮭《ざけ》も空也の痩《やせ》も寒の内

この句は干鮭と鉢叩きの僧の痩身とを対照させている。干鮭は冬食べる。空也宗のひとびとは特に冬、托鉢《たくはつ》して歩く。ここで用いられている二つの象徴は、いずれもこの詩人自身が信奉していた禁欲的道徳の表現である。ここにもまた動詞が一つもない。畳韻の使用が見事な強さを与えている。この句は、墨色のすべての豊かさをそなえた数刷毛《はけ》によって描かれた絵であり、計り知れない射程を有する絵である。

ここで、詩の主題について二、三注意しておきたい。もとより、すべての国の詩と同様、日本の詩にも、宗教的・道徳的感情の深遠な表現と同時に「恋するプシュケ」の永遠の声があることはいうまでもない。いまは『古今和歌集』(九〇五年)と『新古今和歌集』(一二〇五年)において歌を分類したその題をあげるにとどめよう。曰く、春歌、夏歌、秋歌、冬歌、離別歌、羇旅《きりょ》歌、恋歌、神祇歌、釈教《しゃっきょう》歌等である。その例を一々挙げることは無用であろう。むしろ私は、余り知られていない日本の詩の中にある他の無限の表現を示したい。

第四に、汎神論的な思想、「全体」の本質は一つであるという理念が芭蕉の俳諧の根底にある。

蛸壺《たこつぼ》やはかなき夢を夏の月

タコが壺にかかる、それでも常にタコは生の喜びを夢見ており、空高く月が輝いている。タコを捕える漁師、自己の運命を知らぬまま眠っているタコ、何も彼も知りつつ無頓着にそれらを見ている月、すべては宇宙的共感のうちにある。

我宿の淋しさおもへ桐一葉《きりひとは》

桐は樹の名である。詩人は落ちる葉に訴えかけ、自分の孤独を慰めよと頼んでいる。秋の穏やかな静けさ。ひとは葉の声を聞き、心臓の鼓動を聞く。

第五、白と淡色の好尚《こうしょう》、一言にしていえば単純さへの好尚も詩の内容に現われる。無限は何かしら単純なるものであり、多様を含みかつ超えている。

明ぼのや白魚《しらうお》白きこと一寸《いっすん》

白魚は真白な小魚である。明けぼのの感じ、白み始めた空の清澄さがこの詩句に表現されている。

黄菊白菊其外の名は無くもがな

この俳諧は芭蕉の弟子、嵐雪《らんせつ》の作で「百菊を揃へけるに」という題を有している。そこには趣味の人が見られると同時に、単純化を唯一の望みとする無限に酔いしれた人がある。第六、絵画と同様、事物の否定的側面は、理想主義的・汎神論的な詩に肯定的な位置を発見する。詩人は生の不協和音を尊重し、それを旋律の調和の創造に用いる。

鶯《うぐいす》や餅に糞する縁のさき

春の昼さがりの陽光に溢れた田園生活が魔法の杖によって呼び起こされる。巧みな小品。

はれ物に柳のさはるしなへかな

腫物《はれもの》に苦しんでいる人が、柳の枝の触れた瞬間、喜びと共に何か癒されるものを感じる。生からの解脱と自然への愛との交錯、きわめて雅致のある感情である。

最後に七番目に、循環する時間の理念が日本の詩に見出されることを付け加えたい。

橘《たちばな》やいつの野中のほととぎす

芭蕉は橘の花の香を嗅ぐ。野原でほととぎすが鳴くのを聞きながら、かつて同じ花の同じ香を嗅いだことのあるのを想起している。これに次のような注釈を加えることを許されたい。「かつて既に聞いたことのある一つの音また嗅いだことのある一つの香が、現実ではないのに実在的、抽象ではないのに観念的なものとして現在と過去の内に同時によみがえるとき、たちまち、平常は事物の内に隠されている永遠の本質が解放され、時には長く死んでいたように思われながら実は死んでいなかった我々の真の自己が目覚め、もたらされた天上の糧を受けて生き生きとなる。時間の秩序から解放された一瞬が、それを感じるために時間の秩序から解放された人間を、我々の内に再創造したのである」（マルセル・プルースト『見出された時』第二巻、一六ページ）。

これやこの行くも帰るも別れては知るも知らぬも逢坂《おうさか》の関

これは九世紀のすぐれた盲目の歌人・楽人《がくにん》であった蟬丸の短歌である。ここにも「失われた時」と「見出された時」の例がある。逢坂の関、それは「その名が正面破風《はふ》にあって〈瞬間〉と呼ばれる」「二つの顔を持つ門」である。それは過去と未来の二つの道が出会う瞬間であり、無限の充実の現在の時であり、ツァラトゥストラが「自己の考えとその背後の思想を怖れて、つねに低い声で」小人と語った永遠の時であり、ヤージュニャヴァルキヤがアルタバーガに向かって「愛する者よ、私の手をとれ、この認識は我々二人だけでしかできない」といった聖なる時である。さらにそれは、魂がもう一つの魂に向かって「銀杏《いちょう》の葉は一つが二つに分かれたのか、それとも二つが一つになったのか」と問うた恵みの時であり、またそれは、今このポンティニーのサロンでこうして我々が過ごしている時でもある。それは私が蟬丸の詩句について諸君に語り、我々が、かつてすでにこの同じ時を共に過ごしたことがあったかどうか、そして再びこの時を共に過ごそうとしているのではないかどうか、——我々はすでに無限回知り合っていたのではないかどうか、そして再び知り合おうとしているのではないかどうかをまさしく自問している時である。今は、わが尊敬すべき盲人蟬丸をして偶然の問題と循環する時の問題を省察するに任せ、我々のために琵琶を取って古いやまと歌を奏《かな》でるよう乞い願うことにしよう。

ここで日本音楽について長々と語ることはできない。あえて諸君が日本音楽について殆ど何も知らないと仮定してお話ししたいが、抽象的な仕方で音楽について語るのは難しい。したがって、日本音楽に最も近いヨーロッパの旋律について二、三示すにとどめたい。そのもっとも良い例の一つはドビュッシーの「子供の領分」、なかでも「ゴリウォグの踊り」で、これはまったく日本の旋律である。三味線が奏でられている感じである。私はかつてこの曲で踊っているのを見たことを思い出す。場所はパリ・プラージュで夏のことであった。踊り手は日本の獅子舞のような衣裳をつけていて、この衣裳は踊りと音楽に完全に調和していた。「亜麻《あま》色の髪の乙女」も旋律の自由進行と不完全の完全において、やや日本的なものを有している。「きわめて静かに、そしてやさしく表情豊かに」弾き始め、ついで「ささやくように、そして少しずつゆっくりになるように」演奏されるこの前奏曲は、日本のくつろいだ音楽で暗示に満ちた「歌沢《うたざわ》」を思わせる。のみならず、ドビュッシーは日本美術の大愛好者であった。私はあえて彼の友人の思い出話を引用しておきたい。「ドビュッシーが傑作を書いた机は大きくて、最高の様式の日本の品物で一杯であった。その中で彼が特に気に入っていたのは焼き物の蛙で、マスコットだといって、どこへ行くにも携えて行った。彼の言い分によると、目の前にそれがないと仕事が手につかないということであった。……この仕事部屋でさらに思い出すのは北斎の色刷《いろずり》版画で、砕け散る大波を描いたものであった。ドビュッシーはこの波に特に愛着を持っていて、彼が「海」を作曲している間、インスピレーションを与えていたものである。彼は作品の刷本《すりほん》の表紙にそれを複製するよう我々に依頼した」(ジャック・デュラン『或る音楽出版者の思い出』第二部、パリ、一九二五年、九二―九三ページ)(10)。ドビュッシーのこれらの作品のほか、ラヴェルの「水のたわむれ」を例にあげることもできる。まるで琴の演奏を聞くが如くである。

ところで、ドビュッシーとその楽派の基本的性格をなしているものは何であろうか。おそらく、一方に、型にはまった時間からみずからを解放する努力のうちに、「各瞬間において音楽がまったく完全であり」、かつ「接近した部分のすべてがそっと代る代るやってくる」(J・リヴィエール)流動性のうちに、他方に、音の乱舞を消し去る単純化のうちに、「沈黙にすべて包みこまれた」「微妙な簡潔さ」(ロマン・ロラン)のうちに存するであろう。これはまさに日本音楽の特徴であり、同時に日本芸術一般の特質でもある。ヨーロッパ人による証言として、たとえばアルベール・メーボンを引いてみよう。彼は「三味線音楽は……何か茫漠とした無限定の移ろい易いものを有している……」という。そうして更に、もとより誇張であろうが、これに加えて「曙光があるだけで昼光がない」(『日本の演劇』パリ、一九二五年、八九ページ)と述べている。シャルル・ヴィルドラックは日本旅行の思い出の中で次のように語っている。「私が見たのは、ざらっとした感じの着物を着た二人の巡礼で、大きな笠が顔を隠していた。彼らは自分の足許を見ながらでしか道をたどることはできなかった。店々の敷居の前に立ちどまると、一人は木の椀《わん》を差し出し、もう一人は木の笛で小曲を吹いた。その曲はいつも同じで、驚いたことに、まさに「ペレアスとメリザンド」に出てくるゴローのテーマのように思われた」。三味線音楽については、彼は「郷愁的で繊細な同じ節《ふし》が基礎をなしていて、それを聞いただけで私は日本のすべてを思い出す。そこからどのような変奏曲を引き出すか、それにどのようなリズムを与えるかによって、この旋律はあるいは瞑想でありまた恋歌であり踊りである」(『日本旅行から』パリ、一九二七年、三六、六三ページ)といっている。日本の聴衆の前でヨーロッパ歌曲を歌う機会をもった別の西洋人旅行者は、次のように説明している。「歌っている最中に突然、日本の歌の優雅さと特質にくらべ私の歌と旋律がいかにも粗野なものに思われた。はじめて私は、日本音楽と日本歌曲の美と巧致の何がしかをかいま見たのであった」(ベルンハルト・ケレルマン『日本に於ける散歩』ベルリン、一九二二年、一五二ページ)。この「散歩者」がドビュッシーの反対極であるワグナーと同国人であることを思い合わせると、この言葉は一層意味深長である。

可測的な時間からの解放と多様性全体がそこで消え去る単純性という二重の性格を有する音楽を、汎神論的神秘主義の最も表現力豊かな芸術様式と見做《みな》し得ることについては、今更述べる必要はあるまい。更に、「印象主義」なる語は、しばしば、あまりにも軽率に誤って使用されている。人間は、印象を受動的に受取る機械ではないのである。人間の自発性は決して眠ってはいない。たとえば北斎の描く波は印象主義《インプレシヨニズム》の一例であるとともに表現主義《エクスプレシヨニズム》の一例でもある。それは叡知的世界の形式（mundi intelligibilis forma）であると共に感性的世界の形式（mundi sensibilis forma）でもある。同様に、時折誤って印象主義的と呼ばれている音楽において、「瞬間の印象」の束の間の音でしかないと思われているものが、実は極めてしばしば、魂の奥底から来た永遠の神秘の声の表現なのである。

謡ふも舞ふも法《のり》の声

と日本の禅僧白隠の『坐禅讃』はいっている[11]。

それ故に、日本芸術一般の最も秀《すぐ》れた特徴は、客観的観点から見て、無限の表現だということである。この特徴が現われるのは、すでに見たように、特に造型芸術における空間からの解脱、詩と音楽における時間からの解脱としてである。さて、しからば、日本芸術の主観的機能はいかなるものであろうか。日本芸術は、精神生活の要素として、無限といかなる関係を有しているのであろうか。精神生活の活動の場面は時間である。時間のうちに閉じこめられて、人は時間を解脱せんと切望する。かくして彼は永遠を求める。すなわち、真・善・美を索《もと》める。芸術の機能は、はかない瞬間の不滅化にあるのではなく、むしろ永遠の創造にこそあるのだ。真の芸術家は、永遠の無限すなわち美をしっかりと把握する。彼は美を我が物とするのである。それによって、かつ、それによってのみ、芸術家は人間存在の教師となる。彼は時間からの解脱を教え、美にほかならぬ永遠において生きることを教える。しかし彼は、自己の理念を誇示し無理やり受け入れさせて喜ぶが如き無能な教師の真似はしない。彼は『道徳経』の真理に通じているのである。すなわち、

大成は欠くるがごときも
その用はつきず
大盈《たいえい》はむなしきがごときも
その用はきわまらず

かくして彼は暗示の価値を信じ、想像力の強さを信じている。彼は鑑賞者の能動的自発性を喚起することができるのである。それ故に、彼は鑑賞者が位置すべき視点を指示し、ただ道を拓くのみで、鑑賞者がみずから進むべき方向を示すことしかしない。なるほど彼は、神的手腕によって永遠の美をあらわし、それによって鑑賞者に眩暈を与えるのである。しかし鑑賞者の仕事はまったく残されたままである。一大飛躍を行ない、無底の形而上学的深淵に身を投じ、そこで徹底的に粉砕されることが課せられているのは鑑賞者に対してである。芸術による時間からの解脱は二度現われる。一度目は無限を創造する芸術家にお

いて、二度目は芸術作品の観照によっていわば創造に参加する鑑賞者においてである。

アンドレ・シュアレスは、その小品集『西洋の俳諧』の序文において、日本の俳諧と短歌という短詩型の偉大な美的価値を賞讃している。しかし、詩の根底に関し、「日本の芸術全体」の内容に関して彼は、日本人がはかない一瞬において事物に執着するのみで無限と永遠への憧憬を知らないと主張する。彼はいう。「西洋では、我々は永遠に生きんがためにのみ生きる。我々のほとんど唯一ともいうべき願いは常に持続することにある。永遠への欲求は我々のはかない運命と一体をなしているのである。……反対に、日出づる国である彼の地では、かつてこの欲求を経験したことがない……。人間の精神はあらゆる空間と時間の場所である。しかしながら一つの条件がある。すなわち形而上学を生み出したということとその結果数学が起こり得たということである。だが極東はまったくこれらと無縁である。それ故、そこでは芸術と詩は我々とは正反対の原理に立っている。この精神のもとではすべてが空間的である……。この芸術は決して内的であるとは思えない。あるいはむしろ内的なものを軽蔑している。幾何学的点は思考の瞬間に帰すべきであり、またそのように認識されねばならぬ。ここにこそ西洋の意識の究極がある。だがこれらの言葉は黄色人にとっては何らの意味も持っていない」。私は、かかる評価がいかに根拠のないものであるか、アンドレ・シュアレスがこの点でいかに誤っているかについてはすでに諸君に示しえたと思う。紀貫之（八八三―九四六）の書いた『古今集』の有名な序がすでに次のように述べている。「やまと歌は、人の心を種として、よろづの言《こと》の葉とぞなれりける。世の中にある人、ことわざ繁きものなれば、心に思ふことを、見るもの聞くものにつけて、言ひ出《い》だせるなり」と。無限と永遠は心の中、思考の中にしか存在しない。造型芸術にせよ詩にせよ音楽にせよ、「内的芸術」は無限と永遠を客体化する。日本の芸術にはすべて非物質性が浸透している。それは決して外的ではないのみならず、外的なものを退ける。作品の各々がそのことを証明している。そうして、この性格を把握しない人は日本の芸術をまったく理解しないであろう。かくして、日本芸術においてその題材や事物に属するほとんどすべては、無限と永遠の有限で束の間の象徴として理解されねばならぬと結論することができるであろう。

原注

（1）例えば、風景画家の相阿弥（一四五〇―一五三〇頃）は「形而上学的遠近法」の最も天才的な巨匠の一人であった。他方、光琳（一六六一―一七一六）は他の一層特殊な問題すなわち形而上学的遠近法から装飾的遠近法への移行という課題を見事に解決した。「同時に装飾でありかつ表現である」ようなこの理想については、モーリス・ドニが次のように述べている。「余りにも長い間、人は芸術における真実性を模倣の観点からのみ考えるよう慣らされてきた。反対に、だまし絵が嘘と同義であり、だます意図をもった嘘と同義であることを主張するのに逆説は何も存しない。絵画は、表現すべきものをよく表現し、その装飾的役割を果しているとき、絵画的真実に、つまり真理に一致しているのである」(Maurice Denis, *Nouvelles théories*, Paris, p. 182)。

(2) オランジュリー美術館のクロード・モネ室のひとつには、きわめて日本的なものが認められる。それらの油絵は真中に睡蓮の池を、左右に梢も根元もない柳の巨幹を描いている。まるで屏風に囲まれた日本間にいる感じである。狩野永徳(一五四三—九〇)や応挙(一七三三—九五)はその模範を示したといってよいであろう。

(3) 例えば、ベルクソンによれば、「芸術の目的は……我々に暗示された理念を実現する……状態に我々を導くことである」(H. Bergson, *Essai sur les données immédiates de la conscience*, Paris, p. 11)。

(4) 北斎(一七六〇—一八四九)曰く、「私の画いた人物や動物が紙から逃げ出すような風に、線であれ点であれ私の画くすべてが生きているようでありたい」。ファン・ゴッホは日本美術の奥儀に通じ、この線の尊重を精力的に実行した。なるほど彼はしばしば病的な誇張によってそうしたのであろうが、しかもなお魂の力と自然の動きの表現にしばしば見事に成功している。

(5) 色彩に関する問題で私がここで特に考えているのは、明らかに、雪舟(一四二〇—一五〇六)の流派である。とはいえ、墨の暈《ぼか》しの技法はほとんどすべての日本画家において常に重要な役割を果している。ところで墨「絵」とデッサンは決して同じものを意味しない。墨の単色は、線書き手法以外に彩色的手法を、線のほかに色調を有している。そうして、もしデッサンにおいて「価値判断に訴えかけるものは価値判断である」(Alain, *Système des Beaux-Arts*, Paris, 5e éd., p. 278) ことが真実なら、墨絵において恍惚に訴えかけるものは恍惚である。反対の一致 (coincidentia oppositorum) の意味を表現するのにこれ以上効果的な芸術的手段を見出すのは困難であろう。

（6）対称性の不在は日本において詩のみが有する特徴ではない。或る程度までは、日本芸術一般がこれで特徴づけられていると言い得るであろう。

（7）この単位が十二音綴《おんてつ》から成立している点で、これをアレクサンドランに譬えることもできよう。しかし両者には本質的な相違がある。アレクサンドランでは一行句《セジュール》が等しく対称的な二つの半行句《エミスティシュ》に分かれるのであるが、やまと歌の典型的な単位では、反対に、五七または七五のように不等の非対称的な二つの部分に分かれる。ボードレールの「旅へのいざない」（*L'Invitation au voyage*）が五音綴と七音綴とから成っているのは事実である。しかしながら、連続する二つの五音綴は十音綴の韻律的価値しか有せず、二つの対称的半行句に分かれ内在韻で飾られている。

Mon enfant, ma sœur,
Songe à la douceur
D'aller là-bas vivre ensemble!
　Aimer à loisir,
　Aimer et mourir
Au pays qui te ressemble!

（8）この流動性は純粋に律動的な仕方で生み出され、詩句の意味とは何ら関係を有しない。したがってこれを韻律的分節と論理的分節との不一致において成り立つ「アンジャンブマン」〔次行へのまたがり〕と混同してはならぬ。俳諧のリズムは時折フランスの詩人に模倣されている。

J'ai fait un beau rêve.

Ce matin j'ai sur mes lèvres

Un goût de baiser.

(René MAUBLANC)

俳諧の旋律を、外国語で機械的に模倣して完全に再現し得るかどうかについて判断することは私には難しい。

(9)「叙述する代りに暗示すること」というマラルメの公式とヴェルレーヌの或る意味での「詩法」は、芭蕉の俳諧にも人麿(七世紀末)の短歌にも既に完全に実現されている。しかし、俳諧や短歌のごとき短詩を問題にするとき、特に言葉の色合いや響きや匂い、その交響的調和、その調子のとれたリズムのうちにある美は、ほとんどすべて翻訳によって壊れてしまう。あらゆる芸術的効果はその本性からして翻訳によっては移し得ないものである。

(10) ロマン・ロランもドビュッシーの音楽を或る日本画家の技法と比較している(Romain Rolland, *Musiciens d'aujourd'hui*, Paris, 12e éd., p. 205)。さらにまた、「版画」(「寺院」など)や「影像」(「金魚」など、二集から成る)は、東洋的あるいはむしろ日本的なインスピレーションをよく示している。これらの曲集はそれぞれ一九〇三年、一九〇五年、一九〇七年のものである。この頃から、アルフレッド・コルトーのいう「ドビュッシーのピアノ曲の最も特徴的な時期」が始まるのである(Alfred Cortot, *la Musique pour piano de Claude Debussy*, dans la *Revue Musicale*, 1er décembre 1920, pp. 134, 136)。「三つの交響的スケッチ、海」も、この時期すなわち一九〇三年から一九〇五年にかけて作曲された。「ペレアスとメリザンド」は一九〇二年に完成した。ダニエル・シェヌヴィエールはこの点について、「彼(ドビュッシー)は音楽の中に東洋を導入した」と確言している。「彼は音楽を生まれ変らせた。彼は東洋のもつ若々しさを西洋音楽にしみ込ませ、空気と光と生命を音楽に与えたのである」(Daniel Chennevière, *Claude Debussy et son œuvre*, Paris, pp. 15, 45)。

(11) 例えば、ドビュッシーの「牧神の午後への前奏曲」には、自然主義的欲望と汎神論的夢想の表現《エクスプレッション》と同様に、息苦しくけだるい午後の印象《インプレッション》がある。さらに、芸術の全領域において、日本の「内的芸術」の技法とフランス象徴派の技法との平行関係を明らかにすることはきわめて興味深いに相違ない。

(坂本賢三訳)

Ⅲ　「いき」の哲学

「いき」の構造（抄）

一　序　説

「いき」という現象は如何《いか》なる構造をもっているか。先ず我々は如何なる方法によって「いき」の構造を闡明《せんめい》し、「いき」の存在を把握することが出来るであろうか。「いき」が一の意味を構成していることは云うまでもない。また「いき」が言語として成立していることも事実である。しからば「いき」という語は各国語のうちに見出されるという普遍性を備えたものであろうか。我々は先ずそれを調べて見なければならない。そうして、もし「いき」という語がわが国語にのみ存するものであるとしたならば、「いき」は特殊の民族性をもった意味であることになる。然《しか》らば特殊な民族性をもった意味、即ち特殊の文化存在は如何なる方法論的態度をもって取扱わるべきものであろうか。「いき」の構造を明かにする前に我々はこれらの先決問題に答えなければならぬ。

先ず一般に言語というものは民族と如何なる関係を有するものか。言語の内容たる意味と民族存在とは如何なる関係に立つか。意味の妥当問題は意味の存在問題を無用になし得るものではない。否、往々、存在問題の方が原本的である。我々は先ず与えられた具体から出発しなければならない。我々に直接に与えられているものは「我々」である。また我々の綜合と考えられる「民族」である。そうして民族の存在様態は、その民族にとって核心的のものである場合に、一定の「意味」として現われて来る。また、その一定の意味は「言語」によって通路を開く。それ故に一の意味または言語は、一民族の過去および現在の存在様態の自己表明、歴史を有する特殊の文化の自己開示に外ならない。従って、意味および言語と民族の意識的存在との関係は、前者が集合して後者を形成するのではなくて、民族の生きた存在が意味および言語を創造するのである。両者の関係は、部分が全体に先立つ機械的構成関係ではなくて、全体が部分を規定する有機的構成関係を示している。それ故に、一民族の有する或る具体的意味または言語は、その民族の存在の表明として、民族の体験の特殊な色合を帯びていない筈はない。

もとよりいわゆる自然現象に属する意味および言語は大なる普遍性をもっている。しかもなおその普遍性たるや決して絶対的のものではない。例えばフランス語の ciel とか bois とかいう語を英語の sky, wood、ドイツ語の Himmel, Wald と比較する場合に、その意味内容は必ずしも全然同一のものではない。これはその国土に住んだことのある者は誰しも直ちに了解することである。Le ciel est triste et beau の ciel と、What shapes of sky or plain? の sky と、Der bestirnte Himmel über mir の Himmel とは、国土と住民とによって各々その内容に特殊の規定を受けている。自然現象に関する言葉でさえ既にかようであるから、況して社会の特殊な現象に関する語は他国語に意味の上での厳密なる対当者を見出すことは出来ない。ギリシャ語の πόλις にしても ἑταίρα にしても、フランス語の ville や courtisane とは異った意味内容をもっている。またたとえ語源を同じくするものでも、一国語として成立する場合には、その意味内容に相違を生じて来る。ラテン語の caesar とドイツ語の Kaiser との意味内容は決して同一のものではない。

無形的な意味および言語に於ても同様である。のみならず、或る民族の特殊の存在様態が核心的のものとして意味および言語の形で自己を開示しているのに、他の民族は同様の体験を核心的のものとして有せざるがために、その意味および言語を明かに欠く場合がある。例えば esprit という意味はフランス国民の性情と歴史全体とを反映している。この意味および言語は実にフランス国民の存在を予想するもので、他の民族の語彙のうちに索《もと》めても全然同様のものは見出し得ない。ドイツ語では Geist をもってこれに当てるのが普通であるが、Geist の固有の意味はヘーゲルの用語法によって表現されているもので、フランス語の esprit とは意味を異にしている。geistreich という語もなお esprit の有する色合を完全にもっているものではない。もし、もっているとすれば、それは意識的に esprit の翻訳としてこの語を用いた場合のみである。その場合には本来の意味内容の外に強いて他の新しい色彩を帯びさせられたものである。否、他の新しい意味を言語の中に導入したものである。そうしてその新しい意味は自国民が有機的に創造したものではなくて、他国から機械的に輸入したものに過ぎないのである。英語の spirit も intelligence も wit もみな esprit ではない。前の二つは意味が不足しているし、wit は意味が過剰である。なお一例を挙げれば Sehnsucht という語はドイツ民族が産んだ言葉であって、ドイツ民族とは有機的関係をもっている。陰鬱な気候風土や戦乱の下に悩んだ民族が明るい幸ある世界に憬れる意識である。レモンの花咲く国に憧れるのは単にミニョンの思郷の情のみではない。ドイツ国民全体の明るい南に対する悩ましい憧憬である。「夢もなお及ばない遠い未来の彼方、彫刻家たちの嘗《かつ》て夢みたよりも更に熱い南の彼方、神々が踊りながら一切の衣裳を恥ずる彼地へ(一)」の憧憬、ニイチェのいわゆる flügelbrausende Sehnsucht はドイツ国民の斉《ひと》しく懐くものである。そうしてこの悩みはやがてまた noumenon の世界の措定として形而上的情調をも取って来るのである。英語の longing またはフランス語の langueur, soupir, désir などは Sehnsucht の色合の全体を写し得るものではない。ブートルーは「神秘説の心理」と題する論文のうちで、神秘説に関して「その出発点は精神の定義し難い一の状態で、ドイツ語の Sehnsucht がこの状態をかなり善く言表わしている(二)」と云っているが、即ち彼はフランス語のうちに Sehnsucht の意味を表現する語のないことを認めている。

「いき」という日本語もこの種の民族的色彩の著しい語の一つである。いま仮りに同意義の語を欧洲語のうちに索めて見よう。先ず英、独の両語でこれに類似するものは殆んど悉くフランス語の借用に基いている。然らばフランス語のうちに「いき」に該当するものを見出すことが出来るであろうか。第一に問題となるのは chic という言葉である。この語は英語にもドイツ語にもその儘《まま》借用されていて、日本では屡々《しばしば》「いき」と訳される。元来、この語の語源に関しては二説ある。一説によれば chicane の略で裁判沙汰を縺れさせる「繊巧な詭計」を心得ているというような意味がもとになっている。他説によれば chic の原形は schick である。即ち schicken から来たドイツ語である。そうして geschickt と同じに、諸事に就ての「巧妙」の意味をもっていた。その語をフランスが輸入して、次第に趣味に就ての élégant に近接する意味に変えて用いるようになった。今度はこの新しい意味をもった chic として、即ちフランス語としてドイツにも逆輸入された。然らば、この語の現在有する意味は如何なる内容をもっているかというに、決して「いき」ほど限定されたものではない。外延のなお一層広いものである。即ち「いき」をも「上品」をも均しく要素として包摂し、「野暮《やぼ》」「下品」などに対して、趣味の「繊巧」または「卓越」を表明している。次に coquet という語がある。この語は coq から来ていて、一羽の雄雞《おんどり》が数羽の牝雞《めんどり》に取巻かれていることを条件として展開する光景に関するものである。即ち「媚《び》態《たい》的」を意味する。この語も英語にもドイツ語にもそのまま用いられている。ドイツでは十八世紀に coquetterie に対して Fängerei という語が案出されたが一般に通用するに至らなかった。この特に「フランス的」といわれる語は確かに「いき」の徴表《ちょうひょう》の一つを形成している。しかしなお他の徴表の加わらざる限り「いき」の意味を生じては来ない。しかのみならず徴表結合の如何《いかん》によっては「下品」ともなり「甘く」もなる。カルメンがハバネラを歌いつつドン・ジョゼに媚びる態度は coquetterie には相違ないが決して「いき」ではない。なおまたフランスには raffiné という語がある。re-affiner 即ち「一層精細にする」という語から来ていて、「洗練」を意味する。英語にもドイツ語にも移って行っている。そうしてこの語は「いき」の徴表の一をなすものである。しかしながら「いき」の意味を成すにはなお重要な徴表を欠いている。且つまた或る徴表と結合する場合には「いき」と或る意味で対立している「渋味」となることも出来る。要するに「いき」は欧洲語としては単に類似の語を有するのみで全然同価値の語は見出し得ない。従って「いき」とは東洋文化の、否、大和民族の特殊の存在様態の顕著な自己表明の一つであると考えて差支ない。

もとより「いき」と類似の意味を西洋文化のうちに索めて、形式化的抽象によって何らか共通点を見出すことは決して不可能ではない。しかしながら、それは民族の存在様態としての文化存在の理解には適切な方法論的態度ではない。民族的歴史的存在規定をもった現象を自由に変更して可能の領域に於ていわゆる「イデアチオン」を行っても、それは単にその現象を包含する抽象的の類概念を得るに過ぎない。文化存在の理解の要諦は事実としての具体性を害うことなく有の儘の生ける形態に於て把握することである。ベルクソンは、薔薇の匂を嗅いで過去を回想する場合に、薔薇の匂が与えられてそれによって過去のことが連想されるのではない。過去の回想を薔薇の匂のうちに嗅ぐのであると云っている。薔薇の匂という一定不変のもの、万人に共通な類概念的のものが現実として存するのではない。内容を異にした個々の匂があるのみである。そうして薔薇の匂という一般的なものと回想という特殊なものとの連合によって体験を説明するのは、多くの国語に共通なアルファベットの幾字かを並べて或る一定の国語の有する特殊な音を出そうとするようなものであると云っている。(三)「いき」の形式化的抽象を行って、西洋文化のうちに存する類似の現象との共通点を求めようとするのもその類である。およそ「いき」の現象の把握に関して方法論的考察をする場合に我々は他でもない universalia の問題に面接している。アンセルムスは類概念を実在であると見る立場に基いて、三位は畢竟一体の神であるという正統派の信仰を擁護した。それに対してロスケリヌスは類概念を名目に過ぎずとする唯名論の立場から、父と子と聖霊の三位は三つの独立した神々であることを主張して、三神説の誹りを甘受した。我々は「いき」の理解に際して universalia の問題を唯名論の方向に解決する異端者たるの覚悟を要する。即ち「いき」を単に種概念として取扱って、それを包括する類概念の抽象的普遍を向観する「本質直観」を索めてはならない。意味体験としての「いき」の理解は具体的な、事実的な、特殊な「存在会得」でなくてはならない。我々は「いき」の essentia を問う前に、先ず「いき」の existentia を問うべきである。一言にして云えば「いき」の研究は「形相的」であってはならない。「解釈的」であるべき筈である。(四)

然らば、民族的具体の形で体験される意味としての「いき」は如何なる構造をもっているか。我々は先ず意識現象の名の下に成立する存在様態としての「いき」を会得し、次で客観的表現を取った存在様態としての「いき」の理解に進まなければならぬ。前者を無視し、または前者と後者との考察の順序を顚倒《てんとう》するに於ては「いき」の把握は単に空しい意図に終るであろう。しかも、たまたま「いき」の闡明が試みられる場合には、おおむねこの誤謬に陥っている。先ず客観的表現を研究の対象として、その範囲内に於ける一般的特徴を索めるから、客観的表現に関する限りでさえも「いき」の民族的特殊性の把握に失敗する。また客観的表現の理解を以て直ちに意識現象の会得と見做すため、意識現象としての「いき」の説明が抽象的、形相的に流れて、歴史的民族的に規定された存在様態を具体的、解釈的に闡明することが出来ないのである。我々はそれと反対に具体的な意識現象から出発しなければならぬ。

註

（一） Nietzsche, Also sprach Zarathustra, Teil III, Von alten und neuen Tafeln.

（二） Boutroux, La psychologie du mysticisme（La nature et l'esprit, 1926, p. 177）.

（三） Bergson, Essai sur les données immédiates de la conscience, 20ᵉ éd., 1921, p. 124.

（四）「形相的」および「解釈的」の意義につき、また「本質」と「存在」との関係については左の諸書参照。

Husserl, Ideen zu einer reinen Phänomenologie, 1913, I, S. 4, S. 12.

Heidegger, Sein und Zeit, 1927, I, S. 37 f.

Oskar Becker, Mathematische Existenz, 1927, S. 1.

二　「いき」の内包的構造

意識現象の形に於《おい》て意味として開示される「いき」の会得の第一の課題として、我々は先ず「いき」の意味内容を形成する徴表を内包的に識別してこの意味を判明ならしめねばならない。次《つい》で第二の課題として、類似の諸意味とこの意味との区別を外延的に明かにしてこの意味に明晰を与えることを計らねばならない。かように「いき」の内包的構造と外延的構造とを均しく闡明することによって、我々は意識現象としての「いき」の存在を完全に会得することが出来るのである。

先ず内包的見地にあって、「いき」の第一の徴表は異性に対する「媚態」である。異性との関係が「いき」の原本的存在を形成していることは、「いきごと」が「いろごと」を意味するのでもわかる。「いきな話」といえば異性との交渉に関する話を意味している。なお「いきな話」とか「いきな事」とかいううちにはその異性との交渉が尋常の交渉でないことを含んでいる。近松秋江《ちかまつしゅうこう》の「意気なこと」という短篇小説は「女を囲う」ことに関している。そうして異性間の尋常ならざる交渉は媚態の皆無を前提としては成立を想像することが出来ない。即ち「いきな事」の必然的制約は何等かの意味の媚態である。然らば媚態とは何であるか。媚態とは、一元的の自己が自己に対して異性を措定し、自己と異性との間に可能的関係を構成する二元的態度である。そうして「いき」のうちに見られる「なまめかしさ」「つやっぽさ」「色気」などはすべてこの二元的可能性を基礎とする緊張に外ならない。いわゆる「上品」はこの二元性の欠乏を示している。そうしてこの二元的可能性は媚態の原本的存在規定であって、異性が完全なる合同を遂げて緊張性を失う場合には媚態はおのずから消滅する。媚態は異性の征服を仮想的目的とし、目的の実現と共に消滅の運命をもったものである。永井《ながい》荷風《かふう》が『歓楽』のうちで「得ようとして、得た後の女ほど情無いものはない」と云っているのは、異性の双方において活躍していた媚態の自己消滅によって齎《もた》らされた「倦怠、絶望、嫌悪」の情を意味しているに相違ない。それ故に、二元的関係を持続せしむること、即ち可能性を可能性として擁護することは、媚態の本領であり、従って「歓楽」の要諦である。しかしながら、媚態の強度は異性間の距離の接近するに従って減少するものではない。距離の接近は却って媚態の強度を増す。菊池寛の『不壊《ふえ》の白珠《しらたま》』のうちで「媚態」という表題の下に次の描写がある。「片山氏は……玲子と間隔をあけるように、なるべく足早に歩こうとした。だが、玲子は、そのスラリと長い脚で……片山氏が、離れようとすればするほど寄り添って、すれずれに歩いた」。媚態の要は、距離を出来得る限り接近せしめつつ、距離の差が極限に達せざることである。可能性としての媚態は実に動的可能性として可能である。アキレウスは「そのスラリと長い脚で」無限に亀に近迫するがよい。しかし、ヴェノンの逆説を成立せしめることを忘れてはならない。蓋《けだ》し、媚態とは、その完全なる形に於ては、異性間の二元的動的可能性が可能性の儘《まま》に絶対化されたものでなければならない。「継続された有限性」を継続する放浪者、「悪い無限性」を喜ぶ悪性者《あくしょうもの》、「無窮に」追跡して仆《たお》れないアキレウス、この種の人間だけが本当の媚態を知っているのである。そうして、かような媚態が「いき」の基調たる「色っぽさ」を規定している。

「いき」の第二の徴表は「意気」即ち「意気地」である。意識現象としての存在様態である「いき」のうちには江戸文化の道徳的理想が鮮かに反映されている。江戸児《えどっこ》の気概が契機として含まれている。野暮と化物とは箱根より東に住まぬことを「生粋《きっすい》」の江戸児は誇りとした。「江戸の花」には命をも惜しまない町火消、鳶者《とびのもの》は寒中でも白足袋《しろたび》はだし、法《はっ》被《ぴ》一枚の「男伊達《だて》」を尚んだ。「いき」には「江戸の意気張り」「辰巳《たつみ》の俠骨《きょうこつ》」がなければならない。「いなせ」「いさみ」「伝法《でんぽう》」などに共通な犯す可らざる気品気格がなければならない。「野暮は垣根の外がまへ、三千楼の色競《くら》べ、意気地《いきじ》くらべや張競べ」というように、「いき」は媚態でありながらなお異性に対して一種の反抗を示す強味をもった意識である。「鉢巻の江戸紫」に「粋なゆかり」を象徴する助六《すけろく》は「若い者、間近く寄つてしやつつらを拝み奉れ、やい」と云って喧嘩を売る助六であった。「映らふ色やくれなゐの薄花桜」と歌われた三浦屋の揚巻《あげまき》も髭《ひげ》の意休《いきゅう》に対して「慮外ながら揚巻で御座んす。暗がりで見ても助六さんとお前、取違へてよいものか」という思切《おもいき》った気概を示した。「色と意気地を立てぬいて、気立《きだて》が粋《すい》で」とはこの事である。かくして高尾も小紫も出た。「いき」のうちには潑剌《はつらつ》として武士道の理想が生きている。「武士は食わねど高楊枝《たかようじ》」の心がやがて江戸者の「宵越《よいごし》の銭を持たぬ」誇りとなり、更にまた「蹴《け》ころ」「不見転《みずてん》」を卑しむ凜乎たる意気となったのである。「傾城《けいせい》は金でかふものにあらず、意気地にかゆるものとこころへべし」とは廓の掟であった。「金銀は卑しきものとて手にも触れず、仮初《かりそめ》にも物の直段を知らず、泣言を言はず、まことに公家大名の息女の如し」とは江戸の太夫の讃美であった。「五丁町《ごちょうまち》の辱《はじ》なり、吉原の名折れなり」という動機の下に吉原の遊女は「野暮な大尽《だいじん》などは幾度もはねつけ」たのである。「とんと落ちなば名は立たん、どこの女郎衆の下紐《したひも》を結ぶの神の下心」によって女郎は心中立《しんじゅうだて》をしたのである。理想主義の生んだ「意気地」によって媚態が霊化されていることが「いき」の特色である。

「いき」の第三の徴表は「諦め」である。運命に対する知見に基いて執着を離脱した無関心である。「いき」は垢抜がしていなくてはならぬ。あっさり、すっきり、瀟洒たる心持《こころもち》でなくてはならぬ。この解脱は何によって生じたのであろうか。異性間の通路として設けられている特殊な社会の存在は恋の実現に関して幻滅の悩みを経験させる機会を与え易い。「たまたま逢ふに切れよとは、仏姿《ほとけすがた》にあり乍《なが》ら、お前は鬼か清心《せいしん》様」という歎きは十六夜《いざよい》ひとりの歎きではないであろう。魂を打込んだ真心が幾度か無惨に裏切られ、悩みに悩みを嘗《な》めて鍛えられた心がいつわり易い目的に目をくれなくなるのである。異性に対する淳朴な信頼を失ってさっぱりと諦むる心は決して無代価で生れたものではない。「思ふ事、叶はねばこそ浮世とは、よく諦めた無理なこと」なのである。その裏面には「情《つれ》ないは唯うつり気な、どうでも男は悪性者」という煩悩の体験と、「糸より細き縁ぢやもの、つい切れ易く綻《ほころ》びて」という万法の運命とを蔵している。そうしてその上で「人の心は飛鳥《あすか》川、変るは勤めのならひぢやもの」という懐疑的な帰趨と、「わしらがやうな勤めの身で、可愛と思ふ人もなし、思うて呉れるお客もまた、広い世界にないものぢやわいな」という厭世的な結論とを掲げているのである。「いき」を若い芸者に見るよりは寧ろ年増《としま》の芸者に見出すことの多いのは恐らくこの理由によるものであろう(一)。要するに「いき」は「浮かみもやらぬ、流れのうき身」という「苦界《くがい》」にその起原をもっている。そうして「いき」のうちの「諦め」従って「無関心」は、世智辛い、つれない浮世の洗練を経てすっきりと垢抜した心、現実に対する独断的な執着を離れた瀟洒として未練のない恬淡無碍《てんたんむげ》の心である。「野暮は揉まれて粋となる」というのはこの謂《いい》に外ならない。婀娜《あだ》っぽい、かろらかな微笑の裏に、真摯な熱い涙のほのかな痕跡を見詰めたときに、はじめて「いき」の真相を把握し得たのである。「いき」の「諦め」は爛熟頽廃《らんじゆくたいはい》の生んだ気分であるかも知れない。またその蔵する体験と批判的知見とは個人的に獲得したものであるよりは社会的に継承したものである場合が多いかも知れない。それはいずれであってもよい。兎も角も「いき」のうちには運命に対する「諦め」と、「諦め」に基づく恬淡とが否み得ない事実性を示している。そうしてまた、流転、無常を差別相の形式と見、空無、涅槃《ねはん》を平等相の原理とする仏教の世界観、悪縁にむかって諦めを説き、運命に対して静観を教える宗教的人生観が背景をなして、「いき」のうちのこの契機を強調し且つ純化していることは疑いない。

以上を概括すれば、「いき」の構造は「媚態」と「意気地」と「諦め」との三契機を示している。そうして、第一の「媚態」はその基調を構成し、第二の「意気地」と第三の「諦め」の二つはその民族的、歴史的色彩を規定している。この第二および第三の徴表は第一の徴表たる「媚態」と一見相容れないようであるが、果して真に相容れないであろうか。曩《さき》に述べたように、媚態の原本的存在規定は二元的可能性にある。然るに第二の徴表たる「意気地」は理想主義の齎《もたら》した心の強味で、媚態の二元的可能性に一層の緊張と一層の持久力とを呈供し、可能性を可能性として終始せしめようとする。即ち「意気地」は媚態の存在性を強調し、その光沢を増し、その角度を鋭くする。媚態の二元的可能性を「意気地」によって限定することは、畢竟《ひっきょう》、自由の擁護を高唱するに外ならない。第三の徴表たる「諦め」も決して媚態と相容れないものではない。媚態はその仮想的目的を達せざる点に於て、自己に忠実なるものである。それ故に、媚態が目的に対して「諦め」を有することは不合理でないのみならず、却《かえ》って媚態そのものの原本的存在性を開示せしむることである。媚態と「諦め」との結合は、自由への帰依《きえ》が運命によって強要され、可能性の措定が必然性によって規定されたことを意味している。即ち、そこには否定による肯定が見られる。要するに、「いき」という存在様態に於て、「媚態」は、武士道の理想主義に基づく「意気地」と、仏教の非現実性を背景とする「諦め」とによって、存在完成にまで限定されるのである。それ故に「いき」は媚態の「粋」[二]である。「いき」は安価なる現実の提《てい》立《りつ》を無視し、実生活に大胆なる括弧を施し、超然として中和の空気を吸いながら、無目的なまた無関心な自律的遊戯をしている。一言にして云えば、媚態のための媚態である。恋の真剣と妄執とは、その現実性とその非可能性によって「いき」の存在に悖《もと》る。「いき」は恋の束縛に超越した自由なる浮気心でなければならぬ。「月の漏るより闇がよい」というのは恋に迷った暗がりの心である。「月がよいとの言草《ことぐさ》」が即ち恋人にとっては腹の立つ「粋な心」である。「粋な浮世を恋ゆゑに野暮にくらすも心から」というときも、恋の現実的必然性と、「いき」の超越的可能性との対峙《たいじ》が明示されている。「粋と云はれて浮いた同士」が「つい岡惚《おかぼれ》の浮気から」いつしか恬淡洒脱の心を失って行った場合には「またいとしさが弥増《いやま》して、深く鳴子の野暮らしい」ことを託《かこ》たねばならない。「蓮の浮気は一寸惚《ちょっとぼ》れ」という時は未だ「いき」の領域にいた。「野暮な事ぢやが比翼紋《ひよくもん》、離れぬ中」となった時には既に「いき」の境地を遠く去っている。そうして「意気なお方につり合ぬ、野暮なやの字の屋敷者」という皮肉な嘲笑を甘んじて受けなければならぬ。およそ「胸の煙は瓦焼く竈《かまど》にまさる」のは「粋な小梅の名にも似ぬ」のである。スタンダアルのいわゆる amour-passion の陶酔はまさしく「いき」からの背離である。「いき」に左袒《さたん》する者は

amour-goût の淡い空気のうちで蕨《わらび》を摘んで生きる解脱に達していなければならぬ。しかしながら、「いき」はロココ時代に見るような「影に至る迄も一切が薔薇色の絵」（三）ではない。「いき」の色彩は恐らく「遠つ昔の伊達姿、白茶苧袴《しらちゃおばかま》」の白茶色であろう。

　要するに「いき」とは、わが国の文化を特色附けている道徳的理想主義と宗教的非現実性との形相因によって、質料因たる媚態が自己の存在実現を完成したものであると云うことが出来る。従って「いき」は無上の権威を恣《ほしいまま》にし、至大の魅力を振《ふる》うのである。「粋な心についたらされて、嘘と知りてもほんまに受けて」という言葉はその消息を簡明に語っている。ケレルマンがその著『日本に於ける散歩』のうちで、日本の或る女に就いて「欧羅巴《ヨーロッパ》の女が嘗て到達しない愛嬌を以って彼女は媚を呈した」（四）と云っているのは恐らく「いき」の魅惑を感じたのであろう。我々は最後にこの豊かな特彩をもつ意識現象としての「いき」、理想性と非現実性とによって自己の存在を実現する媚態としての「いき」を定義して「垢抜して（諦）、張のある（意気地）、色っぽさ（媚態）」と云うことが出来ないであろうか。

註

（一）『春色辰巳園《しゅんしょくたつみのその》』巻之七に「さぞ意気な年増になるだらうと思ふと、今ツから楽しみだわ」という言葉がある。また『春色梅暦《しゅんしょくうめごよみ》』巻之二に「素顔の意気な中年増《ちゅうどしま》」ということもある。また同書巻之一に「意気な美しいおかみさんが居ると言ひましたから、それぢやア違ツたかと思つて、猶くはしく聞いたれば、おまはんの年よりおかみさんの方が、年うへのやうだといひまし云々」の言葉があるが、即ち、ここでは「いき」と形容されている女は、男よりも年上である。一般に「いき」は知見を含むもので、従って「年の功」を前提としている。「いき」の所有者は「垢のぬけたる苦労人」でなければならない。

(二) 我々が問題を見ている地平にあっては、「いき」と「粋《すい》」とを同一の意味内容を有するものと考えても差支ないと思う。式亭三馬の『浮世風呂』第二編巻之上で、染色に関して、江戸の女と上方《かみがた》の女との間に次の問答がある。江戸女「薄紫といふやうなあんばいで意気だねえ」、上方女「いつかう粋ぢや。こちや江戸紫なら大好〳〵」。即ち、「いき」と「粋」とはこの場合全然同意義である。染色の問答に続いて、三馬はこの二人の女に江戸語と上方語との巧みな使い別けをさせている。のみならず「すっぽん」と「まる」、「から」と「さかい」などのような江戸語と上方語との相違に就いて口論をさせている。「いき」と「粋」との相違は、同一内容に対する江戸語と上方語との相違であるらしい。従って、両語の発達を時代的に規定することが出来るかも知れない(『元禄文学辞典』『近松語彙』参照)。尤も単に土地や時代の相違のみならず、意識現象には好んで「粋」の語を用い、客観的表現には主として「いき」の語を使うように考えられる場合もある。例えば『春色梅暦』巻之七に出ている流行唄《はやりうた》に「気だてが粋で、なりふりまでも意気で」とある。しかし、また同書巻之九に「意気の情《なさけ》の源」とあるように、意識現象に「いき」の語を用いる場合も多いし、『春色辰巳園』巻之三に「姿も粋な米八《よねはち》」と云っているように、客観的表現に「粋」の語を使う場合も少なくない。要するに「いき」と「粋」とは意味内容を同じくするものと見て差支ないであろう。また、たとえ一は特に意識現象に、他は専《もっぱ》ら客観的表現に用いられると仮定しても、客観的表現とは意識現象の客観化にほかならず、従って両者は結局その根柢においては同一意味内容をもっていることになる。

(三) Stendhal, De l'amour, livre I, chapitre I.

(四) Kellermann, Ein Spaziergang in Japan, 1924, S. 256.

六　結論

「いき」の存在を理解しその構造を闡明するに当って、方法論的考察として予《あらかじ》め意味体験の具体的把握を期した。しかし、すべての思索の必然的制約として、概念的分析によるの外はなかった。しかるに他方において、個人の特殊の体験と同様に民族の特殊の体験は、たとえ一定の意味として成立している場合にも、概念的分析によっては残余なきまで完全に言表されるものではない。具体性に富んだ意味は厳密には悟得の形で味会されるのである。メーヌ・ドゥ・ビランは、生来の盲人に色彩の何たるかを説明すべき方法がないと同様に、生来の不随者として自発的動作をしたことの無い者に努力の何たるかを言語をもって悟らしむる方法はないと云っている（一）。我々は趣味としての意味体験に就ても恐らく一層述語的に同様のことを云い得る。「趣味」は先ず体験として「味う」ことに始まる。我々は文字通りに「味を覚える」。更に、覚えた味を基礎として価値判断を下す。しかし味覚が純粋の味覚である場合はむしろ少ない。「味なもの」とは味覚自身のほかに嗅覚によって嗅ぎ分けるところの一種の匂を暗示する。捉え難いほのかなかおりを予想する。のみならず、屢々《しばしば》触覚も加わっている。味のうちには舌ざわりが含まれている。そうして「さわり」とは心の糸に触れる、言うに言えない動きである。この味覚と嗅覚と触覚とが原本的意味に於ける「体験」を形成する。いわゆる高等感覚は遠官として発達し、物と自己とを分離して、物を客観的に自己に対立させる。かくして聴覚は音の高低を判然と聴分ける。しかし部音は音色の形を取って簡明な把握に背《そむ》こうとする。視覚にあっても色彩の系統を立てて色調の上から色を分けて行く。しかし如何に色と色とを分割してもなお色と色との間には把握し難い色合《いろあい》が残る。そうして聴覚や視覚にあって、明瞭な把握に漏れる音色や色合を体験として拾得するのが、感覚上の趣味である。一般にいう趣味も感覚上の趣味と同様にものの「色合」に関している。即ち、道徳的および美的評価に際して見られる人格的および民族的色合を趣味というのである。ニイチェは「愛しないものを直ちに呪うべきであろうか」と問うて、「それは悪い趣味と思う」と答えている。またそれを「下品」(Pöbel-Art)だと云っている。(二) 我々は趣味が道徳の領域において意義をもつことを疑おうとしない。また芸術の領域にあっても、「色を求むるにはあらず、ただ色合のみ」(三)と云ったヴェルレエヌと共に我々は趣味としての色合の価値を信ずる。「いき」も畢竟、民族的に規定された趣味であった。従って「いき」は勝義における sens intime によって味会されなければならない。「いき」を分析して得られた抽象的概念契機は具体的な「いき」の或る幾つかの方面を指示するに過ぎない。「いき」は個々の概念契機に分析することは出来るが、逆に、分析された個々の概念契機をもって「いき」の存在を構成することは出来ない。「媚態」といい、「意気地」といい、「諦め」といい、これらの概念は「いき」の部分ではなくて契機に過ぎない。それ故に概念的契機の集合としての「いき」と、意味体験としての「いき」との間には、越えることの出来ない間隙がある。換言すれば、「いき」の論理的言表の潜勢性と現勢性との間には截然《せつぜん》たる区別がある。我々が分析によって得た幾つかの抽象的概念契機を結合して「いき」の存在を構成し得るように考えるのは、既に意味体験としての「いき」をもっているからである。

意味体験としての「いき」と、その概念的分析との間にかような乖離《かいり》的関係が存するとすれば、「いき」の概念的分析は、意味体験としての「いき」の構造を外部より了得せしむる場合に、「いき」の存在の把握に適切なる位地と機会とを提供する以外の実際的価値をもち得ないであろう。例えば、日本の文化に対して無知な或る外国人に我々が「いき」の存在の何たるかを説明する場合に、我々は「いき」の概念的分析によって、彼を一定の位置に置く。それを機会として彼は彼自身の「内官」によって「いき」の存在を味得しなければならない。「いき」の存在会得に対して概念的分析は、この意味に於ては、単に「機会原因」より外のものではあり得ない。しかしながら概念的分析の価値は実際的価値に尽きるであろうか。体験さるる意味の論理的言表の潜勢性を現勢性に化せんとする概念的努力は、実際的価値の有無または多少を規矩《きく》とする功利的立場によって評価さるべき筈のものであろうか。否。意味体験を概念的自覚に導くところに知的存在者の全意義が懸《かか》っている。実際的価値の有無多少は何等《なんら》の問題でもない。そうして、意味体験と概念的認識との間に不可通約的な不尽性の存することを明かに意識しつつ、しかもなお論理的言表の現勢化を「課題」として「無窮」に追跡するところに、まさに学の意義は存するのである。「いき」の構造の理解もこの意味において意義をもつことを信ずる。

しかし、曩《さき》にも云ったように、「いき」の構造の理解をその客観的表現に基礎附けようとすることは大なる誤謬である。「いき」はその客観的表現にあっては必ずしも常に自己の有する一切のニュアンスを表わしているとは限らない。客観化は種々の制約の拘束の下に成立する。従って、客観化された「いき」は意識現象としての「いき」の全体をその広さと深さにおいて具現していることは稀である。客観的表現は「いき」の象徴に過ぎない。それ故に「いき」の構造は、自然形式または芸術形式のみからは理解出来るものではない。その反対に、これらの客観的形式は、個人的もしくは社会的意味体験としての「いき」の意味移入によって初めて生かされ、会得されるものである。「いき」の構造を理解する可能性は、客観的表現に接触して quid を問う前に、意識現象のうちに没入して quis を問うことに存している。およそ芸術形式は人性的一般または異性的特殊の存在様態に基いて理解されなければ真の会得ではない(四)。体験としての存在様態が模様に客観化される例としては、ドイツ民族の有する一種の内的不安が不規則的な模様の形を取って、既に民族移住時代から見られ、更にゴシックおよびバロックの装飾にも顕著な形で現われている事実がある。建築においても体験と芸術形式との関係を否み得ない。ポール・ヴァレリーの『ユーパリノス或いは建築家』のうちで、メガラ生れの建築家ユーパリノスは次のように云っている。「ヘルメスのために私が建てた小さい神殿、直ぐそこの、あの神殿が私にとって何であるかを知ってはいまい。路ゆく者は優美な御堂を見るだけだ――僅かのものだ、四つの柱、極めて単純な様式――だが私は私の一生のうちの明るい一日の思出をそこに込めた。おお、甘い変身《メタモルフォーズ》よ。誰も知る人は無いが、このきゃしゃな神殿は、私が嬉しくも愛した一人のコリントの乙女の数学的形像だ。この神殿は彼女独自の釣合を忠実に現わしているのだ」(五)。音楽においても浪漫《ロマン》派または表現派の名称をもって総括し得る傾向はすべて体験の形式的客観化を目標としている。既にマショオは恋人ペロンヌに向って「私のものはすべて貴女の感情で出来た」と告げている(六)。またショパンは「へ」短調司伴楽の第二楽章の美しいラルジェットがコンスタンチア・グラコウスカに対する自分の感情を旋律化したのであることを自ら語っている(七)。体験の芸術的客観化は必ずしも意識的になされることを必要としない。芸術的衝動は無意識的に働く場合も多い。しかしかかる無意識的創造も体験の客観化に外ならない。即ち個人的または社会的体験が、無意識的に、しかし自由に形成原理を選択して、自己表現を芸術として完了したのである。自然形式においても同様である。身振《みぶり》その他の自然形式は屢々無意識のうちに創造される。いずれにしても、「いき」の客観的表現は意識現象としての「いき」に基礎附けて初めて真に理解されるものである。なお、客観的表現を出発点として「いき」の構造を闡明しようとする者の殆んど常に陥る欠点がある。即ち、「いき」の抽象的、形相的理解に止《とどま》って、具体的、解釈的に「いき」の特異なる存在規定を把握するに至らないことである。例えば、「美感を与える対象」としての芸術品の考察に基いて「粋の感」の説明が試みられる（八）。その結果として、「不快の混入」というごとき極めて一般的、抽象的な性質より捉えられない。従って「いき」は漠然たるraffinéのごとき意味となり、一方に「いき」と渋味との区別を立て得ないのみならず、他方に「いき」のうちの民族的色彩が全然把握されない。そうして仮りにもし「いき」がかくのごとき漠然たる意味よりもっていないものとすれば、西洋の芸術のうちにも多くの「いき」を見出すことが出来る筈である。即ち「いき」とは「西洋に於ても日本に於ても」「現代人の好む」何ものかに過ぎないことになる。しかしながら、例えばコンスタンタン・ギイやドガアやファン・ドンゲンの絵が果して「いき」の有するニュアンスを具有しているであろうか。また、サンサンス、マスネエ、ドゥビュッシイ、リヒアルド・スュトラウスなどの作品中の或る旋律を捉えて厳密なる意味において「いき」と名附け得るであろうか。これらは恐らく肯定的に答えることは出来ないであろう。既に云ったように、この種の現象と「いき」との共通点を形式化的抽象によって見出すことは必ずしも困難ではない。しかしながら、形相的方法を採ることはこの種の文化存在の把握に適した方法論的態度ではない。然るに客観的表現を出発点として「いき」の闡明を計る者は多くみなかような形相的方法に陥るのである。要するに「いき」の研究をその客観的表現としての自然形式または芸術形式の理解から始めることは徒労に近い。先ず意識現象としての「いき」の意味を民族的具体において解釈的に把握し、然る後その会得に基いて自然形式および芸術形式に現われたる客観的表現を妥当に理解することが出来るのである。一言にして云えば、「いき」の研究は民族的存在の解釈学としてのみ成立し得るのである。

民族的存在の解釈としての「いき」の研究は、「いき」の民族的特殊性を明かにするに当って、たまたま西洋芸術の形式のうちにも「いき」が存在するというような発見によって惑わされてはならぬ。客観的表現が「いき」そのものの複雑なる色彩を必ずしも完全に表わし得ないとすれば、「いき」の芸術形式と同一のものをたとえ西洋の芸術中に見出す場合があったとしても、それを直ちに体験としての「いき」の客観的表現と看做《みな》し、西洋文化のうちに「いき」の存在を推定することは出来ない。またその芸術形式によって我々が事実上「いき」を感じ得る場合が仮りにあったとしても、それは既に民族的色彩を帯びた我々の民族的主観が予想されている。その形式そのものが果して「いき」の客観化であるか否かは全くの別問題である。問題は畢竟、意識現象としての「いき」が西洋文化のうちに存在するか否かに帰着する。然らば意識現象としての「いき」を西洋文化のうちに見出すことが出来るであろうか。西洋文化の構成契機を商量するときに、この問は否定的の答を期待するより外はない。また事実として、たとえばダンディズムと呼ばるる意味は、その具体的なる意識層の全範囲に亙って果して「いき」と同様の構造を示し、同様の薫と同様の色合とをもっているであろうか。ボオドレエルの『悪の華』一巻は屢々「いき」に近い感情を言表わしている。「空無の味」のうちに「わが心、諦めよ」とか、「恋ははや味いをもたず」とか、または「讃《ほ》むべき春は薫を失いぬ」などの句がある。これらは諦めの気分を十分に表わしている。また「秋の歌」のうちで「白く灼《や》くる夏を惜しみつつ、黄に柔かき秋の光を味わしめよ」と云って人生の秋の黄色い淡い憂愁を描いている。「沈潜」のうちにも過去を擁する止揚の感情が表わされている。そうして、ボオドレエル自身の(九)説明によれば、「ダンディズムは頽廃期における英雄主義の最後の光であって……熱が無く、憂愁にみちて、傾く日のように壮美である」。また「élégance の教説」として「一種の宗教」である。かようにダンディズムは「いき」に類似した構造をもっているには相違ない。しかしながら、「シーザーとカティリナとアルキビアデスとが顕著な典型を提供する」もので、殆んど男性に限り適用される意味内容である。それに反して、「英雄主義」が、か弱い女性、しかも「苦界」に身を沈めている女性によって迄も呼吸されているところに「いき」の特彩がある。またニイチェのいう「高貴」とか「距離の熱情」なども一種の「意気地」に外ならない。これらは騎士気質から出たものとして、武士道から出た「意気地」と差別し難い類似をもっている(一〇)。しかしながら、一切の肉を独断的に呪った基督《キリスト》教の影響の下に生立《おいた》った西洋文化にあっては、尋常の交渉以外の性的関係は、早くも唯物主義と手を携えて地獄に落ちたのである。その結果として、理想主義を予想する「意気地」

が、媚態をその全延長に亙って霊化して、特殊の存在様態を構成する場合は殆んど見ることが出来ない。「女の許《もと》へ行くか。笞《むち》を忘るるな」(一二)とは老婆がツァラトゥストラに与えた勧告であった。なお一歩を譲って、例外的に特殊の個人の体験として西洋の文化にも「いき」が現われている場合があると仮定しても、それは公共圏に民族的意味の形で「いき」が現われていることとは全然意義を異にする。一定の意味として民族的価値をもつ場合には必ず言語の形で通路が開かれていなければならぬ。「いき」に該当する語が西洋にないという事実は、西洋文化にあっては「いき」という意識現象が一定の意味として民族的存在のうちに場所をもっていない証拠である。

かように意味体験としての「いき」がわが国の民族的存在規定の特殊性の下に成立するに拘《かか》わらず、我々は抽象的、形相的の空虚の世界に堕して了《しま》っている「いき」の幻影に出逢う場合が余りにも多い。そうして、喧《やかま》しい饒舌《じょうぜつ》や空《むな》しい多言は、幻影を実有のごとくに語るのである。しかし、我々はかかる「出《で》来《き》合《あい》」の類概念によって取交される flatus vocis(一三)に迷わされてはならぬ。我々はかかる幻影に出逢った場合、「嘗て我々の精神が見たもの」を具体的な如実の姿において想起しなければならぬ。そうして、この想起は、我々をして「いき」が我々のものであることを解釈的に再認識せしめる地平に外ならない。但《ただ》し、想起さるべきものはいわゆるプラトン的実在論の主張するがごとき類概念の抽象的一般性ではない。却《かえ》って唯名論の唱道する個別的特殊の一種なる民族的特殊性である。この点において、プラトンの認識論の倒逆的転換が敢《あえ》てなされなければならぬ。然らばこの意味の想起《アナムネシス》の可能性を何によって繋《つな》ぐことが出来るか。我々の精神的文化を忘却のうちに葬り去らないことによるより外はない。我々の理想主義的非現実的文化に対して熱烈なるエロスをもち続ける外はない。「いき」は武士道の理想主義と仏教の非現実性とに対して不離の内的関係に立っている。運命によって「諦め」を得た「媚態」が「意気地」の自由に生きる（一三）のが「いき」である。人間の運命に対して曇らざる眼をもち、魂の自由に向って悩ましい憧憬を懐く民族ならずしては媚態をして「いき」の様態を取らしむることは出来ない。「いき」の核心的意味は、その構造がわが民族存在の自己開示として把握されたときに、十全なる会得と理解とを得たのである。

註

（一）Maine de Biran, Essai sur les fondements de la psychologie. (Oeuvres inédites, Naville, I, p. 208)

（二）Nietzsche, Also sprach Zarathustra, Teil IV, Vom höheren Menschen.

（三）Verlaine, Art poétique.

（四）ベッカー曰く「美的なものの存在学は、美的（即ち、芸術的に創作する、また美的に享楽する）

現実存在の分析から展開されなければならぬ」(Oskar Becker, Von der Hinfälligkeit des Schönen und der Abenteuerlichkeit des Künstlers; Jahrbuch für Philosophie und phänomenologische Forschung, Ergänzungsband: Husserl-Festschrift, 1929, S. 40)。

（五） Paul Valéry, Eupalinos ou l'architecte, 15e éd., p. 104.

（六） Jahrbuch der Musikbibliothek Peters, 1926, S. 67.

（七） Lettre à Titus Woyciechowski, le 3 octobre 1829.

（八） 高橋穣『心理学』改訂版、三二七―三二八頁参照。

（九） Baudelaire, Le peintre de la vie moderne, IX, Le dandy. なおダンディズムに関しては左の諸書参照。

Hazlitt, The dandy school, Examiner, 1828.

Sieveking, Dandysm and Brummell, The Contemporary Review, 1912.

Otto Mann, Der moderne Dandy, 1925.

（一〇） Nietzsche, Jenseits von Gut und Böse, IX, Was ist vornehm? 参照。

（一一） Nietzsche, Also sprach Zarathustra, Teil I, Von alten und jungen Weiblein.

（一二） *ἄ ποτ' εἶδεν ἡμῶν ἡ ψυχή* (Platon, Phaidros 249c).
強調は *ἡμῶν* の上に置かれなければならない。但し *ἀνάμνησις* はこの場合二様の意味で自己認識である。第一には *ἡμῶν* の尖端的強調による民族的自我の自覚である。第二には *ψυχή* と「意気」との間に原本的関係が存することに基いて、自我の理想性が自己認識をすることである。

（一三） 「いき」の語源の研究は生、息、行、意気の関係を存在学的に闡明することと相俟《あいま》ってなされなければならない。「生」が基礎的地平であることは云う迄もない。さて、「生きる」ということには二つの意味がある。第一には生理的に「生きる」ことである。異性的特殊性はそれに基礎附けられている。従って「いき」の質料因たる「媚態」はこの意味の「生きる」ことから生じている。「息」は「生きる」ための生理的条件である。「春の梅、秋の尾花のもつれ酒、それを小意気に呑みなほす」という場合の「いき」と「息」との関係は単なる音韻上の偶然的関係だけではないであろう。「いきざし」という語形はそのことを証明している。「そのいきざしは、夏の池に、くれなゐのはちす、始めて開けたるにやと見ゆ」という場合の「意気ざし」は、「息ざしもせず窺《うかが》へば」の「息差《いきざし》」から来たものに相違ない。また「行」も「生きる」ことと不離の関係をもっている。ambulo が sum の認識根拠であり得るかをデカルトも論じた。そうして、「意気方」および「心意気」の語形で、「いき」は明瞭に「行」と発音される。「意気方よし」とは「行きかた善し」に外ならない。また、「好いた殿御へ心意気」「お七さんへの心意気」のように、心意気は「……への心意気」の構造をもって、相手へ「行く」ことを語っている。さて、「息」は「意気ざし」の形で、「行」は「意気方」と「心意気」の形で、いずれも「生きる」ことの第二の意味を予料している。それは精神的に「生きる」ことである。「いき」の形相因たる「意気地」と「諦め」とは、この意味の「生きる」ことに根ざしている。そうして、「息」および「行」は、「意気」の地平に高められたときに、「生」の原本性に帰ったのである。換言すれば、「意気」が原本的意味において「生きる」ことである。

Ⅳ

実存哲学の受容

実存哲学（抄）

三　実　存

可能的存在に対して現実的存在を実存と云ってもよい。然《しか》るに実存の意味が最も顕著にあらわれているのは人間存在においてである。人間存在にあっては存在の仕方がみずからによって決定されると共にその決定について自覚されているのである。人間存在は存在そのものを自覚的に支配している。如何《いか》に存在するかに対する自覚的決定力を有っている。従ってまた各々《おのおの》の人間存在はその各々の独自の在り方を有っている。個体の意味は人間存在にあって最も角度を鋭くしている。人間は現実的存在すなわち実存を本当の意味で自己のものとして創造する。それ故に人間存在が勝義の「実存」である。

人間存在が実存として完全に個体的自己的であるということは誤解されてはならぬ。個体とか自己とかは認識論的「主観」と混同されてはならぬ。認識論上の主観は客観に対立している。ここにいう個体とはモナドの有っている原本的意味である。個体としてのモナドは主観であると共に客観でなければならぬ。モナドが窓を有たぬのは窓を有つ必要がないからである。モナドは開け放しであるから特に窓を有つ必要がない。モナドは内であると共に外である。モナドとしての個体はそれ自身において世界を有し他のモナドを有している。自己的個体はそれ自身において超越性を有し社会性を有している。世界を有たぬ自己的個体、社会を有たぬ自己的個体というものは考えられぬ。そして個体は世界を有ち社会を有つと共に普遍の一様性の中へ没し去らないものでなければならぬ。のみならず、抽象的普遍へ堕すことなきために、個体は世界を有ち社会を有つのである。世界なき、社会なき「主観」は普遍の抽象性の中に死んでいるものである。如何に世界を有ち如何に社会を有つかに個体の個体性が発現するのである。そしてこの「如何に」の多様性の独自的措定は個体の個体性の潑剌たる動きに基づいている。タルドのモナド論的「間心理学」(interpsychologie) は社会的原理として「模倣」のほかに「発明」を掲げることを忘れなかった。なお普遍的人間一般に対して国民的個体が多様性に於て実存し、国民的個体に対して個人が多様性に於て実存すると考えることもできる。そして、国民的個体の実存と個人の実存との関係は、特別の論究を要する問題であることは言を俟《ま》たない。

ここに、可能的存在すなわち本質と現実的存在すなわち狭義の存在との関係、従って普遍と個体との関係に就《つい》て更に考えて見なければならぬ。本質と存在との相互関係は二様に考えられる。一は本質が存在を規定する場合で、他は存在が本質を規定する場合である。

第一の、本質が存在を規定する場合について云えば、存在とはほかでもない本質の存在である。存在が本質の存在である以上は真の意味で存在するものは本質そのものである。それ故に、事物の本質であるプラトンのイデアはまた「真の存在」(ὄντως ὄν)である。一次的の存在は本質そのものであるが、本質に与《あずか》る限りにおいて二次的の存在が考えられる。「分預」の意味はそこにある。「ここに三角形がある」という場合に、その三角形は「三つの線で囲まれた面の一部である」限りにおいて存在するのである。かように本質が真の存在として、狭義の存在を規定している場合には、狭義の存在は影のようなものになって了う。幾何学が二等辺三角形を論ずる場合に幾何学にとって真に存在するものは二等辺三角形の普遍的本質だけである。従って現実的存在としては任意の二等辺三角形を描けばよいのである。如何なる二等辺三角形であっても互に代理し合うことが出来るのである。蓄音器の針にあっても真に存在としての意味を有するものは何印何号の針一般である。蓄音器の針を買う者は何印何号の針を所望するのである。現実的存在としては何印何号に属する限り任意の針を選べばよいのである。「任意」ということが影の淡さを語っている。普遍的な本質が真の存在で現実的存在は淡い影に過ぎない。本質が存在を規定する場合、すなわち普遍が個体を規定する場合には個体の真の意味は生じて来ない。いわゆる本質直観のような観点では単体性は形相的単体に尽きていると云って差支ない。個体的単体の概念は単に論理的整斉を充足させるための名目として挙げられているに過ぎない。神学のアダムも本質としての普遍的人間である。真の意味の個体性を有ってはいない。アダムの犯した罪はアダムという特殊な一個人が犯した罪ではない。人間一般が全体性において犯した罪である。従って人はみな生れながらに原罪を有っているのである。人はみな肉体と霊魂とを備えて生れた瞬間においてアダムに「分預」する限り原罪の穢《けが》れに染んでいるのである。アダムは普遍者として同一性を固守すると共に、開放的無限性において個別化する。一切の人間はアダムへの関係に基づいて互に相等性を有っている。それら一切の人間が形相的単体の影として多額生産の原理によって機械的な取扱《とりあつかい》をされていることは、嬰児《えいじ》が生れて三日を経ないで洗礼が強要されているのでもわかる。アダムが普遍的人間の同一性において犯した罪を、個別化された人間の外延的全体が原罪として負担し、洗礼によって赦《ゆる》されようとする。生れ落ちて間もなく洗礼を受けるのは特殊な一個人ではない。任意な嬰児である。人間の本質が人間の存在を規定しようとする場合には個性の真の意味は出て来ない。次に第二の、存在が本質を規定する場合について考えて見よう。その場合には、本質とは存在するものの本質である。「ここ」に存在する「この」ものの本質である。本質はもと普遍的のものであるが、普遍的本質が現実的存在によって規定される限り、個体的本質となるのである。個体的本質と個体的存在との関係、すなわち個体の可能的存在と現実的存在との関係がここに問題になって来る。それを我々は如何に考うべきであろうか。個体は可能的存在として神の知性の中に永遠に存し、現実的存在として神によって時間の中へ投げ出されたと考える者もあるかも知れぬ。そうすれば個体的本質と個体的存在とは截然《せつぜん》と区別されるであろう。然しながらそういう考え方をしない以上は、個体にあっては個体としての可能的存在は現実的存在と合致すると考えるよりほかはない。普遍が個体を規定した場合に、個体が普遍化したように、個体が普遍を規定する場合に普遍は個体化されるのである。それ故に個体的本質と個体的存在とは畢竟《ひっきょう》同一のものである。個体にあっては存在がすなわち本質である。個体的本質とは個体的存在にほかならぬ。個体的本質は個体の現実的存在によって瞬間毎《ごと》に規定され形成されて行くのである。個体的存在を離れた個体的本質というものは考えることが出来ない。

現実的存在としての人間が、例えば豊臣秀吉が、普遍的本質としての人間を規定する場合を考えて見よう。その場合に普遍的本質としての人間は、豊臣秀吉という個体的存在によって個体化されるのである。普遍が個体において個体の一義的な潤色を受けるのである。従ってそこにあるものは「肉体と霊魂とを備えたもの」とか「理性的動物」とかいうような一般的なものではなくて、豊臣秀吉の個体的本質としての人間である。そして本質が存在によって真の意味において規定される以上は、秀吉の個体的本質とは秀吉の存在を俟たないで完成されているようなものではない。秀吉の個体的本質は秀吉の存在によって刻々に形成されて行くのである。朝鮮征伐をしないことも出来たに拘《かかわ》らず朝鮮征伐をし、聚楽《じゅらく》第《だい》を営まないことも出来たに拘らず聚楽第を営んだものが、秀吉の個体的本質である。秀吉の個体的存在が秀吉の個体的本質を瞬間瞬間に刻んで行ったのである。この場合に現実的存在としての個体は影ではない。最勝義における「実存」である。

およそ人間の普遍的本質が人間の存在を規定する場合には人間の存在は影に過ぎなかった。人間の本質としての普遍的アダムは、洗礼によって原罪より浄《きよ》められるところの任意な嬰児を規定したに過ぎなかった。それに反して人間の現実的存在が人間の本質を規定する場合には人間の本質は個体的本質に結晶するのである。現実的存在としての大友宗麟《おおともそうりん》が、洗礼を受けないことも出来たに拘らず洗礼を受けることによって自罪を清算しようとしたことは、その瞬間において大友宗麟という個体的本質の結晶を助成したのである。人間の本質が人間の存在によって規定される限り、個体としての人間は影ではない「実存」である。曩《さき》に現実的存在すなわち狭義の存在が「実存」であると云ったが、いま我々は、存在が本質を規定する場合が「実存」であるというように云っても差支ない。そして人間存在が勝義の「実存」であるのは、人間存在にあって特に顕著に存在が本質を規定するからである。

なおここに、存在が本質を規定することの意味について更に考えて見なければならぬ。存在が本質を規定するという場合は、結局は個体的存在が個体的本質を規定することであるが、それは既に云ったように、個体の現実的存在が瞬間瞬間に個体的本質を規定して行くことである。そのためには個体的本質は単なる連続であることは出来ない。現実的存在が個体的本質を規定するということが単なる言葉でなく実在性を有っている限りは、個体的本質は「非連続の連鎖」という形を取って来なければならぬ。また個体的本質は「瞬間に死し瞬間に生れる」というようにも云われ得るのである。そして存在が本質を規定する仕方は「飛躍的」であるということも出来る。すなわち存在が本質を規定する機能は一か他かを決定するという選択の形で現われる。選択は自覚によって初めて真の意味の選択となる。「実存」が「自覚存在」とも云われるのはそのためである。単なる生命というようなものにあっては、存在が本質を規定するということの真の意味は成立しない。生物に見られる因果的または目的的決定は選択の前に悩む自覚存在と同一ではない。単なる生物の個体的本質は真の非連続の連続ではない。従って真の意味の個体的本質とか個体的存在とかいうことは単なる生物にあっては云うことが出来ない筈である。その意味において、単なる生命は普遍的本質の普遍性抽象性を分有している。人間一般としてのアダムと、アダム以後に生れる嬰児の全体とは不離の相関関係に置かれている。そして嬰児全体が単にアダムの個別態として相互間に相等性を有つものと考えられるのは、嬰児が「人間」ではなく単なる生物に過ぎぬという逆説に基づいている。要するに普遍的抽象は決定さるべき何ものをも有っていない。またはすべてが自明でおのずから決定している。単なる生命は決定の連鎖に過ぎぬ。すべてが闇黒の中におのずから決定される。論理必然性と自然必然性とは必然性を共有している。選択の余地を有たぬという必然性を共有している。それに反して実存とは選択と決定のために自覚の奥底にみずから悩むことである。各瞬間毎に如何に死ぬか如何に生きるかに徹底的に迷いぬくことである。実存を普遍の見地から見れば普遍にして個体なる具体的普遍の原理であると云えよう。実存を生命の見地から見れば自己の中に形成原理とその原理の自覚とを有する生命であると云えよう。実存の意味を明確にするためには、一方に普遍的抽象に対し、他方に生命に対して、実存の限界を立てることが肝要である。

キルケゴールは第一の観点から「実存」を「抽象」に対立させている。すなわち「人間的実存」を「思惟の抽象」に対立させている。抽象的思惟は永遠の相の下にあるものである。それに反して実存者は永遠と時間との結合として実存しなければならぬのである。思惟の抽象は特定の或ものを度外視するが、実存するものはその特定の或ものである。抽象は純粋存在の可想的媒質の中に構成されるが、実存は情熱を伴わない場合はない。人間として実存することの中には勝義において行為するということが含まれている。一か他かということが情熱をもって決定されるのである。若《も》しも実存を除き去るならば、一か他かということは無くなってしまう。実存にあって一か他かということを除き去るならば、実存を除き去ることを意味するのである。抽象は無関心であるが、実存は実存者の最高の関心である。実存者は情熱を以て永遠を先取するのである。なお固《もと》より、抽象も一般に現実を取扱う。しかし抽象が現実を把握する場合には本当の現実ではない。間違った現実である。なぜならばその場合に媒介をするものは現実性ではなくて可能性であるからである。抽象が現実を捕えることが出来るのは、現実を無くしてしまうことによるのである。そして現実を無くすとは現実性を可能性に変ずることである。現実性に関して抽象の言葉で抽象の範囲で語られる一切のことは、可能性の範囲内で語られるのである。実存者が単に知るのみでない唯一の現実は彼れがそこに在るという彼れ自身の現実である。そしてこの現実が彼れの絶対的の関心である。抽象は彼れに無関心であれと要求するが、人間性は彼れに無限に実存に関心を有つことを要求するのである。

ヤスパースは第二の観点から「実存」を「現存在」(Dasein) に対立させている。彼れのいう「現存在」とは経験的現存在もしくは生命である。彼に従えば実存としての我れは、現存在の現象においては存在してはいないが、然し存在し得るまた存在すべき存在である。そしてまた自己が永遠であるかどうかを時間的に決定する存在である。実存は決して対象とならないもので、我れが思惟し行動する源泉である。実存の可能性によって我れは生きているのである。実存の実現においてのみ我れは我れ自身であるのである。実存を摑《つか》まえようとすると消えてしまう。実存は心理的主観ではない。実存とは時間的歴史的のものの中において選択しつつ自己を実現するもので、時間内にあって永遠に向って決定されるのである。但《ただ》し永遠とは無時間性でもなければ一切の時間を通しての持続でもない。実存の歴史的現象としての時間の深みが永遠である。それ故にわが現存在が実存であるのではない。人間が現存在において可能的実存であるのである。現存在は現に在るか現に無いかであるが、実存は可能的のものとして選択および決定によって自己の存在へ歩みを運ぶかまたは自己の存在から歩み去るのである。わが現存在は他の現存在に対して、狭い世界存在とか広い世界存在とかいう範囲の上での相違を有っているが、実存はその自由に基づいて他の実存とは本質的に相違している。現存在は経験的に現に存在しているが、実存は単に自由としてのみ存在するのである。なお現存在にとっては可能的実存から出た行動は疑問視すべきものである。なぜならば、現存在は時間内での彼れの存続に関心を有っているので非制約者に反対しなければならぬ。非制約者の道は現存在に損失を齎《もたら》し絶滅へ導き得るものであるから、現存在の関心にとっては非制約者の道は疑問視すべきものなのである。現存在は実存的行動を現存在自身の存続の制約の下に置こうとする。然し可能的実存にとっては現存在を無制約的に把捉し受用することは既に堕落である。なぜならば、可能的実存の側では、可能的実存が自己自身を非制約的として把握するような制約の下に彼れの現存在現実性を置くからである。現存在の充実は世界存在である。然るに可能的実存が世界の中に在るのは、彼れが彼れ自身に現象する領域の中に在ることにほかならぬ。実存はそれ自身に決して「普遍的」ではない。さればと云って普遍者の下に特殊的のものとして包《ほう》摂《せつ》され得るような「例」でもない。然し現象にあって客観的になった場合、実存は同時に歴史的特殊性の「個体的のもの」である。そして歴史的特殊性はなお未だ普遍的範疇の下に理解され得るが、個体は彼れの事実性の無窮性の故に無尽蔵で言表され難いものである。その意味において個体は限界を置いているのである。要するに実存とは非制約性への可能性であって、現象する限りにおいて個体である。そういう非制約性への可能性としての個体である我れが可能的実存である。可能的実存として我れは存在の可能性へ態度を取る存在である。

かくの如く、キルケゴールは実存を思惟的抽象に対立させ、ヤスパースは経験的現存在に対立させている。実存とは一方に思惟的抽象に対立し、他方に経験的現存在に対立するものである。換言すれば実存とは思惟的抽象と経験的現存在との中間に位するものである。謂わば「精神」と「生命」との中間に位するものである。それ故に「精神」と「生命」とを綜合するものが「実存」であると考えることが出来る。なおこの「精神」、「生命」、「実存」の弁証法的段階は現代人および近代人一般の内生の動きの過程を示すと云われている。すなわち十八世紀にあっては欧羅巴《ヨーロッパ》各国の唯理主義の精神哲学諸体系の後にヘルデル、ハーマン、ヤコービの生命の原理が擡頭《たいとう》して来て、それがゲーテとフンボルトにあって実存の原理に変ったと見る者がある。十九世紀にあっても、ドイツ観念論の唯理主義が浪漫《ロマン》主義の生の哲学によって解体され、更にその生の哲学がマルクス、フォイエルバッハ、キルケゴールの実存の哲学によって解体されたと見られている。現代にあっても、精神、生命、実存のリズムが哲学全般の径路を支配すると共に特に現象学派内にあってフッサールからシェーラーを経てハイデッガーに至る進路を規定していることは何人《なんぴと》も斉《ひと》しく認めるところであろう。

一体、キルケゴールとヤスパースとは各々異った方面から実存の意義を明かにしているが、その際、前者は実存の現実性に対して抽象の可能性を斥《しりぞ》け、後者は現存在の必然性に対して実存の可能性を擁護している。「可能性」は前者によって排斥され、後者によって擁護されている。排斥され擁護される「可能性」は何を意味しているか。可能性の意味を明かにすることはやがて実存の意味を明かにすることである。およそ可能性とは非存在が存在に関して有つ問題性である。そして論証性が「甲は必ず乙である」という形の必然性として現われるに反して、問題性としての可能性は「甲は乙なるか、丙なるかである」という形をとって現われる。乙と丙とが非存在の地平にある場合に、乙と丙との存在に関して問題性が成立するときに、乙と丙とは可能性として把握されるのである。甲は乙なることも可能であり、丙なることも可能である。可能性の問題性が選択によって言明化を待つとき、それを自由という。豊臣秀吉の個体的本質は、朝鮮征伐をしないことも可能であったに拘らず朝鮮征伐をし、聚楽第を営まないことも可能であったに拘らず聚楽第を営んだところにあることは曩に云った。朝鮮征伐をするかしないか。聚楽第を営むか営まないか。それは問題性として成立している可能性である。自由である。そしてヤスパースが実存は可能的のものとして選択および決定によって自己の存在へ歩みを運ぶかまたは自己の存在から歩み去るという、その可能性とはこの種の可能性にほかならぬ。その意味において実存とは存在の可能性へ態度を取る存在である。然しながら抽象の世界にあっては秀吉に関してなお他の可能性がある。それは秀吉でも信長でも家康でもあり得る可能性である。その可能性の外延的全体もしくはイデア的自己同一として人間一般という普遍者が立てられている。そして抽象的普遍の立場にあってはイデアの個別化は実存の真の意味を有ち得ない。それ故に秀吉も信長も家康も単なる変形態として互に代理され得る任意性を取って来る。そこに秀吉でも信長でも家康でもあり得る可能性が成立する。キルケゴールが、実存するものは特定の或ものであるに拘らず思惟の抽象はその特定の或ものを度外視するといい、思惟の抽象が現実を捉えようとする場合には現実性を可能性に変じてしまうという、その可能性とは秀吉でも信長でも家康でもあり得る可能性を指しているのである。ヤスパースは秀吉が朝鮮征伐をするとしないとの、聚楽第を営むと営まないとの実存的可能性を生の必然性に対して擁護しているのである。キルケゴールは実存の現実性を擁護するために、秀吉でも信長でも家康でもあり得る抽象的可能性を排斥しているのである。精神の抽象的可能性に対して現実性を有ち、生の自然的必然性に対して可能性を有っているのが実存である。ただここに問題として残されているのは、実存のこの現実性と実存のこの可能性とは如何なる関係に立つか、また実存の可能性と抽象の可能性とは如何なる関係に立つかということである。この問題は個体的本質と個体的存在との関係の問題とからまって実存に関する最も根本的な最も玄遠な問題をなしている。今は問題を問題として提示するに止めて置かねばならぬ（本書中に収めた「偶然の諸相」「驚きの情と偶然性」「形而上学的時間」等はすべてこの問題の把握と解決とに深い関係を有つものである）。

以上において実存の意味を大略ながら明かにし得たとおもう。

四　実存哲学

実存哲学とは既に云ったように、哲学諸問題への通路が実存にありと考える哲学である。一体、哲学諸問題への通路が実存にあると云うことは謂わば自明のことである。哲学問題が問題として投げられるのは実存の地平の上に投げられるのである。従って問題への通路も実存において通路されなければならぬのである。問題への通路とは一般に存在への通路にほかならぬ。広義の存在一般を離れて哲学問題はあり得ない。そして存在一般への通路を通路し得る存在は実存を措《お》いて外にはない。それ故に哲学とはそれ自身において実存哲学でなければならぬ。実存哲学ということはむしろ同語反復である。

但し実存とは狭義の存在が本質を規定する場合であることを曩に述べた。然るに哲学とは普遍妥当的認識と考えられる限り、哲学的認識は本質学たらんとする傾向を有っている。

そして実存哲学は哲学の諸問題を実存の基礎の上に展開しようとするから、存在的地平と本質的地平との交叉点に成立するものである。それが実存哲学のアポリアである。而《しか》も広義の存在への通路は実存において通路されるほかに道がない。それ故に実存哲学のアポリアは必然的なアポリアである。

実存哲学を明確に意識し力説した一人はシェリングである。後期のシェリングによれば、ものの本質を捉えること、即ち概念を捉えることは理性の仕事であるが、理性は現実的存在には及びつかない。合理的哲学は一般的なもの、可能的なもの、必然的真理よりしか認識しない。個別的なもの、事実的なものは認識しない。合理的哲学はものの本質を明かにするだけで、狭義の存在には触れない。そして「何々……である」というだけでは未だ「何々……がある」ということは出て来ない。合理的なものとは「考えられないものでないもの」(das Nicht-nicht-zu-Denkende) に過ぎぬ。そういう消極的なものである。合理的哲学は消極的哲学に過ぎないとして、中年以後のシェリングは特に実存に基礎を置くいわゆる積極的哲学を説いたのである。シェリングが、自分の哲学は生きたもの、現実的なものであるのに、新しいウォルフ主義であるヘーゲルの哲学が論理的概念を持って来て、それに代えようとしたと言って、ヘーゲルを手厳しく批難していることが、どの程度まで正しいかは別問題として、ともかくも本質の哲学に対して、シェリングは実存の哲学を説いた。ヤスパースの言い廻しに従えば、現実を根源に於《おい》て目撃することを、そして自分が思惟しながら自分自身と交渉する仕方によって、即ち内的行為に於て、現実を把握することを、哲学の課題とするのが実存哲学である。

実存哲学は実存全体において哲学しようとする。実存哲学は抽象の哲学ではない。普遍性を獲得するがために具体性を犠牲にするような哲学ではない。実存哲学は人間存在の奥底に食い入った哲学、個性の体験に深く根ざした哲学でなければならぬ。言う迄もなく哲学の目標は真理である。然し真理とは「甲は乙である」という命題が「甲は乙である」という事実に合致したものを単に云うのではない。真理とは単にそのような形式的なものではない。実存哲学にとっては真理とは「甲がある」ことに根ざすところの「甲は乙である」ことである。「甲がある」ことによって「甲は乙である」ことが開示されるのである。「甲がある」ことが真実であればある程「甲は乙である」ところの真理性も益々大なるのである。一般に「甲は乙である」という命題が「二と三との和は五である」というような命題からのみ導き出されると考えてはならぬ。哲学は神学の婢《はしため》ではないが、また科学の婢でもない。哲学は哲学する実存者の情人である以外の何者でもない。そして哲学する実存者は実存そのものの角度において真理を思慕している。従って哲学の開示が単に理知的認識にのみ準拠すると考えるのは甚しい誤りである。哲学の開示には情熱が与って力ある。知情意の区分は多くの明晰《めいせき》をも齎《もたら》したが同時にまた多くの混乱をも醸《かも》した。哲学はこれらの区分に先立って実存全体の根柢からほとばしり出るものでなければならぬ。

なおまた実存哲学はいわゆる「方法」に惑わされてはならぬ。心理学的方法、認識論的方法、形而上学的方法などと哲学の方法を峻別することは無用である。かような方法の峻別は単に成果の貧弱を来たすのみである。哲学思索は実存的体験と批判的考察と形而上学的帰趣との統一において成立する全体的哲学思索でなければならぬ。弁証法か現象学かというような問題も、与えられた哲学を研覈《けんかく》する学究にとっては或は興味ある問題であるかも知れぬが、実存し哲学する者にとっては必ずしも大きい意義のある問題ではない。哲学とは実存の地平に開示される事態について真の意味で原理的な思索をすることである。そのことが若し現象学の本領であるとすれば、その限りにおいて現象学は貴重である。そのことが若しおのずから弁証法を産むとすれば、その限りにおいて弁証法に意義があるのである。すなわち、創始的に与えられる直観が認識の正当な源泉であるとか、一切の空虚な構成に反対して「事態そのものへ」行けとかいうことを現象学が教えるときに、我々は何を措いても先ず現象学徒たらんことを願わなければならぬ。また現実がその内面において矛盾性もしくは反対性を有するならば、その現実に直面してそれを把握せんとするときに、概念の運動が弁証法の形を取って来るであろう。事態そのものへ行った結果として現実が弁証法を要求するのでなければならぬ。弁証法の有する意義は「現実の弁証法」としての現実価値にのみ存在している。「精神現象学」は如何なる程度で弁証法的性格を有っているかとか、「構成的現象学」や「解釈学的現象学」は果して弁証法的構造を有ち得るかなどの問題はアカデミーや委員会の関心をそそる問題であるかも知れぬ。然し実存し哲学する第一歩は「弁証法的」とか「構成的」とか「解釈学的」とかいうことの意味を忘却し若しくは無視することから始められなければならぬ。哲学は裸一貫の哲学でなければならぬ。実存の地平に開示される現実の事態に直面し現実の事態以外の何物にも権威を認めぬものでなければならぬ。科学も事態に直面するというかも知れぬが、科学の直面する事態は既に何等か加工された事態であって決して事態そのものではない。科学は基礎概念の仮定の上に成立しているものである。科学の取扱う事実は「生《なま》のままの事実」そのものではない。それに反して哲学は一切の——自然科学的および文化科学的——基礎概念を越えて実存の地平にあらわれる事態そのものに直面するのである。若し哲学に何等か一定の「方法」があるとすればそれは実存的事態への躍進ということでなければならぬ。

以上は主として方法的見地から実存哲学の意味を明かにしたのであるが、更に対象の側からも実存哲学の概念を規定することが出来る。勝義の実存は人間存在である。然し実存哲学は、その構えに於て、いわゆる哲学的人間学と必ずしも同一であるとは限らぬ。哲学的人間学に関してはシェーラーがかなり明確に意味を規定している。彼れによれば、哲学的人間学とは人間の本質についての、また本質的構成についての、基礎学である。すなわち無機物、植物、動物等自然の諸領域ならびに一切の事物の基礎に対する人間の関係についての基礎学であり、人間の形而上学的本質的起源ならびに世界における人間の物理的、心理的および精神的始源についての基礎学であり、人間を動かしまた人間が動かすところの勢力および威力についての基礎学であり、人間の生物学的、心理的、精神史的および社会的発展の基礎的方向ならびに法則とその発展の主要なる諸可能性および諸現実性についての基礎学である。かように規定された哲学的人間学と実存哲学とは多少の相違を示している。然らば実存哲学は如何なる点で哲学的人間学と区別されているか。哲学的人間学は要するに人間の本質を把握することを中核的目標としている。それに反して実存哲学は存在問題それ自身を解決するために実存を解決の鍵と見做しているのである。実存は現実的存在として可能的存在と共に広義の存在の様態である。実存哲学とは実存によって存在一般への通路を索《もと》める哲学である。実存哲学と哲学的人間学との関係を、広狭如何《いかん》という点で比較して見てもよい。いったい実存は人間の主要な特色であるが、人間を構成する契機の中には実存以外のものも含まれていて、実存という観点だけからでは人間の本質が残り無く解明され得ないというように考えられないでもない。それ故に、哲学的人間学は或る意味で実存哲学よりも広い領域または見地を有すると言える。他方にあって、実存哲学が存在一般を視野に有つ限りに於て、実存哲学の領域または見地は哲学的人間学よりも広いと言える。結局いずれを広いとも狭いとも一概には極め難い。のみならず、哲学的人間学が人間の本質を把握する場合に、苟《いやし》くも哲学的である限り、存在一般との関連を無視することは出来ぬ。また実存哲学が存在一般へ行く通路として選ぶところは外でもない人間的実存である。斯《か》くて実存哲学と哲学的人間学とは稍々《やや》視点を異にするに過ぎぬほぼ同型の哲学であると考えるのが至当であろう。

（岩波講座『哲学』昭和八年三月）

ハイデッガーの哲学（抄）

五　結　語

以上でハイデッガーの哲学の主要の点を述べたつもりである。主として Sein und Zeit, I によったと同時に其他の著書や講義録をも参考した。Was ist Metaphysik? は「無」の意義に関して、Vom Wesen des Grundes は「自由」と「超越」の概念に関して、Kant und das Problem der Metaphysik は「構成」と「破壊」の説に関して特に参考となった。なお「構成」に関しては一九二七年マールブルヒ大学夏学期講義録 Grundprobleme der Phänomenologie（タイプライター刷）中のやや詳細な論を利用した。ハイデッガー哲学の叙述を殆ど「還元」の部に限局したのは彼れ自身がそれ以外を未だ多く語っていないためである。「構成」は Sein und Zeit 第二巻で取扱われる筈であった。すなわち第一部（Teil I）第三章（Abschnitt III）で「時間と存在」（Zeit und Sein）という題の下に取扱われる筈であった。その他、Sein und Zeit, I, §5, §83 及び Kant und das Problem der Metaphysik,

§44で既に「構成」の問題に触れている。「破壊」については矢張り Sein und Zeit 第二巻で第二部（Teil II）において取扱う筈であった。大体の考《かんがえ》は既に第一巻§6に述べてある。殆ど草稿が出来上っているように聞いていた第二巻の出版が近くには期待できない事情にあるらしいのは甚《はなは》だ遺憾である。

ハイデッガーが哲学を「現象学的存在学」と定義したことには心から賛意を表することができる。哲学は対象の上からは「存在学」であるが、方法の上では「現象学」でなければならない。認識論の過重に反対して存在学としての哲学を力説することは、哲学の本流へ帰ることである。また「事態そのものへ」ということが現象学の基本主張であるならば、真の意味の哲学は現象学でなければならない。フッサールは、存在学の段階的順序が構成的現象学の段階的順序を素描予示するから、存在学は現象学に導きの糸を与えるものであるが、現象学にとって単に方法としての意味しか有っていないとした。現象学と存在学との関係がハイデッガーにあっては逆になって来た。現象学は存在学にとって方法になって来た。こういう重点の変化がスコラ哲学とアリストテレスの影響の下に行われたことは言うまでもない。

哲学を現象学的存在学と見ることに関連して、ハイデッガーでは哲学上の用語が殆どすべて存在現象の事態そのものとして把握され、屢々《しばしば》語源へ返して生きて用いられている。そのために他国語で彼の哲学を叙述することには特殊な困難が伴っていて、私も訳語にはすくなからず苦しめられた。例えばEntwurfを「投企」と訳したのはwerfen（投げる）の存在現象を目撃するためであって、Geworfenheitを「被投性」と訳したことと一つの全体をなしている。Entwurfには「自由企画」という訳も行われているが、この訳語は現象学的存在学とその用語との内的関連に対して無頓著である。同様にDaseinを「生存」と訳したり、Existenzを「自覚存在」または「覚存」と訳すのも、ハイデッガー哲学の根本傾向に対する感覚において完全とは云えないと思う。Daseinは存在現象的にはDa-Seinであるから、厳密には「其処《そこ》存在」などというべきであり、「現存在」と訳したのは既に便宜性への許さるべき譲歩をしての上である。「生存」という意訳はこの事態を覆い匿《かく》して了《しま》っている。Existenzもessentia（本質＝可能的存在）とexistentia（存在＝現実的存在）との存在学的基礎的分節に根ざしている限りに於て生きている言葉であるから、「実存」と訳すことによって現実的存在との存在現象的系譜が明示されていることが望ましい。其他Zuhandenheitを「帰向存在」と訳したのは、道具が常に他の道具へ帰向して「……にまで」（um zu...）の存在性格を有っているからであり、Vorhandenheitを「直前存在」と訳したのは、帰向性から切離された事物が抽象的に直前（vor）に存在しているからである。前者を「用在」と訳し、後者を「物在」と訳すのは気《き》の利いた意訳ではあるが、現象学的存在学の趣旨を真に会得した訳かどうかは別問題である。

現象学的存在学が「実存の分析論」から出発することにも全面的に同意をしたい。ハイデッガーにあってはそれは直接にはキルケゴール、ディルタイ、シェーラー等の影響であろうが、一般的にはプラトン主義とプロタゴラス主義との綜合と考えることができる。後期のシェリングの「形而上学的経験論」へのハイデッガーの偏愛もこの点から理解することができる。いったいハイデッガーは「生の哲学」(Lebensphilosophie)ということは「草木の植物学」(Botanik der Pflanzen)という位に自明なこととしている。そして特に人間的生、人間的実存が「現存在」として存在学の基礎的意味を有っているとする。「実存の分析論」とは「現存在の解釈学」にほかならない。範疇に対して実存疇を明かにすることも、直前存在する「事物」や帰向存在する「道具」に対して実存する「人間」の性格を捉えるためである。「距離」の解釈、「終り」の分析、「将来」の究明等は実存哲学的乃至《ないし》人間学的傾向を顕著に示している。情態性および気分の存在学的存在的意義の強調も同じ傾向のあらわれである。存在学と人間学との差別が時として説かれているにも拘らず、ハイデッガーの存在学は広義の人間学と見ることのできるものである。

なお、実存の現象が、それ自身から自分を示す事態そのものに於て把えられることによって、現存在が「世界内存在」と規定されているのも正しいと言わなければならぬ。内在の現象的事態を有りのままに把えるならば現存在とは首や手足のもげた「主観の胴体」(Rumpfsubjekt)ではなく、主観と客観とに分離されぬ統一的現象として「世界内存在」であると主張されている。この主張をハイデッガーは直接にはフッサールの「志向性」の考え、すなわち意識とは「或ものの意識」であるという考えから発展して来たに相違ない。「超越」とか「脱自的地平」とかいうこともみな志向性の考えに基いて出て来ている。「関心」の意味を開明して、「超越的現存在」ということが同語反復であるというのも同じく志向性の存在学的活用である。なおハイデッガーはデカルトが「我れ思惟す」を「我れ或ものを思惟す」の現象に於て理解し得たならば世界内存在としての現存在を明かにし得たであろうと言っているが、デカルトに同様の批評を加えた哲学者としては既にメーヌ・ド・ビランがある。ビランによればデカルトが「我れ思惟す、故に我れ在り」を「我れは思惟物なり」と解したのは甚だしい錯覚である。主観と客観の二つの項の具体的全体にあって単に前項だけを把えたのである。「対象の無い思惟の如く、条件の無い実体的自我性」(égoïté substantielle sans conditions, comme une pensée sans objet) を出し抜けに考えることは慎まねばならぬと言っている。そしてデカルトの誤謬は、存在の領域にあって関係によってのみしか与えられぬものを、可能の抽象的領域にあって絶対的として実現しようと欲したことに存するとしている。デカルトに対するメーヌ・ド・ビランの斯様《かよう》な批評は既にハイデッガーのデカルト評を先駆しているものであるが、ともかくもハイデッガーの世界内存在の概念にあらわれている認識論上の立場は相関論、純粋経験論、感覚一元論等の名をもって呼ばれているドイツの謂わゆる新実証主義や英米の新実在論と類似の立場であると見て差支ない。

実存分析論から、すなわち現存在解釈学から出発する現象学的存在学の必然的帰結は時間論の重要性である。これは広義の生の哲学のすべてに共通のことで、ベルクソンを始めとしてディルタイ、ジムメル等にも見られるのである。またハイデッガーがカントの時間論を重要視し、カントにあって空間と時間とは必ずしも同列に置かれているのではなく、超越論的時間限定としての図式論がカント哲学の中心点であり、直観と思惟、感性と悟性とを結合統一する超越論的構想力が、図式を産む能力として、カント哲学の鍵であると見るのは頗《すこぶ》る興味あるカント解釈である。しかし、空間および時間に関するカントの考えはむしろ「観念論論駁」に現われているのではないかという疑念を挟む余地がないとは言えない。またこのことと関連して、空間を時間性へ還元しようとするハイデッガーの意図が果して完全に遂げられているかどうかも疑問である。ハイデッガーは時間性の一様態である非原本的現在としての現前が実存論的空間性の基礎をなし、実存論的空間性が内世界的空間の発見の基礎をなすと考えているが、これらの相互関係は果して一義的明晰性を有っているであろうか。時間性の脱自的―地平的性格に基いて現存在が空間内へ闖入《ちんにゅう》するという考え方が疑点を残さぬ程に明瞭であるとは言えぬであろう。

なおハイデッガーは、現存在がその出会う存在者に対して距離的である意味で空間的であることを説いているが、この点が問題の中核をなしているように考えられる。世界内存在は共同的世界内存在であり、現存在は出会うべき共同現存在を予想している。この共同性格に基いて現存在は距離的であり、従って空間的であるのである。時間性が現前という現在の様態を取り得ることが既に共同という空間性に基礎を有つものではあるまいか。問題は同時性の時間空間的意義の闡明に懸っているとも言えるであろう。「諸精神の場所としての神」とか「叡知的延長」とかいうマールブランシュの思想は多産的である。ベルクソンが「学究的同時性」および「瞬間内の同時性」と区別する「直観的同時性」および「流動の同時性」も深い意味を有っている。ハイデッガーが公開性を有する配慮的時間またはは世界時間を非原本的のものと見ることは、共同相互存在の説にも拘らず空間の実存論的展望を封鎖するものではあるまいか。共同存在性が終始一貫して視点を離れなかったならば、現存在の関心の存在学的意味が「時間性」としてよりはむしろ「時間空間性」として開明されることもあり得たのではあるまいか。

ハイデッガーは時間性の特色の一つとして将来の優位を挙げている。このことは先駆的決意性を実存の核心と見る可能性の哲学の必然的帰結である。現存在が存在可能への存在である限り、時間性の一次的現象が将来であるのは当然である。然しながら、時間性のほかに空間性の原本的意義を承認して来るならば、将来に対して現在が重みを増し、可能性に対して偶然性が力を得て来るであろう。偶然の「偶」は「遇」にほかならぬ。現存在が他の現存在に「出会」って「距離的」に投企するのは空間性の基礎の上に「現前」としての現在が時熟するからでなければならぬ。ハイデッガーにあっても「被投性」とか「運命」とかいう概念は必ずしも看過されてはいないが、空間性と共同存在性とが重量を有たぬに伴って偶然性の存在学的意義は視野の外に逸してしまっている。「傍《かたわら》に在ること」が単に「頽落《たいらく》」としてのみ理解されていることは十分の深みを欠いていると言わねばなるまい。傍に在る今、出会う今が「永遠の今」として摑まれる時に処に、被投性は投企へ勇躍し、運命の無力は超力へ奔騰《ほんとう》するのである。

投企への勇躍は喜びであり、超力への奔騰は笑いであり、たまたま遇う者は臓腑《ぞうふ》の愉悦に身を震わすのである。ハイデッガーは Sorge という言葉を存在学的実存論的に用いるので存在的実存的に用いるのではないと言っているが、彼の哲学に接する者は誰しも Sorge の体験的気分的意味が強い余臭を与えていることを否み得ないであろう。存在が却《かえ》って存在学の基礎をなし、実存が却って実存論の根柢をつくると考うべきである。Sorge の一次的存在学的意味と二次的存在的意味とはハイデッガーの欲するが如くに截然と峻別され得るものであろうか。ハイデッガーの哲学に世界大戦直後の不安、心配、憂鬱の反映を見ることもあながち不当とは言えぬであろう。「死」の哲学を「生」の哲学であらせることを希望しても必ずしも不都合ではなかろう。ニイチェの明朗に帰れ、否、エピクロスの快活に帰れという言葉をもって結語の結語とすることが許されたい。

（岩波講座『哲学』昭和八年三月）

V 「偶然性」の哲学

偶然の諸相

一

偶然が有るとか無いとかいうことがかなり無造作に論議されるのを見受けることがある。いったい偶然というのは何かと問うと、その答は多くの場合、明瞭を欠いている。偶然という言葉の内容する概念を漠然と考えて、そういうものが有るとか無いとかいって論議をする。論議の対象は厳密に云えば必ずしも一つではない。偶然という概念の下に甲は或るものを考え、乙は少しく違ったものを考え、丙は更にまたやや違ったものを考えている。人間について論議をする場合に、甲は直立した動物を考え、乙は笑う動物を考え、丙は理性的動物を考えているようなものである。概念が漠然としていては論議または論争が問題の解決に向って共通の努力であることができない。論議のための論議、論争のための論争に堕してしまう。偶然の有無を論議するためには、論議の対象である偶然の概念を先ず明かにした上で初めて、偶然が如何なる意味に於て有るか無いかということを論議することができるのである。

偶然という言葉が存在する以上は、偶然という概念の存在することは否むことはできない。問題は偶然の概念が現実に於《お》て妥当性を有っているかどうかということである。妥当性の問題は概念とその諸相を明かにするにつれておのずから解決されて行く。それゆえ我々は先ず偶然の概念とその諸相を闡明《せんめい》することに力を注がなければならぬ。偶然の概念とその諸相とが明かになると共に如何なる領域に於て偶然が妥当性を有つかということが偶然の各種の形態に関しておのずから開明されて行くのである。

偶然という概念は何を意味しているか。偶然とは必然の否定であるということができる。これは盲目という概念を規定するのに、目《め》明《あき》の否定であるというようなものであるが、目明の方が我々にとって親しみのある概念であるから、目明の概念を基礎として盲目の概念を闡明することができるのである。それならば必然とはいったいどういうことであるかというに、同一という性質上の規定を様相の見地から言い表わしたものである。それ故に「甲は甲である」という同一律の形式が最も厳密な必然性を表わしている。与えられた自己が与えられたままの自己を保持して自己同一の形を取っている場合に、そういう同一者は他者であり得ないから、自己の在り方を必然的というのである。

同一性、従って必然性はどういう様態を取って現われてくるか。先ず「甲は甲である」というのが根本的な形態である。これは概念と徴表《ちょうひょう》との間に存する定言性である。概念と徴表とが共に甲である点に同一性、従って必然性が存している。然《しか》るに「甲は甲である」という命題は「甲ならば甲である」という命題へ展開する。第一の命題に於ける甲という概念が第二の命題では甲という理由として立てられ、第一の命題に於ける甲という徴表が第二の命題では甲という帰結として立てられて来たのである。理由と帰結との間に存する仮説性が「ならば」という言葉で表わされている。そして理由と帰結とが共に甲である点に同一性および必然性が存している。更にまた「甲ならば甲である」という命題は「甲は甲′であるか甲″である」という命題へ展開する。なぜならば「甲ならば甲である」という命題は具体的には「甲ならば甲′である」「甲ならば甲″である」というような命題を含んでいる。そして「甲ならば甲′であるか甲″である」という命題は中核を簡単に言い表わせば「甲は甲′であるか甲″である」という命題に帰着するのである。これは全体と部分との関係に基いて各部分の間に存する離接性を表わしている。甲′と甲″とは甲という全体にあって離接的な部分を構成している。そして部分である甲′と甲″との和と、全体とが共に甲である点に同一性、従って必然性が存している。以上三種の必然性の様態を定言的必然、仮説的必然、離接的必然と名づけることが出来る。

偶然とは必然の否定であるから、定言的必然の否定として定言的偶然があり、仮説的必然の否定として仮説的偶然があり、離接的必然の否定として離接的偶然がある。定言的偶然とは「甲は乙である」という場合に、乙という徴表が甲という概念に対して有つ関係である。仮説的偶然とは「甲ならば甲である」という場合に、この命題に対して「乙ならば乙である」という命題が有つ関係、従って甲と乙とが有つ関係である。離接的偶然は「甲は甲′であるか甲″である」という場合に、甲′または甲″が乙として言い表わされる可能性に基いている。部分としての乙が全体としての甲に対して有つ関係が離接的偶然である。必然性が同一者の同一性の様相的言表であったに反して、偶然性とは一者に対する他者の二元性の様相的言表にほかならない。必然性は「我は我である」という主張に基いている。「我」に対して「汝」が措定されるところに偶然性があるのである。必然性に終始する者は予め無宇宙論へ到着することを覚悟していなければならない。それに反して偶然性を原理として容認する者は「我」と「汝」による社会性の構成によって具体的現実の把握を可能にする地盤を踏みしめているのである。

二

定言的偶然は論理学上の概念的見地を出《い》でないものである。茶柱が立つのはめでたいというような観念は定言的偶然に基礎を有ったものである。煎茶《せんちゃ》という概念は茶の葉を煮出して飲むものという内包との同一性に於て把握されている。斯《か》ような概念の構成的内容に対して捨象された契機が概念の可能的内容をなす場合がある。煎茶は茶の葉を煮出して飲むものである。茶の葉はたとえ茶碗の中へ出て来てもやがては底へ沈んでしまう。その事実が本質的徴表として煎茶の概念の構成に与っている。そして茶柱が浮標《ブイ》のようにうかんでいるということは初めに構成された煎茶という概念にとって非本質的徴表が可能的内容としてあらわれているのである。そこに概念の同一性にとって定言的偶然を形成している。偶然が日常性の関心によって「めでたい」と解釈されたのである。四葉のクローバーというようなものも同様である。三葉ということは多くの場合にまたは殆《ほとん》ど常にクローバーに見出されるものであるから、我々は同一性に於てそれを目撃して本質的徴表としてクローバーの概念の構成的内容とするのである。四葉ということはクローバーの可能的内容をなし得るものであるが、概念との間に同一性を欠く限り、定言的偶然を形成しているのである。偶然であるから、四葉のクローバーは幸福の象徴とされている。人間の皮膚が黒色であるというようなことも定言的偶然である。我々が有つ人間という概念の中には皮膚の色ということは内包として含まれていないか、または皮膚は浅色をしているということが内包の中に含まれている。皮膚の黒色ということは例えばエチオピア人に於て人間の可能的内容をなし得るものであるが、我々の有っている人間の構成的内容ではない。黒い人間が現われた場合、我々は「魔笛」の中の鳥刺《とりさし》の論法に倣《なら》って、黒い鳥もあるように黒い人間もあるものだという風にひそかに考えて驚異の情をおさえるのである。煎茶という「我」に対して茶柱は「汝」である。三葉のクローバーという「我」に対して四葉のクローバーは「汝」である。浅色の人間である「我」に対して黒色の人間は「汝」である。「我」と「汝」のあるところに具体的現実もあり社会もあるのである。

定言的偶然は概念の普遍的同一性の包摂機能にあずからないところに生ずるものである。包摂機能は「常に」または「殆ど常に」という図式をもって営まれる。それ故にその機能に捨象された定言的偶然は「常に」および「殆ど常に」の否定として「或るときは」または「稀《ま》れに」という構造を有っている。偶然を表わす語が「稀れに」ということに根柢を有する場合があるのはそのためである。「わくらばに」という偶然を意味する古語があるが、わくら葉とは夏のころ紅葉のように色づいてうら枯れた木の葉で「稀れに」しか見ないものである。「たまたま」の語も偶然を意味すると共に「稀れに」の意味をも有っている。元来「たまたま」は「たま」を反覆することによってその意味を強調しているものである。然るに「たま」は「手間」の義であるという。「たま」は「まま」と殆ど同一の意味を有っているから「たま」と「まま」とに共通の「ま」が核心をなしている。「ま」は「間」である。空間的および時間的の間隔である。やがてまた間隔を置いてより存在せぬものを意味する。従って「まれ」なものを意味する。「まれ」とは「間有《まあ》れ」の約である。「ま」は稀れにより存在せぬものであるから「ま」はまた偶然を意味する。音便で「まん」と言えば更に勝義化される。「まに合う」とは偶然の機会に適合することである。「まがわるい」とは現われた偶然が適合性を欠いていることである。「こんなまになった」とは斯ような偶然の事態に成り行ったことを意味している。要するに「ま」を中核として「まま」も「たま」も「たまたま」も「まれ」もみな定言的偶然に基礎を有った言葉である。

定言的偶然は一般概念に対して存するものである。定言的偶然の存在に対する疑問は、一般的には個々の事実および個物の存在に対する疑問を意味する。個物の存在に対する疑問は、何故に類や種のほかに個物が存在するかという問である。そしてこの問は結局は存在そのものに対する問である。なぜならば、与えられた種はその内に個物を含まないならば、自己が個物となって、類に対して存するであろう。その類はまた自己内の特殊を否定することによって、自己が個物となって、上位の類に対して存在することとなる。斯くして、最高類に遡るのである。そして個物を否定して最高類の存在のみを考えるということは、一つの空虚と抽象とを考えることにほかならない。次に定言的偶然が特に例外の形を取って一般概念そのものを危くする場合に対する疑問に対しては、例外を許容する一般概念は固定的静的のものではなくて、生成的動的のものとして寧《むし》ろ一般概念への動向を意味していると答えなければならない。一般概念の有つ普遍性は課題的普遍性である。一般概念と個物との間には動きがある。個物は論理に対して非公約性を有っている。そこに例外の可能性が存するのである。

定言的偶然の存在に対する疑問は問題を新たな地平へ展開させる。茶柱が偶然的存在であるのは煎茶という一般的な概念が思惟された場合においてだけである。自分の飲もうとした茶に茶柱が立っているのは、茶碗の中へ出て来た茶の茎の両端の重さの不均等なことにその原因がなければならない。「クローバー」と「四葉」との結合が偶然的であるのも、一般的な概念が思惟された場合に於てだけである。「この」という指示代名詞によって「クローバー」に限定を与えると同時に、一つの特殊なクローバーと四葉との関係はもはや偶然的ではなくなるのである。「このクローバー」が「四葉」であるのは、営養《えいよう》の状態か、創傷の刺戟か何かの原因がなくてはならない。皮膚の色の相違による人種の差別も「人間」という概念的本質にとっては偶然的のものである。しかし一つの特殊な人種と皮膚の色との関係は決して偶然的ではない。「この」人種が一定の皮膚の色を有っているのは光線とか温度とかまたは其他に原因がなくてはならない。定言的偶然は論理学上の概念性の次元に於てのみ成立しているものである。我々はこの洞察に基いて定言的偶然から仮説的偶然へ移って行くのである。

三

定言的偶然が純粋な論理的偶然であるに対して、仮説的偶然は勝義に於ては経験的偶然であると見ることができる。さて仮説的関係の基礎をなす理由律はその根柢に於て同一律に根ざすと考え得る限り、同一律と同様に必然性を有っている。然るに理由性が経験界に現象したものが因果性と目的性である。目的性は倒逆的因果性にほかならない。要するに仮説的偶然は経験界にあって因果的偶然および目的的偶然として現われている。因果的必然と目的的必然とが否定される場合に、因果的偶然と目的的偶然とが現象するのである。因果的必然および目的的必然は同一性に於ける「我」である。因果的偶然と目的的偶然とは「汝」として「我」に対するものである。

偶然を表わす言葉のうちで、否定語を契機として有っている「ゆくりなく」、「端《はし》なくも」、「不図《ふと》」などはいずれもみな因果性または目的性の否定と緊密な関係を有っている。否定語によって「我」が否定されて「汝」が生れるのである。

因果的偶然と目的的偶然とは各々消極的偶然と積極的偶然とに分けて考えることができる。消極的偶然とは一つの事象に関して因果性または目的性の非存在が消極的に目撃される場合であり、積極的偶然とは二つまたは二つ以上の事象間に因果性または目的性の仮説的必然的関係の非存在を見るのみならず更に進んで積極的に他の何等かの関係の存在を目撃する場合である。

目的的消極的偶然には無目的としての偶然と、反目的としての偶然との二通りの場合がある。無目的としての偶然とは単に目的性を否定する場合であり、反目的としての偶然とは実現さるべき目的を肯定すると共に、その目的の非実現を特殊の事例に於て目撃する場合である。第一の単なる無目的の場合に属するものは、機械観的決定論の半面として宇宙の全体に目的的偶然性が主張されるような場合である。例えば澄んだ水や眼は偶然的な混合によって造られたものと考えられる。水や眼が物の姿を写すことの目的に造られたものでないことは、同じ特性を有った他のすべての表面の滑《なめら》かな物体と変りない。眼が見えるのは偶然に現在のように組織され、現在のような場所に置かれているからである。そこには何等の目的というべきものは無い。宇宙は目的的偶然によって支配されている。このように考える場合の偶然が無目的としての目的的消極的偶然である。

第二の反目的の場合は、白痴の如きがその一例である。人間にとって思考活動の存在ということが実現さるべき一つの目的性を意味しているとして、白痴はその思考活動の非存在を意味するから偶然的のものと考えられるのである。また、三葉を有つことがクローバーにとって実現さるべき目的の一つであると見た場合、四葉のクローバーは目的の実現を欠いているから、偶然的のものである。目的的消極的偶然のこの第二の様態は定言性に於ける一般概念を目的と見做して目的の実現を要請するところに生じて来るのである。

目的的積極的偶然は例えば樹木を植えるために穴を掘っていると地中から宝が出て来たというような場合である。樹木を植えることが目的で、宝を得ることは目的の中に含まれていなかったから、宝を得たことを偶然というのである。一方に、植木屋が地を掘って樹木を植える行動の系列と、他方に、盗賊が地中に宝を隠匿《いんとく》した行動の系列とがあって、その各々独立した両系列間に目的性以外の何等か積極的な関係が立てられたのである。

日常生活にあって偶然といわれるものの大部分はこの目的的積極的偶然である。この場合、積極的に目撃されるものは何であるかというに、目的として立てられはしなかったが、しかも目的たり得べきようなものである。目的的積極的偶然には特に一種の「目的ならぬ目的」が強い陰影を投げかけているのが常である。植木屋にとって宝は「目的ならぬ目的」である。目的として目指されはしなかったが、しかも地を掘ることの目的でもあり得たようなものである。もちろん目的的消極的偶然にあっても、目的の非存在が主張される以上は、何等かの「目的ならぬ目的」があって、それに対して「目的ならぬ」ことが、目的の非存在が、特に主張されるのである。然しながらその場合に目的の非存在そのものの把握に一切の重点が置かれている限り、目的的偶然は消極性に於てあらわれるのである。それに反して、目的的積極的偶然にあっては特に「目的ならぬ目的」の存在が積極的に強調されて目撃されるのである。換言すれば「目的ならぬ―目的」という二肢的構造にあって、目的的消極的偶然は上肢を特に強調し、目的的積極的偶然は寧ろ下肢に力点を置くのである。

目的的偶然は因果関係の見地から見れば、何等かの原因の結果として生じたもので、因果的必然性を備えていると考えることができる。偶然の存在を否定する者の中には目的的偶然の蔭に潜む因果的必然を指摘して事足れりと考えている者もあるようであるが、目的的偶然の裏面に因果性の存することは誰《た》れも否定しようとはしない。白痴は目的的消極的偶然であると云ったが、白痴であることは大脳の組織、特に細胞の遺伝質のうちに何等かの原因を有っているであろう。目的的積極的偶然について云えば、土地を掘って宝を得たことは、不透明な土の中に静止していた物品の有つ惰性と、鍬《くわ》の機械的作用と、更にその土地の地形と地味とに原因が存しているであろう。それ故に目的的偶然は定言的偶然と同じ方向を取って、因果性の問題へ還元されるのである。

因果的偶然のうちで因果的消極的偶然は自由の問題と緊密な関係に置かれている。因果的消極的偶然は非決定的自発性を意味する限り「おのずから」という語によって表現され、目的的必然と結合して自由の意味を取った場合には、「みずから」の語が用いられるのが普通である。非決定性、自発性としての偶然は、目的的必然性としての自由の不可欠条件を構成すると考えることもできる。

自然科学の従来の大体の傾向は因果的必然性の概念によって因果的偶然性の概念を排除しようとしている。たまたま偶然誤差、偶然発生、偶然変異などの概念が生じても、それらは忽《たちま》ち因果的必然性によって克服されてしまう。これらの概念はもと因果的偶然に関連して出来た。すなわち、偶然誤差は量の測定に於ける誤差の原因に関し、偶然発生は生物発生の原因に関し、偶然変異は遺伝質に起る変化の原因に関し、いずれも何等かの意味で偶然性を目撃しようとしたのである。しかし偶然誤差に対しては、因果法則に適する如きものを測定さるべき量として決定することによって、偶然発生に対しては、化学的合成を通路として無機物と有機物との境界を近接させることによって、偶然変異に対しては、変異の原因を実験的に必然化することによって、いずれも偶然性に必然性を置き換えてしまうのである。哲学上の唯物論は自然科学の決定論と提携するのが普通である。

それに対して哲学上、唯心論のうちに非決定論を極力擁護するものがある。その立場から見れば、因果法則は抽象的のものとして科学の実際上の格率であることはできるが、具体的な現実の世界にあっては厳密には適用されない。すべての計量は単に近似的である。絶対の精密に到達することは原理的に不可能である。実験的立証とは結局は諸現象の可測的要素の値を、出来るだけ接近した限界と限界との間に圧縮することに帰する。我々が見るものは謂わば物を入れた容器に過ぎない。物自身ではない。そして我々の粗雑な測定方法の効力範囲を越えた程度の微小の非決定性が諸現象に内在し得る。それがすなわち因果的必然の非存在としての因果的偶然である。

最近の自然科学は超唯物的傾向を示して非決定論に左袒する態度を示している。すなわち因果的消極的偶然の観念は、謂わゆる不確定性原理に基いて量子力学的偶然性として肯定されている。その哲学的展望はたしかに遠大なるものがあるに相違ない。但し必ずしもすべての有力な自然科学者の承認するところでないのみならず、原理的に云って自然科学的思惟の本質そのものと果してどの程度に相容《あいい》れるかの点になお疑問が残されることも否み得ないであろう。我々は因果的消極的偶然に関しては自然科学の領域にあっても既にそれを認めようとする傾向のあることだけに注意を向けるにとどめて早計な断定を控えて置こう。

因果的消極的偶然に対してなお因果的積極的偶然の観念がある。たとえば屋根から瓦が落ちて来て、軒下を転がっていたゴム風船に当って破裂させたとする。または隕石が白熱状態で落ちて来て、石油の発源地を発火させたとする。その場合、瓦は屋根の朽廃《きゅうはい》による固着の喪失か、風力による離脱の促進か、何等かの原因があって、その結果として落下の法則に従って一定の場所へ落ちた。ゴム風船は最初に受けた微小の衝動とゴムの弾性と風船の球形と地面の傾斜凹凸とが原因となって、その結果として運動の法則に従って一定の場所へ転がって来た。因果系列を異にする二つの事象が一定の積極的関係に置かれたことを偶然というのである。同様に、一方に、自然が石油の発源地を存在させた仕事と、他方に、隕石の進行の方向および隕石が地球に接触する地点を決定した力との間には何等の関連がない。各々独立に自己の系列に於て展開する二つの因果関係が一定の積極的関係に置かれたから偶然というのである。二つ以上多数の事象間の積極的偶然にあっても二つの事象間の関係が基礎的原型をなしている。

なお因果的積極的偶然は他の偶然の形態を基礎づけるものである。例えば茶柱が立つことは定言的偶然であった。しかしそれには茶碗の中へ出て来た茶の茎の両端の重さが著しく均一を欠いているということに因果的必然性が認められた。しかしそういう因果的必然性は恐らく更に因果的積極的偶然に根拠を有ったものである。すなわち一定の茶の葉の集団の中へたまたま一定の形状の茎がまぎれ込んだという因果的積極的偶然が基礎になければならない。また或るクローバーが四葉であることは定言的にも目的的にも偶然と見られるものであった。しかしそれには創傷の刺戟というような因果的必然性が考えられた。しかしそういう因果的必然性は恐らく更に因果的積極的偶然に根拠を有っている。或るクローバーの葉が形態的発生の初期に於て創傷を受けたということは、烈風がたまたまその部分に砂を打ち当てたというような因果的積極的偶然に基いていなければならない。

決定論者は宇宙の一切の事象の関連は投網《とあみ》全体のすべての糸の結び目が龍頭《りゅうず》の一点に集中するが如くに考えている。すなわち、すべて偶然と呼ばれるものは二つ或は二つ以上の原因が一緒に作用して交叉点を必然的に生じているのであるとか、諸現象の原因のつながりを認識しさえすれば何等の偶然はないわけであるなどと安易に立論をする。そして偶然とは認識不足に基づく主観的迷妄に過ぎないと結論する。もちろん偶然と考えられたものが実は諸原因の必然的結合から生じたものである場合は屢々《しばしば》ある。しかしそういう場合を無造作に普遍化して、すべての偶然は諸原因の必然的結合の産物であると推論するところに、却って認識の不足または思惟の幼稚がありはしまいか。偶然などというものはなく、すべては神霊の意によってもたらされたのであると信ずる原始人の心理と、偶然などというものはなく、すべては自然によって決定されたのであると信ずる自然科学的決定論者の心理とは不思議な類似を示している。すべての目的的偶然の裏面に目的的必然を考えないではいられないのと、すべての因果的偶然の裏面に因果的必然を考えないではいられないのとは素朴的独断論という点に於て軌を一にしている。

目的的積極的偶然と因果的積極的偶然とは偶然性の顕著な様態である。二つまたは二つ以上の事象間の関係が偶然であると考えられるのであるから、積極的偶然は相対的偶然とも云われる。また偶然はすべて相対的であるとも考えられる。そして積極的相対的偶然の積極性と相対性とは動的相対性として遭遇または邂逅《かいこう》の意味を取って来る。偶然の「偶」は双、対、並、合の意である。「遇」と同義で遇うことを意味している。偶数とは一と一とが遇って二となることを基礎とした数である。偶然の偶は偶坐の偶、配偶の偶である。偶然性の核心的意味は甲と乙との遭遇である。「我」と「汝」との邂逅である。我々は偶然を定義して「独立なる二元の邂逅」ということも出来るであろう。「行当りばったり」「廻り合せ」「仕合せ」「まぐれ当り」などいう偶然に関する言葉は相対的積極的偶然を暗示しているのである。

問題を展開するために我々は仮りに決定論の立場に立って見よう。交叉点の成立に関して出来るだけ偶然を除外して考えて見よう。丙点で甲と乙とが交叉する場合、例えば街上或る地点で甲の男と乙の男とが出逢った場合、甲は甲′を、甲′は甲″を原因とし、乙は乙′を、乙′は乙″を原因とし、甲″と乙″とはSを共通の原因に有っていると考えよう。そうすれば甲と乙との邂逅は厳密なる意味で偶然とは云えない。然るにS自身はまたMとNとの交叉点を意味している。そこに偶然の余地がある。しかしそのMを含むMM′M″の因果系列と、Nを含むNN′N″の因果系列とは更に共通の原因としてTを有つと考えることができる。然るにそのTもまた一つの因果系列と他の因果系列との交叉点を意味している。そこに偶然の余地がある。しかしその二系列にはまた共通の原因があると考え得る。斯くして我々はXに遡る。このXとは果して如何なるものであろうか。我々は経験の領域にあって全面的に必然性の支配を仮定しながら理念としてのXを「無窮」に追うたわけである。然しながら我々が「無限」の彼方に理念を捉え得たとき、その理念は「原始偶然」であることを知らなければならない。かくて問題は仮説的偶然の経験的領域から、離接的偶然の形而上学的領域へ移されるのである。

四

「甲は甲′であるか甲″である」という命題が離接的命題であった。部分としての甲′および甲″が全体としての甲に対して有つ関係が離接的偶然である。その関係に基いて部分の偶然性はこの部分でもかの部分でもあり得るという性格を有っている。甲′は甲″でもあり得る。甲″は甲′でもあり得る。

「たまたま」という語は「儻」の字をもって当てられることがあるが、儻は「或然之詞」すなわち「もしくは」とか「或は」とかを意味する。それ故に儻の字の意味する偶然は「甲或は甲″」の場合の偶然、すなわち離接的偶然でなければならない。例えば「心には忘れぬものを儻《たまたま》も見ざる日数多く月ぞ経《ま》にける」という場合、全体としての一年は部分として三百六十五日を含んでいる。仮りに某月某日、相見たとしたならば、それは三百六十五の部分の中の一つに当っているので、他の部分としての他の日でもあり得たのである。然るにそれは儻某月某日であったのである。某月某日であったことは全体としての一年に対して偶然性を有っている。その偶然とは離接的偶然にほかならない。

すべて偶然の遊戯は離接的偶然の観念に基いている。賽《さい》ころの現わす一定の面を偶然の性格を有つものとするのは、他の五つでもあり得たと考えるからである。なるほど確率論はそこに何等かの恒常性を求めて偶然を除外しようとするであろう。然しながらその謂わゆる偶然の除外とは何であるか。確率とは何であるか。一事象の生起の確率とは、その事象の生起に都合の良い偶然の機会の数が、偶然の機会の総数に対する比をいうのである。すなわち、都合の良い偶然の機会の数を、偶然の機会の総数で割って得る商が確率である。それ故に、賽の遊戯に関して確率論が規定するところは、一定の賽の目の現出および不現出のすべての偶然的な機会と、その目の現出する「都合の良い」偶然的な機会との間に存する数量的関係に過ぎない。それには、賽ころが完全に同質で相称である場合と、完全さが幾らか欠けている場合とによって相違があるが、完全であると仮定して、先験的確率として立てられる蓋然《がいぜん》法則はただ各々の賽の目が現われることに1/6の確率があるというだけである。六回に対して一回あらわれることが蓋然的であるというだけである。しかもこの理論上の数量関係は実際においては無数の場合の総和に於て理念的に妥当するだけである。回数が少なければ極端に片寄ることまでもあり得るのである。またもし、その賽ころを例えば一万回に亙って実験して見た結果、一の面の確率が9/60で、反対の側の六の面の確率が11/60であることがわかったとすれば、それが謂《い》わゆる経験的確率である。この場合、経験的確率はさきの先験的確率1/6よりも客観的価値を多く有っているわけであるが、しかし、結局は同じ性質のものである。確率の先験性、経験性のいずれに拘らず、蓋然法則は謂わゆる巨視的地平に於て成立するので、微視的地平において各々の場合にどの目が出るかという偶然的可変性は依然として厳存しているのである。しかも偶然の偶然たる所以はまさに微視的なる細目の動きに存している。その点に、偶然性の問題の哲学的提出に対する確率論の根源的無力があるのである。

　もとより、微視的に見て、個々の場合に賽の現わす面は賽、投げ方、空気の抵抗、投げ出される平面などの物理的性質によって必然的に規定されているでもあろう。然しながら、究竟的な立場に於て、他の必然性の因果系列をも取り得たと思惟し得る点に、いま現実として与えられた因果系列が必ずしも絶対性を有っていないと思惟し得る点に、依然として偶然性が存するのである。

離接的偶然は究竟的には形而上的背景と展望とを有って浮出て来る。離接的偶然が究竟的に成立する形而上学的次元にあっては、このクローバーが三葉でなくて四葉であることも厳密なる偶然であり、浅間山が断層山でもなく褶曲山でもなくて火山であることも偶然である。豊臣秀吉が京都でも大阪でもなく、またその他何処でもなく尾張の中村で生れたことも偶然である。また我々は無数の異った我を含んだ無数の世界があり得たと考えることが出来る。我々はアメリカ人でもフランス人でもエチオピア人でも印度人でも支那人でもその他のいずれの国人でもあり得たのである。我々が日本人であるということは偶然である。我々はまた虫でも鳥でも獣でもあり得たとさえも考え得る。虫でもなく鳥でもなく獣でもなく人間であることは偶然である。大海に潜む寿命無量の盲の亀が百年に一度その頭を出す。また唯一の孔ある浮木《ふぼく》が海中に漂うて風のままに東し西する。人間に生れることとは、この盲の亀が頭を上げたとき、たまたまこの木の孔に遇うようなものであるという譬は汲んでも尽きない形而上的の味を有っている。一離接肢が現実として眼前に措定されたとき、離接的偶然としての原始偶然が一切の必然の殻を破ってほとばしり出るのである。原始偶然は形而上的遊戯の賽の目の一つである。原始偶然は「我」に対する原始的「汝」である。しかもその「汝」は先ず最初に「我」の中に邂逅する「汝」である。

以上に於て偶然の概念をその諸種の形態に於て考察して来た。偶然の諸相を理解することは偶然の本質および意義を会得することと同じではないが、一方には偶然の本質および意義の会得へ到る道程を構造し、他方には偶然の有無を論議する不可欠条件を形成するものである。偶然の本質と意義とは必然のほかになお可能および不可能との関連を全般的に究明し、且つ時間の地平に於て問題を展開することによって把握されなければならない。

（『改造』昭和十一年二月）

偶然性の問題（抄）

序説

一　偶然性と形而上学

偶然性とは必然性の否定である。必然とは必ず然か有ることを意味している。すなわち、存在が何等かの意味で自己のうちに根拠を有っていることである。偶然とは偶々《たまたま》然か有るの意で、存在が自己のうちに十分の根拠を有っていないことである。すなわち、否定を含んだ存在、無いことの出来る存在である。換言すれば、偶然性とは存在にあって非存在との不離の内的関係が目撃されているときに成立するものである。有と無との接触面に介在する極限的存在である。有が無に根ざしている状態、無が有を侵《おか》している形象である。偶然性にあって、存在は無に直面している。然るに、存在を超えて無に行くことが、形を越えて形而上のものに行くことが、形而上学の核心的意味である。形而上学は「真の存在《オントス・オン》」を問題としているに相違ない。しかし「真の存在」は「非存在《メー・オン》」との関係に於てのみ原本的に問題を形成するのである。形而上学の問題とする存在は、非存在すなわち無に包まれた存在である。そうして形而上学すなわち勝義における哲学と他の学問との相違もまさにこの点に存している。他の学問は存在もしくは有の断片を、与えられた存在および有の断片として問題とするだけで、無に就ては、また有と無との関係に就ては、何ものをも知ろうとしない。

偶然性の問題は、無に対する問と離すことが出来ないという意味で、厳密に形而上学の問題である。また従って、形而上学としての哲学以外の学問は偶然性ということを本来の意味に於て問題としない。数学に所属する確率論が偶然性を自己の問題としていると考えられるかも知れない。確率論は偶然の場合を取扱っているに相違ない。しかし確率論の意図は偶然を偶然として偶然性に於て摑もうとするのではない。偶然性の意味それ自身をそれ自身において闡明《せんめい》しようとするのではない。確率論の関心は、一事象の生起および不生起の総ての可能的な場合と、その事象の生起する偶然的な場合との間に存する数量的関係ということに尽きている。しかも理論上の数量的関係は、経験上には観測の回数を無限に大にした場合に初めて妥当性をもち得るのであるから、確率論は偶然的事象の生起する数量的関係の理念的恒常性を巨視的に規定しようとするに過ぎない。微視的なる細目に存する偶然的可変性は少しも触れられない。しかも偶然の偶然たる所以はまさに細目の動きに存している。要するに、確率論とは偶然そのものの考究ではない。「偶然」の「計算」とさえも云えない。偶然そのものは計算は出来ない。確率論が一定の視角に於て偶然性へ斜視を投げることによってその構造を或度まで目撃させることは否むことはできないが、偶然性の全貌に関して何等の把握を許すものではない。量子力学的理論が偶然性を問題とすると考える者があるかも知れない。しかし量子力学の理論は量子力学的現象として位置と速度との両条件を同時に決定し得ないことを断定し、従って或度の偶然性の支配を許容するだけのことである。その謂わゆる不確定性原理は偶然性を単に原理として承認しているに過ぎない。量子力学的偶然は量子力学そのものにとって飽くまでも「不可知な次元」に属するものである。自己の原理に関する反省を存在の全面に亙って原理的になすことを、量子力学的理論に求めることは出来ない。偶然性は科学の原理的与件となることは出来ても、まさにその偶然性そのものによって、科学には対象として取り扱えないという根源的性格を有ったものである。偶然を偶然としてその本来の面目において問題となし得るものは形而上学としての哲学を措《お》いてほかにはない。

しかしながら、またすべての学問は、事物の必然的乃至蓋然《がいぜん》的関係を究明しようとする理由そのものによって、原理的には偶然性の問題と離れることが出来ない。すべての学問は、自己の労作に関して原理的反省をする場合には必ず、但しその時に初めて、偶然性の問題に本来の面目に於て当面するのである。それはほかでもない。一切の学問はその根柢に於て形而上学に連《つらな》っているからである。要するに、偶然性の問題は、無に関するものである限り、すなわち無の地平において十全に把握されるものである限り、厳密に形而上学の問題である。もとより、この問題は完全に解決し得られる問題であるか否か、それはおのずからまた別問題である。ただ我々は偶然性ということを哲学の問題として飽くまでも追求して見なければならない。シェストフの言葉を借りて云えば、我々は「この世界の中に何等か統計学と「必然性」以外のものを発見しようという希望を棄てることを欲しない人たち」に属する(L. Chestov, La Philosophie de la Tragédie, Paris, 1926, Préface, p. XV)のである。そうして偶然性の存在論的構造と形而上的理由とを出来得る限り開明に齎すことを願うものである。

二　必然性の本質とその三様態

偶然性が必然性の否定である限り、偶然性の意味を把握するためには、先ず必然性の意味を闡明することから出発しなければならない。然らば必然性とは何ぞというに、既に云ったように、必ず然か有ること、すなわち反対の不可能なることを意味している。反対が不可能なりとは、自己のうちに存在の理由を有し、与えられた自己が与えられたままの自己を保持することである。そうして、自己が飽くまでも自己を保持する場合には、自己保存または自己同一の形を取って来る。すなわち必然性の概念は同一性を予想している。従って「甲は甲である」という同一律の形式が最も厳密なる必然性を表わしている。必然とは、畢竟、同一という性質上の規定を様相の見地から言表したものにほかならない。トレンデレンブルクも云っている。「必然的なものは、その概念上、不変のものであって、従って既にアリストテレスでは ἀΐδιον（永遠）と呼ばれ、スピノザでは aeternum（永遠）と呼ばれているが、必然的なものの中には同一的なものが現われている。すべての必然的なものは自己同一であって、斯《か》かるものとして自己を固守するものである」（Trendelenburg, Logische Untersuchungen, II, 3. Aufl., S. 210）。「同一性の後には必然性が背中合せに立っている」（ibid., S. 175）。ヘーゲルも「必然性とはそれ自身に於ては、一つの自己同一的な、但し内容の充実した本質である」と云い、また「必然的なものはそれ自身の中で絶対的関係である。すなわち、関係が自身をもまた絶対的同一性へ止揚するところの、展開された過程である」（Hegel, Encyklopädie, hrsg. v. Bolland, 1906, §§ 149, 150）と云っている。

同一、従って必然という規定は㈠概念性、㈡理由性、㈢全体性において認められる。すなわち㈠概念と徴表との関係、㈡理由と帰結との関係、㈢全体と部分との関係に関して把握されるものである。ロッツェは甲と乙との相互間の関係にあって必然的認識へ導く形式が三つあるとしている。㈠普遍的判断を造って、類概念甲の中にそれ自身既に思惟されているような乙を求める。そうすれば、この乙は必然的に甲の各々の種に帰属する。㈡仮説的判断を造って、xという条件が甲に加わることによって、この条件なしには存在しないであろうところの乙が、その甲に生ずることを示す。そうすれば、同様の条件が同様の仕方で作用を及ぼすところの各々の甲に関して、この乙は必然的に妥当する。㈢離接的判断を造って、或る問題を厳密な「一か他か」へ還元するならば、それと同時に事態を確実に握るようになる。そうすればもはや一つの経験を要するだけで、各々の個々の場合に於て、乙か丙か二つの述語のうちのいずれが甲に関して必然性を有って措定されるかを決定することが出来る。必然的認識へ到達する道は以上の三種に限られたもので、他の道というものは無い (Lotze, Logik, hrsg. v. Misch, Leipzig, 1912, S. 65)。ヘーゲルも必然性を具現する絶対的関係として㈠実体性と属性との関係、㈡因果性の関係、㈢交互作用の関係の三つを挙げている。そうして実体が必然性の概念を充実するためには実体が原因として、属性が結果として把握されなければならぬ、すなわち実体属性の関係が因果関係へ移り行かなければならぬとしている。また、因果系列が真に無限であるためには因果系列は直線の形を取らずに円形を取らねばならぬ、すなわち因果性は交互作用にならねばならぬと云って、三種の必然性の内的関連を説いている (Hegel, Encyklopädie, hrsg. v. Bolland, 1906, §§ 150–156)。

我々は必然性のこの三つの様態を㈠定言的必然、㈡仮説的必然、㈢離接的必然と名付けて置こう。いったい、判断の関係上の区別は、定言的、仮言的、選言的の語を以て表わされることが寧ろ普通であるが、我々は特に、定言的、仮説的、離接的の語を用いようと思う。

三　偶然性の三様態

偶然性は必然性に対立した意味であるから、必然性の三様態に対して偶然性の三様態が存する筈である。㈠定言的偶然、㈡仮説的偶然、㈢離接的偶然の三つがなければならない。偶然性を斯《か》ように三つの様態に区別することによって初めて偶然性の意味が雑多と統一とに於て明かになると思う。偶然に関する理論が常に明晰を欠くのは、問題そのものの困難にもよっているのは勿論であるが、問題提出の出発点に於て、偶然性の様態の区分がなんら原理に基いて明晰に行われず、その統一的把握が主題として明かに意識されないことに基くところが多いと思う。

事実としてこの三様態の区分に相当するものはアリストテレスに見ることが出来る。後に詳論するところであるが、アリストテレスのいう「シュムベベコス」（συμβεβηκός, accidens）は定言的偶然に当り、「アウトマトン」（αὐτόματον, casus）と「テュケ」（τύχη, fortuna）とは仮説的偶然に当り、「エンデコメノン」（ἐνδεχόμενον, contingens）は離接的偶然に当っている。なおミローは「アリストテレスおよびクールノーに於ける偶然」という論文のなかでアリストテレスの偶然論とクールノーの偶然論にあって共通なる偶然の三方面を指摘している。第一は「遭遇」(rencontre) である。第二は「稀有《けう》」(rareté) である。第三は「一つの可能」(un possible) である (Gaston Milhaud, Études sur la Pensée Scientifique, 1906, pp. 137–158; Revue de Métaphysique et de Morale, 1902, pp. 667–681)。然るに「遭遇」とは一つの理由系列と他の理由系列との遭遇を意味しているから、仮説的偶然にほかならない。また「稀有」とは稀れにしか所属せぬ意味であるから、概念と徴表との間に存する定言的偶然でなければならない。また「一つの可能」とは同等に可能なる幾つかの離接肢の中に於ける一つの可能を意味しているから、離接的偶然にほかならない。リッケルトも偶然の三つの意味を挙げている。㈠法則的でないもの、㈡原因を有たぬもの、㈢本質的でないものがそれである (H. Rickert, Die Grenzen der naturwissenschaftlichen Begriffsbildung, 3. Aufl., 1921, S. 286–287)。法則的でないものの例としては、地球でなくて土星が環《わ》を有っていること、フレデリック大王がロイテンの戦闘に勝利を占めたこと等を挙げているから、法則の普遍的包摂性に対して離接的偶然の離接的孤在性を指しているのである。原因を有たぬものとは、因果性の外にあるものとして仮説的偶然である。本質的でないものとは、概念の本質に所属せざるものとして定言的偶然である。偶然性を定言的、仮説的、離接的の三つに分けることが事態に即したものであることは、これらの範例に照してもほぼ明かであると信ずる。

なお後に示すように、定言的偶然は論理学上の概念的見地に終始し、仮説的偶然は経験界における因果性に関して顕著に現われ、離接的偶然は形而上的の絶対者に対して特に浮き出てくるものであるから、優勢的命名法によって三者を論理的偶然、経験的偶然、形而上的偶然と呼ぶのも一つの仕方である。しかし偶然性はその根源において論理学的様相性に所属するものであるから、この種の優勢的命名法は厳密に云えば不適切であることを免れない。以下、偶然性の問題を、定言的偶然、仮説的偶然、離接的偶然の三項に分けて考察しよう。

第一章　定言的偶然

一　概念と定言的偶然

概念の構造は個々の諸表象に何等か共通な普遍的同一性を目撃することに基いている。そうして概念の構成的内容は同一性として抽象された本質的徴表の全体であり、その可能的内容は捨象によって同一性の圏外に置かれた非本質的徴表に通路を与えることによって成立する。本質的徴表の特色は、それを否定する場合に概念そのものも否定されるということに存する。概念の構成的内容と、本質的徴表の全体とが同一のものであるからである。また、本質的徴表と概念との関係は、かような同一性によって規定せられている限り、必然的である。それに反して、非本質的徴表と概念との関係は、通路が与えられるか否かということに依属するものとしてそれ自身の同一性を欠くために、偶然的である。本質的徴表は必然的徴表と呼ばれ、非本質的徴表は偶然的徴表と呼ばれる。定言的偶然とは偶然的徴表の偶然性にほかならない。

例えば、三角形という概念にとって、三つの線に囲まれた面の一部ということは、必然的徴表である。それはすなわち三角形という概念の構成的内容をなすもので、この性質を否定すると共に三角形の概念も解消されるのである。三角形という概念と三つの線に囲まれた面の一部ということとは同一性によって結ばれているが故に、両者の関係を必然的というのである。それに反して角が直角であるとか、鈍角であるとか、鋭角であるとかいうようなことは単に三角形の可能的内容をなすだけのものである。すなわちそれらの徴表は三角形の概念にとっては偶然的徴表である。三角形の概念は単にこれらの徴表に通路を与えることによってのみこれらの徴表と関係付けられるものであって、両者間にはそれ自身の同一性を欠いている故に、両者の関係を偶然的というのである。内角の和が二直角に等しいということも、三角形の概念と同一性を有っていない限り、三角形にとっては偶然的なものである。非ユークリッド幾何学が三角形の内角の和を二直角よりも小さいとか大きいとか考え得るのもそのためである。

概念に実在性を付与したものが実体である。実体とは同一律によって時間内に自己を不変的に保持するものである。カントの言葉を借りて云えば「基体の同一性」（カント『純粋理性批判』B. 229）ということが実体の意味である。ヘーゲルも実体の「絶対的同一性」(Hegel, Encyklopädie, hrsg. v. Bolland, 1906, § 150, S. 202) に就て述べている。実体に対して属性が考えられる。属性とは実体のもろもろの規定で、一つの実体の存在様態を意味する。すなわち実体と属性との関係は、概念と徴表との関係に対応している。従って本質的属性と非本質的属性または偶然的属性とが考えられる。概念を実在化して、実体の意味を明確に言表した顕著な例は云うまでもなくプラトンのイデアである。イデアは概念として、多数の個物に対して「共通者」（τὸ κοινόν）、従って「一者」（μονάς）である。しかもそれ自身に独立した世界を形成する「真の存在」である。個物は一方にはイデアに分預するものであるが、また他方には空間と解された「非存在」に根ざしている。そうして偶然性とは、イデアへの分預が非存在によって不完全にされることを、すなわち原型と模写との間に存する隔りを意味している。アリストテレスはこの種の偶然性を「シュムベベコス」（συμβεβηκός, accidens）と呼んだ。シュムベベコスとは「或るものに所属し、また真に言明され得るものであるが、しかし必然に（ἐξ ἀνάγκης）でもなく、多くの場合に（ὡς ἐπὶ τὸ πολύ）でもない」（Aristoteles, Metaphysica, Δ. 30, 1025a）。かくしてアリストテレスは「それ自身による」（καθ' αὑτό, per se）と「偶然による」（κατὰ συμβεβηκός, per accidens）との区別を明瞭にした。「それ自身による」のは「本質」または「本質に属するすべてのもの」または「直接に自身のうちに、もしくは自己の一部分のうちにものを受け入れたとき」である（ibid., Δ. 18, 1022a）。例えば「人間はそれ自身によって生きている。なぜならば生が直接に宿っているところの精神は人間の一部であるからである」（ibid.）。すなわち「彼が生物であることは偶然によってではない」（ibid., *E*. 2, 1026b）。しかしながら「或る人間が白色であることは偶然である。なぜならば、常に（ἀεί）でもなく、多くの場合にでもないからである」（ibid.）。そうして「物質（ὕλη）が偶然の原因である」（ibid., *E*. 2, 1027a）。従って「偶然とは非存在に近いもの（ἐγγύς τι τοῦ μὴ ὄντος）である」（ibid., *E*. 2, 1026b）。なおアリストテレスは、内角の和が二直角に等しいということは、三角形にとって、また少し違った意味で、偶然であると云っている。そういう種類の偶然は、たまたま「永遠」（ἀΐδιον）であることが出来て、その対象に「それ自身によって所属するが、しかし、その本質の中に（ἐν τῇ οὐσίᾳ）あるのではない」（ibid., *Δ*. 30, 1025a）。この種の「それ自身による偶然」（καθ' αὑτὸ συμβεβηκός）（ibid., *B*. 1, 995b）という概念は謂わば矛盾を含んだものであるが、フッサールの云う「偶然的アプリオリ」（kontingentes Apriori）（Husserl, Formale und transzendentale Logik, Jahrbuch für Philosophische und phänomenologische Forschung, Bd. X. S. 25–26）などとも或る意味で比較し得るものである。

要するに、定言的偶然とは、概念に対して、偶然的徴表の偶然性をいうのである。

六　定言的偶然の存在理由

『那《な》先《せん》比《び》丘《く》経』のうちで弥蘭《みらん》が那先《なせん》に次の問を発している。「世間人頭面目身体四支皆完具、何故有㆓長命者㆒有㆓短命者㆒、有㆓多病少病者㆒、有㆓貧者富者㆒、有㆓長者㆒有㆓卑者㆒、有㆓端正者㆒有㆓醜悪者㆒、有㆓為㆑人所㆑信者為㆑人所㆑疑者㆒、有㆓明者㆒有㆓闇者㆒、何以故不㆑同」（巻上）。この問は人間の喜びと悩みとを蔵する哲学的な問であるが、畢竟、個物の偶然性、定言的偶然性に対する問にほかならない。個々の人間が、人間という一般概念に対する限り有つ偶然的規定に関する問である。那先はこれに答えて「譬若下衆樹木生レ菓、有二酢者一有二苦者一、有二辛者一有中甜者上」と云った。しかし、これは単に定言的偶然の他の一例を挙げたに過ぎない。

定言的偶然の存在に対するこの種の疑問は、一般的には、個々の事実および個物の存在に対する疑問を意味する。個物の存在に対する疑問は、何故に類や種のほかに個物が存在するかという問である。そうしてこの問は結局は存在そのものに対する問である。なぜならば、与えられた種はその内に個物を含まないならば、自己が個物となって、類に対して存在するであろう。その類はまた自己内の特殊を否定することによって、自己が個物となって、上位の類に対して存在することとなる。斯くして、最高類に遡るのである。そうして、個物を否定して最高類の存在のみを考えるということは、一つの空虚と抽象とを考えることにほかならない。もとより、普遍者が個別化する際に一切の個別態が、普遍者の同一性に基いて、相互間に厳密なる相等性を有っているような場合も考えられないことはない。しかしその場合には個物とはフッサールの云うイデア的単体性（形相的単体性）の如きものとなってしまって真の個体性を有ったものとは云えないのである。現実の世界にあっては飽くまでもライプニッツの「不可弁別即同一」の原理が支配しているものと考えなければならない。各々の単子は「形而上学的点」として、「数学的点」に位置を占めて、その独自の立脚地から宇宙を表現しているのでなければならない。従って宇宙には完全に相同じな二つの事物はない。完全に相同じな二つの葉もなければ、完全に相同じな二つの雨滴もない。個物がイデア的単体性より以上に差別性を表わすことは現実の現実性の不可欠条件でなければならない。なおまた種とか類とかいうような一般概念がもともと個物を基礎として同一化的抽象の作用によって構成されたものである以上は、捨象によって同一性の圏外へ置かれた偶然的徴表が定言的偶然として逆に個物の存在を語るのは当然のことである。

定言的偶然の存在に対する疑問は、更にまた偶然的徴表が例外の形を取って一般概念そのものを危くする場合に対する疑問をも含んでいる。それに対しては、例外を許容する一般概念は固定的静的のものではなくて、生成的動的のものとして寧ろ一般概念への動向を意味していると答えなければならない。この種の一般概念は限定判断的普遍性、すなわち既成的普遍性を有ったものではなくて、反省判断的普遍性、すなわち課題的普遍性を有ったものであると云ってもよい。一般概念と個物との間には動きがある。個物は論理に対して非公約性を有っている。そこに例外の可能性が存するのである。ヘーゲルも「自然の表面では謂わば偶然が自由に発動している。それはそういうものとして認めるべきである。そうでだけあり得て他のようにはあり得ないことをそこに見出そうと欲する(時として誤って哲学に帰せられる）要求を有ってはならぬ。……学問の任務、そうして仔細には哲学の任務は一般に偶然性の仮象の下にかくれている必然性を認識することにあるとするのは全然正しい。然しながら、そのことは偶然的なものが単に我々の主観的表象に属するもので、従って真理へ到達するためには端的に排除さるべきものであるかのように理解されてはならぬ。この方向を追うことに偏する学問的努力は、空虚な遊び事と云われたり又は融通のきかない杓子定規《しやくしじようぎ》的な腐儒《ふじゆ》と云われたりする正当な非難をまぬがれ難い」（Hegel, Encyklopädie, hrsg. v. Bolland, 1906, S. 195）と云っている。また法則と個体的事実との関係に就て「法律および司法は一面に於て偶然性を包含している。そうしてそのわけは法律は一般的規定であって個々の場合に適用されなければならぬからである。若しもこの偶然性に反対の態度を取るならば、一つの抽象を主張することになるであろう」（Hegel, Grundlinien der Philosophie des Rechts, hrsg. v. Lasson, 1911, S. 341）と云っている。これは特に法律に関して一般的規定の内部に存する偶然の動きを云っているのであるがまた一般に自然法則と個々の偶然に関しても云われることである。ブートルーは自然法則内の偶然性に関して「法則とは事実の急流が過ぎ行く河床である。事実はその河床に従っては行くが、もともと事実が河床を凹《へこ》めたのである」（Les lois sont le lit où passe le torrent des faits: ils l'ont creusé, bien qu'ils le suivent.）という有名な語を述べている（Boutroux, De la contingence des lois de la nature, 9e éd., p. 39）。すべて法則とは一般概念と個々の事実との包摂関係に存するものであるから、一般概念が反省判断的課題的普遍性の性格を有つ限り、法則の裏面に例外としての偶然性が伴うのは寧ろ当然のことでなければならぬ。

七　定言的偶然から仮説的偶然へ

定言的偶然の存在に対する疑問は、やがて問題が新たなる地平に於て展開されなければならぬことを示している。夏の土用にうす寒い日があるとすれば、それは夏の土用という一般概念にとっては偶然である。しかし或る一定の年の夏の土用に湿度の低いことには、太陽の黒点か何かにその原因がなくてはならぬ。また「このクローバーは四葉である」という一つの特殊な知覚判断にあって「このクローバー」と「四葉」との結合は必然性をもっている。「クローバー」と「四葉」との結合が偶然的であるのは、一般的な概念が思惟された場合においてだけである。「この」という指示代名詞によって「クローバー」に限定を与えると同時に、一つの特殊なクローバーと四葉との関係はもはや偶然的ではなくなるのである。「このクローバー」が「四葉」であるのは、営養の状態か、気候の影響か、創傷の刺戟か、何等かの原因がなくてはならぬ。二頭一身の蛇というようなものが極めて稀れな偶然的存在であることは誰しも認める。然しながら、生物学者の実験によれば、手術によって人工的に二頭一身の蛇を造ることが出来るから、自然界に見られる二頭一身の蛇の如きも、極く若いうちに頭部が二つに切れたために生じたものと考えられている。二頭一身の蛇を偶然的と考えるのは蛇という一般概念に関連させて見る限りにおいてである。「この」蛇が二頭を有っているには何等かの原因がなくてはならぬ。生来の不具者や白痴などを偶然的と考えるのも「人間」という一般概念との関連においてである。「この」不具者、「かの」白痴にはそれぞれの発生学的其他の原因がなくてはならぬ。外貌の「端正醜悪」を偶然的と考えるのも、「人間」という一般概念を立てて、その一般概念との関係において特殊を目撃するからである。「この」人が「端正」であり、「かの」人が「醜悪」であるのには、男女両性の生殖細胞の結合の仕方か、妊娠時の母体の健康状態か、何等かの原因がなくてはならぬ。同様に、皮膚の色の相違による人種の差別は「人間」という概念的本質にとっては偶然的のものである。しかし一つの特殊な人種と皮膚の色との関係は決して偶然的ではない。「この」人種が一定の皮膚の色を有っているのは光線、温度其他にその原因がなくてはならぬ。また同様に、適中率が九分九厘に達している気象台の或る技師の天気予報が外れるというのは、適中率の九分九厘の天気予報という一般概念に対してこそ例外的偶然であるが、「この」特殊な場合には、天気の急激な変化とか予報者の精神の興奮とかいうような何等かの原因がなくてはならぬのである。

我々は斯ようにして、概念性の問題から、理由性の問題へ移るのである。定言的偶然の問題から、仮説的偶然の問題へ移るのである。

第二章　仮説的偶然

一五　仮説的積極的偶然の一般性格

以上に於て我々は三種の仮説的偶然の各々《おのおの》を消極的偶然と積極的偶然との二つにわけて考察した。消極的偶然とは一つの事象に関して仮説的前件（理由、原因、目的）の欠けていることが消極的に把握された場合である。積極的偶然とは二つまたは二つ以上の事象の間に仮説的関係以外の関係が積極的に目撃される場合である。消極的偶然は一つの事象に就て前件の欠如が単に把握されているから、その意味に於て絶対的偶然ということが出来る。積極的偶然は二つまたは二つ以上の事象間の関係が偶然なりと断定せられるのであるから、相対的偶然ということが出来る。要するに、積極的偶然は理由的積極的偶然、目的的積極的偶然、因果的積極的偶然のいずれにあっても、積極性と相対性とを具有している。然るに、ここに注意すべきことは、いずれの消極的絶対的偶然も結局はその根柢に積極的相対的偶然を有っているということである。いったい、相対的偶然は仮説的関係を欠くという消極的方面と、仮説的関係以外に何等かの関係が成立するという積極的方面とを有っている。謂《い》わゆる消極的偶然とはその消極的方面のみを目撃した場合をいい、積極的偶然とは更に進んで積極的方面をも合せて目撃した場合をいうのである。然《しか》しながら、その実、積極的方面を全く欠いた偶然というものはあり得ないので、たとえ意識的に積極的方面が把握されていないでも、何等かそこに積極性がなければならないのである。その積極性は或は他の次元に於て目撃されるべき性質のものであるかも知れないが、いずれにしてもそこには何等かの積極性が目撃されなければ真の偶然とは云えないのである。その意味ですべての偶然は積極的相対的偶然であるということが出来る。

例えば理由的消極的偶然の根柢には理由的積極的偶然が潜んでいる。曩《さき》に、理由なく「偶然に真理の中へ落ちる」場合を消極的偶然の例として挙げた。その場合、理由の非存在が消極的に目撃されているのであるが、「真理の中へ落ちる」という以上はそこに何等かの相対性が潜んでいなければならない。即ち一方には真理の認識という理由帰結の必然的関係の系列があり、他方には肯定否定の自由意志の必然的関係の系列があって、両系列間に必然的ならざる相対的関係が成立する限りに於て、真理が積極的偶然として浮出ているのである。それ故に真理の成立に対して認識理由を欠くという消極的偶然の根柢には、認識理由を欠いていながら意志決定の系列が真理認識の系列の中に落ち込んだという積極的偶然が存しているのである。認識理由を欠いているのであるから、その意志決定の系列は誤謬の成立している論理的系列の中へ落ち込むことも出来たのである。真理という積極的な存在は二つの独立した系列が偶然的関係に置かれたところに忽然《こつぜん》として浮き上って来たものである。目的的消極的偶然の根柢に積極的偶然の潜んでいることに就ては、「反目的」の場合に関しては、他の関係に於て、既に述べて置いた。すなわち実現さるべき目的が実現されていない場合には、多くの場合に実現されている目的がその場合に特に実現されないのであるから、そのためには裏面に何等かの因果的積極的偶然を考えないわけにゆかなかったのである。「無目的」としての目的的消極的偶然の場合に関しても、苟《いやし》くも目的性の否定を消極的に主張する以上は、その裏面に何等かの目的なき目的がたとえ無意識的にでも目撃されていて、その目的なき目的に関して目的性を否定するのでなければならない。例えば澄んだ水が人の姿を写す目的で作られていないように眼は対象を眺める目的のために作られているのではないと主張する以上は、眼の構造と機能とに関して何等か目的なき目的が積極的に把握されて、その上でその目的なき目的に就て目的性を拒否しているのである。そうしてその目的なき目的は何に起因するかというに、二つ或はそれ以上の多くの因果的諸系列間の偶然的相対的関係に基くものと考えなければならない。それ故に目的的消極的偶然は単なる「無目的」である場合にも「反目的」の場合と同様にその根柢に何等かの積極的相対的偶然を隠匿《いんとく》しているのである。最後に因果的消極的偶然にあっても同様である。偶然誤差、偶然発生、偶然変異などの概念に就て考えれば明かである。偶然誤差にあっては、大気の不測の変化とか器械の突然的な微細な変化とかが積極的相対的偶然を形成している。偶然発生にあっては、無生物から生物が発生するためには、地球生成の歴史の或る時期に於て物質と外囲の状況との間に何等かの因果的積極的偶然が成立したことを想定している。偶然変異にあっても、遺伝質に起る変化は、一方に生物体と他方に温度光線其他との間に何等かの積極的相対的偶然の存在を認めている。因果的消極的偶然が厳密に自発性を意味する場合にも、少なくとも非現実面と現実面との間に理由的積極的偶然の相対的関係が根柢に考えられなくてはならない。

要するに、一つの事象に関する消極的絶対的偶然の根柢には、二つ或は二つ以上の事象間に於ける積極的相対的偶然が潜在しているのである。ショーペンハウエルも「偶然的なものは常に単に相対的である」(Das Zufällige ist immer nur relativ) と云っている (Schopenhauer, Sämtliche Werke, hrsg. v. Deussen, I, S. 550)。そうして積極的相対的偶然の積極性と相対性とは動的相対性として遭遇または邂逅の意味を取って来る。クールノーも偶然を定義して「理性的には一つ一つ独立している事実と事実との間の遭遇」(une rencontre entre des faits rationnellement indépendants les uns des autres) と云い (Cournot, Traité de l'enchaînement des idées fondamentales dans les sciences et dans l'histoire, nouvelle éd., 1922, p. 67)、また「互に独立している理性的事実の二つの秩序の競合」(concours de deux ordres de faits rationnels, indépendants l'un de l'autre) と云っている (Cournot, Matérialisme, Vitalisme, Rationalisme, p. 227)。クールノーのこの偶然の定義は曩に挙げたミルの定義と類似しているが、ミルの定義が経験的偶然にのみ適用範囲を有するに反して、クールノーは純論理的領域の偶然をも考慮の中に入れている。クールノーもはじめは経験的偶然のみを視圏に入れて「互に独立している系列に属する他の事件との結合または遭遇によって齎《もたら》された事件」(Les événements amenés par la combinaison ou la rencontre d'autres événements qui appartiennent à des séries indépendantes les unes des autres) という定義をした (Cournot, Essai sur les fondements de nos connaissances, nouvelle éd., 1912, p. 38) のであるが、後に至ってその適用範囲の狭すぎることを発見して改めたのである。斯《か》くして改められた定義は、目的的偶然、因果的偶然のみならず、理由的偶然をも包括して妥当するものである。その点にクールノーの定義の優越性がある。いずれにしても偶然は遭遇または邂逅として定義される。偶然の「偶」は双、対《つい》、並、合の意である。「遇」と同義で遇うことを意味している。偶数とは一と一とが遇って二となることを基礎とした数である。偶然の偶は偶坐の偶、配偶の偶である。偶然性の核心的意味は「甲は甲である」という同一律の必然性を否定する甲と乙との邂逅である。我々は偶然性を定義して「独立なる二元の邂逅」ということが出来るであろう。アリストテレスも偶然の代りに「邂逅」(σύμπτωμα) (Aristoteles, Phys. II. 8. 199[a]; De caelo II. 8, 289[b]; Rhet. I. 9, 1367[b], etc.) という言葉を用いている場合がある。そうしてショーペンハウエルも指摘した (Schopenhauer, Sämtliche Werke, hrsg. v. Deussen, I, S. 550, III, S. 196) ように、σύμ-πτωμα を初めとして συμ-βεβηκός も con-tingens も ac-cidens も Zu-fall もみな悉《ことごと》く接頭語によって二元の接触を明瞭に陳述している。τύχη は τυγχάνειν すなわち「当る」から来ている。chance は cadentia から、hasard は casus から、すなわち共に本源は cadere から来ている。そうして cadere（落ちる）は「石が通行人の頭の上へ落ちる」というように in... cadere（……へ落ちる）の構造を有ったもので、Zu-fall と同様に相対性によって初めて意味をなすものである。デカルトも「偶然に真理の中へ落ちる」（casu incidam in veritatem）という言いまわしを用いていることは既に云った。この in-cidere は incident の語源であるが、云うまでもなく in-cadere から来ている。林檎が偶然にニュートンの視野へ落ちたことや、永代橋がこわれて美代吉《みよきち》が偶然に縮屋新助《ちぢみやしんすけ》の船の中へ落ちたことは象徴的意義を有っていると云わなければならない。また fortuitus は fortuna と同様に fors に基いているもので ferre から来ている。この ferre（持って来る）も in... ferre（……へ持って来る）の構造を示して相対性を言い表わしている。なお偶然のことは適然とも云われるが「相当曰レ適」で、適は明瞭に相対性を語っている。その他「行当りばったり」「廻り合せ」「仕合せ」「まぐれあたり」などという偶然に関する語は相対的積極的偶然を暗示している。

　偶然性が甲と乙との二元の邂逅に於て顕著なる形態を取ることは『饗宴』のプラトンも『個人の運命』のショーペンハウエルも斉しく認識したことである。伊邪那岐《いざなぎ》、伊邪那美《いざなみ》の二神が「汝《いまし》は右より廻り逢へ、我《あれ》は左より廻り逢はむ」と云って「天《あめ》の御柱《みはしら》を行き廻り逢った」という『古事記』の伝説も印度の昔から行われた儀式であると否とは別問題として極めて象徴性に富んだ原始的事件である。源氏と空蝉《うつせみ》も逢坂《おうさか》の関で「わくらばに行き逢ふ」たのである。「私はKに向って御嬢さんと一所に出たのかと聞きました。Kはそうではないと答えました。真砂町《まさごちょう》で偶然出会ったから連れ立って帰って来たのだと説明しました」(夏目漱石『こころ』)。要するに仮説的積極的偶然の一般性格として、また広くは一般に偶然そのものの性格として独立なる二元の邂逅という意味構造が目撃されるのである。

一七　同時的偶然と継起的偶然

積極的相対的偶然のうち、理由的積極的偶然は純粋に論理的領域に属するものであるから時間規定とは関係ないが、他の二つの経験的積極的偶然は因果性および目的性を欠いた相関であるから、時間的契機が決定的意味を有している。偶然を「時のはずみ」というのはそのためである。「繋辞《けいじ》伝《でん》」に「六爻《ろっこう》相雑、唯其時物也」とあるのも六爻の相会する偶然性が時に依存することを云っているのであろう。旧約「伝道之書」にも「我れまた身をめぐらして日の下を見るに、迅速者、走ることに勝つにあらず。強き者、戦いに勝つにあらず。賢き者、食物を得るにあらず。敏《さと》き人、宝を得るにあらず。物知り人、恵みを得るにあらず。すべて人に臨むところの事は時あるもの、偶然なるものなり。人はまたその時を知らず。魚の禍《わざわい》の網にかかり鳥の鳥網《となみ》にかかるが如くに、世の人もまた禍いの時の計らざるに臨むに及びて、その禍いにかかるなり」(九章、十一―十二節) とある。夏目漱石の『行人』にも「私が此手紙を書き始めた時、兄さんはぐうぐう寐ていました。此手紙を書き終る今も亦ぐうぐう寐ています。私は偶然兄さんの寐ている時に書き出して、偶然兄さんの寐ている時に書き終る私を妙に考えます。兄さんが此眠りから永久覚めなかったら嘸《さぞ》幸福だろうという気が何処《どこ》かでします」(『行人』塵労五十二) とある。『古事記』が偶然性の表現に当って単に「時」という言葉より有っていないのも不思議とすべきではない。例えば「かれやらはえて、出雲の国の肥《ひ》ノ河上《かはかみ》なる鳥髪《とりかみ》の地に降《くだ》りましき。この時しも、箸その河より流れ下りき。ここに須佐之男《すさのお》ノ命《みこと》、その河上に人ありけりとおもほして、求《も》ぎ上《のぼ》り往でまししかば、老夫と老女と二人在りて、童女を中に置《す》ゑて泣くなり」(上巻)。「すなはち速須佐之男命、その御佩《みは》かせる十拳剣《とつかのつるぎ》を抜きて、その蛇を切り散りたまへば、肥河《ひのかは》血になりて流れき。かれその中の尾を切りたまふ時に、御刀《みはかし》の刃毀《か》けき。怪しと思ほして、御刀の前《さき》もちて刺し割きて見そなはししかば、つむがりの大刀あり。かれこの大刀を取らして、異《あや》しき物ぞと思ほして、天照大御神に白《まを》し上げたまひき」(上巻)。「かれ木《こ》幡《はたの》村に到りませる時に、その衢《また》に顔好き乙女遇《あ》へり。ここに天皇その乙女に、汝《な》は誰が子ぞと問はしければ、答へ白《まを》さく、丸邇之比布礼能意富美《わにのひふれのおほみ》が女、名は宮主矢河枝比売《みやぬしやかはえひめ》とまをしき」(中巻)。

経験的積極的偶然は時間の地平にあって同時性または継起性を成立規定に有っている。ミルが「偶然によって同時に存在しまたは一が他に継起する」と云ったのはそのためである。古事記の例は三つとも同時的偶然である。なお他に継起的偶然もある。例えば周の武王が孟津《もうしん》に至って河を渡ったとき白魚が船に躍り入ったことと、清盛が熊野へ赴く途《みち》の海上で鱸《すずき》が船に躍り入ったこととは継起的偶然である。里見弴《さとみとん》の短篇小説に『不幸な偶然』という題のものがある。或る神経質な女が汽車の窓から硝子《がらす》瓶を投げ捨てた時、丁度汽車が繁華な往来の上の陸橋にさしかかった。彼女は下の往来でワッと云う赤子の声を聞いたように思った。その後一、二ケ月して彼女が銭湯へ行っていた時、天井の明りとりの窓硝子が壊れてもう少しで裸体に硝子の破片がふりかかるところであった。それ以来、自分が汽車の窓から投げた硝子瓶が人に怪我をさせはしなかったかという心配がもとになってその女は発狂したという筋である。汽車の窓から硝子瓶を投げたことと、天井の硝子窓が破壊したこととは継起的偶然である。其他、夢と現実との符合も継起的偶然である。例えば或る夜、全く思いがけない人の夢を見た、その翌日その人がたずねて来たというような場合は継起的偶然にほかならない。

しかしながら、積極的相対的偶然の意味が動的相対性として遭遇邂逅という点に存する以上は、継起性に於てよりも同時性に於て偶然の意味が判然と表われている。のみならず継起的偶然はつねに同時的偶然を基礎とする複合体を形成しているのである。武王の船に白魚が躍り入ったことだけを独立に見てもそれは偶然である。武王の船の進路と白魚の躍り込んだこととの間に同時的偶然が存している。それが偶然であればこそ『史記』に「武王俯取以祭」とある。また清盛の船に鱸が躍り入ったことだけで既に偶然である。『平家物語』に云わせれば「権現《ごんげん》の御利生《ごりしよう》」である。この二つの同時的偶然が基礎となり、更に互に相対的関係に置かれるところに継起的偶然が成立するのである。発狂した女の例についても、硝子瓶を汽車の窓から投げた時に、汽車が丁度雑沓《ざつとう》した往来の上の陸橋にさしかかったことが既にそれだけでも「不幸な偶然」である。一二分速いか遅いかでその事は起らなかったのである。銭湯へ行っているときに丁度天井の硝子窓が壊れたことも「不幸な偶然」である。そうしてこの二つの同時的な「不幸な偶然」が基礎となって更に一つの複合体を形成したところに、その女を狂気へ導いた一つの継起的な「不幸な偶然」があったのである。夢の例でも、全く思いもかけない人の夢を見たというのは夢見る者にとって目的的偶然である。また思いもかけない人がたずねて来たということは主人にとって目的的偶然である。この二つの同時的偶然が基礎となって夢と現実との符合という形で一つの継起的偶然が構成されるのである。

継起的偶然の構成における同時的偶然の役目を一層明かにしよう。継起的偶然の構成契機たる二つ或はそれ以上の同時的偶然は事象の性質において著しい類似を示さなければならぬ。継起的偶然はむしろ同一の同時的偶然の単なる繰返しというような形を取っているのである。そうして一つの同時的偶然が繰返して提供されるところに継起的偶然の偶然性の有つ特殊な印象力があるのである。今の例について云えば「君主乃至武将の船へ魚が躍り込んだ」という単一の偶然が同一性を以て二回繰返されたのである。同様にまた「危険な場所で硝子が破壊された」という単一の偶然が同一性を以て二回繰返されたのである。また「思いがけない甲なる人の出現」という単一の偶然が夢と現実とに二回繰返されたのである。成瀬《なるせ》無極《むきよく》氏の『偶然問答』にもこの種の継起的偶然の例が挙げてある。京都嵐山で偶然女優に逢った。その女優の友達の女優がまた嘗て偶然或るダンス場で知合った女優であった。すると間もなくまた偶然或る本がそこへ出て来て、その本をデディケエトされている男が『女優』と題する本を書いた男であったというのである(成瀬無極『偶然問答』四四四―四五〇頁)。「女優に出くわした」という単一の偶然が同一性を以て三回繰返されている。

さて、継起的偶然の構成契機たる同時的偶然がそれ自身において相当強い印象力を有つ場合には、継起的偶然を成立させるために要する繰返しの回数は多いことを必要としない。二、三回の繰返しで足りることは以上の諸例によっても知ることが出来る。しかしながら、構成契機たる同時的偶然がそれ自身においては微弱な印象力より有っていない場合には、継起的偶然を成立させるためには繰返しの回数の多いことを要するのである。例えば、最近十数年間の大震災に就て見るに、関東の震災は九月一日、但馬《たじま》の震災は五月二十三日、丹後の震災は三月七日、伊豆の震災は十一月二十六日であった。九と一との合計、五と二と三との合計、三と七との合計、一と一と二と六との合計はいずれも拾である。関東の震災が九月一日すなわち月日の合計が拾である日に起ったということは一つの同時的偶然には相違ないが、それだけの単独の事実としては殆ど注目に価しないものである。それに反して「月日の合計数が拾となる日附に震災が起る」という単一の偶然が同一性を以て数回に亙って繰返されるとき、そこに継起的偶然性がかなり強い印象力をもって構成されて来るのである。また仮に或る人が月の四日に旅立ったとする。汽車に乗るとき停車場のプラットフォームが第四号プラットフォームであったとする。乗った車がたまたま第四号車であった。同乗客が合計四人であった。赤帽の番号も四番であったとする。この場合、「甲なる人が四という数にぶつかる」ということは印象力の微弱な偶然である。その単一の同時的偶然が数回に亘って継起的に繰返されるところに偶然が十分な印象力を具現して成立するのである。従って、斯ように一つの同時的偶然だけでは微弱な力より有たないで数回繰返されてはじめて継起的偶然として有力なものとなる場合には、偶然の継起性が比較的独立な意味を有って来ることは否み得ないが、しかもなお継起的偶然の成立する不可欠条件はその個々の事象が同時的偶然であることである。若しすべての因子にそれ自身の偶然性が欠けていたとするならば、継起的偶然もまた成立し得ない。今の例で四という数をいずれの場合にもみな本人の故意で選んだとすれば、そこには最早や何等継起的偶然の生ずる余地のないのは云うまでもないことである。

かような偶然性は単一者が同一性を以て数度繰返される点において『失われし時を索めて』の著者プルウストをして云わしむれば「それらは現在と過去とに同時に存在し、現実的ではないが実在的であり、抽象的ではないが観念的である。……時間の秩序から解放された一刹那が、時間の秩序から解放された人間を我等の中に再び造り出し、そうしてその刹那を感覚させるのである」(Marcel Proust, Le Temps retrouvé, II, p. 16)。この種の継起的偶然は曩に理由的積極的偶然の例として挙げた循環小数142857, 142857……や、画数十八、十八、十八……の姓名や、一韻徹底i、i、i、i、iの押韻などの有つ偶然性が時間内に現象したものと云えるであろう。藤壺、空蟬《うつせみ》、夕顔、六条御息所《ろくじょうのみやすどころ》、紫上《むらさきのうえ》、末摘花《すえつむはな》、源典侍《げんのないしのすけ》、朧月夜内侍《おぼろづくよないし》、葵上《あおいのうえ》、花散里《はなちるさと》、明石上《あかしのうえ》、斎宮女御《さいぐうのにょうご》、朝顔、玉鬘《たまかずら》のすべてが光源氏にとっては同一性をもって繰返された「幸ある偶然」である。アルバノ湖畔の砂上にステッキで書いた十二箇の頭文字V、A^{n}、A^{d}、M、M^{i}、A^{l}、A^{ine}、A^{pg}、M^{de}、C、G、Aのすべてがスタンダールにとっては同一性をもって繰返された「幸なき偶然」である。また輪廻の如き回帰的形而上的時間も、単一の同時的偶然が同一性をもって「またしてもまたしても」(πάλιν καὶ πάλιν) 無限回繰返されることによって成立する継起的偶然であると考えて差支ないであろう(九鬼「形而上学的時間」『朝永博士還暦記念論文集』参照)。継起的偶然は実は回帰的偶然である。なおこの種の偶然は繰返しの有つ同一性によって「偶然の必然」

の様態を取り、更に運命の概念へ肉薄する展望を有っている。

クールノーは偶然の例として次のようなものを挙げている(Cournot, Traité de l'enchaînement des idées fondamentales dans les sciences et dans l'histoire, nouvelle éd., 1922, pp. 67–68)。たまたま足にぶつかった一つの石ころの目方を量ろうと思ったが、キログラムの秤しか手許になかった。それで計って見たらば三キロと四キロとの中間であることがわかった。紙片に3という数字を書いた。ヘクトグラムの秤を買って来て、キログラムで計れなかった部分を計って見たらば3となった。曩《さき》の数字3の右へ3と書いた。いったい曩に得た数字とこのいま得た数字との間に何等必然的関連のないことは明かである。なぜならば一方にいま目方を計っているこの瞬間に有っている重量をこの石ころに与えた原因と、他方にフランスの立法者をしてキログラムを重さの単位と定め且つ十進法によって割って行くようにさせた理由との間には、何等の関連もあり得ないからである。それ故、自分はヘクトグラムの数字をきめる場合に、十進命数法の十の数字の中で特にどの数字を見出すという期待はしない。もしも再び数字3を得たとしてもそれは奇異な結合には相違ないがそこには必然的な連結はなくその遭遇は単に偶然的である。更に進んでデカグラムの数字をきめることが出来る。また更にグラム、デシグラム、センチグラムというようにして遂にミリグラムに至るまでもきめることが出来る。そうしてその結果七つの数字の一列を得るのであるが、そこには何等の規則正しさに遭遇することを期待しはしないのである。

もしも七回とも数字3を得たとすれば、それは六万四百八十回の中にただ一回だけ起り得るという可能性しか有っていないちょうどその極めて稀れな場合が起ったわけである。それは六万四百八十種の違った漢字を一つの壺の中へごちゃ交ぜに入れて置いて、自分の欲する漢字をたままつかみ出したようなものである。それは非常に奇異な場合ではあるが、しかし、路傍で拾ったこの石ころの重量と、度量衡の単位および十進法的度盛の制定との間に何等の関連があり得ないから、如何に奇異であってもそれは偶然である。クールノーのこの偶然の例にあって、3の七回の結合は、それ自身に於ては理由的積極的偶然であるが、計量する人にとっては時間内に於て三、三、三、三、三、三、三というように継起的偶然として現われている。クールノーはこの偶然性がそのまま必然性であり得る場合を挙げている。今度は石ころに足がつまずいたのではなく、水銀を盛った器が手に入った場合である。水銀の目方がさっきの石ころと同じに奇異なものであったとしても今度は全く違った結論が引き出される。算術が数えるところによれば三分の一は小数に直せば0.3333333……という循環小数になるから、今の水銀は10キログラムの水銀の三分の一であったと結論をする。恐らくどこかの物理学者が非常に厳密に10キログラムの水銀を計って何等か比較研究の実験をするために三分の一に等分して置いたのであろう。その一つとして取って置いたものが自分の手に入ったのに違いない。そうすれば3の七回の結合は必然的なものとなってしまう。継起的偶然すなわち回帰的偶然はかように必然性へ逆転する可能性を有ったものである。

ベルクソンはその著『笑』の中で繰返しの有つ可笑味《おかしみ》を説いている。「久しく見なかった友人に或る日往来で遭ったとする。その事情は何等の可笑味をも有っていない。然しその同じ日にまた再び彼に遭い、更に三度、四度と遭うならば遂には二人とも一緒にその「符合」を笑うようになるであろう」(Bergson, Le rire, p. 91)。これは継起的偶然のたわむれに対する神的叡智のほがらかな笑いである。然しながら、全く予期しなかった友人に往来でひょっこり遭うことはそれ自身「何等の可笑味をも有っていない」ものであろうか。そこに既に「符合」もあり、或度の可笑味もあるのではなかろうか。そうして、同時的偶然に伴う微小の可笑味が継起的反覆によって幾何級数的に増大して行ったのでなければなるまい。

以上に於て我々は同時的偶然と継起的偶然との関係、特に同時的偶然が基礎的意味を有って継起的偶然の構成に与ることを明かにしたと思う。なおこのことに基いて、偶然性の時間的性格が現在性であることにも論及し得るであろうが、その問題はここでは取扱わないで後に譲ることとしよう(第三章第九節参照)。

二一　仮説的偶然から離接的偶然へ

我々は今迄と反対の立場に立って見よう。交叉点の成立に関して出来るだけ偶然を除外して考えて見よう。丙点で甲と乙とが交叉する場合、例えば不連続線上の一点で甲の気流と乙の気流とが摺《す》れ合った場合、または街上或る地点で甲の男と乙の男とが出逢った場合、甲は甲′を、甲′は甲″を原因とし、乙は乙′を、乙′は乙″を原因とし、甲″と乙″とがSを共通の原因にもっていると考えよう。そうすれば甲と乙との邂逅は厳密なる意味で偶然とは云えない。然るにS自身はまたMとNとの交叉点を意味している。そこに偶然の余地がある。しかしそのMを含むMM′M″の因果系列と、Nを含むNN′N″の因果系列とは、更に共通の原因としてTをもつと考えることができる。然るにそのTもまた一の因果的系列と他の因果系列との交叉点を意味している。そこに偶然の余地がある。しかしその二系列にはまた共通の原因があると考え得る。かくして我々はxに遡る。このxとは果して如何なるものであろうか。

我々は経験の領域にあって全面的に必然性の支配を仮定しつつ、理念としてのxを「無窮」に追うたのである。しかしながら我々が「無限」の彼方に理念を捉え得たとき、その理念は「原始偶然」であることを知らなければならない。シェリングの言う如く「それに関しては、在るとだけ云えるので、必然的に在るとは云えないのである」(man kann von ihm nur sagen, dass es Ist, nicht, dass es notwendig Ist)。それは「最古の原始偶然」(der älteste Urzufall) である (Schelling, Sämtliche Werke, 1856–1857, II, 1, S. 464; II, 2, S. 153)。

かの那《な》先比《せんび》丘《く》は弥蘭《みらん》に反問して「此等樹木何故不レ同一」と云った。弥蘭はそれに対して「不レ同者本栽各異」と云って比丘に答えまた自らに答えた。しかしながら、樹木の偶然性が因果律によって苗の偶然性に移されたに止まっている。また『中阿含《ちゅうあごん》経』（巻四十四、「鸚鵡《おうむ》経」）が「当レ知此業有二如レ是報一他」というときも、『成実論《じょうじつろん》』（巻十、「明業因品」）が「万物従二業因一生」というときも、恰《あた》かも偶然性に因果的説明を与えたかの如くであるが、その実は偶然性を無解決のまま、「原始偶然」へまで無限に延長したに過ぎない。かくて問題は仮説的偶然の経験的領域から、離接的偶然の形而上学的領域へ移されるのである。

第三章　離接的偶然

一　離接的偶然の意味

離接的偶然は全体と部分との関係に関する。全体は全体という性格そのものによって絶対的な同一性を有っている。完結的なものとして規定される限り全体は飽くまでも自己同一である。それ故に全体の存在には必然性が伴っている。それに反して部分は部分という性格そのものによって絶対的な自己同一性を欠いている。部分はそれが部分である以上は他の部分を予想している。部分はそれ自らの中に、この部分でもかの部分でもあり得るという性格をもっている。その点に部分の偶然性が存する。そうして各部分は、全体の中に包まれていながら相互に離接的関係に立っているから、この種の偶然を離接的偶然という。例えば三角形は鋭角三角形であるか、直角三角形であるか、鈍角三角形である。その他の三角形が考えられない限り、三角形は一つの全体として外延的に完結しているものと見られる。そうして鋭角三角形が、鋭角三角形でなくて直角三角形でも鈍角三角形でもあり得るという点に、全体としての三角形に対して鋭角三角形は偶然性を有っている。水は液体であるか、固体であるか、気体である。その他の様態が思惟し得られない限り、水を外延的に見て部分を含む全体と考えることが出来る。そうして液体としての水は、液体でなくて固体でも気体でもあり得る点に、全体としての水に対して偶然性を有っている。もとより部分は自己の存在に対して充足なる理由を有っているに相違ない。しかしその理由によってその部分が存在する代りに、他の理由によって他の部分が存在することも可能である。その点に離接的偶然性が存するのである。

「たまたま」という語は「儻」の字をもって当てられることがあるが、儻は「或然之詞」すなわち「もしくは」とか「或は」とかを意味する。それ故に儻の字の意味する偶然は「甲、或は乙、或は丙、或は丁」の場合の偶然すなわち離接的偶然でなければならない。例えば「心には忘れぬものを儻《たまたま》も見ざる日数多《まね》く月ぞ経にける」（『万葉集』巻四）という場合、全体としての一年は部分として三百六十五日を含んでいる。仮りに某月某日、相見たとしたならば、それは三百六十五の部分の中の一つに当っているので、他の部分としての他の日でもあり得た可能性を有っているのである。或は甲の日でも或は乙の日でも或は丙の日でも或は丁の日でもあり得たのである。然るにそれは儻《たまたま》、某月某日であったのである。某月某日であったことは全体としての一年に対して偶然性を有っている。その偶然とは離接的偶然にほかならない。

　離接的偶然の例をなお少し挙げて見よう。「わくらばに人とはあるを、人並に吾《なれ》も作るを、綿も無き布肩衣《ぬのかたぎぬ》の、海松《みる》のごとわわけさがれる、襤褸《かがふ》のみ肩に打ち懸け、……斯くばかり術なきものか、世の中の道」(『万葉集』巻五)。この場合の「わくらばに」が離接的偶然を意味していることは「この世にし楽しくあらば来む生《よ》には虫に鳥にも吾はなりなむ」(『万葉集』巻三)などと比較すれば明瞭である。「ただこの念仏門は、かへすがへすも他の心なく後世を思はんともがらの、よしなき僻胤《ひがいん》にをもむきて、時をも身をもはからず、雑行を修して、このたびたまたまうけがたき人界《にんがい》に生れて、さばかりあひがたき弥陀のちかひをすてて、復三途《またさんず》の旧里にかへりて、生死に輪転して、多百千劫《せんこう》をへんかなしさを思ひしらぬ人のために申すにて候也」(『和語燈録』「念仏大意」)。これも前の例と同様に虫、鳥、人などを離接肢にもつ生全体に関する離接的偶然である。或は虫か或は鳥か或は人かという離接関係にあって、人という離接肢が措定せられたことは離接的偶然である。「そもそも一代諸教のうち、顕宗密宗、大乗小乗、権教実教、論家釈家、部八宗にわかれ、義万差につらなりて、あるひは万法皆空の旨をとき、あるひは諸法実相の意をあかし、あるひは五性各別の義をたて、あるひは悉有仏性の理を談じ、宗々に究竟《くきよう》至極の義をあらそひ、各々に甚深正義《じんじんしようぎ》の宗を論ず。みなこれ経論の実語也。抑《そもそも》又如来の金言也。あるひは機をととのへてこれを説き、あるひは時をかがみてこれを教へ給へり。いづれかあさく何れかふかき。ともに是非をわきまへがたし。かれも教、これも教、たがひに偏執をいだく事なかれ。……いづれも生死解脱のみち也。しかるにいまかれを学する人はこれをそねみ、これを誦する人はかれをそしる。愚鈍のものこれがためにまどひやすく、浅才の身これがためにわきまへがたし。たまたま一法におもむきて功をつまんとすれば、すなはち諸宗のあらそひたがひにきたる。ひろく諸教にわたりて義を談ぜんとおもへば、一期《いちご》のいのちくれやすし」（『拾遺和語燈録』「登山状」）。この場合は八宗すなわち八つの離接肢の各々が仏教全体に対して有つ離接的偶然である。「二通りの花粉細胞〔A及びa〕が、何《いず》れの胚細胞〔Aかaか〕と結合するかは、全く偶然によるのである」（メンデル、小泉丹訳『雑種植物の研究』岩波文庫、七四頁）。この場合はA―AとA―aとa―Aとa―aの四つの離接肢の各々を性格づける離接的偶然である。「ビュッフォンは先ず第一に、諸遊星の軌道面と黄道面との間の角が自然に、全く偶然に、七度半以内（即、最大可能の傾斜角一八〇度の二四分の一）にあるという蓋然《がいぜん》性は非常に僅少なものであるということを強調した。この事は前に既にベルヌーイが指摘して居る。一つの遊星に就いて偶然にこうなる確率は僅に二四分の一である。それで当時知られた五個の遊星が悉くそうであるという確率は24^{-5}即、約八〇〇万分の一という小さなものである」（アーレニウス、寺田寅彦訳『史的に見たる科学的宇宙観の変遷』岩波文庫、一三八―一三九頁）。この場合、偶然とは一個の遊星について云えば二十四の離接肢の各々が全体に対して有つ離接的偶然であり、五個の遊星について云えば二十四の五乗である約八百万の離接肢の各々が全体に対して有つ離接的偶然である。

以上の諸例によって、全体の中の各部分が単なる可能的離接肢として、全体の必然性に対して離接的偶然を構成することが明らかになったであろう。

一二　偶然と運命

偶然に対する形而上的驚異は運命に対する驚異の形を取ることがある。偶然が人間の実存性にとって核心的全人格的意味を有つとき、偶然は運命と呼ばれるのである。そうして運命としての偶然性は、必然性との異種結合によって、「必然―偶然者」の構造を示し、超越的威力を以て厳として人間の全存在性に臨むのである。

ヘラクレイトスの運命（εἱμαρμένη, fatum）の観念に於ても「必然―偶然者」の構造が見られる。彼は「どのみち運命づけられている（ἔστι εἱμαρμένα）」（Diels, Fragmente der Vorsokratiker, I, Herakleitos, Fr. 137）と云って必然性を力説すると同時にまた「最も美しい世界は、出鱈目に（εἰκῇ）積み上げられた塵芥のかたまりである」（ibid., Fr. 124）と云って世界の偶然性を力説している。カントは『形而上学講義』で、事物の関連のうちで背理的のものは盲目的必然性（die blinde Notwendigkeit）すなわち運命（Schicksal）と、盲目的まぐれ（das blinde Ungefähr）すなわち偶然（Zufall）であるとし、前者は「事態の本質にも他の原因にも基礎づけられざるもの」であり、後者は「すべての点に於て偶然的のもの」であると云っている（Kant's Vorlesungen über die Metaphysik, 2. Aufl., hrsg. v. Schmidt, S. 52 f.）。

『純粋理性批判』の中でも「何事も盲目的まぐれによっては生起せぬ」すなわち「世界には偶然はない」(in mundo non datur casus) という命題と「自然に於ける如何なる必然性も盲目的ではない」すなわち「運命はない」(non datur fatum) という命題とを共に先天的自然法則であると云っている。そうして、両者とも力学的原則に属するものであって、ただ前者は原因性の原則の帰結として関係の範疇に従って理解すべきであり、後者は原因性の限定に加うるに必然性の概念を以てする様相の範疇に従って解釈すべきであるとしている。なおカントがここで「偶然はない」とか「運命はない」とか云っているのは「世界には」ないと云っているだけである。そうしてその「世界」とは数学的自然科学の対象である謂わゆる「現象界」または「自然」にほかならない。曰く「悟性とあらゆる現象の連続的関連すなわち悟性概念の統一とに、中断と障害とを齎《もた》らすところの何ものをも、経験的綜合に於て許容せぬ、という点でこれらの原則は一致している」(カント『純粋理性批判』B. 280–282 参照)。カントは運命を必然性と解して偶然性に対立させているようであるが、それは単に言葉に表われた上だけのことであって、実は両者の深い内的関連を見ているのである。一方に偶然性も、他方に運命としての必然性も、共に盲目性に於て一致しているのである。盲目とは「それによって何物をも見ることのできないもの」(das, wodurch man nichts sehen kann) (Kant's Vorlesungen über die Metaphysik, 2. Aufl., hrsg. v. Schmidt, S. 52) である。すべての点に於て偶然的である盲目的偶然性と、事態の本質にも他の原因にも基礎づけられない盲目的必然性とは結局、同一のものである。要するに、カントにあっても、運命の概念は「必然—偶然者」の構造に於て見られているのである。

ショーペンハウエルは「個人の運命」に関する論文中に運命としての偶然性の「必然—偶然」関連を叙《の》べている。「事物の経過は如何に純粋に偶然的として現われようとも、なお根柢に於ては偶然的ではない。むしろ一切のこれらの偶然それ自身、*τα εικη φερομενα*（出鱈目に齎らされたもの）が、深く隠れた一つの必然性、*εἱμαρμενη*（運命）によって抱かれている。偶然それ自身がその必然性の単なる道具である」（Schopenhauer, Sämtliche Werke, hrsg. v. Deussen, IV, S. 228）。「偶然の支配するこの mundus phaenomenon（現象界）の根柢に、偶然それ自身を統御する一つの mundus intelligibilis（叡智界）が全的に到る処に横わっているであろう」（ibid., 232）。「必然性と偶然性との深く横わった根の統一」（ibid., 235）「必然性と偶然性との最後の統一」（ibid.）が運命の概念である。「たまたま行信を獲ば遠く宿縁をよろこべ」（『教行信証』序）という言葉にも同じ意が表われている。かの六《ろく》師《し》の宿命論とも無因論とも差別し難い一致点を有っている。「一切皆因二宿命造一」というのと「一切皆無因無縁」というのとは結局は同じことである（『中阿含経』巻三、度経）。偶然と運命との間にかような内的関係が存することに基いて、ウィルヘルム・フォン・ショルツもその著『偶然』に「運命の前形式」（Eine Vorform des Schicksals）という別名を与えている。国木田独歩も『運命論者』の中で甲が「僕は運命論者ではありません」と云ったに対して乙をして「それでは偶然論者ですか」と詰問させている。この詰問は単なる皮肉に過ぎぬもので、運命と偶然とが畢竟、同一のものであることが前提されている。武者小路実篤の『運命と碁をする男』の中に「運命は何処に待ちぶせしているかわからないものです」と云う言葉があるが、「運命」の代りに「偶然」と云ってもいいところである。継起的偶然が回帰的偶然として偶然と必然との結合を示し、運命の概念へ肉薄する場合のあることは既に一言して置いた（二〇七―二〇八頁参照）。

偶然と運命との関連を最も深く把握した一人はシェリングである。シェリングによれば原始偶然は「不可前想的宿命」（unvordenkliches Verhängnis）である。不可前想的とは、それ以前のことを意識が思惟することと想起することが出来ないからである。宿命とは、意図しなかった結果を見て意志が驚異し、現実性の中にありながら未だ可能性の中にあったときと同じであると信ずるからである。純粋実体性に於ける意識にとっての原始偶然が、現実的意識にとっては運命である。現実的意識は自己がそれによって生成した行為を自ら意識しない。その行為によって全く他のものとなってしまって前の状態から切り離されたからである。前の状態を想起するためには、想起者と想起の対象とに同一性がなければならぬ。夢中遊行者が覚醒後になって夢中の行為を想起し得ないのは、夢中の人格と覚醒時の人格とが他の人格であるからである。原始偶然によって意識は爾来《じらい》「如何ともし難い運命」（unabwendliches Schicksal）に隷属するのであるが、今や現実的となって自己自身から離れた意識にとっては、その原始偶然は底知れぬ深みへ必然的に沈むのである。原始偶然は一切の他の偶然が淵源する「初生の運」(Fortuna primigenia)である(Schelling, Sämtliche Werke, II, 2, 1857, S. 153-154)。

カントは「運」(Glück)とか運命(Schicksal)とかいうような横領して得た概念(usurpierte Begriffe)がある。それは殆んど一般に寛容せられて通用しているが、しかし時として「権利は何ぞ」という問の答を要求せられる。そうすると、人々はその演繹のために少なからざる困惑に陥る」(『純粋理性批判』B. 117)と云っている。しかしながら、もし「主観的演繹」をなし得るとすれば「客観的演繹」の問題はないのである。これらの概念の主観的実在性を示し得るならば「その客観的実在性を証明する」(ibid.)必要はないのである。たとえそれらは「横領して得た概念」であるとしても、人間の人間性から僭取《せんしゅ》したものであるならば、それでよいのである。シュペングラーの見解によれば運命とは個々の心霊および全文化の究竟的体験に属するものであって、概念と証明とにはよらないで宗教と芸術とによってのみ伝達され得るものである。その何であるかを把握するのは生の体験であって学的経験ではない。直観であって計算ではない。その何であるかを悟得するのは深み(Tiefe)であって精神(Geist)ではない。有機的論理であって無機体の論理ではない。運命とは記述の出来ない或る内的確実性に対する言葉(Schicksal ist das Wort für eine nicht zu beschreibende innere Gewissheit)である(Spengler, Der Untergang des Abendlandes, I,

1924, S. 152, 153, 180)。運命の何であるかを明確に記述することはシュペングラーの云う如く不可能でもあろうが、運命の概念が如何にして生じたものであるか、他の類似の概念と如何なる関係を保ち、自らの中に如何なる契機を含んでいるかを或る度に於て明かにすることは出来ると思う。運命の概念は恐らく目的的偶然が人間の全存在性を威圧する如き場合に生じたものであろう。目的的偶然は容易に因果的必然と異種結合をする。更に同種結合によって因果的必然が目的的必然と結合する。そうしてこの「必然―偶然」の複合体が事態そのものの厖大さによって現実超越性を獲得したものが運命にほかならない。その際、因果的必然と目的的必然との同種結合は次のような意味でなされる。目的性は、未来によって現在を決定するものとして、曩《さき》にも云ったように意識を予想している。しかし意識と無意識との間には段階的な通路が開けている。意識はこの通路を通って無意識へ転ずる。斯《か》くして目的的必然は因果的必然と結合し、因果的必然は目的的必然と結合するのである。ディオゲネス・ラエルティオスはストア派の説として「一切は運命（εἱμαρμένη）によって起る。そうして運命とは、存在者の原因（αἰτία）、もしくは世界がそれによって運行する理性（λόγος）である」（Diogenes Laertios, VII. 149）と云っている。この場合、運命の中には「理性」としての目的的必然性と「原因」としての因果的必然性との二つの契機が含まれていると見て差支ないであろう。ともかくも、因果的必然と目的的必然とは同種結合をする。なお運命の概念にあって、目的的偶然と目的的必然とが結合しているのは如何なる意味かというに、前者は人間実存の地平に於ける目的性に関し、後者は超越的目的性に関しているのである。要するに、目的的偶然が、因果的必然と結合し、更にその媒介によって目的的必然と結合し、「必然―偶然者」として無限の遠くへ押しやられ、無限の近くへ引寄せられたものが運命である。運命の概念は悟性の論理にとっては「横領して得た概念」であるかも知れないが、人間の体験に深く根ざし、人間の人間性によって原的に謂《い》わば前概念的に提供された概念である。ソフォクレスの『オィディプス王』、シェークスピアの『リヤ王』は云うに及ばず、黙阿弥の『縮屋新助』を繙く者も運命の概念の既得権を放棄することを拒むであろう。

カント自身も『純粋理性批判』第一版序言の冒頭に運命の概念の典型的使用を示している。「人間の理性はその認識の一種類に於て特殊な運命を有っている、――というのは斥けることができず、さればといって、それを解答することもできぬところの問題によって悩まされるのである。斥けることができぬというのは問題が理性そのものの本性によって理性に課せられたものであるからで、解答できぬというのは、それが人間の理性のあらゆる能力を超越しているからである。」愛智者《フィロソフォス》がポロスとペニヤの間の子として永久に悩む未来を負うて産み落された「必然―偶然」が運命でなくて何であろうか。カントは『道徳哲学原論』の第一章にも次のように云っている。「よしや運命の特別なる不興を被り、或は継母の如き自然の薄遇により、この意志が自家の目的を貫徹すべき能力を全然欠如するとも、また鞠躬《きくきゆう》努力して尚且《なおかつ》この意志によって何の遂げらるる所もなく、残るは唯だ善意志に過ぎなくても、それは宝玉の如くその全価値を自己の裏に蔵するものとして、真に独り自ら灼爍《しやくしやく》の光を放つであろう。」その他なお運命概念の適用の例を一、二挙げて置こう。「我々は各の瞬間に於て絶対に非合理的なるものに直面して居るのである。絶対の事実に直面して居るのである、そこでは我々は行為ではなくして感官である、我々はそこに原始的歴史の事実に接触するのである、それは我々の運命の内容というべきものである」（西田幾多郎『無の自覚的限定』一八七―一八八頁）。「人の力人の働き、すべて人間的なるものがいつしか終りを告げて、絶対的権威を以て臨む神的実在に吾々がはたと行き当るところが、いずこにかなければならぬ。啓示に際しては、人はあらゆる抵抗もかい無きものとなり、あらゆる好悪もないがしろにされつつ、全人格を挙げて否応無しに、思いがけもなき光、真《まこと》、福《さいわ》い、生《いのち》のうちに拉《らつ》し去られる趣がある。……偉大なる宗教家達にとっては啓示は必ずしも好む道、嗜む業ではなかった。……啓示は彼等にとっては無限の光栄と歓喜とを宿す運命――兎に角運命であった」（波多野精一『宗教哲学』三三一―三三三頁）。

運命とは目的的偶然が一方に因果的必然と結合し、他方に目的的必然と結合して無限大へ拡大されると共に無限小へ縮小されたものであると云った。そうしてその場合、強いて分析をなすならば、目的的偶然と因果的必然との結合は「盲目的運命」として現われ、目的的偶然と目的的必然との結合は「摂理」として現われる。ヘーゲルによれば古代人の

πεπρωμένον や εἱμαρμένη は盲目的運命であり、キリスト教は合目的性の導入によって神の摂理を説くものである。前者は「包被を脱がない必然性」(unenthüllte Notwendigkeit)であり、後者は「包被を脱いだ必然性」(enthüllet Notwendigkeit) である。前者は盲目的で慰めなき立場であり、後者は先見的で慰めの立場である (Hegel, Encyklopädie, hrsg. v. Bolland, § 147, Zusatz, S. 197–200)。しかしながら運命概念の特色は寧ろ斯ように二種の運命に截然たる区別を許さぬ点にあると思う。既に云ったように、意識と無意識との間には段階的漸進的通路があるのである。シュペングラーも運命と偶然との内的関連を説いているが、古代と西欧とが両者に対する関係を次の言葉で表わしている。「西欧の心霊にとって偶然とは微小な内容の運命であると解してよいならば、その逆に、古代の心霊にとっては運命とは巨大なものに高まった偶然であると見てよいであろう」(l.c. S. 189)。なおシュペングラーは運命と偶然との差が内容に関する程度の差であるという点に関して「ゲーテがゼーゼンハイムへ来たのは偶然と感じられ、ワイマールへ来たのは運命と感じられる。前者は挿話(Episode)と見られ、後者は時期(Epoche)と見られる」(l.c. S. 179)と云い、更に両者の対立性を強調しているが、運命とは偶然性が必然性に異種結合した結果「必然—偶然者」の構造を取ったものと見るべきであって、運命と偶然との対立関係を余りに力説することは運命をも偶然をも正当に理解することを妨げるものである。

目的的偶然が目的的必然と対角線的結合をするのは、前者が人間存在にとっての目的的偶然であり、後者が超越存在に於ける目的的必然であることを指摘して置いた。超越存在に於ける目的的必然は、人間存在そのものの目的性には外的なものとして依然として目的的偶然たるを失わない。然るにここに、運命の概念の下に、人間存在の地平において目的的偶然と目的的必然とが動的に結合する場合がある。目的的偶然が止揚された契機として目的的必然の中にあってそれを制約するのである。斯ような場合を勝義の運命と見ることができる。その場合、結合ならびに制約が謂わば「永遠の相の下に」なされるのは、運命たる以上はもとよりのことである。目的的偶然と目的的必然との結合において、普通の運命の概念にあっては、目的的必然が目的的偶然を制約すると考えられるのであるが、勝義の運命概念にあってはその反対に目的的偶然が目的的必然を制約するのである。または或る意味では交互的に制約し合うのである。そこに普通の運命概念と勝義の運命概念との間の相違がある。勝義の運命は例えばハイデッガーの運命の概念にもあらわれている(九鬼「実存の哲学」『岩波哲学講座』八一―八二頁参照)。運命とは先駆的決意性の中に内在して初めて運命となるのである。運命とは現存在の本来的な事件である。従って被投性(Geworfenheit)であると共に投企(Entwurf)でなければならない。譲り受けながら選択した可能性において、自己自身に自己自身を交付することでなければならない。運命は自己交付的決意性の超力(Übermacht)と無力(Ohnmacht)との結合にある。開示された状況の偶然性に直面して情熱的に自己を交付する無力な超力が運命の場所である。将来的たると共に根源的に既存的な存在者が有限性に於て可能性を自己自身に与えながら自己の被投性を受取るのが運命である。ヤスパースの運命の概念も同様である。ヤスパースの言い方に従えば、運命とは「偶然が内的に同化されている」(Die Zufälle sind innerlich angeeignet) 場合である (Jaspers, Philosophie, II, S. 218)。「我と事態とが一つになっている。歴史的意識が自己と自己の現存在の特殊性とを同一なものとして深く自覚しているから、幸、不幸は最早や単に他者として、すなわち単に外から来る者として把握されないで、運命という一層深い思想で我に所属している者として把握されるのである。余は余の歴史的限定性の中へ沈潜する。この歴史的限定性の中にあって余は有るが儘の我が現存在を肯定する。それは単に経験的な客体性としての現存在を肯定するわけではないが、実存的に飽和された客体性としての現存在を肯定するのである。……この沈潜にあって余は運命を単に外的のものとしてではなく「運命の愛」(amor fati) に於て我がものとして運命をつかまえるのである。余は運命の中にあってのみ実存的に自覚するものであるから、余は余自身を愛するが如くに余の運命を愛する。単なる普遍や全体が色褪せているのと好い対照をなすが、余は客観的には制限であるところのものの中に実存的に存在を経験するのである。運命意識としての歴史的意識は具体的現存在を真剣に考えることである」(ibid., II, S. 218-219)。「限界状況に於ける歴史的限定性は、単に偶然である代りに、或る存在の現象となる。その或る存在とは余の悟性はそれを把えないが、時間の中の永遠として余に確認される存在である。愛する者は愛人にむかって「お前は前世に私の妹または妻であったのだ」と云う」(ibid. II. S. 217)。

要するに、勝義の運命概念は情熱的自覚をもって自己を偶然性の中に沈没し、それによって自己を原本的に活かす如きものでなければならぬ。そうして運命としての偶然は回帰的形而上的時間の永遠の現在として会得されることも稀れではない。

一三　形而上的絶対者

賽《さい》の目の如くに投げ出された離接肢の一つが実存の全幅をゆり動かしながら実存の中核へ体得されるのが運命である。離接肢は離接的諸可能性の全体を予想している。然るに諸可能性の全体ということは窮極的には形而上的絶対者の概念へ導く。絶対者は絶対者なるが故に絶対的に一と考えられる。また絶対的に一なるが故に絶対的に必然と思惟される。この絶対的必然を形而上的必然と呼ぶことができる。この概念は既にアリストテレスが『形而上学』のうちに述べた(Aristoteles, Metaphysica, *Λ*. 7, 1072^{b})。「不動の動者」は不動のゆえをもって「他のようにあることの偶然を決して有たない」(*οὐκ ἐνδέχεται ἄλλως ἔχειν οὐδαμῶς*)。従って「必然に存在するもの」(*ἐξ ἀνάγκης ὄν*)である。この「不動の動者」以外のものはすべて他者によって動かされるものであるから「他のようにあることの偶然を有っている」（ἐνδέχεται ἄλλως ἔχειν）。すなわち形而上的必然の否定として形而上的偶然である。この形而上的必然と形而上的偶然との概念は、離接的必然と離接的偶然との形而上的地平への適用にほかならないが、中世紀にいたってアリストテレス尊崇者なるモーゼス・マイモニデスによって採用され、神の存在の「宇宙論的証明」の契機として生かされた。トーマス・アクィナスもマイモニデスに倣って、世界の偶然性から「自らによって必然的なる或る者」（aliquid quod est per se necessarium）への推論をなした（Thomas Aquinas, Summa theologiae I. 2. 3）。形而上的必然と形而上的偶然との関係は「自因性」（aseitas）と「他因性」（abalietas）との対立の形をもとった。スピノザの謂わゆる「自己原因」（causa sui）（Spinoza, Ethica, I, def. 1）も形而上的絶対的必然にほかならない。「神は必然に存在する（Deus necessario existit）」（ibid., I, 11）。それに反して「その存在を必然に措定し或はそれを必然に排除する如何なるものをも発見しない限り、余は個物を偶然（contingentes）と呼ぶ」（ibid., IV, def. 3）。ライプニッツも『弁神論』や『単子論』のうちで「必然的存在者」（Être nécessaire）としての神と「偶然的存在者」（êtres contingents）としての世界の事象とに就て語った（Leibniz, Opera philosophica, éd. Erdmann, pp. 506, 708）。

我々は経験的地平における形而上的地平におけるとによって必然および偶然の意味が正反対になっていることに気づく。経験的地平は「下より」の行き方で、因果的必然の系列を無限に遡って、原始偶然へ到達する（二一一頁参照）。形而上的地平は「上より」の行き方で、絶対的必然の否定として、因果性のうちに虜《とりこ》にせられた偶然の概念を得る。換言すれば、因果性によって規定せられることは、経験的見地よりは必然と云われ、形而上的見地よりは偶然と云われる。また、因果系列の起始が理念として把握せられるとき、経験的見地よりは原始偶然と云われ、同じ理念が形而上的見地よりは離接的必然の形に於て絶対的必然と云われる。すなわち必然性には「絶対的必然」と「仮説的必然」との区別がある。「絶対的必然」（nécessité absolue）と「仮説的必然」（nécessité hypothétique）との区別はライプニッツもしたが（Leibniz, Opera philosophica, éd. Erdmann, p. 763）、クリスティアン・ウォルフによれば「必然的存在とは、その存在が絶対的に必然（absolute necessaria）のものである。偶然的存在とは、自己の存在の理由を自己の外に有するものである。」従って「偶然的存在の存在は単に仮説的に必然（hypothetice necessaria）である」（Christian Wolff, Ontologia, § 309 f., § 316）。カントも『形而上学講義』のうちでこの区別をしている。すなわち絶対的必然（absolute Notwendigkeit）とは事物の存在が端的に（sinpliciter）先天的に認識される場合であり、仮説的必然（hypothetische Notwendigkeit）とは事物の存在が或るものに従って（secundum quid）先天的に認識される場合である（Kant's Vorlesungen über die Metaphysik, 2. Aufl., hrsg. v. Schmidt, S. 27）。そうして、この単に仮説的に必然であるところの形而上的偶然は、既にアリストテレスも示したように、自己以外の或る原因によってのみ存在するという理由に基いて、存在しないことも可能である。それ故にトーマス・アクィナスは偶然を「存在しないことの可能のもの（possibilia non esse）」（Thomas Aquinas, Summa theologiae I. 2. 3）と呼んでいる。形而上的偶然は畢竟、経験的必然にほかならないのであるが、経験的必然と雖《いえど》も絶対者の形而上的必然に対して目撃される限り、偶然の性質を帯びるのである。

我々は経験的必然と原始偶然との対立関係が、原因結果の関係として、仮説的見地に於て成立し、形而上的偶然と絶対的形而上的必然との対立関係が、全体と部分との関係として、離接的見地に於て成立することを見た。次に我々は原始偶然と絶対的形而上的必然との関係および経験的必然と形而上的偶然との関係に就て更に詳しく考察して見なければならぬ。

先ず、原始偶然と絶対的形而上的必然との関係はどうであるか。原始偶然は因果系列の原始的起始として仮説的地平に於て得られた概念である。経験的必然の因果系列を無限に遡るときに理念として原始偶然の概念へ到達したのである。原始偶然は「原始事件」（Urereignis）であり、「歴史の端初」（Anfang der Geschichte）である（Schelling, Sämtliche Werke, II, 2, 1857, S. 153）。然しながら、因果的連鎖に制約された必然的系列の絶対的起始はまた系列の各成員たる経験的必然のすべてを部分として含蓄する全体と考えることも出来る。他方にあって、絶対的形而上的必然とは離接的地平に於て形而上的偶然のすべてを部分とする全体である。そうして全体たる絶対的必然は部分たる離接肢の措定を制約するとも見ることが出来るから、因果系列の絶対的起始とも考え得るものである。系列的な見方と外延的な見方とが斯ように互に交換され得る限り、原始偶然と絶対的形而上的必然とは同一のものでなければならない。なお仮説的地平にあっては無限なる因果系列は直線の形で表象され、その理念的端初として原始偶然が考えられたのであるが、真の無限性は系列の最終が最初へ帰還する円の形で表象されるから、円の各部分を包括する円全体として絶対的形而上的必然が考えられるのである。この点からしても原始偶然と絶対的形而上的必然とが同一のものであることは明かである。原始偶然というも絶対的必然というも畢竟、形而上的絶対者のことである。易の大極の如きも形而上的絶対者として原始偶然とも絶対的必然とも考え得るものである。要するに、絶対的形而上的必然と原始偶然とは一者の両面に過ぎない。スピノザの「自己原因」もシェリングの「自己偶然」(das durch sich selbst Zufällige) も結局は一つに合するのである。絶対者は「必然―偶然者」という矛盾的性格を備えたものと考うべきである。ヤコブ・ボェーメの云う如く「然り」(Ja) であると共に「否」(Nein) である。「「然り」と「否」とは単に一つのものであって、ただ自己が二つの起始に分離して、二つの中心を造っている」(Jakob Böhme, Sämtliche Werke, VI, S. 597)。原始偶然と絶対的形而上的必然とは絶対者にあって一つのものでありながら、なお「二つの中心」を造っている。原始偶然は「下より」の行き方であるところの経験的仮説的見地に於て最後の理念として捉えられたものであり、絶対的必然は「上より」の行き方であるところの形而上的離接的見地に於て最初の概念として立てられたものである。それ故に絶対的形而上的必然は絶対者の謂《い》わば肯定的性格を表わし、原始偶然は謂わば否定的性格を表わしている。絶対的形而上的必然は絶対者の即自態である。原始偶然は絶対者の中にある他在である。絶対的形而上的必然を神的実在と考え、原始偶然を世界の端初または墜落（Zufall = Abfall）と考えることの可能性もここに起因している。絶対的必然は絶対者の静的側面であり、原始偶然は動的側面であると考えても差支ない。「諸事物の最初のものは端的に必然的なものである。諸状態の最初のものは端的に偶然的なものである」（Das erste der Dinge ist das schlechterdings notwendige. Das erste der Zustände ist das schlechterdings zufällige.）と云った批判前期のカントの言葉は味うべきものである（Kant, Reflexionen zur Metaphysik, Akademie Ausgabe, XVIII, S. 142）。

このように考えるならば、因果系列の絶対的起始としての原始偶然と、離接肢として措定される形而上的偶然との密接なる関係もおのずから明かとなる。離接肢が偶然者として措定される可能性のアプリオリな根拠は原始偶然の偶然性にあると考えることが出来る。原始偶然の偶然性は形而上的離接的偶然を可変性の中に偶然性として決定する絶対的根拠にほかならない。同様に、部分の全体としての形而上的必然と、因果系列の成員としての経験的必然との密接なる関係も明瞭である。既に云ったように、両者の関係は絶対的必然と仮説的必然との関係である。

なお、他の関係に於て、「必然―偶然者」としての絶対者の性格を闡明《せんめい》する必要がある。およそ全体と部分とは相関に於て意味を有っている。部分なくして全体なく、全体なくして部分はない。従って絶対的形而上的必然の必然性は形而上的偶然の偶然性なくしては考えられない。形而上的偶然の偶然性もまた絶対的形而上的必然の必然性なくしては考えられない。絶対的必然の必然性は偶然性を部分とする全体の有つ必然性である。必然性は偶然性を制約し、偶然性は必然性を制約している。要するに絶対者は空虚なる抽象的全体でなく充実せる具体的全体である限り、単なる必然者でもなく、単なる偶然者でもなく、必然と偶然との相関に於て意味を有する「必然―偶然者」である。そうして絶対者は相対的なる有限者によって初めて絶対者たり得るもの、換言すれば偶然的部分として他在することによって初めて絶対的全体の具体的意味を獲得するものであるから、「必然―偶然者」としての絶対者は絶対者の弁証法に於ける即自且対自の段階と考えても差支ないであろう。なおまた、原始偶然が、因果系列の各成員を部分とする全体と考え得る限り、原始偶然と経験的必然との関係に就ても、形而上的必然と形而上的偶然との関係に関してと全く同様な考察をすることが出来るのは云うまでもない。以上に於て原始偶然と絶対的形而上的必然とが「必然―偶然者」としての絶対者の両面であることを明かになし得たと信ずる。

次に、経験的必然と形而上的偶然との関係は如何。仮説的地平に於ける経験的必然が離接的地平に於ては形而上的偶然となって現われる。ライプニッツは『形而上学叙説』のうちで、必然（nécessaire）と確実（certain）との区別を立てようとしている。前者はそれの反対が矛盾を含むものであり、後者はそれの反対が矛盾を含まないものである。そうして絶対的必然（absolument nécessaire）のみが厳密なる意味で必然であるので、仮説的必然（nécessaire ex hypothesi）は確実であるに過ぎないとしている。たとえばシーザーがルビコン河で止まらずにこの河を渡ったこと、ファルサルスの戦で敗れずに勝ったことは必然ではないが確実である。そうして確実ではあるが必然でない故にそのことは偶然であると説いている。また確実でありながら必然でない理由、すなわち偶然である理由を神の意志、すなわち選択の自由に根拠づけている（Leibniz, Discours de métaphysique, §13）。要するにライプニッツの「確実」という概念は経験的必然すなわち形而上的偶然を言い表わそうとするものである。ともかくも、系列の各成員は絶対的起始によって制約されている限り、絶対的起始の性格を反映し、各部分は全体の部分である限り、全体の性格が投射せられている。「必然―偶然者」としての絶対者の性格は各成員、各部分にあって「必然―偶然者」としての運命の形を取って来る。カントの謂わゆる「偶然者の法則性」（Gesetzlichkeit des Zufälligen）すなわち合目的性（Kant, Kritik der Urteilskraft, §76）の概念も全体によって規定せられたる部分の有つ必然偶然的性格にほかならない。

なおカントは偶然性を経験的偶然性（empirische Zufälligkeit）と可想的偶然性（intelligibele Zufälligkeit）との二種に分けているが、カントのいう経験的偶然とは我々のいう経験的必然に当り、カントのいう可想的偶然とは我々のいう形而上的偶然に当っている。「経験的偶然」に関してカントは次のように云っている。「世界に於ける諸々の変化から経験的偶然性、すなわち変化は経験的に限定する原因に依存すること、が推論されて、経験的諸制約の上昇的系列が得られた」(『純粋理性批判』B. 486)。また「存在において制約されたものは一般に偶然と称し、制約されないものは必然と称す」(ibid., B. 447)とか「我々は偶然性を、或る事象が或る原因の結果としてのみ存在し能うということから認識する。それ故に或るものが偶然的と想定せらるれば、それが或る原因をもつというのは一つの分析的命題である」(ibid., B. 291)などと云っているのも経験的偶然に関してである。「可想的偶然」をカントはまた「純粋悟性の概念による偶然性」(Zufälligkeit nach Begriffen des reinen Verstandes)と云っている。この種の偶然性に関して「範疇の純粋な意味において偶然的であるのは、その矛盾対当が可能的なものである」と云っている。「運動が在ったのと同じ時間に於て運動の代りに静止が在り得た」如き場合が可想的偶然である。甲が存在するとき、甲の代りに非甲の存在することも可能である場合が可想的偶然である。すなわち離接的地平に於ける形而上的偶然を可想的偶然と云っている。経験的偶然と可想的偶然との差異は、反対が継起的に可能である場合と同時に可能である場合との相違であると云ってもよい。そうしてカントは経験的偶然性から可想的偶然性へ移ることは「他の種類への転移」(*μετάβασις εἰς ἄλλο γένος*)として全然不可能であると云っている(ibid., B. 486-

488)。批判主義の立場で現象界の認識に限局される限り、この二種の偶然性を峻別して一方から他方への推移を不可能とするのは当然のことと云える。然しながら経験的因果的必然を離接的に偶然化して形而上的偶然と見ること、すなわち次元の転化によって「経験的偶然」と「可想的偶然」とを根柢に於て同一のものと見ることは形而上学的地平に立つ限りは許さるべきことでなければならぬ。カントの云う経験的偶然は、因果的に制約されたものであるから、その限りに於ては当然、経験的必然と呼ばるべきものである。ショーペンハウエルも『カント哲学の批評』に於て、すべて偶然的のものは原因を有っていると考えることは「明白なる矛盾」であると云っているが、ショーペンハウエルも述べているように、その考はカントに始まったことではなく既にアリストテレスに淵源を有っている（Schopenhauer, Sämtliche Werke, hrsg. v. Deussen, I. S. 552-553)。ともかくも経験的必然を経験的偶然と呼ぶためには、少なくともその命名の動因に於て、不知不識《しらずしらず》の間に形而上的離接的地平へ逸脱して、必然を偶然化したものと考えるべきであろう。経験的必然は仮説的必然として他者の制約によってのみ必然なものであるから、偶然と云われるのであるが、それが偶然と呼

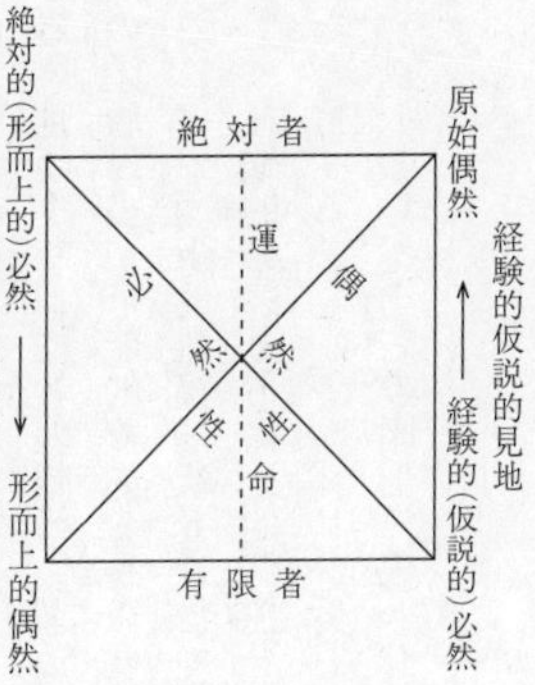

ばれるためには、それ自身によって必然なる絶対的必然を考えてそれに対して云うのである。且つまた、他者の制約によってのみ必然なものは、他者の制約さえ解除するならばその矛盾対当が可能的であるから偶然なのである。要するに、経験的必然を経験的偶然と見るには形而上的離接的次元に於てなされる偶然化が根柢に予想さるべきである。以上に於て、経験的必然と形而上的偶然とが次元を異にして見られた有限者であることを明かにしたと信ずる。

以上の考察を右の図形に表わして置こう。

結　論

一　偶然性の核心的意味

以上において定言的、仮説的、離接的の三地平にあって偶然性の闡明《せんめい》を計った。定言的偶然は、定言的判断において、概念としての主語に対して述語が非本質的徴表を意味するときに成立した。すなわち、或る言明的判断が主語と述語との同一性を欠くために確証性、従って必然性をもたないことが明かになった場合である。仮説的偶然は、仮説的判断の理由帰結の関係以外に立つものとして成立した。すなわち、理由と帰結との同一性によって規定せられたる確証性、従って必然性の範囲外にあるものとして成立した。離接的偶然は、与えられた定言的判断もしくは仮説的判断を、離接的判断の一区分肢と見て、他にもなお幾個かの区分肢が存すると考えることによって成立すると云える。すなわち、言明的または確証的の命題を離接関係に立つ区分肢と見ることによって、被区分概念の同一性に対して差別性を力説すると共に、言明性（現実性）および確証性（必然性）を問題性に問題化するのである。

定言的偶然は定言的構造にあって非本質的徴表すなわち偶然的徴表が概念の同一性に対して示す偶然性であった。そうして概念の必然的徴表と偶然的徴表との関係は、分析的判断と綜合的判断の差別に於て、分析的判断の基礎をなす同一性と綜合的判断の根柢に潜む偶然性とに見られた。また全称判断と特称判断との差別に於ても、必然性は全称判断によって言表され、偶然性は特称判断によって陳述されることを知った。次《つい》で定言的偶然が、孤立的事実として、更に例外として現われることを考察した。概念の本質的徴表が法則の価値を有つとき、法則に対する例外の意味より有たない偶然的徴表の偶然性が例外的偶然として特に偶然性を強調しているのである。然《しか》らば定言的偶然の核心的意味は何にあるか。例外的偶然が定言的偶然の中で特に顕著なる偶然性を有していることによっても察知せられる如く、定言的偶然の核心的意味は畢竟《ひっきょう》、一般概念に対する「個物および個々の事象」ということに帰した。

次に仮説的偶然は理由性の仮説的構造の有つ同一必然性に対して、斯《か》かる構造の圏外にあるものが示す偶然性であった。純論理的範囲に於ては理由的偶然として現われ、経験界にあっては理由的偶然の適用の形で目的的偶然および因果的偶然として現われた。仮説的偶然のこの三様態は更に各々《おのおの》消極的偶然と積極的偶然とに分れた。消極的偶然は一つの事象に関して理由性、因果性、目的性の非存在が消極的に目撃される場合であり、積極的偶然は二つまたは二つ以上の事象間に理由性、因果性、目的性の仮説的必然的関係の非存在を見るのみならず更に進んで積極的に他の何等《なんら》かの関係の存在を目撃する場合である。積極的偶然はその積極性によって消極的偶然よりも顕著な偶然性を示している。のみならず消極的偶然の根柢にはまた必ず何等かの積極的偶然が存しているものである。積極的偶然は相対的偶然の性格を有つ限り「一の系列と他の系列との邂逅《かいこう》」という構造を示す。そうしてこの構造がまた実に仮説的偶然の核心的意味であった。なお目的的偶然と因果的偶然とは経験界に属するものとして経験的偶然と呼ぶことが出来たが、経験的であることに基いて時間的契機を有っている。経験的積極的偶然は時間内において邂逅するものである。それには同時的偶然と継起的偶然との二つがあるが、後者は前者に還元せられるのである。そうして同時性が空間性と関係している限り、経験界に於ける偶然の核心的意味は「この場所での、この瞬間での邂逅」という歴史的非合理性の形を取って来なければならない。

最後に離接的偶然は離接的構造にあって、可能的離接肢の全体の有つ同一性に対して、各々の可能的離接肢が示す偶然性であった。偶然性と可能性との関係を知るに至って、諸様相の構成する体系内にあって偶然性の占める位置、特に偶然性が可能性に対して有つ特殊の関係を闡明する必要を生じた。可能性の極小が偶然性の極大である。有ることの可能性が小さいことは無いことの可能性の大きいことを意味している。離接的偶然の核心的意味は「無いことの可能」として「無いことの必然」へ近迫することであった。偶然性は不可能性の無の性格を帯びた現実である。単なる現実として戯《たわむ》れの如く現在の瞬間に現象する。現在の「今」現象した離接肢の現実性の背景に無を目睹《もくと》して驚異するのが偶然である。そうして驚異の情緒は実存にとって運命を通告する。なお可能的離接肢の全体は勝義において形而上的絶対者を意味し、形而上的絶対者はその具体性において「必然―偶然者」として闡明される。また絶対者と有限者とを繋ぐものが運命である限り、運命もまた「必然―偶然者」の性格を担って実存の中核を震撼するのである。必然偶然の相関が有と無との相関に基くことを会得することが、偶然性に関する知見の根柢をなさなければならぬ。

要するに定言的偶然の核心的意味は「個物および個々の事象」ということであった。仮説的偶然の核心的意味は「一の系列と他の系列との邂逅」ということであった。離接的偶然の核心的意味は「無いことの可能」ということであった。個物および個々の事象であるが故に、一般概念に対して偶然的徴表を備えていたのである。独立した系列と系列との邂逅であるが故に、理由と帰結の必然的関係の外にあったのである。無いことの可能なるが故に、諸可能性全体の有つ必然性に悖《もと》ったのである。そうして、これらの偶然の三つの意味は決して個々に分離しているのではなく、渾然として一に融合している。「個物および個々の事象」の核心的意味は「一の系列と他の系列との邂逅」ということに存し、邂逅の核心的意味は邂逅しないことも可能であること、すなわち「無いことの可能」ということに存している。そうしてこれらすべてを原本的に規定している偶然性の根源的意味は、一者としての必然性に対する他者の措定ということである。必然性とは同一性すなわち一者の様相にほかならない。偶然性は一者と他者の二元性のあるところに初めて存するのである。アリストテレスが偶然とは「自己としてではなく、他のものとして」（οὐχ ᾗ αὐτὸ ἀλλ' ᾗ ἕτερον）存在する（Aristoteles, Metaphysica, Δ. 30, 1025[a]）と云い、ヘーゲルが偶然的なものとは一般にその存在の根拠を「自己自身の中にではなくて他者の中に」(nicht in sich selbst, sondern in Anderem）有っている如きものである（Hegel, Encyklopädie, hrsg. v. Bolland, 1906, § 145, Zusatz, S. 193）と云っているのも全くそのためである。個物の起源は一者に対する他者の二元的措定に遡る。邂逅は独立なる二元の邂逅にほかならない。無いことの可能は一または他の選択に基くものとして二元を予想している。有の意味を同一律によって規定し、同一律に反するものを無と看做《みな》したエレア派の哲学は、偶然に対する驚異に発して他者の二元的措定に対する悲劇的拒否に終った。しかも我々はエレア派の哲学に一面の真理を承認しない訳にゆかない。そこにまた人間の悩みと喜びとが潜んでいるのである。

二　偶然性の内面化

偶然性の問題は、無の問を含むが故に、厳密に形而上学の問題であると云った。また形而上学としての哲学以外の学問は無の問を除外するが故に、偶然性を問題としないことも云った。偶然性は「この場所」「この瞬間」における独立なる二元の邂逅として尖端の危きに立って辺際なき無に臨むものである。偶然性は普遍的思惟を範として法則の必然乃至は蓋然をのみ追求する学問にとっては一顧の価なき非合理と考えられるかも知れない。アリストテレスも偶然の「背理」(*παράλογος*)(Aristoteles, Physica, II. 5, 197^{a})について語った。偶然性は学的認識に対して限界を形成している。

然しながら、この限界は理論的実存性に対して端初の意義を有つことを知らなくてはならない。経験的認識は認識の限界たる偶然性から出発し常にこの限界に制約されたものでなければならない。経験に斉合と統一とを与える理論的体系の根源的意味は他者の偶然性を把《とら》えてその具体性において一者の同一性へ同化し内面化することに存している。真の判断は偶然―必然の相関に於て事実の偶然性に立脚して偶然の内面化を課題とするものでなければならぬ。思惟の根本原理たる同一律は内面化の原理にほかならない。「甲は甲である」というのは「我は我である」ということにほかならない。判断の本質的意味は邂逅する「汝」を「我」に深化することでなければならない。我の内的同一性へ外的なる汝を具体的に同一化するのが判断の理念である。しかしそれはエレア的抽象的普遍性に於ける空虚なる同一性を目指すのであってはならない。同一律による内面化は事実として邂逅する汝の偶然性に制約された具体的内面化でなくてはならない。そこに学問の部門的独立と学的体系の段階組織との基礎が存している。またそこに一部門内の学的労作の具体性、現実性の保証も存している。単なる同一化、単なる必然化は一切の汝、一切の偶然性を否定することによって無宇宙論へ導く。理論的認識の到達すべき理想は単なる必然性であってはならない。偶然を満喫し偶然性に飽和された「偶然—必然者」でなければならない。いったい、偶然性の時間性格が直態としての現在である限り、必然的思惟の方法論的体系としての論理学に対して偶然性が非合理性として現われるのは異とするに足りない。しかしながら、論理的規定を「汝」の直接性に即して出発させ、「汝」の内面化に学的労作の理念を捉えることは論理そのものに生命を齎らし、学問に具体的価値を賦与する所以《ゆえん》である。「我＝我」なる思惟の同一性の領域と、「我」による「汝」の体験の直接性とを、出来得る限り緊密の関係に保ち、必然と偶然とを不可分離の相関に於て接触せしめることは、生の論理学へ邁進する理論的実存にとって公理的要求でなければならない。

抽象的普遍性に誤られた学問にとって偶然性が意味を有たぬと同様に、範を科学に取る合理的形式的倫理説にとっても偶然を容れる場所はないであろう。道徳法をして例外を許さざる普遍的自然法の如くにあらしめようとする倫理説は抽象的同一性を追うことによって「何ものをも意志しない意志」に到達して実践上の無宇宙論に陥るであろう。道徳の内容は現在の呈供する偶然性によって個別化されたものでなければならない。道徳の課題とする実践的普遍性は抽象的普遍性であってはならない。偶然を契機として全体を内包的に限定する具体的普遍でなければならない。もしすべてを形式的同一性に単一化しようとする倫理説があるとしたならば、その抽象的普遍性に反抗して、死に臨んで偽ったデスデモナのように偽ろう、テイモレオンのように人を殺そう、オットーのように自殺をしよう、ダビデのように神殿に入って盗もう、飢えたるが故に安息日に麦の穂を摘もう（Jacobi, Werke, III. 1816, S. 37）と云う者があっても、その声は人間の内奥に叫ぶ良心の声として聴かれるであろう。偶然性の実践的内面化は具体的全体に於ける無数の部分と部分との間柄の自覚にほかならない。孤在する一者はかしこにここに計らずも他者と邂逅する刹那、外なる汝を我の深みに内面化することに全実存の悩みと喜びとを繋ぐものでなければならない。我の深みへ落ち込むように偶然をして偶々《たまたま》邂逅せしめるのでなければならない。ハイデッガーも「偶然と呼ばれるものは共同的環境的世界から、決意性へ向ってのみ偶然することが出来る」と云っている（Heidegger, Sein und Zeit, S. 300）。ヤスパースも「把え得べき如何なる思想をも超えて、余は限界状況に於て驚愕を経験し、斯くて我がものとして摑んだ偶然と一体なることを経験する」と云っている（Jaspers, Philosophie, II, S. 217）。「説卦《せっか》伝《でん》」に「観二変於陰陽一而立レ卦、発二揮於剛柔一而生レ爻、和二順於道徳一而理二於義一、窮レ理尽レ性以至二於命一」と云っているのも偶然性の実践的内面化を説いているにほかならない。偶然を成立せしめる二元的相対性は到るところに間主体性を開示することによって根源的社会性を構成する。間主体的社会性に於ける汝を実存する我の具体的同一性へ同化し内面化するところに、理論に於ける判断の意味もあったように、実践に於ける行為の意味も存するのでなければならない。道徳が単に架空なものでなく、力として現実に妥当するためには、与えられた偶然を跳躍板として内面性へ向って高踏《こうとう》するものでなくてはならぬ。偶然に対する驚異は単に現在にのみ基礎づけられねばならぬことはない。我々は偶然性の驚異を未来によって倒逆的に基礎づけることが出来る。偶然性は不可能性が可能性へ接する切点《せってん》である。偶然性の中に極微の可能性を把握し、未来的なる可能性をはぐくむことによって行為の曲線を展開し、翻《ひるがえ》って現在的なる偶然性の生産的意味を倒逆的に理解することが出来る。「目的なき目的」を未来の生産に醸《かも》して邂逅の「瞬間」に驚異を齎らすことが出来る。そうして、一切の偶然性の驚異を未来によって強調することは「偶然―必然」の相関を成立させることであって、また従って偶然性をして真に偶然性たらしめることである。これが有限なる実存者に与えられた課題であり、同時にまた、実存する有限者の救いでなければならぬ。『浄土論』に「観二仏本願力一、遇無二空過者一」とあるのも畢竟このことであろう。「遇う」のは現在に於て我に邂逅する汝の偶然性である。「空しく過ぐるもの無し」とは汝に制約されながら汝の内面化に関して有つ我が未来の可能性としてのみ意味を有っている。不可能に近い極微の可能性が偶然性に於て現実となり、偶然性として堅く摑まれることによって新しい可能性を生み、更に可能性が必然性へ発展するところに運命としての仏の本願もあれば人間の救いもある。無をうちに蔵して滅亡の運命を有する偶然性に永遠の運命の意味を付与するには、未来によって瞬間を生かしむるよりほかはない。未来的なる可能性によって現在的なる偶然性の意味を奔騰《ほんとう》させるよりほかはない。かの弥蘭《みらん》の「何故」に対して、理論の圏内にあっては、偶然性は具体的存在の不可欠条件であると答えるまでであるが、実践の領域にあっては、「遇《あ》うて空しく過ぐる勿《なか》れ」という命令を自己に与えることによって理論の空隙を満たすことができるであろう。

Ⅵ 九鬼哲学の全体像

人生観

人生観というものと世界観というものとは離すことはできない。殊《こと》に現代のように人間学とか実存哲学とかいうようなものが哲学の中心問題であることがはっきり意識されてくると、人生観と世界観とを区別することさえも無理だと考えられてくる。人生観に根ざさない世界観はあり得ないし、世界観の形を取らない人生観も実際としてはないであろう。世界観の観ずる問題は結局は形而上学の攻究する問題にほかならない。形而上学の根本問題は昔から霊魂不滅に関するもの、意志自由に関するもの、神に関するものの三つに要約されている。この根本問題は今日でも必ずしも変ってはいない。もし霊魂不滅、意志自由、神などの言葉が古めかしい感じがするならば、その代りに死、実存性、共同的世界内存在というような言葉を用いて見ればいい。そうすれば現代的な匂いがする。しかし問題そのものは昔とあまり変ってはいない。形而上学、従って世界観の焦点をなすこの三つの問題は同時にまた人生観の問題でもある。不滅とか自由とか神とかいう問題はみな人生というものを中心に置いてそこから考えた問題である。人生の全体性すなわち人の一生ということを考えると、霊魂不滅とか死とかいうことが問題になってくる。人生の原本性すなわち人の本当の生き方ということを捉えようとすると、自由とか実存性とかいうことが問題になってくる。人生の相対性、従って甲の人生と乙の人生と丙の人生の相互関係ということに目を附けると、絶対的統一としての神とか共同的世界内存在とかいうことが問題になってくる。

およそ人生観を述べようとすると、この三つの問題に対してどう観じているかを述べなければならないことになる。それは昔から幾度となく繰返して考え抜かれていることであるから、今更なにか新味を加えようなどということは企てる方が間違っている。昔から在る様々の思想がどういう風に有機的に内的に結合し醱酵《はっこう》してその個人の血となり肉となっているかというところに人生観の個性が認められなくてはならない。私の観方を簡単に述べてみよう。

霊魂不滅の問題を私はどう観ているか。現代人がこんなことを問題とするのは可笑《おか》しいという人があるかも知れないが私はそうは考えない。人間の一生は死によって無に帰してしまうものか、または何等《なんら》かの形で存続するものか、いずれであるかということは真面目に考えてみて差支ない問題だと思う。だが私自身には来世存在の理由として普通に挙げられるものは一つとして首肯することはできない。その限りに於て私自身は来世の存在を信じない。来世が在るとすれば人間は二度生きることになる。現世が二つあるようなものである。そうすると現世の一回性とか尊厳とかいうものが壊されてくる。人生は絶えず死に脅されている果無《はかな》い脆いものである。しかしその果無さ脆さに人生そのものの強さがある。人間がただ一回だけしか生きることが出来ないで、我々の一歩一歩が我々自身の徹底的否定である死に向って運ばれているというところに、人生の有つすべての光沢や強さが懸《かか》っているのである。同じようなものが二つあるという余計なことを許さないならば、来世はないという論理になるであろう。朝に道を聞けば夕に死すとも可なりというような光沢と強味のある人生は一回だけ生きられるものでなくてはならない。我々が死なずに永久に生きているものとしたら、どんなに冗漫で退屈なものであろう。死は全体性としての人生に欠くべからざる緊張を与えている。死が何時《いつ》とも知らず控えているということが人生を生甲斐あるものであらせている。

人間は死の自然の到来を待たないでみずから生よりも死を択ぶこともある。だが、もし死後に何等かの形で生の存続があるとしたなら自殺は無意味なものとなってしまう。自暴自棄の自殺でさえも、責任逃避の自殺でさえも、自殺という現象は否むべからざる厳粛性を担っている。その厳粛性は生か死かという選択が肯定か否定かの選択として本当に成立することを予想している。死後にまたしても生があるというのでは生か死か肯定か否定かの選択ではないことになってしまう。私には自殺の後に更に来世を押付けるということは自殺行為に対して何か冒瀆でもあるかのように感じられる。情死者が死の彼岸に楽しい来世を描くというような場合があるとしても、それは全く無邪気な妄想に過ぎないであろう。情死によって人生に対する何等かの反感を力強く明示する事実そのものの中に、情死の目的は完全に達せられている。また何者の介在をも許さずただ二つの心が抱き合って死ぬという瞬間そのものの中に、永遠の天国がある。

賞罰の観念によって来世の存在を要請しようとする人があるかも知れない。またそれによって人生に一層の緊張を加えようと企てるかも知れない。しかし善い行為はそれ自身が賞であり、悪い行為はそれ自身が罰である。善い行為が来世に於て更に賞せられ、悪い行為が来世に於て更に罰せられるというのは二重に同じことを繰返すだけで私には余計なこととしか思えない。また賞罰を背景に据えて緊張の度を増そうとするのは寧ろ卑しい考え方である。

魂の発展という観念に基づいて来世を展望の中に置こうとする人があるかも知れない。しかしこのことは人類全体の発展ということと相容れないように私には考えられる。個人の魂がどこまでも発展して行くものならば、人間は子孫を造る必要はない。人間が子孫を造るのは、個人の魂の発展の中絶と頓挫とを、その中絶し頓挫した箇所に於て取上げて更に発展を継続させて行くためである。不滅という意味は子孫による価値の継承が不滅であるということより以外には考えられない。

普通の意味の来世を信じる位ならば、私はむしろ厳密な同一事の永劫回帰を信じたい。

なぜならば一生が厳密に同一な内容をもって無限回繰返されるということは、一生が一回より生きられないということとつまりは同じことである。厳密な同一事の永劫回帰の思想は現世という実像を無数の鏡に写してその映像を過去と未来に配列したようなものである。映像を無数に造ったからとて実像の一回性や尊厳をいささかも傷けはしない。人生は無に取囲まれている。死は生の徹底的終局である。死の積極的意義を飽迄《あくまで》も悉知《しっち》している人間でも、それ故に、時としては、歳月の推移に無限の哀愁を感じる。そして魂は死の鐘を聴くとき、自己の創造した価値が、たとえ僅少でも、不滅であるという諦念を懐いて、自己を無の淵へ突き落すであろう。

自由の問題を私はどう観ているか。自由ということは問題にならないほど確かなことのように私には考えられる。自然科学が決定論を唱えて意志自由に累を及ぼした時代もあった。しかし現代の自然科学的認識論はその非を悟っている。殊に量子論の進展につれて必然性の概念は蓋然性の概念に場所を譲り、因果的決定の概念は確率増大の概念によって代られる傾向を示すに至った。また仮に自然科学が決定論を立てたとしても、それによって意志自由が危くされると考えてはならない。意志自由の直証に立脚して自然科学の決定論の認識論的限界乃至弱点を発見して行かなければならない。意志自由は論議の帰着点ではない。出発点である。自由を措いて実存ということは考えられない。実存を措いて人間というものは考えられない。自由ということと人間ということとは殆ど同義語と云ってもい い。自然科学そのものも人間の産んだものにほかならない。

人間は歴史的条件によって決定されているという観方もある。なるほど人間は歴史の中に社会の地盤の上に生存するのであるから、歴史的制約を受けていることは事実である。或る歴史的時期と或る社会階級的事情とに置かれたというような限界状況または運命に対して強いて眼を覆わない限りは歴史的社会的決定の事実を否定するわけにはゆかない。しかしその決定は絶対的必然性を意味してはいない。著大な制約を受けながらなお自由の余地が残されているところに、人間の歴史的使命が成立するのである。原始偶然と神話との重荷を負いながら厳として自己の歩武を進める可能性に、大衆性と階級性とに圧せられながら敢然として個性を貫徹する可能性に、人間の歴史的意義が懸っているのである。人間の自由が無ければ真の歴史は無い。歴史とは自由の歴史にほかならない。

自由という意味は色々に考えられるが、人間の実存を成立させる自由は選択の自由でなければならない。甲か乙かという選択に直面してその選択肢のいずれかに決定する自由であって初めて実存を構成することができるのである。善をするにも悪をするにも自分がそれを選択してするのであるという意識をはっきり有っていなければ人間とは云えない。自由の自意識を有っているかいないかが、人間と動物とを区別する主要な点であろう。自己の動き方を自己以外のものの必然性に帰するのは操《あやつり》人形にほかならない。その意味で動物即機械ということもできる。人間である以上は善も悪も自己の行為は悉《ことごと》くおのれの双肩に担って腹の底からはっきりと自由を呼吸していなければならない。物的生産力の万能を信じて甘んじてその奴隷となるような史観を有つことは私には到底できない。意志決定論ほど人間の尊厳を傷けるものはほかに考え得ない。個々の行為は性格の自由な発露である限りに於て自由であるという観方も、自由の真の意義を危くするものである。自由の自は「みずから」であって「おのずから」ではない。性格からおのずから流れ出る行為は既に自由の領域を脱して法則の必然性の領域へ移ってしまっているとも云える。もっとも、個々の自由な行為が集積して習慣によって法則化したと考えればそれでもいい。だが一方に性格そのものの起始を歴史的社会的所与と見做し、他方に性格から自然に出る行為という意味以外に自由を認めないならば、それは歴史的決定論へ帰ってしまう。真の自由は個々の行為の選択そのものに存しなくてはならない。自由なる行為は性格を造ると共に性格を毀《こぼ》ち得るものでなければならない。自由は瞬間瞬間に行為を無から創造するのでなければ本当の自由ではない。従って自己とは実体のような単なる連続ではなくて、非連続の連続という構造を有ったものである。

要するに人生の原本性は自由に根ざしている。自由とは無からの創造を意味している。そして自由の観念が人生観の基調を成して初めて人間は本当に生きることができるのである。

神というものを私はどんなに観ているか。自我論的還元が間主観的還元の問題へ移ってゆくように、世界内存在が共同的世界内存在の問題へ移ってゆくように、死と自由の問題は独在論的立場の相対性を認識することによって他我の領域を開拓し絶対者としての神の問題へ移ってゆく。従って私の考えている神とは人間の行為を傍観して人間に賞罰を与えるような神ではない。人間全体と共に悲しみ人間全体と共に喜ぶ神、人間全体の中に住む神、人間即神である。

神の性格は無限の愛でなければならない。甲を愛し非甲を疎《うと》んずるような神は神の名に相応しくない。神は有るが儘《まま》の一切の人間を同じ愛をもって抱く慈父のようなものでなければならない。悔改めなければ赦せないような神は本当の神ではない。神は裁判官と道学者とから最も遠く離れたものである。神は牢獄に繋がれた無産者の溜息に人間の苦しみを呼吸するでもあろう。神はともし火の蔭に媚《こび》を売る不幸な女達の紅い唇に人間の悩みを吸うでもあろう。神のアガペはエロスをも包容する大きさと広さとを有っていなければならない。神の愛はなまぬるい愛情ではない。燃えるような情熱である。一体なにを望むのかと神に聞くならば、情熱に満ちて即座に「最大多数の最大幸福」と答えるであろう。無上命令の立場は人間としての人間の立場であって、神としての人間の立場ではない。神はまた無限の知である。有限な人間は各々自己の視点から他を見ることより知らない。

狭隘《きょうあい》な自己の見解に基づいて他を判断することより知らない。視点は無数にあり、見解も無数にある。視点や見解の相対性を認識するところに神の絶対知がある。人間の矮小を最も露骨に明るみへ出すものは、狭隘な見解に基づく独り良がりである。「おのれ自身を知れ」ということはおのれの無智を知れということを意味する限り、いつになっても人間の最大教訓の一つである。

神はまた無限の力である。現代人の大きい悩みは諸価値の矛盾ということにある。諸価値の矛盾に当面して途方に暮れるのが現代人の心理である。そこに自己の無力が痛感される。然るに神は無限な力として矛盾の統一を齎《もたら》す。神にあっては生活価値と文化価値との矛盾も止揚《しよう》されている。恋愛価値と経済価値、道徳価値と芸術価値、科学価値と宗教価値の如き対立も単なる契機として一者の中に包摂されている。「背理の故に我信ず」とは甲をして同時に非甲であらしめる神の無限力を信ずることにほかならない。そしてこの信仰と共に生に対する希望の光も生じてくるのである。

各々の視点に対する熱い愛から、各々の視点を理解する深い知が生じ、更に各々の視点を統一する大きい力が湧いてくるのである。最高善とは神の愛と知と力との合体したものにほかならない。一切を愛し一切を知り一切を統一する力を有つことは「最も深い内包と最も広い外延を有つ生」である。そして最大多数の最大幸福とは一切の人間が最高善を享楽することを意味している。

最後に、何故に無でなくて有であるかと神に問うならば、愛と知と力とを自覚して最高善を享楽するためだと答えるであろう。何故に歴史があるかと問うならば、自覚と享楽とは時間を条件として成立するからだと答えるであろう。何故に自由があるかと問うならば、時間の未来性を奔騰《ほんとう》させるためだ、歴史をして賭事《かけごと》であらせるためだ、賭事によって自覚と享楽とが初めて真の意義を有つのだと答えるであろう。何故に無数の個体への分裂があるかと問うならば、自由を可能にするためだと答えるであろう。何故に死があるかと問うならば、個体の意義を完成するためだと答えるであろう。最高善としての最大幸福は余りにも多大の不幸と余りにも深甚な苦悩とを予想するではないかと問うならば、神は黙って答えないかも知れない。有よりも無を欲して自殺によって個体を終結する者があっても神は決して道学者のように非難はしないであろう。

私は不滅と自由と神という古めかしい概念を持って来て私の人生観の概要を述べた。不滅の問題は人生の外郭を規定し、自由の問題は人生の形式を闡明《せんめい》し、神の問題は人生に内容を附与する。人生とは何ぞということを真面目に正直に考えてみる場合にはどうしてもこの三つの問題にぶつかってくると思う。この三つの問題が永遠の深みからとでも云おうか浮かび上って来なければ嘘だと思う。人生とは何ぞと問うときに、先ず全体としての人生の範囲がどこで限られているかを見定めなければならない。次《つい》で人生が原本的に動く形式がどんなものであるかを考えて行かなければならない。最後に絶対の立場に立って人生の内容が何であるかを、何であらねばならぬかを把握しなければならない。他の一切の問題はこの三つの問題から派生する枝葉の問題に過ぎない。この三つの根本問題に対して統一的な観方と確乎たる信念とを有って初めてそこに人生観があるのである。

（『理想』昭和九年十月）

哲学私見

一

哲学とは存在一般の根源的会得であると私は考えている。哲学とは存在の会得である。その点に道徳とか芸術とか宗教とかいうような人間の他の在り方に対する哲学の独自性がなければならない。道徳は存在の建設ということができる。行為によって存在が建設される。芸術は存在の翫賞《がんしょう》ということができる。趣味によって存在が翫賞されることが創作の基礎をもなしている。宗教は存在の礼拝ということができる。祈りによって存在が礼拝される。人間のそれらの在り方に対して哲学は判断によって存在を会得しようとする。

然《しか》るに翫賞も礼拝も会得も広い意味で行為と云える。存在の翫賞も、存在の礼拝も、存在の会得も、各々《おのおの》の仕方に於《おい》て存在の建設にあずかっている。その限りに於て、広義の道徳の領域に成立すると見ることもできる。芸術は翫賞的に存在を建設し、宗教は礼拝的に存在を建設し、哲学は会得的に存在を建設するということができる。従って道徳は芸術をも、宗教をも、哲学をも契機として含んでいるとも考え得る。道徳はそういう一般的地盤を形成している。また、やや異った意味に於て芸術や宗教や哲学にも自余の在り方が契機として含まれている。例えば一定の芸術作品について、存在建設の契機、存在礼拝の契機、存在会得の契機が占める位置に従って該芸術作品の道徳性、宗教性、哲学性が考察され得る。同様に一定の宗教について、存在建設、存在翫賞、存在会得の諸契機の有つ重要性に従って該宗教の道徳性、芸術性、哲学性が分析され得る。また同様に一定の哲学についてその含有する諸契機に基いて該哲学の道徳性、芸術性、宗教性が語られ得る。然しながら道徳の独自性は存在の建設機能にあり、芸術の独自性は存在の翫賞機能にあり、宗教の独自性は存在の礼拝機能にあり、哲学の独自性は存在の会得機能にある。

但《ただ》し、人間の一定の在り方に自余の在り方が契機として含まれている事実に基いて、一つの在り方と他の在り方との区別乃至《ないし》は境界が判然しない場合もある。例えば芸術は直観を方法とする存在会得の機関であり芸術的価値は真であるというような考え方もある。然しながら芸術が独自性を主張する以上はその独自性は飽くまでも趣味による翫賞それ自身になくてはならない。「芸術にあって人間は自己を完全性として味わう」とは正しい言葉である。翫賞さるべき味がなければ芸術とは云えない。芸術が存在会得の機関であることは芸術にとってはむしろ単なる二次的な副作用にほかならない。また哲学が直観的方法を取って芸術的の比喩や暗示を豊富に用うる場合もある。そういう場合にあっても、芸術に類する方法は抽象的に見て類似を示しているだけでその具体的な在り方は全然異っている。そういう方法によって到達せらるべき目標は存在翫賞ではない。存在会得である。或る種の哲学の音楽性が問題とされるとしても、その音楽性を味わうことはその哲学に対する一次的な態度では決してない。音楽性の表現の下に会得された存在を会得することがその哲学に対する原本的な態度でなければならない。また例えば宗教にあっても存在会得が力説され真理性が強調される場合もある。そして「知らんがためにわれ信ず」というような言葉も生れる。然しながら宗教の独自性はむしろ「不合理なるが故にわれ信ず」とか「信ずる者は判断せず」とかいう絶対帰依になくてはならない。迷信と奇蹟とは宗教のまな子である。祭礼儀式は宗教にとって単に外面的な事項ではない。宗教の本質の象徴化として極めて重要な意義を有っている。宗教にとって存在の会得はどうでもいい事柄である。否《いな》、むしろ存在会得と存在礼拝とのいずれを選択するかの弁証法的危機におとしいれるのが宗教の権威である。人間の判断を中止することによって神仏の栄光を拝すればいいのである。啓示と教権と宗派とは宗教の他律性を裏書している。何等《なんら》かの仕方によって存在の礼拝さえ成立すればそれがすべてである。また哲学がその対象を宗教と一にするばかりでなく、その方法に於ても神秘的方法を取るような場合もあり得る。然しそういう場合にあってもなお哲学の目標は祈りによる帰依礼拝ではない。飽くまでも会得としての会得に存している。要するに哲学にとって論理的判断は存在会得の媒介者として哲学の独自性を構造するものである。それ故に哲学はその本質に於て何等かの意味で合理主義であることに運命づけられている。

二

哲学は存在の会得であるが、科学もまた或る意味で存在の会得である。存在に関する哲学的会得と科学的会得とは如何なる相違を有っているか。一言で云えば科学の存在会得は存在領域を限局する断片的会得として一定の基礎概念の仮定に基いたものである。それに反して哲学の会得は存在一般の根源的会得である。科学の会得が特殊な存在領域に関する断片的仮定的会得であるに対して、哲学の会得は存在一般に関する根源的原理的会得である。哲学的会得はたとえ特殊な限局された存在に対して向けられる場合にあっても常に存在一般の根源的会得を媒介としてなされるのである。もちろん科学と哲学との限界はさほど簡単に劃《かく》することはできない。断片的領域的会得も会得の会得性を徹底する場合には遂に一般的根源的会得へ肉迫して基礎概念の反省と批判へ到達するに至るものである。他方にあって哲学は科学の断片的会得を一般的根源的会得に役立たせることができる。科学と哲学とは互いに手を延ばし合っている。然し科学と哲学とがともかくも独立に存在しているわけは、前者が存在の断片的領域的会得で、後者が存在一般の根源的会得である点に懸っている。

科学は事実の学であり、哲学は記号の解釈学であるという見方もあるが、この区別は単なる会得と根源的会得との相違と考えることができる。事実学を解釈学へ高めて行くところに会得の根源性が存しているのである。また科学は物質の学であり、哲学は精神の学であるという見方を現代的な新しい見方として主張する哲学者もあるが、その場合には、一方に於て科学を自然科学と解すると共に、他方に於て一切の事実は精神の表現であるという仮定を立てているのである。哲学が精神の学であるという基礎には、哲学は存在一般の根源的会得であるという見解が含まれている。科学は断片的領域的会得であり、哲学は一般的根源的会得であると見ることが両者の原理的区別でなければならない。

三

存在一般の根源的会得は如何なる方法によってなされるか。一般的根源的会得は実存性に於てなされるより外《ほか》に道はない。会得が存在一般の会得でありながら一実存者の実存性に於てなされる会得である点に哲学の尽きざる生命がある。実存者は建設的に、翫賞的に、礼拝的に、会得的に実存し生きることによって存在会得の一般性を獲得することができるのである。科学が断片的に存在領域を限定して客観的対象へ志向するのとは趣《おもむき》を異にしている。従って実存者による哲学的存在会得は、体験存在を有りの儘《まま》に把握し、それを論理的判断の形で言表するという方法を取って来なければならない。哲学はその本質上、生を哲学するものである。

体験存在を有りの儘に把握するということは哲学にとっての不可欠条件である。哲学と科学との相違も実際上には往々その点に存する。科学は事実を取扱うと云われるが、科学の取扱う事実とは必ずしも「生《なま》のままの事実」ではない。会得の領域的断片性を制約する基礎概念によって対象的に歪められた事実である場合が多い。それに反して哲学は何等の基礎概念によって煩わされない裸一貫の哲学であって初めて真に哲学の名に価するのである。体験存在を有りの儘の姿で目撃することによって、生を生《なま》のままで抱擁することによって、哲学の第一歩が踏み出されなければならない。その点に哲学が非合理性を一ぱいに内に包み得る可能性がある。またその点に「事態そのものへ」という標語が普遍性を有って妥当する理由がある。科学は基礎概念によって領域的に対象を限局すると同時に事態に変更を加えてしまうのである。裸一貫の哲学としてその出発点を誤らずその課題を忠実に追及する限りに於て、哲学はあらゆる毀誉褒貶を超越して自己の仕事に信頼を置くことができるのである。

哲学は体験存在を有りの儘に把握した上で更にそれを論理的判断の形で言表することを本質とするものである。把握された体験存在が論理的判断の形を取って来なければ哲学は成立しない。既に云ったように、何等かの意味で合理主義でない哲学はあり得ない。体験存在は概念として内包的および外延的に明かにされなければならない。すなわち体験存在は概念として体系の中に位置を占めて論理的関連に於て開明されなければならない。一定の存在が哲学的に会得されるためには存在一般の根源的会得が同時に成立することを要する。存在一般の根源的会得の地平にあって初めて特殊の存在の会得も完全になされるのである。現実に即することを特色とする哲学の中には体系を忌避する哲学もある。体系を取ることは虚構である、現実に即する限り体系を取ることはできぬと考えるのである。体系という意味も種々に考えられるが、私は哲学的会得は或る意味に於て体系的会得でなくてはならないと信じている。存在一般の根源的会得は体系的会得の形を取らなければならない。体系的に会得されて初めて根源的会得が可能である。

体験存在が生《なま》のままに摑《つか》まれ、論理的体系として組織化されてそこに初めて哲学が成立するのである。生を生《なま》のままに捉えることと概念的言表とが相容れないと考える者は哲学を断念するより外に道はない。

四

哲学は存在一般の根源的会得であり、且つ実存性を通路とする会得であると云ったが、存在一般は実存者によって如何に会得されるであろうか。存在会得の大体の骨組を考えて見たいと思う。普通に存在という場合には必然的存在、可能的存在、不可能的存在、偶然的存在の四つの様相が理解されている。他方にあって現実、非現実、実在、虚無の四つの形態が考えられる。この八つの存在相が如何に関係するかを見極めるところに存在一般の根源的会得の基礎があると思う。

現実と実在とは同一ではない。非現実と虚無とも同一ではない。現実でありながら虚無性を帯びているものもあるし、非現実でありながら実在性を有っているものもある。現実と実在とが一致している場合、すなわち実在が現実化されている場合は必然的存在の様相を示している。非現実と虚無とが一致している場合、すなわち虚無が非現実の領域に止《とど》まっている場合は不可能的存在の様相を取っている。それに反して、実在が非現実の領域に止まるもの、すなわち非現実でありながら実在性を有っているものは可能性の様相を有し、虚無が現実の領域へ現われたもの、すなわち現実でありながら虚無性を帯びているものは偶然性の様相を有している。

不可能性は虚無性と非現実との一致しているものであるから存在一般の会得にとってはむしろ背景をなす場合が多い。存在一般の会得は主として必然性と可能性と偶然性との三者の関係の会得に懸っている。

先ず初めに可能性と必然性との関係または可能的存在と必然的存在との関係は如何なる

ものであろうか。両者は実在性を共有しているが、可能的存在は非現実的存在であり、必然的存在は現実的存在である。実在性を地盤とする限り、非現実は現実に成る。可能は必然に成る。可能とは必然への可能にほかならない。非現実としての可能的存在が現実としての必然的存在になるのは実在性の領域に於て本質的なる発展の径路を辿るのである。可能は可能の中に現実的必然へ発展すべき素質を有っている。可能が与えられた場合には既に必然が先取されているのである。種子は樹木への発展を予料し、蕾《つぼみ》は花への展開を先駆している。可能存在は発展の概念を蔵している。そして発展の極限が必然存在と考えられている。必然存在とは可能存在の発展の極限である。必然とは超可能にほかならない。

次に可能的存在と偶然的存在との関係は如何なるものであろうか。偶然的存在は可能的存在に対して二様の関係を有っている。先ず第一に偶然的存在とは可能的存在の一種であり、可能的存在とは偶然的存在の一種であるという意味に於て両者は相一致している。第二に偶然的存在と可能的存在とは互いに相反する性格を備えている。偶然的存在と可能的存在とは静的に相一致しながら、動的に相反している。可能的存在とは存在の可能なるものである。偶然的存在とは非存在の可能なるものである。また可能的存在とは非存在の偶然なるものである。偶然的存在とは存在の偶然なるものである。可能的存在と偶然的存在とは謂わば同じ場所に立ちながら、前者は必然的存在へ向って足を運び、後者は不可能的存在へ向って歩を踏み出している。従って可能性が大なれば大なるほど偶然性は減少し、偶然性が大なれば大なるほど可能性は減少する。

偶然的存在は不可能性の虚無性を帯びながらなお且つ可能性を媒介として現実性を占めている。そこに偶然的存在の形而上的秘密がある。偶然的存在は無に根ざしながらなお且つ現実としての有の形を取っている。哲学が驚異に発するものである以上は、哲学の先ず問題とすべき存在は可能的存在でもなければ、必然的存在でもなく、偶然的存在でなければならない。哲学は偶然的存在に対して「何故」の問を発するのである。赤児が生れ落ちて産声《うぶごえ》を発するように、偶然的存在は不可能性の虚無性から産れ落ちて自己の現実性を大声に叫ぶ。哲学は偶然的存在にあって現実性の尖端を体験し、存在一般の体系に於て偶然的存在に位置を与えることによって存在一般の会得を投企する。可能性を指導原理とする哲学は一種の実践哲学に限局されることを常とする。必然性を手引とする哲学はともすれば自然哲学に終始する危険を伴う。偶然性を出発点とする哲学が初めて真の歴史哲学を展開することができる。

偶然的存在と必然的存在との関係もおのずから明かになって来る。偶然性は実存にあっては可能性を媒介として必然性と関係する。体験を有りの儘に把握するものは「初生の運」としての原始偶然を「我」の中に邂逅する「汝」として抱擁する。偶然性が偶然性として摑まれることによって極微の可能性が自覚される。可能性の自覚は必然性への発展を促す。斯くして歴史哲学の地盤に実践哲学と自然哲学とが分化して来るのである。偶然性は歴史の一回性に於て驚異の中に与えられる。可能性の実践的媒介を経て必然性の反覆的自然形態が展開される。そこに習慣の有つ形而上学的意義がある。偶々《たまたま》可能なる処女の可能性は反覆によって母の可能性へ習慣すると共に自然法則としての必然性を産むのである。偶然的存在の把握に基いて、可能的存在と必然的存在とが実存性に於て闡明《せんめい》されなければならない。

五

実存者は有限性と時間性とに纏《まつ》われている。実存者の哲学は存在一般を時間的地平に齎《もた》らすことによって真の意味で存在を会得することができるのである。

必然的存在は過去の時間的地平に存在している。いつでも常に過去へ帰って行くことができるから必然的存在である。イデアの必然性はいつでも常に想起され得るものである。必然性は超時間性と解されることもあるが、超時間性の実存的意味はいつでも常に過去へ帰って過去の全範囲を記憶によって充たし得るという全時間性にほかならない。必然的存在は無限の過去から存在する反覆的現実である。自然とは法則性に於て反覆されながら過去の時間形態によって必然化されたものをいうのである。

可能的存在は未来を時間形態としている。可能とは現在に於ける非存在であると共に未来に於ける存在可能である。可能と未来とは不離の内的関係に置かれている。可能とは未来の地平に於て現実となることが可能なのである。可能性とは未来の先取にほかならない。要するに可能性は必然性への発展を蔵し、必然性は可能性よりの発展を意味している。従って可能性は将来的性格を本質とし、必然性は過去の経歴を担っている。必然性が過去を時間的地平とし、可能性が未来を時間的地平とすることは明かな存在論的事実に属すると信ずる。

偶然性は如何なる時間的地平に於て成立しているか。偶然性の偶然するのは現在に於てでなければならない。偶然は必然の否定である。必然がその本質の中に過去を担っているに反して、偶然はその本質の中に過去を欠いている。偶然は過去なき現実として現在の瞬間に迸《ほとばし》り出るものである。偶然と可能との相違も、可能が未来への憧憬であるに反して、偶然は現在の現実である点に存している。過去に於ける偶然と云っても、的確に云うならば過去の現在に於ける偶然である。過去に於ける偶然を成立させているものは、過去性ではない。過去に於ける現在の現在性である。同様に未来に於ける偶然とは、未来の現在に於ける偶然を意味している。未来が未来性に於て偶然を成立させるのではない。未来に於ける現在の現在性が偶然を成立させるのである。偶然が、一点に於て過ぎ行く現在に現象する点に、偶然の虚無性と崩落性とが懸っている。

要するに必然性は過去よりの存続を仮定している。可能性は未来への動向を表わしている。偶然性は現在に於ける瞬間的存在を意味している。そして必然性と可能性と偶然性との時間的地平の開明は存在一般の実存的会得の深化にほかならない。

六

偶然が現在の一点に倏忽《しゅつこつ》として現象することが偶然の虚無性を語るものであった。偶然は不可能に近い存在である。崩落と壊滅とを内に蔵する脆弱な存在である。有と無との接触面に介在する極限的存在である。ここに非存在乃至無が哲学的問題の核心的意味をもってあらわれて来る。すなわち有と無、存在と非存在の問題が偶然性の問題を機縁として擡《たい》頭《とう》して来るのである。

詳しくは二つの問題が提出される。第一の問題は有と無の相関の問題である。有が無を解消すると考うべきであるか。無が有を包越すると考うべきであるか。或《あるい》はまた有無の絶対的合一を考うべきであるか。先ず有は無を完全に解消しつくすことができるであろうか。なるほど有は常に無を追っ駆けている。或るものに関する無は他のものの有を意味している。斯くして無は有の中に解消されてしまうかの如くである。然しながら有の概念はそれだけ独立に成立し得るものではない。有とは無でないことである。有の概念は無の概念との相関に於てのみ成立し得るものである。有は無を完全に解消しきることはできない。それならば有は無に包越されているものであろうか。有を包越するような無を思惟することができるであろうか。包むとか包まれるとかいう表象の仕方をする限りは既に無を化して有にしてしまっているのではあるまいか。有の於てある無なる場所という概念が厳密には既に無ではなくして有に化し去られているように、有を包む無なる体という概念も既に無ではなくして有に化されてしまっているのではあるまいか。自己限定的無という概念も包限定的無という概念も有化された無という点に於て共通の性格を有っているものではなかろうか。無には謂わば小乗的無と大乗的無とが区別されるように思う。小乗的無とは実体化された無、すなわち有化された無である。大乗的無とは有化されない無、否定に即した無である。有と無とは相関的意味を有っている。有とは無の否定としての非無であり、無とは有の否定としての非有である。有は無を措定し、無は有を措定する。その意味に於て絶対有は絶対無であり、絶対無は絶対有である。絶対者に於て有無の絶対的合一を考える如き場合の無が大乗的無であると思う。いずれにしても我々は無の意味と種類とを明かにすると共に無が有に対する関係を会得しなければならない。

第二の問題は偶然、特に原始偶然が如何にして無から生ずるかの問題である。無から生ずるかとは既に比喩的な言い方であって、無に根ざすと言う場合と同じく、その場合の無は有化された小乗的無になってしまっている。問題を的確に言い表わせば、原始偶然の虚無的構造の開明ということになる。原始偶然の中に含まれる否定的契機の闡明ということになる。絶対者は離接肢の統体と考えられる。甲でもあり、乙でもあり、丙でもあり、丁でもある離接的肯定の一面を有すると共に、甲でもなく、乙でもなく、丙でもなく、丁でもない離接的否定の半面を有っている。現実として甲が、或は乙が、或は丙が、或は丁が与えられていることが原始偶然である。離接肢の一つが現実性へするりと滑ってくる推移のスピードに虚無の奔触《ほんしょく》が感得されるのである。形而上的遊戯の無執著性《むしゅうちゃくせい》の中に虚無の性格が驚異されるのである。そこには歴史の起始、時間の時熟、有限性の限局の諸問題が形而上学的重圧を背負うて輻湊《ふくそう》するのである。更にまた、道徳は何故に存在建設の課題を成の場面に追求するか。宗教は何故に絶対者に帰依礼拝するか。芸術の翫賞は形而上的遊戯の味と如何なる内的関連を有するか。哲学が愛智者に会得を強要するのは何のまんであるか。これらの諸問題に答えるのも哲学そのものを措いてほかにはない。初めに私は哲学を定義して「存在一般の根源的会得」と云ったが、また哲学とは「存在及び非存在の根源的会得」であると云うこともできるのである。

（『理想』昭和十一年六月）

人間学とは何か（抄）

三

人間学が人間を如何《いか》なる角度から見るとしても、人間に三つの相の存することだけは一致して肯定しなければならない点であろう。人間は第一に自然的人間（homo naturalis）として肉体と心との合一である。第二に歴史的人間（homo historicus）として歴史を創造する。第三に形而上的人間（homo metaphysicus）として絶対者に接触する。この三つの相は如何なる人間に於ても必ず見出されるところの本質的規定である。

この三つはメーヌ・ド・ビランが人間を動物的生活、人間的生活、精神的生活の三方向から考察したのにほぼ該当する。従ってパスカルの身体（corps）、精神（esprit）、愛（charité）の三秩序にも当り、またアウグスチヌスが人間の心を肉体に於て（in corpore）、それ自身に於て（in seipsa）、神の許に（apud Deum）の三様態に分けたのにも当るわけである。この三区分は本質上は既にプラトンやアリストテレスにも見られたのである。心が肉体と合一する限り、理性的な不死的な部分のほかに、非理性的な死滅的な部分が生ずる。後者には更に低いものと、高いものとの区別がある。死滅的で、しかも低い心は情欲（ἐπιθυμητικόν）であり、死滅的であるが高い心は意気（θυμός）である。不死的な理性（λογιστιόν または νοῦς）は形而上的神性を備えたものである。情欲は自然的人間の徴表であり、意気は歴史的人間の動力であり、理性は形而上的人間の洞察力である。印度の数論派の人間学にもほぼ同様の三つの相が分けられている。自然的人間の肉体を構成要素から見たのが五大（Mahābhūta）であり、歴史的人間を自己意識に於て捉えたのが我慢（Ahaṅkāra）であり、形而上的人間を叡智性として理解したのが覚（Buddhi）である。支那では朱子の性論に三つの相が分けられている。気によって形成せられた気質は自然的人間に当り、理気二元の具体的融合として善へも悪へも動き得る気質の性は歴史的人間に当り、理の純粋な普遍性に於ける本然の性は形而上的人間に当る。

カントにあっては、謂《い》わゆる生理学的人間学の対象は、言うまでもなく自然的人間である。実用的人間学の対象は、一部はなお自然的人間に属し、他の一部は歴史的人間に属すると見られる。形而上的人間は、物自体の世界に動く叡智的性格の持主として、または超越論的理念の要請者として仮定されている。シェーラーにあっては、自然的人間は一方には楽天的な実証主義的技術人として、他方には厭世的な浪漫《ロマン》主義的生命人としてあらわれ、歴史的人間は無神論的人格人として顕著にあらわれ、形而上的人間は主として神学的宗教人と理性的叡智人とにあらわれている。ブランシュヴィックにあっては、自然的人間は技人間は技術人によって代表され、歴史的人間は言語人とその発展としての政治的動物、芸術人、叡智人ならびにそれらの積分としての道徳的行為者によって代表され、形而上的人間は宗教人と精神的存在とによって代表されている。

なお、哲学、科学、文芸、宗教が、人間の三つの相に対する関係を概言すれば、科学としての人間学は科学的方法の適用範囲によっておのずから自然的人間の考察に限局せられ、文芸としての人間学は極端な自然主義を除くの外は歴史的人間に主要の材料を求め、宗教としての人間学は形而上的人間を基礎として成立すると云うことができるであろう。そして、自然的人間、歴史的人間、形而上的人間の三つの相を統一的に把握しようとするのが哲学としての人間学にほかならない。

人間は動物と神との中間者であるとは屡々《しばしば》言われることであるが、それは、人間は動物でも神でもなくて人間であるという意味ではない。動物でもあり、神でもあるところに人間の人間性が成立しているのである。「私は人間である。人間的のことは何事も余所事《よそごと》とは思わない」(Homo sum, humani nihil a me alienum puto) とは、動物でも神でもない平面的な人間に関して云われているのではない。動物でもあり、神でもある人間、ファウストと共に「ああ、己の胸には二つの霊が住んでいる」と告白し得る立体的な人間が、人間的のことは何事も余所事とは思えないと云っているのである。メーヌ・ド・ビランも「最も純潔な、最も高い心でも、なお屢々地上の傾向に支配されるし、また動物的生活に全く身を委ねている心でも、なお屢々他種の要求によって悩まされる」(Œuvres inédites de Maine de Biran, publ. par E. Naville, Tome III, p. 521) と云っている。歴史的人間が人間の中核であるとしても、その一つの端には自然的人間があり、他の端には形而上的人間があるのである。中核だけを抽象するとき人間学はおのずから浅薄なものとなることを免れない。「人は喜怒哀楽の情に因《より》て、天命にそむく。故に教《おしえ》をなして人の道に入れしむ」(石田梅巌《ばいがん》『都鄙《とひ》問答』巻之四)とか、「人面獣心とて、顔貌《がんぼう》は人に似たれども人の本心をうしなひたるゆへ、生きながら畜生といふものなり。甚かなしき事なり」(手島堵庵《とあん》『前訓』)という一方向のみを強調した石門《せきもん》心学の、人間学としての否み得ぬ弱点も、そこに存している。それに反して、人間を三つの相の全構造に於て「全人」(Allmensch) として把握するところに、具体的立体的な人間学が成立するのである。

人間を三つの相に分けると云うのは単に便宜上のことであるのはもちろんである。人間は三つの相の統一的融合に於て在るのである。それ故に一つの相の考察を、他の相の考察から全く分離することは出来ない。考察を主として一つの相に注ぐ場合にも、他の相の考察がおのずから混入して来ることは、方法の欠陥によるよりはむしろ具体的事実の迫力によるのである。

四

自然的人間の人間学は肉体と心との合一としての人間を考察の対象とするのである。自然的人間の起原の考察は、進化論の立場から重要な問題であるのは言うまでもない。例えば、大霊長類は或る時期に類人猿と人間とに分れ、人間は一個の祖先から由来して幾つかの人類に分れたとする単祖論と、黒色人はゴリラに由来し、白色人はチムパンジーに由来し、黄色人はオラング・ウータンに由来すると考える多祖論との論争はかなりに重要である。そして、その自然科学的結論がいずれの学説に有利に導くとしても、人間の理念の単一性は歴史的人間の文化概念の単一性に根柢を有つことができる。この問題に関連して、人間学的興味の多いことは、日本の神話に猨田《さるだ》毘《ひ》古神《このかみ》が出て来る事実である。『日本書紀』の一書にはこの神の状貌を述べて「其の鼻の長さ七咫《し》、背の長さ七尺余り、また口尻明り耀《ひか》れり、眼八咫鏡《やたのかがみ》の如くにして絶然《きよくぜん》たること赤酸醤《あかかがち》に似れり」と言っている。その他、国つ神の井氷鹿《いひか》や石押分之子《いわおしわくのこ》がいずれも「尾ある人」であったことも見逃してはならない。

諸人種生存の権利は、文化の特殊化との関連に於て考えられる。文化の特殊性の問題は、諸人種の認識能力の類型の問題へ導く。いったい動物の認識能力は一方に知性と、他方に本能とに分れて二岐《ふたまた》的発展をしたと見られているが、黄色人種としての東洋人の認識類型である直観は、知性と本能との綜合と考えることができるであろう。白色人が知性に偏し、黒色人が本能に止《とど》まるとき、黄色人が直観的認識を特色とすることは、何等《なんら》かの自然科学的根拠を有つものであろうか。このことを明かにするのは、自然的人間の人間学の課題の一つであろう。

自然的人間が肉体と心との合一である限り、自己保存と種族保存との要求を有つことは当然である。自己保存の要求は営養衝動の形に於てあらわれるが、この衝動と人間性格との緊密な関係を看取したのはブリヤ・サヴァランであった。「汝が何を食うかを我に告げるならば、我は汝の如何なる人間であるかを汝に告げよう」とはその著『味覚の生理学』の巻頭の言葉である。この言葉がフォイエルバッハに「人間は食に即す」(Der Mensch ist, was er isst) という言葉を語らせる機縁となった。フォイエルバッハによれば、宗教の儀式も営養衝動の神聖化にほかならぬ。洗礼に水を用い、聖体の秘蹟にパンを用いるのも、水とパンとが人間の営養に欠くべからざるものであるからである。伊邪那美命《いざなみのみこと》を伊邪那岐《いざなぎの》命《みこと》から、究竟的に切離したものも、営養衝動に関する「黄泉戸喫《よもつへぐひ》」であった。伊邪那岐命を追いかけた予母都志許売《よもつしこめ》も葡萄《えびかずら》の実や竹の子を食わないではいられなかった。八くさの雷神を払う呪力を有っていたのも桃の実であった。営養衝動を人間の全生活の中心、全イデオロギーの原動力と見るのはマルクス主義である。種族保存の要求は生殖衝動の形を取るが、この衝動の哲学的擁護者は『肉慾の学校』及び『形而上学的ヴィーナス』の著者としてのラ・メトリーである。天石屋戸《あめのいわやと》の前で八百万の神々を笑わせたのもこの衝動に関している し、大国主神を詩人であらしめたのもこの衝動であった。生殖衝動をリビドの名の下に全精神生活の基礎に置こうとするのはフロイドの精神分析である。営養衝動と生殖衝動とは既にエピクロスにあって人間学的評価を受けていた。ラ・メトリーも『エピクロスの体系』の著者であり、マルクスの学位論文もエピクロスに関するものであったことは、この領域に於けるエピクロスの大きい影響を思わせる。平賀源内の天稟《てんぴん》と才能とをもって、いたずらに戯作者に終らせないで、この領域の学的開拓に当らせたかったものである。エレキテルの発明家としての技術人の自己考察もまたこの領域に属している。

一般に技術人は、自己保存を目的とする自然的人間であると見て差支ない。機械文明もこの視覚から見ることができる。船舶や潜水器は魚類への人間的進出であり、飛行機や軽気球は鳥類への人間的飛躍であり、汽車や自動車は爬虫類への人間的越境である。銃砲類は営養衝動を充たすべき獲物を得ることまたは敵に対する護身を目的とし、医療器械は病に対する自己防衛を企図する。其他望遠鏡、テレビジョンは視覚的空間征服を、電話、ラジオは聴覚的空間征服を志向し、写真術は視覚的時間征服を、蓄音機は聴覚的時間征服を実現している。これらすべては自然的人間の広義に於ける自己保存と言ってよい。

技術が学問と深く内的に関連する限り、自然的人間としての技術人の考察が、歴史的人間としての叡智人の考察から分離し得ないことも事実である。ベーコンの『新オルガヌム』が自然を技術的に統御することを目的とし、ホイヘンスやフレネルの如き理論光学者が同時に望遠鏡や顕微鏡の構造に関する労作を残していることは周知の事実である。しかし、このことは、叡智人が技術人として出発することの可能性を示すに止まって、技術人がなお自然的人間に属することを否定するものではない。

エピクロス的大伴旅人的享楽主義者としての自然的人間は、一方にベーコン的平賀源内的実証主義者であると共に、他方に西行的ノヴァーリス的浪漫主義者である。自然的人間の肉体と心との合一に基づく顕著な浪漫的事実は情緒の存在である。デカルトも、情緒は、人間が物体と心との結合であることの認識根拠であるとして、特に人間的なものと考えた。儒教が道心と人心との対立を説く場合にも、人心とは主として理性に対立する情緒を意味している。情緒論は自然的人間の人間学の主要な問題である。情緒とは肉体と心との合一としての人間が、物の存在の仕方に対する有機的な反応であると考えられる。物の存在の仕方は、人間の主体に対する様相の上では、偶然的か、必然的か、可能的かである。従って情緒を大別すれば、偶然的存在に対応する情緒、必然的存在に対応する情緒、可能的存在に対応する情緒の三種類となる。

偶然的存在によって生ずる驚きの情は第一類の情緒である。客体としての存在が何等の必然性によって主体に結ばれていないから、主体の包摂機能にとっては意外なものとして、驚きの情が起るのである。デカルトが驚きを最も根本的な第一の情緒と見たことは人間学的洞察に基づいている。生物発生的には驚きと恐れとを区別し得ないかも知れないが、人間学の立場に立つ限りは、驚きは最も原本的な情緒であるということができる。スピノザが驚きを情緒の一つとして認めなかったのは、必然論の立場にあって、一切の偶然の存在を拒否したことに基づいている。人間として偶然の存在を認める以上は、驚きは情緒の中で最も顕著な形態を備えたものであることをも認めなければならない。驚きにあっては随意筋は一時麻痺し、鼓動は急激となり、末梢血管は収縮するなど、驚きは興奮としての情緒の典型である。驚きは、須佐之男命《すさのおのみこと》が天にまい上ったとき天照大御神《あまてらすおおみかみ》によって体験された情緒であり、屋根裏から天斑馬《あまのふちこま》が落ちて来たとき天衣織女《あめのみそおりめ》の体験した情緒であり、天沼《あめのぬ》琴《ごと》が鳴り響いたとき須佐之男命の体験し、豊玉姫《とよたまひめ》の産殿を覗いたとき日子穂穂手見命《ひこほほでみのみこと》の体験した情緒である。謂わゆる怪しみの情も、驚異である限りは、驚きの情の一種に過ぎない。石屋戸の外の笑い声は天照大御神に驚異の情をそそり、剣の刀の毀けたことは八俣《やまたの》大蛇《おろち》を斬った須佐之男命に驚異の情を感じさせ、麗しい壮夫の姿は水汲みに来た豊玉姫の侍女に驚異の情を起させている。『古事記』の神代の巻の体験記述の中に最も屢々出て来る情緒は驚きの情である。そして驚きは快、不快の俱《とも》に非ざる「俱非」の受、すなわち不苦不楽受として無記感情である。

偶然的存在が必然的存在に変ずるとき、無記感情としての驚きは存在者の性質に従って快または不快の情に移って行く。快、不快の情は第二類の情緒、すなわち必然的存在によって生ずる情緒であると云うことができる。快感としての主要な情緒は「嬉しい」という情緒であり、不快感としての主要な情緒は「悲しい」という情緒である。この二つは人間の心の内奥に感ずる情緒であるが、外部への遠心的方向を示す場合には、「嬉しさ」は「喜び」となり、「悲しみ」は「歎き」となる。但し、「嬉しさ」が「喜び」に対する関係と、「悲しみ」が「歎き」に対する関係とには注目すべき相違がある。「嬉しさ」は興奮的な情緒であるから、おのずから「喜び」へ展開しようとし、「悲しみ」は抑鬱《よくうつ》的な情緒であるから、必ずしも「歎き」への展開を求めない。従って「喜び」への方向を含まない「嬉しさ」は殆ど無いが、「歎き」の方向へ開かずに自己内に閉じている「悲しみ」は多く見られる。その結果として、「嬉しさ」と「喜び」とを区別するのは困難であるが、「悲しみ」と「歎き」とを区別するのはむしろ容易である。それのみならず、情緒の対立関係は「嬉しさ」と「悲しみ」との対立や、「喜び」と「歎き」との対立よりも、むしろ「喜び」の遠心的能動性と「悲しみ」の求心的受動性との対立に顕著に現われる。伊邪那岐命は三柱の貴子の誕生を喜び、天津国玉神《あまつくにたまのかみ》は天若日子《あめのわかひこ》の死を悲んだ。なお「嬉しさ」が肉体との近接状態にあるのは「楽しみ」であり、「悲しみ」が肉体との近接状態にあるのは「苦しみ」である。「たのし」は石屋戸を出たもうた天照大御神を八百万の神々が「手伸《たの》して」迎え喜んだことから来ているという。唯識論は、順情の境に対する分別的な受を「喜受」と云い、違情の境に対する分別的な受を「憂受」と云っている。「嬉しさ」―「喜び」は喜受に当り、「悲しみ」――「歎き」は憂受に当っている。また、順情の境に対する無分別的な受は「楽受」と呼ばれ、違情の境に対する無分別的な受は「苦受」と呼ばれている。「楽しみ」が楽受に当り、「苦しみ」が苦受に当っているのは言うまでもない。なお、「嬉しさ」と「悲しみ」とが「楽しみ」と「苦しみ」とに対する関係は、発生的には、肉体的な後者の方が、精神的な前者よりもむしろ始めに起ったものと考え得る。このことは、ジェームス・ランゲの情緒末梢起原説とも深い関連を有っている。

以上は純主観的な快、不快の情緒であったが、対象への志向性を内容とする意味での客観的な快、不快の情緒もある。「嬉しさ」を起させる対象には「愛」を感じ、「悲しみ」を起させる対象には「憎」を感じる。「心《うら》―愛《は》し」が「うるはし」に転じ、更に「うれし」に転じたものとすれば、言葉は客観的情緒に最初の手がかりを得てから、主観的情緒へ行ったとも考えられる。「憎」の「にく」は「苦飽《にがあく》」の略らしい。肉体から発して心へ移り行ったと見るべきであろう。「愛」「憎」は「好き」「嫌い」と云ってもいい。「好き」は「吸う」から来ている。古くは飲食することを「すく」と云ったのでもわかるように、営養衝動が基礎になっている。ここにも肉体から心へ移り行きが見られる。今日では、特に生殖衝動の領域で、「好く」から「吸う」へ逆に行くのであるが、心が肉体の原本性を再び取戻す所作として、接吻は人間性に深い根拠を有っている。なお、交接の許諾が必ずしも接吻の許諾を保証しない事実、及び接吻の許諾は常に交接の許諾への階梯である事実は、共に、「吸う」と「好く」との語原的関係の考察によっても容易に説明される。「嫌い」は「切る」から来ている。「嫌い」と「切る」とが一つであったことは伊邪那岐命がその子の迦《か》具土神《ぐつちのかみ》を斬ったことによってもわかる。情緒と肉体とは常に緊密な関係を有っている。

なお、「愛」と「憎」とは未来性によって様相化を受ける。愛する対象を未来の地平に置くときには「恋しい」という情緒を生じ、憎む対象を未来の地平に置くときには「恐れ」という情緒を生ずる。「恐れ」とは事物及び事象の未来に於ける生起に対する憎みの情である。「恐れ」が未来性を棄てると共に、防御的消極性から攻撃的積極性へ移ったものが「怒り」である。「恋しさ」が未来性を有っているのは、対象の欠如を未来に於て塡充しようとする志向を内含しているからである。「恋う」は「乞う」に通じて、未来に求めている。「処女《をとめ》の鳴《な》すや板戸を押《お》そぶらひ」（『古事記』上巻）というのが恋の典型である。そして恋の根源は相互塡補《てんぽ》的生殖衝動にあると考えなければならない。恋の迫力が、肉体を離れれば離れるほど、強さを増すのは事実であるが、それは恋が、肉体の背景なしに成立つことを表示するものではない。矢の力は、矢筈《やはず》をはめた弦の中仕掛《なかじかけ》が弓の体から離れるほど、益々《ますます》強くなるが、弦の両端は弓の弭《ゆはず》に堅く結ばれていなくてはならない。性慾―恋愛関連機構は、矢を番えて弦を張りきった時の平行四辺形のようなものである。弓の本《もと》弭《はず》と末弭《うらはず》とを結ぶ直線を底辺とし、中仕掛で二つに折れ曲った弦を他の二辺として出来た三角形が、もしくはその三角形の頂点が、謂わゆるプラトニック・ラブである。肉体からの完全な分離を意味するならば、プラトニック・ラブは偽善者の自己欺瞞に外ならない。アモールの矢の精神的な強さは、折れ曲った弦のつつむ頂角の鋭さに比例するが、弦の両端が弓の体に結び付くことによって、始めて三角形の底辺が成立することを忘れてはならない。更にまた、矢の強さと、弓の厚さとの函数《かんすう》的関係を深く思わなければならない。生殖慾を否定的契機として含まない恋は、実在性を欠いた幻覚に過ぎない。なお、恋と肉体との関係について、弓の本弭は恋の発端としての潜在的生殖衝動を象徴し、末弭は恋の完成としての現勢的生殖行為を象徴するものと見ても差支ない。いずれにしても恋は片割れが他の片割れを求めて全きものになろうとする情である。それに反して、片割れが片割れとして自己を感ずるときに起る情は「寂しさ」である。「恋しさ」と「寂しさ」とは同一のものの表裏であるとも云えよう。「恋しさ」が「寂しさ」へ還元され、純化されるところに、東洋の精神生活に於ける「さび」の価値が存するものと考えられる。

「愛」と「憎」との未来性による様相化は、おのずから第三類の情緒として、可能的存在によって生ずる情緒へ導いて行く。可能的存在に対応する情緒が、快、不快の調を稀薄にして、緊張性に於て不確実的性格を自覚する場合に「不安」の情を生ずる。ハイデッガーの哲学が、可能性の実存論であると共に不安の解釈学であるのは、人間学的事実に深い根拠を有っていると云わなければならない。不安は不快であるとは限らない。希望も心配も疑いもみな不安の一種にほかならぬ。そして、不安の主体的基礎は人間の衝動的「欲」が対象を未来に於て展望することに根ざしている。「吾が心、浦渚《うらす》の鳥ぞ、今こそは、千鳥にあらめ」(『古事記』上巻) とは可能的存在に対する不安の情緒の詩的表現である。

情緒を、偶然的存在に対応するもの、必然的存在に対応するもの、可能的存在に対応するものの三つに分けて考察した。情緒論が自然的人間の人間学の重要な問題であることは、カントやシェーラーの人間学に於ける情緒論の地位を想起するだけでも容易に了解できるであろう。

五

歴史的人間の人間学は歴史の創造者としての人間を考察するのである。自然に対する歴史の意味は、自由の作動によって歴史が造られて行くことである。歴史的人間とは、自由の歴史を造り出す人間である。理性の目醒めと結び付いた自由の目醒めが、人間の歴史の始めであることは、カントが『人間歴史の臆測的起始』に説いた通りである。「人間は、他の動物のように唯一の生活法に縛られてはいないで、自分が一つの生活法を選択するという能力を自己の中に発見した。そして、この優越に気付いて瞬間的な満足を感じたであろうが、直ちにそれに続いて不安と気遣いとが起らなければならなかった」(Kant, Mutmasslicher Anfang der Menschengeschichte, Cassirer Ausgabe, Band IV, S. 330)。可能的存在に対応する情緒としての不安は、自由を本質とする歴史的人間の自然的情緒であったのである。一か他かの可能性に基づく緊張感が、一を選ぶか他を選ぶかの危機的情緒が、不安であったのである。そういう歴史的人間の神話的典型は、イスラエルの民には智慧の木の実を食べるか食べないかの自由選択を行った楽園のエバであり、ギリシア人には石榴《ざくろ》の実を食べるか食べないかを自己の意志によって決した地下のペルセフォネであり、日本民族にとっては黄泉《よみ》の竈《かまど》で煮たものを食べるか食べないかの選択の危機に置かれた伊邪那美命である。不安をもってなされた選択が、誤っていたことが後に明かになった場合には、後悔の情が起る。「悔しきかも、速《と》く来まさずて、吾は黄泉戸喫《よもつへぐひ》しつ」という伊邪那美命の「悔」は選択の自由の認識根拠にほかならぬ。実存というのも自由にみずからを決定し行く存在のことである。キルケゴールによれば、実存は情熱を伴わない場合はない。実存にあっては、一か他かということが情熱をもって決定されるのである。

自由選択の可能性は、事象の未来に於ける決定を意味している。自由を本質とする歴史的人間は未来的人間と云っても差支ない。自己自身を未来に於て生み行く人間が歴史的人間である。歴史の未来性ということが云われるのもそのためである。歴史の重点は過去にあるのでもなく、現在と過去との連絡にあるのでもなく、未来の可能性にあるのである。ベルクソンに倣って、歴史的人間を芸術制作によって代表させて考えることもできる。芸術家が自分の心の奥から像を創造する場合に、その像は未来とともに生れて行くのである。

そこには未来的歴史性が動いている。その反対は、子供が「絵合せ」の玩具をもって遊ぶ場合である。その絵はもともと出来上っている。子供が玩具屋で箱を開いて見たときに既に出来上っている。それ故に、絵を再び組合せるためには、単に組合せる働きさえあればよい。そういう働きはいくら早くなってもよい。無限に早くなって遂に一刹那になっても差支ない。実際上、子供は幾度も繰返すにつれて益々早く絵を組合せるようになる。そこには真の意味の未来はない。機械的自然が働いているだけで、真の歴史的人間は見られないのである。すべては必然によって決定されていて、自由の作動する余地がない。然るに、芸術家が自分の心の奥から形像を造り出す場合には、形像の自由な発展がある。形像は未来と共に次第次第に形造られて行くのである。歴史的人間を未来的人間と云ってもいいと云ったのはその意味である。それで明かになったことは、歴史的人間が時間的構造を有っていることである。伊邪那美命の「速く来まさずて」という言葉にも、歴史的人間に於ける時間性がはっきり現われている。

いったい時間の問題それ自身が、歴史的人間を中心として展開されるのを至当とする。ハイデッガーによれば、歴史性とは具体的な時間性にほかならぬが、時間性の特色としては脱自的、未来優位的、有限的の三つが挙げられている。第一の脱自的とはどういうことかというに、およそ未来は「……へ将来する」という現象的性格を有っている。それ故、未来は将来と云った方が適当である。過去は「……の上へ帰来する」という性格を有っているから、過去というよりも既存と云った方がいい。現在は「……の傍《かたわら》に在る」という性格を有っている。この「……へ」「……の上へ」「……の傍」というのはフッサールの「志向性」の一種にほかならないが、ハイデッガーは特にそれを時間性の「脱自」(ἐκστατικόν, Ausser-sich) と呼んでいるのである。時間性は「……へ」「……の上へ」「……の傍」というように自己から脱して他へ行っていることを特色としている。例えば、須佐之男命が「須賀の宮作らしし時に其地より雲立ち騰《のぼ》りき」という場合に、時間性は自己から脱して雲の傍へ行っているのである。普通に時計などでいう時間の概念は、根源的な時間性の脱自的性格が水平化されたものである。第二の未来の優位とは、時間性が根源的には未来すなわち将来から時熟することである。時間の起点は過去にあるのではなく、また時間は単に過去から流れて来るというようなものではなく、却《かえ》って未来に起点があって未来から倒逆的に時間は時熟すると考えるべきものである。これは言うまでもなく目的性の立場から時間を解釈しているのである。アムランは目的性を「未来による決定」と云っている。例えば「八十神《やそがみ》おのもおのも稲羽の八上比売《やかみひめ》を婚《よば》はむの心ありて共に稲羽に行ける時に大穴牟遅神《おおなむぢのかみ》に帒《ふくろ》を負ほせて従者として率て往きき」という場合、未来の地平に於て把えられた結婚ということから倒逆的に時間性が時熟している。自らを将来しながら時間性が生れている。通常の時間概念にあっては未来の優位が滅却されているが、根源的時間性の一次的現象は未来である。第三の有限的とは、実存が「死への存在」である限り、根源的時間性を一次的に規定する未来は有限的であり、従って時間性は原本的には有限であると見るのである。例えば、八《や》俣大蛇《またのおろち》に食い残された唯だ一人の櫛名《くしな》田《だ》比《ひ》売《め》を中に置いて、足名《あしな》椎《づち》と手《て》名《な》椎《づち》とが「今それ来ぬべき時なるが故に泣く」という場合、時間性の有限的性格があらわになっている。日常性に於ては覆い隠されている「死への存在」が、ここでは原本性に於て露出しているのである。時間を無限と見なすのは、「最後の今」を「最早《もはや》無い今」として理解し、「最初の今」を「未だ無い今」として理解し、今連続の両端を無限に延長して考えるからである。そういう無限な時間が現象として原本的に与えられて、それを制限したものが有限的時間であると考えるのは誤りである。却って原本的な時間は死の姿を映し、無の影を蔵する有限的時間であると考えなければならない。時間性の特色が脱自的、未来優位的、有限的の三点に存するとする時間解釈が、歴史的人間に基づいてなされた解釈であることは、今更言うまでもない。

歴史的人間は自由に作動する人間であり、従って未来を有する人間であり、また従って時間的な人間であるとして、時間の人間学的解釈の一例を示したのであるが、ここに自由の本質に関して再考する必要がある。自由の本質はもちろん選択の自由に存しているが、一定方向の選択の仕方が屢々《しばしば》繰返されることによって習慣を生じ、その結果として自由は一種の自然に化するものである。こういう自由の自然化は形式上からは自由の自己否定とも考えられるが、内容の側から見て選択の方位決定が理性によって指導される場合には、理性支配としての自由を意味することとなる。この状態は西洋でも「美しい魂」(schöne Seele)という概念を生んでいるが、東洋では「心の欲する所に従って矩《のり》を踰《こ》えず」の形で特に理想的状態と見られている。賀茂真淵《かものまぶち》が「凡《およ》そ物は理《ことわ》りにきとかかる事はいはば死たるが如し。天地と共におこなはるるおのづからの事こそ、生きてはたらく物なれ」と云い、本居宣長《もとおりのりなが》が「神ながらとは神の道に随《したが》つておのづから神の道あるをいふなりとあるをよく思ふべし」と云っているのも、自由以前の自然の礼讃ではなく、自由の結果としての自然の礼讃でなければならない。東洋の歴史的人間は自然的人間を高い次元で実現しようとするものであるということも出来るであろう。

　歴史的人間は、孤立した唯一の存在と考えることはできない。既に自然的人間の肉体的機構に於ても、相互塡補性は他者へ環顧していたのであるが、特に歴史的人間は他の歴史的人間と共に社会を造ってのみ存在し得るものである。伊邪那岐命が「吾《あ》」と云われたのは、伊邪那美命に「汝《な》」と云われた場合である。「吾」は「汝」との相関に於て成立するものである。伊邪那美命が黄泉の竈で煮たものを食べたという事実が歴史性を帯びてくるのも、黄泉国まで追って来た伊邪那岐命に対してである。伊邪那美命の悔は伊邪那岐命に対しての悔である。大八《おおや》島《しま》国は「吾汝と作れりし国」である。デカルトの「われ思惟す、故にわれ在り」という独在論的命題は、マールブランシュの「諸精神の場所」としての神の理論を経て、ライプニッツのモナド間の予定調和の説へ発展している。フッサールの自我論的還元の思想も間主観的還元の思想へ発展している。我は他我（alter-ego）との相関に於て意味をなすところに、心理学がタルドの「間心理学」（interpsychologie）へ行かないでは措《お》かない理由がある。フイエーは「われ思惟す、故にわれ在り」を補足して「われ思惟す、故にわれ在り、故にわれら在り」（cogito, ergo sum, ergo sumus）と言ったが、フォイエルバッハによれば、「我」は自分にとって「我」であると同時に他者にとっては「汝」であり、シェーラーによれば、体験は先ず個人的自我の体験として与えられるものではなく、社会的共同的な「我々」の体験として直接に与えられるものである。ハイデッガーにとっても人間の在り方としての「世界内存在」は「共同的世界内存在」にほかならない。世界への内在は他者との共同存在であり、現存在は共同相互存在（Miteinandersein）の在り方を有っているのである。和辻哲郎《わつじてつろう》氏が人間を原本的に人と人との「間柄」と見たことは、ルヌーヴィエが一切の範疇の根元に「関係」を置いたことと共に興味ある見解である。モンテーニュの「人間学」からコントの「社会学」への発展は必然的である。

なお、歴史的人間一般が時間性の問題を提出したように、社会的人間としての歴史的人間は空間性の問題を提出する。伊邪那岐命と伊邪那美命とは逢わむがために左と右から天《あま》之《の》御柱《みはしら》を行き廻《めぐ》ったのである。二神の有つ距離は離在を拒否することによって邂逅《かいこう》することを意味している。距離とは単なる静的な固定的な間隔を意味するのではない。人と人とは離在を拒否する動的意味に於て邂逅的距離的存在である。また「右より廻る」とか「左より廻る」とかいうことによって一者が他者に対して有つ方向が一義的に把えられている。堂々めぐりでは邂逅は成立しない。邂逅を可能にするためには、吾から汝に対し、汝から吾に対し、或る特定の方向が取られなければならぬ。そして距離性と定向性とが人間学的空間の性格であるとされている。社会性と空間性との密接な関係はマールブランシュの「空間が諸物体の場所であると同じように、神は諸精神の場所である」(Malebranche, Recherche de la vérité, III, 2, 4) という有名な言葉にもあらわれている。

社会性の含む他の問題も柱廻りの神話の中に明かに見られる。間主観的客観性を担うものとしては第一に言語がある。伊邪那岐命と伊邪那美命との間には言語を共同の通路として思想の交換がなされた。言語が人間を動物から区別する主要の徴表であることはデカルトが『方法叙説』第五部で力説したところである。動物に言語の器官が欠けているのでないことは鸚鵡《おうむ》が言語を発するのでもわかるが、発する言語を思惟するのでない限り、人間のように思想伝達のために言語を話すのではない。人間にあっては、聾啞《ろうあ》に生れた場合にもなお他人に思想を伝えるために自ら何らかの符号を発明するのである。ヴォルフガング・ケーレルもチムパンジーの研究の結果、この類人猿は知性の点に於て他の多くの下等猿類よりは人間に近いが、最も素朴な自然人との間にも存する絶大な相違は、言語を欠いていることと表象生活の狭く限局されていることであるとしている。兎《と》も角《かく》も言語は思想と感覚との合一体である。そして言語の聴覚的要素の視覚化が文字である。文字の視覚性を十分に認めるならば、漢字仮名まじりにもかなりの長所があると言わなければならない。

第二に人間は言語人であることに関連して叡智人である。フランシス・ベーコンが「市場の偶像」の名の下に言語に対して反対の態度を取ったのは、認識に対する言語の過度の圧力への反抗に過ぎない。真言《まこと》は真事《まこと》である。そして認識が、真理のための真理の形で求められるところに社会的価値としての学問が生れるのである。伊邪那岐命が伊邪那美命に問うた「汝が身は如何に成れる」という問と、それに対する答とは、人間学の端緒であるのみならず、一般に間主観的真理探究としての学問の端緒である。学問の問答は、曇らない眼で相手を凝視しながら、率直に誠実に問い且つ答えられなければならない。またその問答は、徒《いたず》らに抽象に流れて、具体性を忘れたものであってはならない。諸種の偶像を破壊することも、己れを没してただ客観的真理の愛のみのためになされるのでなければならない。現代の現象学の創始者が政治的理由のために晩年を不遇に過したとしても、且つ個人的制限のために深遠なる哲理の究明に到達し得なかったとしても、一切の諸原理の原理として掲げた現象学的態度そのものは、学問の模範として不朽の光を放っている。具体的事態そのものへという絶えざる決意が学問的厳粛性である。

社会的共同性の第三のあらわれは天之御柱を廻る二神の身振《みぶり》を見、互に交わす詞《ことば》の音声を聞くことによって、芸術の起原を発見し得ることである。そこには既に舞踊と音楽とが美のための美として結晶しかけている。音楽は詩へ行く。「あな美哉《にやし》えをとこを」「あな美哉《にやし》えをとめを」の唱和は日本の詩歌の濫觴《らんしよう》であり、押韻の原型であり、後に片歌の形式による問答を通して旋頭歌《せどうか》にまで発達している。「水門の、葦の末葉を、誰か手折《たお》りし」「吾背子が、振る手を見むと、我ぞ手折りし」でもわかるように、旋頭歌の旋頭の意味の中には、初の三句を歌い終った後、頭を旋らして、次の三句を歌いおこすという形式的意味のほかに、甲なる人間と乙なる人間とが頭を旋らして問答をしたことが含まれているであろう。舞踊は造形芸術に連っている。八尋殿《やひろどの》も天之御柱も既に造形芸術の制作者としての芸術人を仮定している。東大寺の法華堂に執金剛神《しゆうこんごう》の立像を礼拝し、唐招提寺の開山堂に鑑真和尚の坐像を凝視した者は、東洋芸術の崇高性に胸を轟かすと共に、日支協力の尊さを思わないではいられないであろう。

社会的価値は第四に道徳の形を取ってあらわれている。左尊右卑と男尊女卑とは、母系制、父系制の如何に拘らず、間主観的客観性を有って妥当している。それ自身を目的とする善のための善である。「汝は右より廻り逢へ、我は左より廻り逢はむ」とは道徳律としての定言的命令であり、そこには厳格な義務が課せられている。「女人言先《をみなこと》だちてふさはず」とは義務に背いた事実に対する良心の声にほかならない。良心は真事に基づく真心である。「吾は是れ男子なり、理当《ことわりまさ》に先づ唱ふべし」とは、まことの道理に根ざした無制約的当為である。水蛭子《ひるこ》と淡島とが子の数に入らなかったのは、悪に対する道徳的制裁にほかならない。ジャン・ジャック・ルソーは、何よりもまず人間であれと言うが、それは男性に向って言われているのである。女性に向っては単に人間であれと言うことはできない。女性は必ず誤解する。女であれ、または女らしい人間であれと言い聞かさなくてはならない。女子と小人《しょうにん》とは養い難しとは孔子の教訓であり、女の許《もと》へ行くに笞《むち》を忘るるなとはニイチェの忠言である。貝原益軒《かいばらえきけん》の『女大学』はその根本精神に於ては永久に廃れる筈のないものである。

第五に社会的価値は道徳から法律の形へ移って行く。伊邪那岐、伊邪那美の二神は相携えて天つ神の許へ行って、天つ神の指図に身を任せている。そして天つ神の命令によって再び立還って言い直しがなされたのである。そこには法律に特有の外的強制と、強制権を発動する国家の主権者と、国家権力への絶対服従とが素朴な原型に於て見出される。主権者としての天つ神の代理者は書紀によれば国常立尊《くにとこたちのみこと》である。国常立とは「神孫長遠常に天下に立ち栄ゆべき義」とされている。国常立のクニとは法的組織としての国家にほかならない。「葦原の千五百秋《ちいほあき》の瑞穂の国は、是れ吾が子孫の王たるべき地《くに》なり。宜しく爾皇孫《いましすめみま》就《ゆ》いて治《しら》せ。行矣《さきくませ》。宝祚《あまつひつぎ》の隆《さか》えまさむこと、まさに天壌《あまつち》と窮《きわま》りなかるべし」という天祖の神勅と国常立の神格とは同一の精神の具体化として、統一国家の起源をそこに見るのは有力な見解となっている。斯くてそこには我国独得の国体もうかがわれ、天皇親政の淵源も見られる。情緒としての愛国心の研究は歴史的人間の構造理解を前提するもので、情緒論が自然的人間の領域から、「全人」に拡大していることを知らしめるものである。

第六に社会現象としての宗教が布斗麻邇《ふとまに》の形で識別される。古くは牡鹿の肩骨を樺桜の木で灼《や》いて、そのひびの形を判じ、後には亀の甲を灼いて出た占象を判じるのを布斗麻邇と云った。占は神意を伺うためであり、すべて超個人的神秘への帰依は宗教にほかならない。宗教は人間の共同性を宇宙全体へ拡大し、人と人との連帯性を、人と神との連帯性へ移そうとする。宗教は、神を主宰者とする「聖徒の交り」に於ける霊的集団にほかならない。社会形態観《ソシオモルフィスム》がすなわち宗教であるという考も出て来る。いずれにしても宗教人は人間の判断を中止して、神の意を問おうとする。伊邪那岐命と伊邪那美命とは事態の断定に関してもト事に訴え、時日の選定に関してもト事に訴えた。布斗麻邇が儀式として間主観的客観性を得ることによって宗教が成立したのである。宗教にとって祭礼儀式は単なる外面的事項ではなく、むしろ本質に属する。布斗麻邇の採用の事実には、宗教の儀式性、儀式の社会性がおのずから語られ、宗教を社会生活の主要形式と見るデュルケムの理説に一例証が与えられている。

上述のごとく、柱廻りの神話の中には、言語人、叡智人、芸術人、道徳人、政治人、宗教人の形で、社会的人間としての歴史的人間が特殊化されている。間主観的社会的価値はすなわち文化的価値にほかならず、従って歴史的人間の客観的所産が示されているわけである。

なお社会的人間は社会の時間的存続に基づいて「伝統」の問題に直面し、特殊の意味に於ける歴史的人間の構造を示すものである。以上、歴史的人間に関する問の展開に当っても、単に抽象的な人間に関して問おうとしたのではなく、人間一般と共に特に日本人に関して、伝統と歴史の中に、人間を問い且つ答えようとしたことは、おのずから明かであろう。ここに個人主義、全体主義、世界主義、民族主義等の複雑な具体的問題が文化の見地から取扱われることの要求が存する。そして自由と自然との関係の問題が新しい形に於て再びここにも現われて来て、思索を特に難渋ならしめるのである。伝統は民族的習慣による自由の自然化と考えられるからである。

六

形而上的人間の人間学は絶対者に接触する限りに於ける人間を考察の対象とするのである。いったい人間学という語は神学上の用語としてはじめて用いられるようになった。すなわち神に関する事柄を人間的に話すことを anthropologie と云った。ロゴスが「話」または「叙述」の意味に解されていた。マールブランシュはキリストが人間になったのは「人々が他の仕方では理解し得なかったであろう諸真理を、真実な anthropologie（人間的叙述）によって説得するためである」(Malebranche, Traité de la Nature et de la Grace, I, 2,

§LVIII）というようにこの語を用い、ライプニッツも同じように「神は自己を人間化し、anthropologies（人間的諸叙述）を快く忍び、君主が臣下と交わるように我々と交わるのである」（Leibniz, Discours de Métaphysique, §36）と云っている。『古事記』や『日本書紀』の「神代」もこの意味でのアントロポロジーの顕著な例である。

この意味の神学上の人間学は、絶対者が人間化されることに於て成立するものであるが、なお逆に、人間が絶対者に接触する在り方も人間学の考察の対象となる。形而上的人間の人間学とはまさしくそういうものである。

それならば人間が絶対者に接触する、または人間が絶対の域へ行くとはどういうことであるかというに、例えば歴史的人間の時間的構造から出発してもいい。歴史的人間の立場から見た時間の特色の一つは有限的ということであった。その有限性を脱却して無限の域へ持って行けばいい。いったい無限ということには二つの意味がある。潜勢的無限（infini en puissance）と現勢的無限（infini en acte）との二つがある。潜勢的無限は無際限（indéfini）にほかならない。例えば一という数を加えることの無際限な可能性の如きものは潜勢的無限である。それに反して潜勢的無限が現勢化されたと考えたものが現勢的無限である。現勢的無限の概念が困難を蔵しているのは言うまでもなく、無限とは潜勢的無限以外には考えられないとする論者も少なくない。しかし他の論者、たとえばクーテュラーによれば、現勢的無限は理性によって定立されたものとしてそれ自身に存在するものである。現勢的無限の観念はもとより経験から来たものではない。経験の対象はすべて有限である。またこの観念は想像によって構成されたものでもない。想像は感覚的与件を反覆し多様にすることより外には出来ないから、無際限としての潜勢的無限より産み得ない。現勢的無限の観念は知覚にもよらず、想像にもよらぬものであるから、アプリオリなものとして理性に属するのである。現勢的無限は潜勢的無限から区別することができ、また潜勢的無限に対して立てられるという事実そのものによって、両者を混同してならないことが明かである。現勢的無限の観念を虚偽の観念として論議することができる事実そのものが、現勢的無限が潜勢的無限と異った価値と内容とを有っていることの証拠である。潜勢的無限のみが合理的で、現勢的無限の観念は矛盾していると主張するためには、両者の観念を区別し、従って現勢的無限の観念を何等かの仕方で思惟しているに相違ない。それゆえ現勢的無限ということは矛盾した観念ではなく一定の意味を有ったものである（Couturat, De l'infini mathématique, p. 540 参照）。時間を過去へ遡って現勢的無限の状態に於て考えた場合に世界の起始というようなものが考えられる。世界の起始ということは形式上から云えば時間の有限性を主張することのようであり、実際またそういう主張がされている場合もあるが、実はそうでなく却って現勢的無限としての時間を考えている場合が多い。「天地のはじめの時、高天原《たかまのはら》に成りませる神の名は、天之御中主神《あめのみなかぬしのかみ》、次に高御産巣日神《たかみむすびのかみ》、次に神産巣日神《かみむすびのかみ》、この三柱の神は、みな独神《ひとりがみ》成りまして、身を隠したまひき」とは時間の有限性に於て言われていることではなく、現勢的無限の時間として時熟しているのである。

時間から出発しないで、空間から出発してもいい。潜勢的無限としての空間の極限に、現勢的無限としての空間が考えられる。それはマールブランシュの謂わゆる「叡智的延長」(étendue intelligible)のようなものである。叡智的延長は現勢的無限としての理念である。すべて物体的事物の知覚は、叡智的延長の理念に分預するものと考えられたのである。「高天原」とはそういう現勢的無限としての空間にほかならない。「原」とは空間的延長の意味である。ハラの音は、ユウフラテス河の上流の「ハラン」に通ずるよりは、むしろ「腹」に通じている。ハラとは開けて広々としたところである。「高天」は無限性の表現である。高天原とはハランの地でもなく、常陸《ひたち》でもなく、日向《ひうが》でもなく、伊勢でもなく、プラトン的理念としての無限の空間である。

形而上的人間とは、そういうように絶対無限の域へ行く人間をいうのであるが、絶対者に接触する道は時間と空間との道によらなければならないわけではない。内容として与えられた「このもの」から出発してもいい。「このもの」の原因を無限に尋ねて潜勢的無限を越えて現勢的無限に到達したと考えれば、それはもはや原因を有たない「原始偶然」(Urzufall)である。シェリングの原始偶然の概念は彼れの『神話の哲学』の光輝ある頂点である。原始偶然は Fortuna primigenia として祀られている神であるが、それは単に「在る」とだけ云えて、「必然的に在る」とは云えないものである。一旦存在した以上はもはや如何ともし難い運命として課せられるものであるが、その本質としては「在ることも無いこともできる」ところの原始事実である。歴史の起始は原始事件としての原始偶然である。伊邪那岐命、伊邪那美命の二柱の神が、天浮橋《あめのうきはし》に立って天沼矛《あめのぬぼこ》をさし下して、海水を「こをろこをろ」と攪《か》きならして、その矛の先から滴った塩が積って「おのころ島」が出来たというのは原始偶然にほかならない。「こをろこをろ」とは「ころころ」と音を立てたことであって、賽《さい》ころを「ころころ」ころがすのと同じことである。そして「おのころ島」が出来たというのは、賽ころの一つの面が出たのと同じ偶然である。「おのころ」とは「おのずから凝《こ》った」意味であって、何等の必然的原因なく偶然に出来た島であるから、「おのころ島」というのである。「唯、おのころ島のみは、生みませるならず」とは深遠な意味を有っている。アリストテレスによれば偶然すなわち αὐτόματον の語は「おのずから」と「理由なし」との結合からできているが、「おのころ島」の「おの」はまさにその「おのずから」である。「ころ」は「凝る」と解されているが、「凝る」の語原そのものが「ころころ」回転することから来たものに相違ない。「おのころ島」とは言葉の上でも「偶然の島」ということになる。

以上は相対者としての人間をいわば絶対者の域へ肯定したのであるが、反対に否定してもいいわけである。時間を否定すれば現在の一刹那というようなものになる。そしてその一刹那を立体的に考えるならば無限の深みを有ったものとして永遠の今というような観念を得て来るのである。空間を否定すればアトム的極小の方向は遂に無に到達するであろう。但しその無は一切の有を包蔵する力学的な無として考えられる。更にまた「このもの」を否定するならば、「このもの」でも「あのもの」でもあり得るニコラウス・クザーヌスの考えたような「反対の一致」に帰着するであろう。永遠の今とか、絶対無とか、反対の一致とかいう観念に到達するのはやはり形而上的人間であって、現実否定の方向に於て絶対者に接触しているのである。

絶対者の域へは、現実否定の道から行くも、現実肯定の道から行くも、結局は同じである。そこには同一の形而上学的問題が掲げられている。現実肯定の道では、現勢的無限的時間、現勢的無限的空間、原始偶然の三概念へ到達したが、この三概念はむしろ一つになっている。なぜならば、無限的時間も無限的空間も、現勢として与えられている事実そのものは、原始偶然にほかならぬからである。現実否定の道では、永遠の今、絶対無、反対の一致の三概念へ到達したが、この三概念も一つに融合しているのである。なぜならば、永遠と今とは対立しながら、永遠の今なる概念にあっては反対の一致を示しているし、絶対無は絶対有と同じである点で、やはり反対の一致を示している。そして他方にあって、無限の深みを有った永遠の今と、現勢的無限としての時間とは同一物の単に両面に過ぎず、絶対無も一切の有を包蔵する限り、現勢的無限としての空間の異った表現に過ぎず、反対の一致の無差別状態も、特定の事物へ発展する契機に於て把える限りは、原始偶然と択ぶところはない。「浮脂《うきしあぶら》の如くにして、水母《くらげ》なす漂へる時」とは反対の一致としての無差別状態であるが、この状態から「おのころ島」が凝り固った事実への推移は原始偶然にほかならない。永遠の今の自己限定とか、絶対無の自己限定とか、事実による事実自身の限定とかいう観念も、突詰《つきつ》めれば、原始偶然に対する種々の表現にほかならないのである。

原始偶然に当面して、人間は驚きの情に充たされるのである。そして、この驚きは、具体的には次のような幾つかの驚きを含んでいる。自然的人間は何故に生れ、何故に死ぬのであるか。何故に自分は黄色人として日本人として生れて来たのであるか。何故に自分は「この」自分であるのか。何故に伊邪那岐命は「汝が身は如何に成れる」と問う相手を有ったのであるか。「吾」と「汝」との相互塡補性は何の故であるか。歴史的人間は何故に真と善と美に憬れながら、偽と悪と醜のとりこであるのか。「光華明彩《ひかりうるは》しくして六合《くに》の内に照り徹《とほ》らせる」天照大御神が、何の故に、「悪しき態止まずてうたてある」須佐之男命のために悩まされ給うたのであるか。大禍津《おおまがつ》日神《ひのかみ》と大直毘神《おおなおびのかみ》とは何故に相継いで成りましたのであるか。これらは人間にとって謎である。この謎を全面的に提出するのは形而上的人間である。謎を解こうとして絶えず悶えるのは歴史的人間である。謎に直面して身を顫《ふる》わすのは自然的人間である。そして、「全人」の前にこの謎はいつになっても解けず、この驚きはいつになっても止まないであろう。ただ一つ確かなことは、人間はショーペンハウエルの言ったように animal metaphysicum（形而上学的動物）である。人間は神のような獣である。

（『人間学講座』昭和十三年十月）

Ⅶ 日本文化論

日本的性格

一

日本的性格の構造内容に関して先《ま》ず問題となることは、いったい何に対して日本的性格なるものを特色づけるべきかということである。日本的性格は日本文化の性格として具体的に把握されるから、この問題は日本文化とは何に対していうのであるかという問題と結局は同じことになる。我々は出来るだけ現実に即して考えて行かなければならぬ。すなわち今日の我々にとって、いったい何が日本文化として浮き出ているのか。徳川時代の国民精神の自覚は、一方に仏教の齎《もたら》した印度文化に対し、他方に儒教の中に含まれている支那文化に対して、日本固有の文化を擁護するという形を取ったのであるが、それは過去に於ける歴史的意義は別として、今日においてはそのままでは厳密には妥当し得ない観念形態である。今日でもむやみに漢学や漢字を排斥して「大和ごころ」というごときものを考えている人々もあるようであるが、それはむしろ抽象的な理念にとらわれているのであって、今日我々が日本文化というものを考える場合には印度文化や支那文化を摂取して渾然として一つに融合している日本文化を考えなければならぬと思う。日本文化は今日の現実の問題としては主として西洋文化に対して考えられているのである。西洋文化の浸潤によって醸された国民的自覚の衰退に対して日本文化の特色を強調し日本的性格の構造を解明して国民一般を自覚にもたらさなければならぬという歴史的危機に我々は立たされたのである。徳川時代に国学者の置かれた歴史的状況と今日我々の置かれている歴史的状況とは同一ではないのである。今日何に対して日本文化を考えるべきかという問題に当面した場合に、東洋全体を背景とする日本文化を西洋文化に対して考えるということが最も現実に即した考え方であるといわなければならぬ。

西洋文化に対する東洋文化、東洋文化を背景とする日本文化を念頭に置いて日本的性格の本質をとらえて行こうとするのであるが、西洋文化を構造するギリシアの知的文化とアラビアの意志的文化とに対して東洋文化は一般に情的文化であると見る人がある。また東洋のうちでは印度文化の思弁的知的性格と支那文化の意志的功利的性格とに対して日本文化は特に純情の発露を生命とする勝義の情的文化であると見られている。私はかかる特色づけに全体として賛意を表した上で、日本的性格を構造する諸契機をなおすこし細かに見て行きたいと思う。それは日本文化の標識を闡明《せんめい》することであり、日本精神の正体を摑むことであり、日本主義の根拠を具体的に検討することである。

普通に日本的性格、従って日本文化の特色として挙げられることは、日本人の同化力に基いて外来文化を受容し集大成して文化が複質性または重層性を示しているということである。むろんそれも一つの特色として挙げられるかも知れぬ。しかしどこの国の文化を見ても外来文化の影響を受けていないところはなく、そしてまた大抵の場合にはそれを同化して独自の文化を発展させ、そこに複質的または重層的文化を形成しているのである。またた仮りにそれが日本文化の特色であるとしても、それは単に形式的な原理であって、日本文化の内容そのものを具体的に捉えているものではない。更にまた、そういう形式がすべてであって、日本文化の内容そのものは常に変化して何等《なんら》一定の形態を有ったものでないというような懐疑的な見方も理論上は可能であるかも知れぬが、現実を直視した結果として生じたものとは考えられぬ。

それならば何がいったい日本的性格であるか。何がいったい日本文化の内容上の特色であるか。単に情的と云ってもなお余りに漠然としている。日本的性格または日本文化にはどういう諸契機が見られるか。それをはっきり捉えるのは甚《はなは》だ困難なことであるが、一つの試みを提出するのも必ずしも無意義ではなかろうと信ずる。大体において日本的性格、従って日本文化に三つの主要な契機が見られるように私は思う。自然、意気、諦念の三つがそれである。

二

自然ということは日本的性格の重要な契機である。賀茂真淵《かものまぶち》が「天地のまにまに」とか「天地の心のまにまに」とか「天地に随《したがひ》て」とか云っているのはみな自然のおのずからなことを云っているのである。「凡《およ》そ世の中はあら山荒野の有か、人の住よりおのづから道の出来るが如く、ここもおのづから神代のみちのひろごりて、おのづから国につけたる道のさもらふ」と云っている。道とはおのずからな自然の道である。「凡そ物は理《ことわ》りにきとかかる事はいはば死たるが如し。天地と共におこなはるるおのづからの事こそ、生きてはたらく物なれ」。理窟はものを殺してしまう。生き生きして働くものはおのずからな自然のことである。仁、義、礼、智、信というようなものもおのずからな四季の移り変りに譬《たと》えることができる。「凡そ天が下に此の五つの物はおのづから有ること、四時をなせるがごとし」。冬から急に春になったり、春から急に夏になるものではない。漸時に春になり、漸時に夏になるのである。すべてがおのずからでなだらかである。「いつくしみも、ゐやも、いかりも、ことわりも、さとりも、おのづからあること、四時の有かぎりはたえじ」。仁、義、礼、智、信などとさかしらに窮屈な名をつけて狭いことを云うからいけないのである。「ただ、さる名もなくて、天地の意のままなるこそよけれ」。天地で人間だけが貴いと思うのもおろかなことである。「教へねど犬も鳥もその心はかつかつ有は、必ず四時の行はるるが如し」。生きとし生ける者はみな同じである。人も獣も鳥も虫も同じである。自然へ帰ればそこにおのずからな道が行われているのである。「ただ何事も、もとつ心のなほきにかへりみよ」。本居宣長《もとおりのりなが》にあっても同様である。宣長が「皇国魂《みくにだましい》」とか「御国ごころ」とか云っているのは、神ながら言挙《ことあ》げせぬという意味の自然を体得した魂なり心なりにほかならぬ。神ながらとは神の道に随っておのずから神の道あるをいうのである。言挙げせぬとはいささかもさかしらを加えないことである。神の道とは「ただ物にゆく道」である。すべてがおのずからで自然である。「古へは道といふ言挙なかりし故に、古書どもにつゆばかりも道々しき意も語も見えず」。道とは理窟によって築き上げられる道ではない。「何の道くれの道」と云って論議されるような道ではない。おのずからな自然の道である。「いささかも人のさかしらを加へざる故に、うはべはただ浅々と聞ゆれども、実にはそこひもなく、人の智の得《え》測らぬ深き妙《たえ》なる理のこもれる」ものが道であり、斯かるおのずからな道を行くのが「すがすがしき御国ごころ」である。

日本の道徳の理想にはおのずからな自然ということが大きい意味を有っている。殊更らしいことを嫌っておのずからなところを尊ぶのである。自然なところまで行かなければ道徳が完成したとは見られない。その点が西洋とはかなり違っている。いったい西洋の観念形態では自然と自由とは屢々《しばしば》対立して考えられている。それに反して日本の実践体験では自然と自由とが融合相即して会得される傾向がある。自然におのずから迸《ほとばし》り出るものが自由である。自由とは窮屈なさかしらの結果として生ずるものではない。天地の心のままにおのずから出て来たものが自由である。自由の「自」は自然の「自」と同じ「自」である。「みずから」の「身」も「おのずから」の「己《おのれ》」もともに自己としての自然である。自由と自然とが峻別されず、道徳の領野が生の地平と理念的に同一視されるのが日本の道徳の特色である。更にまた日本の国民道徳が忠と孝とを根幹としていることもそれがおのずからな道であるからにほかならぬ。神を祭る「祭り事」と人民を治める「政」とが天皇において一つになっていることもおのずからな自然であり、一家の奉仕を受ける主体と一家の統御を司る主体とが親において一つになっていることもおのずからな自然である。同じことが日本の芸術の理想にもあらわれている。和歌にしても俳句にしても、絵画、建築にしても、茶道、花道から造庭術に至るまで、日本の芸術では自然と芸術との一致融合ということが目標となっている。日本の生花と西洋の生花とを比較したり、日本の庭と西洋の庭とを比較するときに、この特色が著しく目立っていることは今更いうまでもない。日本の道徳にあっても芸術にあっても道とは天地に随った神ながらのおのずからな道である。なお、自然ということは自然の情という意味をも取って来るから、日本的性格の有っている自然という契機を捉えることと、日本文化が情的であるという見解との間にも深い関連が看取されるのである。

次に第二の契機として挙げて置いた意気ということに移ろう。この意気というのは特に武士道精神として日本人の血の中に流れている性格である。山鹿素行《やまがそこう》が「志気」と云っているのが、ここでいう意気に当っている。「志気と云ふは大丈夫の志すところの気節を云へり」と云い、「大丈夫たらんもの少しき処に志を置くときはその為すところ、その学ぶところ皆至て微にして大なる器にあらざるなり」と云っている。また「利害においていささか志を止めず」とも云っている。意気とは高い理想の実現のためには一身を賭すという気概である。「大丈夫の世に立つ、正直ならずんば有るべからざるなり。その義あるところは守つて更に変ぜざるの謂《いい》なり。その親疎貴賤に因《よ》らず、その改むべきところを改め、糺《ただ》すべきことをたゞして、人に諛《へつら》はず世に従はざるの謂なり」。また「内にへつらふ処なく、外に屈すべき物なく、何くに行くといへどもその気つねに万物の上に伸ぶ」。理想の実現には不屈不撓の精神がなければならぬ。「大丈夫の世に在る、剛操の志あらざれば心を存すること能はざるなり」。剛操の剛とは何であるかというに「剛はよく剛毅にして物に屈せざるを謂ふなり」と云っている。操とは何であるかというに「操はわが義とする志を守つて、いささか変ぜざるの心なり」と云っている。意気は死をも厭わない。「重きもののために害あらんに於ては速かに死して顧みるべからず」といい「死を致し命を軽くして百年の寿を一刀の下に棄つ」というのがそれである。吉田松陰も「士規七則」の中で

「士の道は義より大なるは莫《な》し。義は勇に因つて行はれ、勇は義に因つて長ず」といい、また「死して而《しか》して後已《や》むの四字は言簡にして義広し。堅忍果決、確乎として抜くべからざるものは是を舎《お》きて術《すべ》なきなり」と云っている。

斯《か》ような意気すなわち気節を立てるという理想主義は日本的性格の重要な一面であって、従って日本文化の著しい特色の一つである。真ごころから生れた自己犠牲の精神に結晶している。意気ということは武士の性格として初めに現われたものであろうが、町人にもそれが移って行った。文学にあっても軍記物語から浄瑠璃に至るまで、すなわち貴族文学から平民文学に至るまで武士道精神を反映していないものはない。そして男性の社会のみならず更に女性の社会へも押し拡がって行ったのである。この意気の精神が今日に於てもますます盛んなことは今回の支那事変に照して見ても何よりも明かである。また単に道徳の領域のみならず日本の伝統芸術に高貴なところがあって気品を備えているということは気節としての意気のおのずからな発現でなければならぬ。俳諧が位すなわち品位を重んずるのもその一つの現われに過ぎぬ。

日本的性格の第三の契機として諦念ということに移って考察してみよう。日本人はいったいに諦めがいいが、諦めとは自己の無力を自覚することにほかならぬ。斯ような諦めの心はもちろん日本的な仏教に最もよく現われている。法然が「われらが解にて、ほとけの本願をはからひしる事はゆめゆめおもひよるまじき事なり。ただ心の善悪をもかへりみず、罪の軽重をもわきまへず、意《こころ》に往生せんとおもひて口に南無阿弥陀仏ととなへば、こゑについて決定《けつじよう》往生のおもひをなすべし。その決定によりて、すなはち往生の業はさだまるなり。かく意《こころ》えつればやすきなり」と云っている中に深い諦念が感得される。それを簡明に言い表わせば「聖道難行のさがしきみちにはすべてのぞみをたつべし。ただ弥陀本願のふねにのりてのみ、生死のうみをわたりて、極楽のきしにはつくべきなり」ということになる。親鸞に至ってはこの諦念が更に顕著な形になっている。「親鸞におきては、ただ念仏して弥陀にたすけられまひらすべしと、よきひとのおほせをかうぶりて、信ずるほかに別の子細なきなり。念仏はまことに浄土にむまるるたねにてやはんべるらん。また地獄におつべき業にてやはんべるらん。総じてもて存知せざるなり。たとひ法然上人にすかされまゐらせて念仏して地獄におちたりとも、さらに後悔すべからずさふらふ」。

これは日本的な仏教にあらわれた諦念であるが、その他一般に諦念、諦め、あっさり、さっぱりしたところが日本的性格として日本文化の一特色をなしている。実践上でも物にこだわらないこと、思い切りがいいことが貴ばれる。執着に反対の恬淡《てんたん》、ごてごてした趣味に反対のさっぱりした趣味、それがあらゆる方面に看取される。食物にも淡泊な趣味があらわれているが、墨絵や能の好みから「寂び」の尊重に至るまでみな同じ根柢から出ているのは云うまでもない。日本音楽と西洋音楽とを較べて見ても、諦念を通って浄化された静けさが日本音楽の特色をなしている。

三

日本的性格、従って日本文化の有っている三つの契機として自然、意気、諦念の三つを挙げて説明して来たのであるが、この三つは互にどういう関係に立っているか。先ず外面的には、自然、意気、諦念の三つは神、儒、仏の三教にほぼ該当しているというように見ることができる。発生的見地からは、神道の自然主義が質料となって儒教的な理想主義と仏教的な非現実主義とに形相化されたというようにも考えられる。そしてそこに神、儒、仏三教の融合を基礎として国民精神が涵養され日本文化の特色を発揮したと見られるのである。

質料とか形相とか云ったが、この二つを内面的関連に於て見ることが肝要である。形相というものは外部から質料に加えられるというようなものではない。質料の中にもともと形相が潜んでいて、それがおのずから発展して自己創造して行くと共に、自己に適合したものを外部からも摂取するのである。理想主義のあらわれの意気ということと、非現実主義のあらわれの諦念ということとは外来的な文化によって始めて新たに附け加えられた性質ではなく、既に神道の自然主義の中に萌芽として含まれていたものが次第次第に明瞭に現勢化されて来て、それと同時に外来的ではあるが自己に適合した要素として儒教や仏教の契機をも摂取し同化したのであると考うべきである。すべて生物の発展とか自己創造とかはそういう形式を取っている。外界から単に機械的な影響を受けるというようなことはなく、自主的に発展し自己創造する過程の中途で自己に適合した外物を摂取して肥え太って行くのである。こういう内的発生的な見方は北畠親房《きたばたけちかふさ》の次の言葉の中にも言い表わされている。「君も臣も神明の光胤《こういん》を稟《う》け、或は正しく勅《みことのり》を受けし神達の苗裔《べうえい》なり。誰かこれを仰ぎ奉らざるべき。この理を悟り、その道に違はずば、内外典の学問も、ここに極まるべきにこそ。道の弘まるべき事は、内外典流布の力なりと云ひつべし。魚を得る事は網の一目によるなれど、衆目の力なければこれを得る事難きが如し。応神天皇の御代より儒書を弘められ、聖徳太子の御時より釈教を盛にし給ひし、これみな権化の神聖《かみ》にましませば、天照大神の御心を受けて我が国の道を弘め深くし給ふなるべし」。二宮尊徳の次の言葉も同じである。「それ神道は開闢《かいびやく》の大道皇国の本源の道なり。豊蘆原《とよあしはら》を此如き瑞穂《みずほ》の国安国《やすくに》と治めたまひし大道なり。此の開国の道則、真の神道なり。我が神道盛に行はれてより後にこそ、儒道も仏道も入り来れるなれ。我神道開闢の道未だ盛んならざるの前に儒仏の道の入り来るべき道理あるべからず。我が神道則開闢の大道先ず行れ、十分に事足るに随ひてより、後世上に六《むつ》かしき事も出来るなり。其の時にこそ、儒も入用仏も入用なれ。是誠に疑ひなき道理なり」。

更に具体的に云えば、神道の自然ということと武士道の意気ということとは乖離的な対立をなしているものではない。武士道の意気は儒教の影響ももちろんあるに相違ないが、日本人の自然の性情からおのずから生れて来たことでなければならぬ。賀茂真淵は神道の自然主義の視圏にあって「海ゆかば水漬《みづ》くかばね、山ゆかば草むすかばね」の句を引いて「あはれあはれ上つ代には人の心ひたぶるに直《なお》くなむありけれ」「直き中に雄々しき心はあるなり」と云っている。雄々しき真ごころがすなわち武士道の意気であるが、それはすでに日本人の自然の質料の中にも含まれていたものである。儒教という外来のものによってはじめて附け加えられたごときものではない。平田篤胤も「御国の人は、その神国なるを以ての故に、自然にして正しき真の心を具へて居る。其を古より大和心とも、大和魂とも申してある」と云っている。自然の質料の中に理想主義の形相が含まれているのである。自然に生きる生き方が力としての意気でもある。

諦念と自然との関係を見ても同様のことが云える。自然主義は現実主義であって、諦念の中にあらわれている非現実主義と相容《あいい》れないようであるが、必ずしもそうではない。自然に従うということは諦めの基礎をなしている。諦めとは自然なおのずからなものへの諦めである。自然を明かに凝視することによって自己の無力が諦められるのである。本居宣長も「そもそも天地のことわりはしも、すべて神の御所為《みしわざ》にしていともいとも妙《たえ》に奇《くす》しく霊《あや》しき物にしあれば、さらに人のかぎりある智もては測りがたきわざなるを、いかでかよくきはめ尽くして知ることのあらむ」と云っている。自然な神の道は人間の諦念によって受容されるのである。なお親鸞に「自然《じねん》」という思想があるのもそこから理解することができる。「自然といふはしからしむといふ。しからしむといふは行者のはじめてともかくもはからはざるに、過去今生未来の一切のつみを善に転じかへなすといふなり。……弥陀の願力を信ずるがゆゑに如来の功徳をえしむるがゆゑにしからしむといふ。はじめて功徳をえんとはからはざれば自然といふなり。誓願真実の信心をえたる人は、摂取不捨の御ちかひにおさめとりてまもらせたまふによりて行人のはからひにあらず、金剛の信心となるゆゑに正定聚《しやうぢやうじゆ》のくらゐに住すといふ。このこころなれば憶念の心自然におこるなり。この信心のおこることも釈迦の慈父、弥陀の悲母の方便によりて、無上の信心を発起せしめたまふとみえたり。是れ自然の利益なりと知るべし」。行者のはからいでなく自然の利益であるからそこにおのずから諦念が湧いて来るのである。諦念は自然ということからおのずから出て来るものである。自然をそのまま明かにすること、明めることが諦めである。

以上に於て、自然という質料の中に意気とか諦念とかいう形相が内的におのずから含まれていてそれが次第にあらわに大きく成長して来る可能性が見られたと思う。自然主義からおのずから理想主義や非現実主義が発展して来るのである。理想主義や非現実主義を単に外来的のものとして大和民族の本来性と相容れないように考える機械的歴史観に賛意を表するわけに私はゆかぬ。

然《しか》るになおここに問題が残されている。それは意気と諦念とは果して相容れるものであろうかということである。意気とは武士道に於て見られる自力精進の精神である。諦念は他力本願の宗教の本質をなしている。この両者は果して相容れるであろうか。いったい気節のために動く意気は動の方面である。物に動じない諦念は静の方面である。そして動の中に静があり、静の中に動があるという可能性が見られる限り、意気と諦念との結合の可能性も目撃されなければならぬ。武士道でも命《めい》に安んずるということを云う。山鹿素行は大丈夫が天命に安んずべきことを説いている。「命に安んぜずしては、しひて妄動し妄作せんこと、大丈夫の甚だ慎しむべきところなり。……今、命に安んずるを以て存心《ぞんしん》の工夫と致す」。なお、武士道が死を顧みないという裏面には死をあっさり諦めているという知見が窺われる。一般に「死への存在」というようなものは「諦念を基礎とする意気」という形で明瞭にあらわれている。死は生を殺すものではない。死が生を本当の意味で生かしているのである。無力と超力とは唯一不二のものとなっている。諦念は意気の中に見られる否定的契機として欠くことのできないものである。こういう意気と諦念との弁証法的綜合の現実化は禅の心境にも見られるように思う。例えば道元は「只思ひきりて……飢へ死にもせよ、寒ごへ死にもせよ」とか「ただ思ひ切つて身心ともに放下《ほうげ》すべきなり」とかいうように、よく「思ひ切る」ということを言うが、それが無力と超力との合一である。禅の心境は歴史的に見ても武士道精神とよく合致した。武士道は意気から諦念へ行ったものであり、禅は諦念から意気へ行ったもののように思われる。意気と諦念とは互いに相容れないようなものではなく、むしろ両者は相関的に弁証法的関係を有って成立するものである。日本の国民的性格を「戦闘的な恬淡」とか「しめやかな激情」とかいう二重性格で和辻氏が言い表わしているのもそのためであると思う。

なお自然と意気と諦念との関係は次のようにも考えることができる。自然とはおのずからな道であった。道はたとえおのずからな道であっても苟《いやし》くも道である以上は踏み行かなければならぬ。その踏み行く力が意気である。然るに道には踏み出される出発点と踏み終る終点とがある。出発点と終点との明かな自覚が諦念である。それ故、自然というおのずからな道は一方に於て生きる力の意気という動的な迫力と、他方に於て明かに明める諦念という静的な知見とを自己の中に措定しているということができるのである。ただし弁証法を徹底させようとする者は次のように考えるかも知れぬ。自然という定立に対する反立が意気である。そして自然と意気との綜合が諦念である。なぜならば自然にあって意気が発動する限りは必ず諦念へ導かれる。また意気が自然によって制限されたものが諦念である。自然、意気、諦念の三者は正、反、合の過程を示していると見られ得るのである。序《ついで》に云って置きたいが、この具体的な例が示しているように、調和法と弁証法とは必ずしも相敵視すべきものとは限らない。

四

日本的性格として日本文化の中に含まれている自然、意気、諦念の三契機が相即融合する貌を見て来たのであるが、この相即融合を象徴しているものが三種の神器であると考えることができないであろうか。玉は仁をあらわし、鏡は智をあらわし、剣は勇をあらわすとして、三種の神器は智仁勇をかたどっていると云われているが、そのことと関連を有っている。また玉は曲妙《まがたえ》を、鏡は分明《あきらか》を、剣は平天下を意味するともされているが、それとも関連を有っている。自然と意気と諦念との中で、自然は玉によって象徴され、意気は剣によって象徴され、諦念は鏡によって象徴されていると考えることは不都合であろうか。

玉は丸い曲線を有っている。曲妙と云われるのもそのためである。「まがたま」と云うのもまがった曲線を有っているからである。真淵も「凡そ天地のまにまに日月を初て、おのづから有物は皆な丸し」といい「天地のゆくは丸く漸にして至る」ともいい、また「世を治めたまふも、此丸きをもととしてこそ治まるべけれ」とも云っている。丸い玉は自然のおのずからなことの象徴である。書紀にも「八尺瓊《やさかに》の勾《まが》れるが如くに、曲妙《まがたへ》に御宇《みよしろしめ》せ」と云ってある。丸い和《なごや》かな自然が玉によって象徴されていると考えることができる。力としての意気が剣によって象徴され得ることはいうまでもない。「十握剣《とつかのつるぎ》を提《とりひさ》げて天下を平《む》けたまへ」とは意気を予想した言葉である。諦念は物に動じないで静かに明かに物を映す心であるから鏡によって象徴されるのである。「白銅鏡の如くに、分明《あきらか》に山川海原を看《みそ》行《なは》せ」と云われている。分明な智を以て山川海原までもありのまま心に写すのである。万物を静観して諦むべきことを諦めるのである。要するに、玉は自然の情をあらわし、剣は意志の力としての意気をあらわし、鏡は知に基礎を置く諦念をあらわしていると見られる。知、情、意の三つの領域にあって、自然と意気と諦念とが相即融合して、三にして一、一にして三をなしていることが、三種の神器に象徴されていると考えても差支ないであろう。なお三種の神器の中で玉が常に最初に出ていることは注意すべきである。意気と諦念という二つの形相的なものに対する質料としての自然を象徴している玉であるから、常に一番はじめに出て来るのである。またその基礎的な玉が自然の「情」をあらわしているということは、日本文化の特色が概して情的なものであるという見解とも直接な関係を有っている。

更にまた、三種の神器に関する考察は日本的性格と日本独特の国体との関係の問題を暗示するものであるが、この問題には深く立ち入らずにただ一つの点のみに触れて置きたい。現御神《あきつみかみ》であるところの天皇は「すめらみこと」である。「みこと」とは御言《みこと》であり、命《みこと》である。命は御言を宣《の》る生命であるが、御言が永遠のロゴスである限り、「みこと」は神的生命として、神ながらのおのずからの自然にほかならぬ。「すめら──みこと」の「すめら」

は二重の意味を有っている。「統《す》ぶ」を意味すると共に「澄む」を意味している。「統ぶ」ことは意気を予想し、「澄む」ことは諦念の前提である。「すめらみこと」は自然と意気と諦念との融合相即としての現御神である。現御神の神器が玉と剣と鏡とであることはむしろ当然であると云わなければならぬ。

日本的性格を三十一文字に言表したとされている本居宣長の「敷島《しきしま》の大和心を人問はば朝日に匂ふ山桜花」の歌も同じ見地から解釈することができる。庭に植えた牡丹桜ではなくて山に自然に生えている山桜であるという点に自然という契機があらわれている。この自然の契機は真淵の歌「うらうらと長閑《のど》けき春の心より匂ひいでたる山桜花」を背景に置いて見れば更にはっきりと浮き出てくる。また同じに山に咲くものでも、椿などのように執着性の強い花ではなくて潔《いさぎよ》く風に散って行く桜であるという点に諦念の契機が明瞭に見られる。そして崩落性への諦念を内に蔵しながら馥郁《ふくいく》として朝日に匂っているという点に高邁な意気が発露している。この一首の中に日本的性格の三契機である自然と意気と諦念とが融合して味われるのである。そしてこの自然と意気と諦念という三つのものの融合相即ということに、日本主義のよって立つ根拠が存すると考え得るのである。

五

以上に於て日本的性格、従って日本文化の特殊性を考察したから、終りに日本的性格と世界的性格との関係に就《つい》て簡単に私見を述べて置こう。

日本的性格を自覚し力説する立場は日本主義であり、世界的性格を自覚し力説する立場は世界主義である。日本主義とは日本人の国民的自覚に基いて日本独特の文化を強調して、自己の文化的生存権を高唱する立場ということができる。すなわち日本人の国民主義である。世界主義とは自国を価値の標準とするような独善的なことを考えないで自国以外の他の諸国の文化の特色や長所をもそれぞれ認め、その正当の権利を尊重して人類共存を意図する立場である。世界主義はまた国際主義ということもできる。

日本的性格と世界的性格との関係、従って日本主義と世界主義との関係、更に広くは国民主義と国際主義との関係はどういうふうに考えるべきかというように、つまりは個別と一般との関係に帰着すると思う。従って両者は相容れないようなものではない。およそ一般というものはただそれ自身で自己を現わすというようなものではない。一般は個別の中にあらわれるのである。また個別は特殊な仕方で一般を表わそうとするのである。各国の文化というものはみなそれぞれの文化的感覚に於て特色を有ったものである。各国の文化は世界全体に対して、文化的個体とでもいうようなものを構造している。文化的個体は各々《おのおの》独自の感覚の仕方を有っていていずれも互に同じなものはない。文化的個体は歴史的風土的に各々規定されている。世界的文化というものは各々の文化的個体の綜合の中に与えられるのである。各国の文化の特殊性を発揮することによって世界全体の文化が進歩して行く。個別を強調することによって一般が光り、部分を推重《すいちょう》することによって全体が輝くのである。日本的性格と世界的性格、日本主義と世界主義とは乖離的に対立するものではない。むしろ相関的に成立するものである。

日本的性格と世界的性格との関係を個別と一般との相関と見たのであるが、それらの二つに対して個人的性格はどういう位置を有っているか。日本的性格が世界的性格に対すると同じような関係を、個人的性格が日本的性格に対して有っているということができる。およそ一般とか個別とかいうことは相対的なことであるから、文化的個体としての一国の文化を一つの一般的なものと見れば、それに対して各個人は個別的なものとなってくる。そして文化的個体としての一国の文化に対して今度は各個人が各々異ったものとなるのである。文化的個体はいわば世界全体と個人との中間に位するものである。各個人は文化的個体に対して各々個別的感覚を有ったものであり、文化的個体は世界全体に対してやはり各々個別的感覚を有ったものである。個人的性格が日本的性格に対する関係と、日本的性格が世界的性格に対する関係とはほぼ同じである。個人と国民と世界人、従って個人的性格と日本的性格と世界的性格とは個と種と類とを表わしているとも云えるであろう。そして個人的性格と日本的性格とが両立するように、日本的性格と世界的性格とも両立しなければならぬのである。

日本的性格と世界的性格との関係から実際的な格率を導き出すならば、我々は飽くまでも日本文化の特殊性を体得して日本主義の立場に立つべきであると共に、広く世界の文化を展望してその優秀なるものを包容するだけの雅量《がりよう》を示さなければならぬということになる。我々に日本国民として日本的性格の自覚がないならば我々自身の十分な存在理由もないことになる。有っても無くてもいいものになってしまう。世界的文化の創造に対して無能力者になってしまう。然しながら、それと同時に外国文化に対して或る度の度量を示すことを怠ったならば日本的性格は単なる固陋《ころう》の犠牲となって退嬰《たいえい》と萎縮との運命を見るであろう。我々は日本主義の立場に立つと共に、日本主義を「天地の公道に基かせる」ことに努力しなければならぬ。また世界主義を採ると共に、国際的社会の一員として我々日本人の「祖先の遺風を顕彰する」ことを目標とすべきである。日本文化を指導する原理は日本主義的世界主義または世界主義的日本主義というような一見逆説的なものでなければ本当でない。我々は伝承と生長とを実存の中核としなければならぬのである。我々は一方にあって日本的性格の将来または日本主義の進路に世界史そのものを嚮導《きようどう》する理念をはっきり目撃しなければならぬと共に、他方にあって日本国民の世界史的使命は日本的性格の国民的自覚なくしては果たすことができぬことを腹の底から感覚しなければならぬのである。

（『思想』昭和十二年二月）

風流に関する一考察

一

芭蕉が「わが門の風流を学ぶやから」（『遺語集』）ということを云っているが、風流とはいったいどういうことか。風流とは世俗に対していうことである。社会的日常性に於ける世俗と断つことから出発しなければならぬ。風流は第一に離俗である。孔子が子路《しろ》、曾《そう》晳《せき》、冉有《ぜんゆう》、公西華《こうせいか》の四人の希望を尋ねたとき、子路は政治家として非常時局を担当することを志望し、冉有は経済界の立役者となって民利を計りたいと答え、公西華は官吏を希望する旨を述べた。ひとり曾晳は答えなかったが孔子の再問に対して「沂《き》に浴し、舞雩《ぶう》に風し、詠じて帰らん」と云ったので、孔子は喟然《きぜん》として歎じて「われ点（曾晳）に与《くみ》せん」と云った。風流とは世俗と断つ曾晳の心意気である。「離俗の法最かたし」（『春泥集』序）と云われているが、風流人となるには「心を正して俗を離るる外はなし」（『自讃之論』）と断定されている。語原から云うと風声品流《ふうせいひんりゅう》の能《よ》く一世を擅《ほしいまま》にするのを風流というのだということであるが、そういう来歴は別として、風流の本質構造には「風の流れ」といったところがある。水の流れには流れる床の束縛があるが、風の流れには何等の束縛がない。世俗と断ち因習を脱し名利を離れて虚空を吹きまくるという気魄が風流の根柢にはなくてはならぬ。社会的日常性の形を取っている世俗的価値の破壊または逆転ということが風流の第一歩である。「夏炉《かろ》冬扇《とうせん》のごとし、衆にさかひて用る所なし」（『柴門辞』）という高邁《こうまい》な不羈《ふき》な性格が風流人には不可欠である。少数者におもねる媚びも大衆におもねる媚びも斉《ひと》しく撥無《はつむ》した自在人が真の風流人である。風流の基体は離俗という道徳性である。

しかし風流はそういう消極的方面だけでは成立しない。積極的方面が直ちにつらなって来なければならぬ。日常性を解消した個性によって直ちに何等か新しい内容の充実が営まれなければならぬ。そうして充実さるべき内容としては主として美的生活が理解されている。それは美の体験には霊感とか冒険とかいった否定的自在性があって、風流の破壊的方面と相通ずるからであろう。のみならず多くの場合に、この積極的芸術面が消極的道徳面を内的に規定しているのである。風流のこの第二の契機を耽美ということができる。

さて、美というような体験価値はその卓越性に於て絶対的なものと考えて差支ないものであるが、他面また個人や時代によって相対化が行われることも必然である。その点に「不易」と「流行」の二重性が根ざしている。また従って耽美性が社会に現象する場合には「風」とか「流」とかいう相対的形態を取ってくる。例えば古風、談林風、蕉風というようなものがある。また千家流、藪内流《やぶうち》、石州流《せきしゅう》などが対立する。風流ということは一面では個性の発明と創造の精神力が強く現われていて世俗の中性的束縛から内面的に逸脱する「風の流れ」の構造を有っているが、他面では一旦建設され充実された内容が模倣と習慣の法則に従って集団性を獲得してきて「風」や「流」に定型化されるのが普通である。しかしながら「昨日の風は今日宜しからず、今日の風は明日に用ゐがたきゆゑ」(『去来抄』)古い型は常に革新されてゆかなければならぬ。

また「千変万化するものは自然の理なり、変化にうつらざれば風あらたまらず。是に押移らずと云ふは……その誠をせめざる故なり」(『赤双紙』)というのも正しい。風流を「生涯のはかりごととなす」(『卯辰紀行』)ものには誠をせめるという真剣さがなくてはならぬ。美的真実を追求する「ほそき一筋」(『柴門辞』)がなくてはならぬ。定型化し世俗化して日常性に頽落している「風」や「流」の殻を破るという破壊的な「風の流れ」がそこに再び要求されるのである。「みなし栗生じて次韻《じいん》かれ、冬の日いでてみなし栗落、冬の日は猿簔《さるみの》におほはれぬ、猿簔は炭俵《すみだわら》に破られたり」(『答許子問難弁』)というように、謂《い》わゆる「底をぬく」(『宇陀法師』)流行の意志は不易の祈念の賜物である。風流には道徳的破壊的離俗性と芸術的建設的耽美性とが常に円環的に働いていなければならぬ(この両側面の関連が、語学的にも「ミサヲ」と「ミヤビ」との相関として、遠藤嘉基《えんどうよしもと》氏によって闡《せん》明《めい》されたことは極めて興味あることである)。

風流にはなおもう一つ大切なものとして第三の要素がある。それは自然ということである。第一の離俗と第二の耽美との謂わば綜合として、世俗性を清算して自然美へ復帰することが要求されるのである。従って風流の創造する芸術は自然に対して極めて密接の関係にある。「風流のはじめやおくの田植歌」とか「風流のまことを啼《な》くや時鳥《ほととぎす》」というように風流にあって自然と芸術とは裏表になっている。自然美と芸術美とを包摂する唯美主義的生活の実存を風流は意図すると云ってもいいのである。自然美を包蔵しない芸術美だけの生活は風流とは言えない。日本人が特に自然を愛する国民であるところに風流が勝義に於て特に日本的色彩を濃厚に有っている理由が見出される。ともかくも風流には「造化《ぞうか》にしたがひて四時を友とす。見るところ花にあらずと云ふことなし。おもふところ月にあらずと云ふことなし」（『卯辰紀行』）という趣がなくてはならぬ。従ってまた庭道と花道とは風流にあって重要な地位を占めてくるのである。なお自然美は決して人生美を排斥するものでないことを見逃してはならぬ。風流は「造化にしたがひ造化にかへれ」（『卯辰紀行』）と命ずると共に「高く心を悟りて俗に帰るべし」（『赤双紙』）と命ずるのである。しかしこの俗とは風流が出発点において離脱した単なる俗と同一ではあり得ない。風流を止揚した俗である。または俗の中にある風流である。かくて色道と茶道とは人生美を追う風流の前衛の役目をつとめるのである。「色ふかき君がこころの花ちりて身にしむ風の流れとぞみし」とはこの方向の風流にほかならぬ。謂わゆる歴史美は人生の集積としての歴史が時間性に於て有つ美であるから、人生美の中に含めてよいのである。自然美と人生美との中間に位するものに技術美がある。「五月雨の堀たのもしき砦かな」や「春や穂麦が中の水車」の美的観照が堀と砦と水車の方向に純化し現代化すればそこに砲台や軍艦や飛行機や無線電信塔や機関車や熔解炉や起重機の技術美が現前する。「砲身に射角あり寒江《かんこう》を溯る」「秋の浪艦艇長き艫《とも》を牽《ひ》く」「機の翼《よく》と前輪《ぜんりん》青き野に弾《はず》む」「秋夜遭ふ機関車につづく車輛なし」「雪きざす小倉《こくら》を過ぎぬ火炉《かろ》燃ゆる」（山口誓子）。

斯ように風流が一方に自然美を、他方に人生美を体験内容とする限り、旅と恋とが風流人の生活に本質的意義を有って浮き出てくることは当然の理である。支考が『続五論』を旅論と恋論とで結んだのは人間の実存に関心する風流論としてすぐれた識見と云わなければならぬ。「山川草木のすべて旅にあらざるものなし」として旅の地平から自然一般に接し、「恋に僧あり俗あり年わかく老たるもあるべし」として恋の視圏から人生一般に迫っているのである。風流人は「旅人とわが名よばれん初しぐれ」とも願い、また「かささぎや女の手にて哥《うた》は見ん」とも念じるのである。風流にあっては自然と人生と芸術とが実存の中核に於て渾然として一つに融け合っている。

なお風流と享楽との関係はどうか。美的体験が享楽を与える限り、風流が味うものであることは容易に理解される。自然美も人生美も味われる。芸術の翫賞《がんしょう》もそれ自ら享楽であり、芸術の創作もまた享楽に根ざしている。しかしながら芸術と道徳宗教との接触面にあって美的享楽が価値体験の絶対享楽として自己を否定する場面があることをも知らなければならぬ。風流の滋味を味う心はまた白露の味を味として知る心である。

二

次に風流が自然美人生美の体験を表現することによって創造する美的価値の諸様相について考えて見よう。先ず「華やかなもの」と「寂びたもの」とがある。用語法の上では「山吹という五文字は風流にして華やかなれど、古池といふ五文字は質素にして実なり」(『葛の松原』)と云っている場合のように特に「華やかなもの」の方を風流と称している趣もないではないが、今日の語感からは「寂びたもの」をも合せた謂わゆる「風雅」を直ちに「風流」と考えて差支ないであろう。従って風流には「師の風閑寂を好んで細し、晋子《しんし》が風伊達《だて》を好んで細し」(『自讃之論』)というように「寂び」と「伊達」の二面がある。すなわち風流には「芭蕉型」と「其角型」との二大類型が区別される。一方に「古池や蛙飛びこむ水の音」や「枯枝に烏のとまりけり秋の暮」や「白露に淋しき味を忘るるな」の心境と他方に「鐘ひとつ売れぬ日はなし江戸の春」や「傀儡《かいらい》の鼓うつなる華見哉」や「花さそふ桃や歌舞伎の脇踊」の心境との間にはおのずから乖離的なものがある。雪舟の水墨と又兵衛の濃彩、伊賀焼のさび膚と色鍋島《いろなべしま》の光沢《こうたく》、謡曲の沈音と清元《きよもと》の甲声などの対照もほぼこの類型にはまっている。一方で「我門の句は墨絵のごとくすべし、心他門にかはりて寂びしをりを第一とす」(『遺語集』)と主張すれば、他方では「寂びしをりをもはらとせんよりは壮麗に句をつくり出さむ人こそこころにくけれ」(『花鳥篇』)と対抗している。しかしまた両方をひとしく顧慮する批判的立場もある。「蕉門の寂びしをりは可避春興盛席」(『歳旦辞』)と云って「寂びたもの」の妥当範囲を限局するとともに「祇園会《ぎおんえ》のはやしものは不協秋風音律」(同書)と云って「華やかなもの」にも境界線を引いているのである。

なお風流の産む美の中には「可笑《おか》しいもの」が存在している。「華月の風流は風雅の体なり、おかしきは俳諧の名にして、淋しきは風雅の実なり」(『続五論』)というとき「華やかなもの」と「可笑しいもの」と「寂びたもの」との三つが区別されている。そうしてこの三つのうちに入らないものは「世俗のただごと」(同書)として排斥されている。「狂歌よまんには先《まず》大意を失ふべからず。大意とは風流とおかしみなり」(『狂歌初心抄』)というときには風流と「おかしみ」とは別のもののようにも聞こえるが、決してそうではない。俵屋宗達の風神は何を語っているか。おどけは風神の性格の一面である。「をかしみ」は風流の構造のうちに見られる一つの契機である。「けろりくわんとして鳥と柳かな」や「大根引大根で道を教へけり」や「衣更《か》へて坐って見てもひとりかな」などは風流な可笑しみである。宗鑑、談林は「をかしみ」に於て一茶の先駆であるし、天鈿女命《あめのうずめのみこと》に始まった里神楽《さとかぐら》や鳥羽僧正の「鳥獣戯画」は「一茶型」の著しい代表である。龍安寺の虎子渡《とらこのわたし》の庭も見様によってはこの型に属するとも見られる。

「可笑しいもの」に対して「厳かなもの」がなければならぬ筈である。高野山明王院や粟田青蓮院の不動明王像の流を汲むものに「荒海や佐渡によこたふ天の川」「声すみて北斗にひびく砧哉」「稲妻や闇の方ゆく五位の声」「五月雨を集めて早し最上川」などの境地がある。風流が世俗を蹶って起つ発願の誠をせめるならばそこに「厳かなもの」が産れて来なければならぬ筈である。風流が「華やかなもの」と「寂びたもの」と「可笑しいもの」とだけを自覚して「厳かなもの」の自覚を欠くならば日本人の精神生活にとって大きい不幸と云わなければならぬ。「師の句をうかがふに厳なるものあり」(「答許子問難弁」)という去来の言葉は風流人に屢々《しばしば》忘れられているかのようである。芸術の思想性ということが近頃問題とされてきたがその謂わゆる思想性は倫理的または宗教的思想として大部分は「厳かなもの」の型に入ってくる性格のものであろうと思う。「橘やいつの野中のほととぎす」ではたまたま橘の香を機縁として過去が深い眠りから現在の瞬間に同じ姿で蘇って来ている。有体的に嗅覚されているのは橘―ほととぎす連関であるが、その背後に形而上学的な永遠の今の厳かな感動が潜んでいる。「これやこの行くも帰るも別れては知るも知らぬも逢坂の関」も偶然と運命の神秘に重圧された哲学的な厳かな感覚であって、時間的に無限の展望を過去と未来に有っている。また「吹きとばす石は浅間の野分かな」や「三十日月なし千とせの杉を抱く嵐」などに見られる力としての「厳かなもの」は音の世界では大薩摩《おおざつま》の嵐のような撥《ばち》の捌《さば》きに求むべきであり、そこに一つの新しい希望を繋ぐことが許されるであろう。

風流の所産にはなおまた「細《ほそ》いもの」もある。「鳥どもも寝入りているか余吾の湖《うみ》」が「細み」の典型とされているが、「しづかさや岩にしみ入る蟬の声」や「秋海棠西瓜《しゅうかいどうすいか》のいろに咲にけり」などにも対象に透徹してゆく「細み」の心と作品を細かく刻んでゆく鑿《のみ》の音とが感じられる。断層盆地にある静かな余吾の湖では鳥どもまでも水と共に寝入っている。鳥どもも寝入っていることに気づくところに尋常ならぬ心の「細み」がある。蟬の声がミーンミーンと岩の隙間にしみ入ってゆくところに聴覚の尖端が動いている。秋海棠と西瓜とが水々しい同じ一つの色合に感じられるところに鋭敏な色覚がある。「とり」と「いり」は兎も角として simi と semi や syuka と suika の音韻関係にも繊細な官能の匂いがにじみでている。「山吹も柳の糸のはらみかな」にも「細いもの」が感覚される。「この細きところ師の流なり、爰《ここ》に符合す」（『自讃之論』）と云ってあるように「寂び」も「伊達」も屢々相携えて「細み」へ尖鋭化するのである。

「細いもの」に対して「太いもの」もあるわけである。「句は磊落《らいらく》をよしとすべし」（『新花摘』）の主張も「梅咲きぬどれがむめやらうめぢややら」の無頓著も恐らく「太いもの」への決意であろう。繁を省いて疎を尚ぶなどというのと同じ心の向き方である。「牡丹散て打かさなりぬ二三片」や「いづこより礫《つぶて》うちけむ夏木立」や「我骨のふとんにさはる霜夜かな」や「鳥羽殿へ五六騎急ぐ野分かな」などはみな「太きもの」への意図に添った作であろう。色覚も音覚も触覚も運動感覚もいずれも疎いもの太いものの磊落性を素朴に平淡にたのしんでいる。「太いもの」は「蕪村型」と云ってもよいかも知れぬ。現代的な技術美も主として「太いもの」として幾何学的な点と線と面と運動に於て観照される。「細いもの」へ向うのが「細みの精神」であるに対して「太いもの」へ向うのは謂わゆる「幾何学の精神」である。なお「細いもの」と「太いもの」との対照は或る意味では円山四条派と文人画にもあらわれているし、藤間流の踊と井上流の舞、小唄と長唄などの対照にも見られる。

三

風流の産む美的価値の本質的構造は三組の対立関係に還元される。「華やかなもの」と「寂びたもの」とが一組、「太いもの」と「細いもの」とが一組、「厳かなもの」と「可笑しいもの」とが一組である。このうちで第一組と第二組とには美的価値が比較的純粋な形で現われている。そうして第一組は純然たる質的規定であるが、第二組は或程度まで量的規定とでも云ったふうのところを有っている。量的というのは「太いもの」と「細いもの」との相違が心と対象との間隔の量的関係に依存すると考え得るからである。それに反して「華やかなもの」と「寂びたもの」との相違は対象に与えられる色合に関する限り純然たる質的のものということができるのである。譬えて云えば網の目があらければ大きい魚しか懸って来ないが、網の目を細かくすれば小さな魚まで捕えることができる。網が魚の群へ肉薄する場合に網の目の大小という空間的関係がそのまま網と魚との間隔を量的に決定するのである。心と対象との間にもちょうど同じような関係がある。心を太く持てば対象は遠くから粗い輪廓だけを示してくる。心をほそくすれば対象の細部へまで迫ってゆくことができる。心と対象との間隔の量的関係を如何にきめるかは風流心の個性によるのである。「組み」が「句の心」と云われるのは対象へ肉薄するほそい心の尖端が見えているからである。また或る対象を白昼の光に照すか日没の薄明に置くかによって対象の色調が違ってくる。その場合には空間ではなく時の推移という時間的関係が決定的意味を有っている。それと同じようなことが芸術制作に際しても起ってくる。対象が華やかな色を帯びたり、寂びた色を帯びて現われてくる。「寂び」が「句の色」と云われるのは対象の色合が感覚されるからである。第一組と第二組との相違をこのように見て来たのであるが、第二組が心と対象との間隔の量的関係に飽くまでも終始するというわけではない。間隔の量的関係はまたおのずから対象の性質を規定するから、そこに対象の色合が出てくるのも必然である。量から質へ不知不識《しらずしらず》に移動のあることは十分に認容して置かなければならぬ。

次に第三組には美的価値でない他種の価値が著しく混って来ている。「厳かなもの」では倫理的宗教的価値が重さを与えているし、「可笑しいもの」では学問的知的価値が軽さに寄与している。この第三組に属するものを第一組と第二組との美約価値に対して仮りに準美的価値と名づけることが許されるであろう。また第一組にあって「華やかなもの」の側には美的価値が孤在的に濃厚な色彩で現われているが、「寂びたもの」の側には「厳かなもの」と「可笑しいもの」との影が宿されている事実に基いて美的価値が複雑な色調にまで円熟して来ている。この視圏から三組の対立関係を再吟味して見れば、美的価値が最も純粋に現われているのは第二組の「太いもの」と「細いもの」との対立関係であり、第一組の「華やかなもの」と「寂びたもの」との対立関係には美的価値以外の価値が混淆《こんこう》し始め、第三組の「厳かなもの」と「可笑しいもの」との対立関係に於ては他種の価値が更に優勢を占めて来ているのである。

なお三組の対立関係に於て、対立者相互の否定関係を考察して見よう。第二組の「太いもの」と「細いもの」との間では一旦否定し合ったならばその関係が定着して不動のものとなる。「細いもの」が否定されて「太いもの」になるか、「太いもの」が否定されて「細いもの」になるか、そのいずれかが一旦選ばれるならばそれが決定的意味を有ってくる。選択をし直おすこと、否定をし直おすことはもちろん可能であるが、その選択的否定の一方から他方へ急速にまたは漸次に推移する必然性のごときものは否定の性格そのもののうちには決して存在していない。風流な「心」の主観的決定が客観を一義的に固定させてそこに不動性が見られるのである。然るに第一組の「華やかなもの」と「寂びたもの」との間では一方の否定性が時の経過と共に次第に否定力を増してゆく必然性を有っている。「華やかなもの」が漸次に否定されて「寂びたもの」へ推移する必然性が風流の構造の中に存在しているのである。「予が年やうやう四十二、血気いまだおとろへず、尤《もっとも》句のふり花やかに見ゆらん。しかれども老の来るにしたがひ、寂びしほりたる句、おのづからもとめずして出《いづ》べし」(「贈落柿舎去来書」)ということが何等かの意味で云い得るように「華やかなもの」から「寂びたもの」への漸進性が対象の「色」に濃淡するのである。第三組の「厳かなもの」と「可笑しいもの」との間にはどういう否定関係があるかというに、常に互に否定し合う性格を否定性そのもののうちに必然性として有っている。「厳かなもの」は「可笑しいもの」へ、「可笑しいもの」は「厳かなもの」へ常に急速に転化しようとするのである。「厳かなもの」は主体小と客体大との関係に基き、「可笑しいもの」は主体大と客体小との関係に基いている。そうして大とか小とかは相対的なものであるから、立脚地に即して位置の顚倒《てんとう》が行われ、大と小とがたちまち交代するのである。「天文を考へ顔の蛙かな」では、蛙の世界が人間の世界へ移ることによって、主体小に主体大が交代し、客体大に客体小が交代し、ために「厳かなもの」が「可笑しいもの」へ転化している。すなわち小主体としての蛙と大客体としての天空との関係に基いた「厳かなもの」が、大主体としての人間と小客体としての蛙との関係に基いた「可笑しいもの」へ転じている。「痩蛙《やせがえる》まけるな一茶是にあり」では、知的地平から倫理的地平へ上ることによって、客体小が客体大に場所を譲り、主体大が主体小に場所を譲り、その結果として「可笑しいもの」が「厳かなもの」へ転化している。小客体としての蛙と大主体としての人間との関係に基いた「可笑しいもの」が、大客体としての道徳と小主体としての人間との関係に基いた「厳かなもの」へ転じている。このような「厳かなもの」と「可笑しいもの」との間に存する交代性によって風流心は人生の悲喜劇を目撃することができるのである。要するに対立者相互の否定関係に基いて第一組には漸進性が、第二組には不動性が、第三組には交代性が見られるのである。不動性、漸進性、交代性というように可変性の増大が、美的価値に対する他種の価値の混合度の増大に比例していることは注目に価する点である。

四

以上の関係を左の図のように正八面体によって図式化して見ることができる。

六つの類型は六つの頂点を占めている。作図は先ず互に垂線なる「華」「寂」と「太」「細」の二直線を両対角線とする正方形を作ればその正方形が狭義の美的価値の面であって、対角線「華」「寂」は漸進性を、対角線「太」「細」は不動性を有っている。次にこの正方形の中心Oを過《よぎ》ってこの平面に一つの垂線を作り、その垂線上に「厳」および「笑」の二点を取って、二点間の距離を正方形「華」「太」「寂」「細」の対角線の長さに等しくすれば、直線「厳」「笑」は交代性を有つ準美的価値を表わす。そうして「厳」および「笑」の二点を正方形「華」「太」「寂」「細」の各角頂に結び付ければ、多面体「厳」「華」「太」「寂」「細」「笑」が風流正八面体である。風流の産むすべての価値はこの正八面体の表面または内部に一定の位置を占めている。

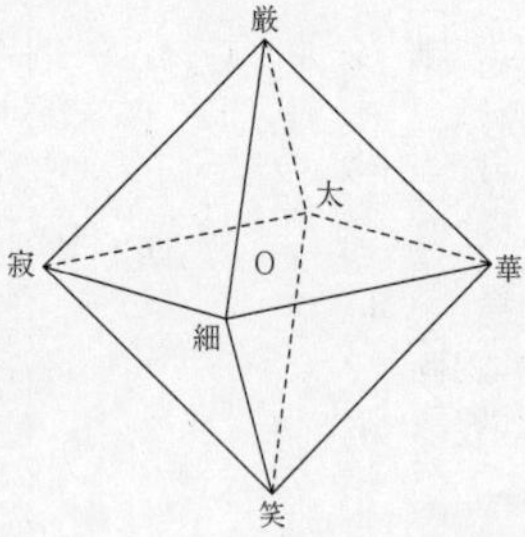

「しをり」と云われているのは「寂」「細」の二頂点を結び付けている稜を漸近線とする曲線を指しているか、或は「寂」「細」「O」の三点によって作られる直角三角形内に描かれた任意の抛物線《ほうぶつせん》を指しているか、そのいずれかであると思う。「しをり」は「句の姿」とされているが、主観的な情に対する客観的な姿であることの外になお「姿」という言葉のうちには単なる「寂び」や単なる「細み」よりも更に複雑な構造が目撃されなければならぬ。「十団子《とおだんご》も小粒になりぬ秋の風」に「しをり」があると云われているが、この句について見れば、団子も大粒から小粒に変わり、時節も夏から秋に移っている。空間的にも時間的にも漸消状態への方向を有った変化がある。そうして空間的な線または時間的な持

続の長さが句の姿の中にありありと感覚されると共に句を越えて延びている。「しをりは句の余情にあり」(「答許子問難弁」)とか「しをりは句の余勢にあり」(『誹諧語録』)とか云ってあるのもそこから理解される。

「位」というのは「厳」「細」の二頂点を結び付けている稜の上にあって中央よりは「厳」の方に近く位置しているもののように考える。「卯の花の絶間たたかん闇の門」の句の位が尋常ならずと云われている。「惣じて寂び、位、細み、しをりの事は以心伝心なり」(『去来抄』)と説かれているのに、このようにさかしらな言挙げをすることは蕉門の趣旨に背くことであるかも知れず、「細みの精神」を「幾何学の精神」に翻訳し得ると考える誤謬に基いているかも知れないが、私にとってはこれもいのちをつなぐ「ほそき一筋」の嚮導するところで如何ともし難いのである。

「まこと」は「鬼貫型《おにつら》」であるが風流正八面体の中心Oに深く沈潜している生産点を意味している。Oは自己の立体的活動によって多面体を生産するのである。すべて「只まことに基づく」(『ひとりごと』)のである。芸術制作は遠心的運動にほかならぬ。「深きより浅きに出」(同書)るのである。「名人とはさのみ面白き聞えもなうて、底深く匂ひあるをいへり。猶其奥に至りては、色もなく香もなきをこそ得たる所といふなるべし」(『俳諧七車』の序)。「まこと」の遠心運動は同時に求心運動でもあり、結局はOを中心とする渦動運動である。但し「まこと」に「現実のまこと」と「風流のまこと」との区別のあることを知らなければならぬ。「現実のまこと」は虚実論でいう「実」よりしか知らない。「風流のまこと」は「虚」「実」の綜合としての謂わゆる「正」を定石とするのは云うまでもなく、時としては「虚」そのものをも容れるものでなければならぬ。「糸切て雲より落つる鳳巾《いかのぼり》」の「実」をも「糸切て雲ともならず鳳巾」の「正」をも「糸切て雲となりけり鳳巾」の「虚」をもみなひとしく包容する度量を有ったのが「風流のまこと」である。風流にとっては「角な卵」も「鵺《ぬえ》」も「白髪三千丈」も「かささぎの橋」も「竹から生れた赫《かぐ》耶《や》姫《ひめ》」も「立上つて吼える石のライオン」もみな「まこと」であり得る。「たとへば酒に酔るものの、道路幾筋にも見え、端の三つ四つにも見ゆるがごとき、酔中の誠とやいふべき。憂にせまり喜にたへずしてはしかならんかし」(『続明烏』の序)。風流人の唯一の課題は美意識の識閾《しきいき》下に沈潜して「風雅の誠をせめたどる」(『赤双紙』)ことである。「もののあはれ」は『源氏物語』や琴曲や土佐派の絵画や遠州好みの庭園などに全面的ににじみでているが、「寂」「細」「華」の三頂点の作る直角三角形を意味するものであろう。「世の中にたえて桜のなかりせば春のこころはのどけからまし」は典型的である。「竹の葉に風ふきよわる夕暮のもののあはれは秋としもなし」も特徴を見せている。「もののあはれ」は主として平面的性格を有ったものには相違ないが、平面にあっても正八面体の中心Oへの関心を重畳《ちようじよう》する限り、実存感覚の深化が可能である。「こちらむけ我もさびしき秋のくれ」や「冬籠又よりそはむ此柱」や「去られたる門を夜見る幟《のぼり》かな」に見られるように、「まこと」から深く湧きでてくる「もののあはれ」は生き物としての人間の人間性に喰い入っている。立体は○を中心として自己を平面化する衝動を本質的に有っているかのようでもある。

「幽玄」にあっては立体性が顕著である。「なには潟あさ漕ぎ行けば時鳥声をたかつの宮に鳴くなり」や「風ふけば花の白雲やや消えてよなよな晴るるみよしのの月」などが「幽玄」とされている。「華」「太」「寂」「細」の四点の作る正方形を底面とし「厳」を頂点とする正方錐を底面に平行な平面によって斜稜《しやりよう》の中央で截《き》れば、截り口を底面とする正方錐が得られる。その得られた正方錐が「幽玄」の空間的位置を表わしているであろう。但し「幽玄」では陰影が役を演じている。風流正八面体を半透明体と仮定し、二頂点「華」と「笑」との作る稜の上に於て中央より「笑」に近いところに発光体を置くならば、幽玄正方錐は頂点に近づくに従って陰影を濃くするであろう。曩《さき》に挙げた「厳かなもの」の例のうちで「稲妻や闇の方ゆく五位の声」や「橘やいつの野中のほととぎす」や「三十日月なし千とせの杉を抱く嵐」などは「幽玄」として特殊化されている。天人が天降るという琵琶の秘曲や「阿弥陀二十五菩薩来迎図」なども「幽玄」に属している。「幽玄」の意味が平安朝を通じて変様を示したのは幽玄正方錐に恐らく次のような変化が起ったのである。すなわち幽玄正方錐の底面の各角頂が頂点「厳」と反対の方向に移動することによって斜稜を延長し、次第に底面が正方形「華」「太」「寂」「細」に接近して行った。それと同時に頂点の近くで底面に平行な平面によって截られて截頭正方錐《せつとう》になったのである。また次のような場合もあった。底面の各角頂の下降運動の速度が不同であったために、正方錐「厳」「華」「太」「寂」「細」が斜に截られたような結果になり、幽玄正方錐は底面の正方性と水平性とを失って斜四角錐として自己を規定するようになった。そうして「寂」と「太」の方向へ移動する二点の速度が「華」と「細」の方向へ移動する二点の速度よりも大であった場合には「幽玄」はむしろ「閑寂」の様態を取り、速度の関係が反対の場合には「幽玄」の意味が「妖艶」に変じたのである。また従って陰影が暗度を減じて「幽玄」は「玄《くろし》」の意味を殆ど失って「幽《かすか》」の意味にまで平淡化したのである。

「優美」は「幽玄」と反対の方向へ立体性を示している。「華」「寂」「細」「笑」の四頂点の作る四面体が「優美」であろう。「此程を花に礼いふ別れ哉」や「五月雨や傘《からかさ》につる小人形」や「梅一りん一りんほどのあたたかさ」などの領域である。双頰《そうきよう》に明るい朗かな微笑を浮べていることが「優美」の特色でなければならぬ。「もののあはれ」は「優美」の中で「笑」が失せると共に「細」が強調されたものであろう。「やさしみ」というのはその場合場合で「優美」とも一つに見られ、「もののあはれ」とも一つに見られている。「壮麗」とか「豪華」とかいうのは「華」「太」「厳」「O」の四点の作る四面体を指していると思う。「ほそくからび」に対して「ふとくおほきに」というのも風流正八面体の一頂点としての「太」だけを単に意味しているのではなく「壮麗」の四面体を云っているのであろう。「春夏はふとくおほきに、秋冬はほそくからび」(『無名抄』)と云って「雲誘ふ天つ春風かほるなり高まの山の花ざかりかも」と「打はぶき今もなかなん郭公《ほととぎす》卯花月夜さかりふけ行く」とが「ふとくおほきに」の例に挙げてある。「奈良七重七堂伽藍八重桜」や「閻王《えんおう》の口や牡丹を吐かんとす」などもここに所属する。永徳や光琳の境地である。醍醐三宝院の庭の境地だと言ってもよい。

「侘《わ》び」は「壮麗」と対蹠的なものであるが、「寂」「細」「O」の三点の作る直角三角形内に位置を有った一定点であろう。「山里は秋こそことにわびしけれ鹿の鳴くねに眼をさましつつ」も「わび人の涙に似たる桜かな風身にしめばまづこぼれつつ」も「侘びてすめ月侘斎《つきわびさい》が奈良茶歌」もみな同じである。「わぶと答へむとすれど問ふ人もなしなほわびわびて」(『芭蕉書翰集』)というように「侘び」は寂びて且つ心細い気分である。「もののあはれ」から直角三角形「華」「細」「O」を除去したのが、「侘び」の属する直角三角形である。「侘び」は「もののあはれ」の特殊化に過ぎぬ。利休の侘茶も「もののあはれ」を満喫している。すべての「侘び」は「もののあはれ」であるが、すべての「もののあはれ」は「侘び」であるとは限らないのである。「しをり」との関係を云えば、「しをり」が曲線であったのに対して「侘び」は同じ三角形内の一点である。「侘び」が一定の条件に従って運動した場合の軌跡を「しをり」と考えることもできる。「わびぬれば身をうき草のねをたえて誘ふ水あらばいなんとぞ思ふ」には宇津の山の十団子《とおだんご》の客観的即物性をそのまま再認することはできないが、主観的感情主義の銀幕に映っているしおらしい姿に「侘び」の軌跡としての「しをり」の一例を見ることが許されるであろう。その他、歌沢《うたざわ》の節廻しや墨絵の描線などで「侘び」と「しをり」との関係について教えられることがある。

以上、正八面体が風流の産む美的価値を表わすものと考えたのであるが、それに対して抗議が起らぬとも限らない。なぜならば歴史的に最も顕著な形を取った風流は「華」「寂」の対角線にあっては「寂」に偏し、「太」「細」の対角線にあっては「細」を重んじ、「厳」「笑」の対角線にあっては「笑」を選ぶという傾向を示したからである。従って風流を表わす形体は正八面体ではなく、「寂」「細」「笑」「〇」の四点の作る四面体であろうという議論も起ってくるかも知れぬ。しかし、醍醐に花見の宴を開いた豊太閤や大堰川《おおいがわ》に蒔絵《まきえ》を投じた光琳を一種の風流人と見ることに同意を拒まない限り、そういう反対論は脆くも破れてしまうのである。

昔の哲学者は地、水、火、風の四原質のうちで地の微粒子は正六面体を成し、水の微粒子は正二十面体、火の微粒子は正四面体、風の微粒子は正八面体を成すと考えたのであった。「風」の微粒子の形態とされていた正八面体が「風流」の価値体系を表わし得ることは偶然ではあるが似合わしいと考える。

五

『風流志道軒伝』の著者風来山人《ふうらいさんじん》は地、水、火、風を水、火、土、気と云っているが、「水火土気は天地の間にみちみちたる故、もとより人の体中に備へたれば、四の物みな体中より出るなり。日々の食物糞と成つて五穀の肥となる、これ人間の体より土の出るにあらずや。また小便となり汗と成るは体中水を出すなり。上に在つては呼吸、下に在つては屁と名づく、是れ体中気の出るなり」(『放屁論後編』)と体中の「風」を説いている。そうして「唐の反古《ほご》にしばられて、わが身がわが自由にならぬ屁ツぴり儒者」(『風流志道軒伝』)を罵り、「飛行自在の身となり、風に任するからだなれば、みづから風来仙人と号する」一仙人が「暑き時は涼しき風出で、寒き時は暖なる風を生じ、飛ばんと思へば羽ともなる」「仙術の奥義をこめし団扇」(同書)を有っていることを称えている。体中の「風」が呼吸を媒介として、碧空《へきくう》に吹く「風」に身を任すときに、風流の士となるのである。

要するに風流とは自然美を基調とする耽美的体験を「風」と「流」の社会形態との関連に於て積極的に生きる人間実存にほかならぬものであるが、そういう謂《い》わば芸術面に於ける積極性には予め道徳面に於ける消極的破壊性が不可欠条件として先行している。風流とは先ず最初に離俗した自在人としての生活態度であって「風の流れ」の高邁不羈《こうまいふき》を性格としている。但しその破壊性は内面的破壊性を意味しているのであって社会的勤労組織との外面的形式的断絶を意味するものではない。却《かえ》って社会的勤労組織そのものの中に自然的自在人を実現することこそ現代的には真の風流であるとも云えよう。投げ企てる風流は投げられることに懸っている。風流人は畢竟《ひっきょう》するに「選ばれし者」である。然《しか》しながら、風流への招きは「天つ風雲のかよひ路ふきとぢよ」の「天つ風」の吹き廻わしに待たなければならぬ。そうして風流による唯美主義の体験は、忽然《こつぜん》として現前する天女の舞姿に、「乙女の姿しばしとどめん」と呼びかける心の「まこと」にほかならぬ。風流は吹きはらわせる息吹から成った風神級長戸辺命《しなとべのみこと》への帰依と、雲のかよい路を降りてくる自然児風来仙人への祈願とを最後の根柢として予想するものである。

（『俳句研究』昭和十二年四月）

情緒の系図

——歌を手引として——

一

情緒の系図をたどって見ようと思うのであるが、歌を手引とすることにしよう。手引と言っては或は少し言い過ぎるかも知れない。具体的例証として歌を挙げると言った方がよいであろう。歌は感情の発露であるから、感情の諸相やその系譜的連絡を調べる場合には絶好の文献と云わなければならない。殊に詩形が小さくて、その全体に感情が盛られているのであるから、或る一定の感情の全貌を窺うには、これほど便利なものはない。

俳句と短歌とどちらがその目的に便であるかというに、短歌の方が便であると私は考える。五、七、五の俳句は文芸の上ではまるで一点のようなものである。短歌は五、七、五、七、七であるところに時の流れが感じられる。各々《おのおの》の特色を誇張するならば、俳句は空間的、絵画的であり、短歌は時間的、音楽的であると云ってもよいかも知れない。また従って俳句は客観的な叙景に適し、短歌は主観的な抒情に適するというようにも云えるであろう。短歌が、五、七、五と詠んで、七、七と結ぶところに感情の余韻を托すべき形式的構造がある。

現代人の感ずる情緒を対象とする以上は、現代の歌によらなければならない。丁度、『新万葉集』というものが発刊されつつあるから、それによることにしよう。便宜上、巻二だけに限ろう。巻二だけでも七百五十六人の歌、二千八百七十首が載っている。歌人の数から言っても、歌の数から言っても、私の目的には十分に足りている。

二

最も主要な情緒は「嬉しい」という情緒と、「悲しい」という情緒とであると言ってよい。デカルトによれば、善なり悪なりが、我々に属するものとして表象された場合に、現在の善という意識は我々に「嬉しさ」を起し、現在の悪という意識は我々に「悲しみ」を起す。スピノザの言い廻しによれば、精神が一層小さい完全から一層大きい完全に移るのが、「嬉しさ」で、精神が一層大きい完全から一層小さい完全に移るのが、「悲しみ」である。

みいのちにあへるうれしさ衰へし母が身ちかくわれは坐るも　江連詩路潮

涸れてゐし田になみなみと灌《そそ》ぐ水ランプさし寄せ見つつうれしも　片桐良

戸のすき間いまだ暗けど雀子のさへづるきこゆうれしや朝なり　川端千枝

第一の場合は、母が重態だという知らせを受けて、間に合うかどうかを心配しながら郷里へ帰った者が、未だ生きている母に逢い得た時の嬉しさである。第二の場合は、旱魃《かんばつ》に際して、田に水を灌ぎ得た時の嬉しさである。第三の場合は、病人が一晩中眠れないで、夜の明けたのを知った時の嬉しさである。いずれもみな完全性の小さい状態が先行している。それ故に、嬉しさとは、一層小さい完全性から、一層大きい完全性への推移だと言っていい。またそれは、現在の善の意識だと言ってもよいわけである。「悲しみ」の方は

韓《から》の国のをはりの王《きみ》とよろづ世に悲しき今日を言ひ継《つ》ぎにせむ　川田順

奥山秋歩

大連の駅に今日降る春の雨かなしきことは言はで別れむ

この生活《くらし》になづみ来につつ心かなし朝々母のわが靴を磨く　　川中悠行

第一の場合は、李王殿下の大葬の際の歌であるから、生から死への推移が、一層大なる完全性から一層小なる完全性への推移である。第二の場合には、別れの事実が、第三の場合には、靴を磨くのが下女でなく母だという事実が、一層小なる完全性である。「悲しい」とは、現在の悪の意識だということができる。なお、リボーは「悲しみ」に積極的のものと、消極的のものと、両者の混合しているものとの三つを分けて、積極的の悲しみとは運動の消費であり、消極的の悲しみとは運動の停止であるとした。言い換えれば、骨の折れる仕事や新しい労力の表象が「積極的悲しみ」であって、例えば試験に落第してまたもう一度その試験を受け直さなければならないというような場合である。欠損や喪失の意識が「消極的悲しみ」であって、例えば愛する人が死んだ場合である。「混合的悲しみ」は例えば金満家が破産してまたもう一度盛返そうとする場合である。然し、これらのいずれの場合でも、積極的な消費なり、消極的な停止なりを、現在の悪または一層小なる完全性と感じていることには変りない。

「嬉しい」とか、「悲しい」とかいう情緒は、心の内奥に深く感じられる感情であるが、

それらが外部へ向って方向を提示された場合に、「喜び」とか「歎き」とかいう様相を取って来るのである。例えば

勤め遅く帰りし我を声立てて喜ぶまでに子は生《お》ひ立ちぬ　冠木富美

日蝕の終れりと見るやアイヌ等はウエンカムイ去れりと喜び踊る　大江剛男

国挙る大き歓《よろこび》は新聞にラヂオに溢れ心にぎにぎし　神原克重

声や踊や新聞やラジオに溢れ出るような方向を取っていることが「喜び」という様相の特徴である。「歎き」も同様に遠心的方向を示している。

今にしてこの家売らば老いの世にいづちゆかむと母の嘆かす　大野保

寝不足を歎ける日記は山ぐにに帰りたまひし後もおなじき　大村呉楼

河井たか子

母刀自《ははとじ》が嘆かす言《こと》はさながらにかつて知りたるわが思ひなる

第二の歌は、『中村憲吉全集』の編纂者の歌であり、第三の歌は、令息の轢死《れきし》を嘆く母刀自の嘆き言を、やはり不慮に子を死なせた経験を有つ女性が聞いて歌った歌である。「喜び」や「歎き」はこういうように外への方向を有った様相であるが、「嬉しさ」や「悲しみ」と全然別のものだというわけでないのは勿論である。

ここに注意すべきことは「嬉しさ」が「喜び」に対する関係と、「悲しみ」が「歎き」に対する関係とは必ずしも同じではないということである。「嬉しさ」は興奮的な情緒であるから、もともと「喜び」へ展開する強い傾向を有っている。「嬉しさ」の受動性は「喜び」の能動性へ行かないでは止まないのである。それに反して、「悲しみ」は抑鬱《よくうつ》的な情緒であるから、「歎き」へ展開することを必ずしも必要とはしない。「悲しみ」の受動性は「歎き」の能動性へ行くとは限らない。深い「嬉しさ」が必然的に「喜び」へ推移するに反して、深い「悲しみ」は「歎き」へ開かずにみずからの中に閉じ籠ろうとするのである。その結果として「悲しみ」と「歎き」とを区別することはむしろ容易であるが、「嬉しさ」と「喜び」とを区別することは実際上は甚だ困難である。ジョルジュ・デュマも悲歎《トウリステス》に受動的のものと能動的のものとを区別することはむずかしくないが、歓喜《ジョア》に受動的のものと能動的のものとを区別するのはむずかしいと云っている。それで、この四つのものの中で、最も特色を発揮しているものは何かというに、「喜び」と「悲しみ」とである。「嬉しさ」は「喜び」に比して何か少し足りないところがあり、「歎き」は「悲しみ」に比して何か少し余計過ぎるところがある。我々が普通に「嬉しさ」と「悲しみ」とを対《つい》語《ご》として用いるよりは、むしろ「喜び」と「悲しみ」とを対語として用いるのもそのためである。

その関係に就ては、それだけにして、次に、嬉しさは「笑み」として顔面に現われ、悲しみは「涙」を誘うことがある。

ものいふと見交す目さへおのづから笑みとなりゆくうれしさにをり　加藤杉枝

生きて行く事とぶらはむ手紙書きまさに悲しく涙落しけり　川崎杜外

なおまた、「嬉しい」とか「悲しい」とかいう情緒が、謂わば末梢的に皮相化されて、外面に接した心の一帯を占めて、特殊な情緒を形成する場合がある。「嬉しい」ことの末梢形態は「楽しい」という情緒である。「楽しみ」は発生的には感覚的なものから、精神的なものへ移り行った形跡を濃厚に有っている。

加藤東籬

裏畑にけむりのごとく時雨する今朝をたのしく菜を煮てたぶる

海達貴文

寒菊を活けたる瓶のかたはらに林檎をおきてひとりたのしむ

金子薫園

父となり子となりて相抱きつつしづかに夜をねむるたのしさ

「たのし」は天照大御神《あまてらすおおみかみ》が天磐屋戸《あまのいわやと》を出で給うたときに、諸神が「手伸《たの》して」喜び歌ったところから来ているというが、手を伸ばすことは空間的の意味のほかに、時間的の意味をも有ち得る。時間的には未来へ向って手を伸ばすことである。「楽しい」とは未来への展望を判然と有っている場合もある。

川崎杜外

籠に飼ふ小さき鳥すらに生まれ来て育ちゆくものは見るに楽しも

川谷とせ

添寝せる吾の指《および》を握りつつ癒ゆるその日を楽しみまちつ　　金沢長三郎

下積の生活《たづき》はながし年金のねぶみをしつつひとりたのしむ

「悲しい」ことの末梢形態として、「楽しい」ことに照応するものは、「苦しい」ことである。三受とか五受とかいう場合にも、「楽受」に対して「苦受」が立てられている。『唯識論』によれば、順情の境に対する分別的な受は「喜受」であり、違情の境に対する分別的な受は「憂受」である。また、順情の境に対する無分別的な受は「楽受」であり、違情の境に対する無分別的な受は「苦受」である。「嬉しさ」―「喜び」がほぼ喜受に当り、「悲しみ」―「歎き」がほぼ憂受に当り、「楽しみ」がほぼ楽受に当り、「苦しみ」がほぼ苦受に当ると云ってよいであろう。

年月を親しく聞きしその声はいま臨終の苦しみもらす　　川端千枝

願なき身とし知る時しづかなれやさしき言《こと》をきくは苦しき　　金田千鶴

唐木田李村

行詰まる世のもとするゑを窮めつつ村を治むることに苦しむ

「苦しみ」が感覚的なものから、精神的なものへ移り行っていることは言うまでもない。今まで取扱った「嬉しさ」「悲しみ」「喜び」「歎き」「楽しさ」「苦しみ」の六つを、図式的に言い表わせば、「嬉しさ」と「悲しみ」とは円の中心に位置を占めている。「喜び」と「歎き」とは円の中心から円周へ向って引いた半径のようなものである。そうしてそれは、閉じてある雨傘をひろげるように、いつも中心が元で、半径は中心からの放射に過ぎない。「嬉しさ」の傘は開きたがるし、「悲しみ」の傘はむしろ閉じてあることに甘んじている。「楽しさ」と「苦しみ」とは中心から遠ざかって円周の近くに位置している。蛇目《じゃのめ》傘《がさ》の周辺が黒色などに塗ってあるあの部分が「楽しさ」と「苦しみ」との場所である。なお「嬉しさ」は大きく発散すると、「笑み」を越えて「笑い」に爆発するのが普通である。

寝せおけど寝せおきかねて顔出せばこぼるるばかり笑ふ吾子《あこ》かな　加藤美知子

たはむれて海に笑へる声きけばてんぐさ採りは若きをみなご　川端千枝

「悲しみ」は抑圧すると「憂い」として蓄積する。

勝田基文

妹《いも》がうれひなぐさめかねて天つ日の光りのもとに立ちつくしたり

神吉妙子

まぎれざる憂をもてば茶を立つるわが三昧の時にくづるる

ツァラトゥストラの朗かな笑いと、キリストの「死ぬるばかりの憂い」とは両極に立っている。次に情緒の余韻ともいうべきものは気分である。「嬉しい」気分は

川中悠行

吾《あ》を思ふたらちねの母世にますと心ほがらに独言したり

川田順

吾がいのち長閑《のどか》なる日もありにけり公園に来て鶴を見て居り

「悲しい」気分は

むらさきの花に蔭あり光りありみつめてゐたり暗きこころに　太田ふぢ子

雨もよひ重き心にまむかふや光しづむる菜の花の色　川口れい

なお、これらの情緒及び気分の根柢にはすべて「快」と「不快」の感情があって、指導的意味を有っている。言うまでもなく「嬉しさ」「喜び」「楽しさ」等は快感であり、「悲しみ」「歎き」「苦しみ」等は不快感である。

三

今迄挙げた情緒はいずれも純主観的な情緒であった。然るにここに、対象への志向性を主要な内容とする一群の情緒がある。主観的情緒に対して客観的情緒と名附けてもよいかも知れない。

対象が我々に「嬉しさ」を起させるものであれば、その対象に対して、我々は「愛」を感じ、「悲しみ」を起させるものであれば、その対象に対して、「憎」を感ずる。スピノザの言葉を借りて言えば、愛とは外部の原因の観念を伴った嬉しさであり、憎とは外部の原因の観念を伴った悲しみである。いったい「嬉しさ」と「愛」とは言葉の上でも深い関係を有っている。「うれし」は「うるわし」から転じた言葉であるというが、その「うるわし」は「心《うら》―愛《は》し」にほかならない。

妻を娶《めと》らば妻を愛さむとおもひけりあはれその頃の子供心に　金子薫園

そのもろ手こなたにむけていだかると吾を見てするよ児は愛しきかも　金登双紫

尻《いさらひ》に毛なき子の鳥巣に入るとうしろ見すれば愛しき様なり　川崎杜外

「憎」の「にく」は「苦飽《にがあく》」の略であるという。悲しみを齎らす対象に対して、我々は味覚的反撥を感ずるのである。

かたくなに思ひひそめてひたすらなる怒りは人を憎みそめつも　金沢ひさ子

憎まるるそれも一つの生活の張合ひとせんか事なく居りて　川端千枝

よきことはまこと寡き世ぞと知り憎まずなれるわが忘れ癖　川島園子

「愛」と「憎」との二つの情緒は種々雑多の様相を有っている。またはそこから種々雑多の情緒が生れて来る。時間的性格の著しいものに関して、「愛」の側から云えば、先ず、対象との交渉が、その時間的存在に於て、起始から出発して或る濃度に達すると「親しい」という内包的感情が生じて来る。

塀越しに朝々ものを言ひ交し親しくなりて人去りゆけり　柏原俊郎

住みつきて山家は親し宵々に雁がね渡る頃となりにし　蛯原浜寿

はぶ草は夕べ静かに葉を閉ぢぬ呼吸《いき》づくものの親しみを思ふ　大井秀子

愛する対象との交渉は、その時間的存在の存続に於て、終局を展望する限り、「飽足らない」という外延的感情を常に伴っている。

吾れに似ると人皆言へり母上の若き姿は見れどあかぬも　大辻美枝子

新旧の歌論騒然たり人間の歌を歌ひてわれあかなくに　大橋松平

それのみならず、愛する対象の消滅、即ち時間的非存在に対して「惜しい」という危機的感情を有つ。

うす紅の小さき貝殻をおもはする吾子《あこ》の爪かも剪り惜しまるる　香村かすみ

枕辺の瓶にし惜しむ花すらもとどまらなくにわれは長病む　大熊長次郎

愛は常に愛惜である。言葉の上でも、「惜し」は「愛《お》し」にほかならない。

愛《お》しまれて生くるをみなのさいはひを思ひゐる日のあたたかき窓　加藤敏子

身を愛しむ心切なり街を来て航空標識燈しばし仰ぎぬ　大塚五朗

愛が愛惜として、愛するものの背後に、その消滅を予見する限り、愛は純粋な「嬉しい」感情ではなく、「悲しい」感情をも薬味として交えた一種の全体感情である。「愛《かな》し」という全体感情の中に「悲し」という部分感情が含まれているのである。

ながらへむ望み空しき子と知りついよいよ愛《かな》しくなりゆくものか　川崎生止松

鬼灯《ほおずき》を口にふくみて鳴らしをり愛《かな》しとおもふ山の娘《こ》ろかも　金谷正二

愛惜する対象の時間的存在の非存在性は「果無《はかな》さ」という一つの独立した存在論的感情を生む。

銃音《つつおと》の響く時のま撃たれたる鳥の落つるははかなかりけり　　大越候鳥

解剖台に横たはる頬に白粉《おしろい》のかすかに残るを見るははかなし　　大塚武司

以上挙げた「親しい」「飽足らない」「惜しい」「果無い」というような感情は、愛する対象を現前に置いて、その内包的、外延的、危機的、存在論的性格を端的に感ずる現在的感情であるが、其他に、過去を回顧しながら対象を愛する特殊の感情もある。「懐しい」というのはそういう過去的感情である。この感情は想起または再認識の事実を、少なくとも仮定を、主要契機としている。

ひなげしの咲く日となりてその上のそよ風ほどになつかしきひと　　掛貝芳男

わかき日の木登りの木はいまだあり母に会ふごとなつかしきかな　　大塚虎雄

愛から派生した未来的感情もある。「恋しい」という感情は未来性を帯びている。「親しさ」が対象の現在性によって規定され、「懐しさ」が対象の過去性によって契機されているに反して、「恋しさ」は対象の欠如を未来に於て補充しようとする志向を有っている。「恋う」は「乞う」に通じて、未来に求めるところがある。

山行けば若葉の匂ひただよへりこの山道に人のこひしさ　大久保日吐男

何となく人の恋ほしくざわめける宵の巷をわがさまよへる　川上一郎

恋心切なくなりて今の今逢ひ度しと君に文書きにけり　大村つる子

プラトンのエロスが想起《アナムネシス》によって成立しているのは、「懐しさ」によって媒介された「恋しさ」にほかならない。エロスの本領は単なる過去の追憶としての憧憬ではない。未来に於て実現を要請する理念への憧憬として初めて真の意味を有っている。プラトンは「恋しさ」の心理的未来性の事実の説明に形而上的過去性の仮定を導入したのである。「恋しさ」が単に過去への憧憬である場合は、反《かえ》って、恋の先駆性が後方へ反射した映像に過ぎない。
「恋しさ」が、対象の欠如を基礎として成立している事実は、情緒の系図にあって大きい意味を有っている。それは「恋しい」という感情の裏面には常に「寂しい」という感情が控えていることである。「恋しい」とは、一つの片割れが他の片割れを求めて全きものになろうとする感情であり、「寂しい」とは、片割れが片割れとして自覚する感情である。

山里の冬はさびしも卵買ひ一人来しままくる人もなし　大森弘

古の聖賢《ひじり》の書《ふみ》にむかひても君をし見ねばさびしかりけり　大西祝

寂しければ渚に立ちて朝を見るこの青海は君につづけり　神谷昌枝

客観的感情としての「恋しさ」の裏面に「寂しさ」という主観的感情があることは注意すべき事柄である。なお「寂しい」という感情に類似したものに「佗びしい」という主観的感情がある。「寂しさ」に「悲しさ」が加わったものが「佗びしさ」であると、大体に於て、考えてよいであろう。

生きわぶるかなしみにひたとむかふ時哭きてすがらむ母をしぞおもふ　川島芙美子

道の辺の乞食に銭を投げて過ぎなほわびしさを持ちつつあゆめり　大川すみ江

人の世に佗びて住へばいにしへも情に生きて嘆きあひにし　蛯原浜寿

日本の精神生活が「寂び」や「佗び」を尊重するのは、「寂しさ」や「佗びしさ」の欠如性そのものを楽しむまでに訓練されているためである。墨色の方が色彩よりも豊富だというような逆説も、「寂しさ」が「楽しい」という悖理《はいり》と同じ心の構えである。

さびしさをたのしとおもふ野鳥らのあそびかくるる野のなかにわれは　片山広子

この山に近づく冬のさびしさを臨済の僧楽しむ如し　川田順

以上で、「愛」の側に於ける現在的感情と過去的感情と未来的感情とを述べたから、次に、「憎」の側でそれらに照応する感情を述べよう。「厭」は現前にある対象に就て内包的に感ずる現在的感情である。

人厭ふ心いだきて籠もりをりいつか秋来り空寂《さ》びにけり　川崎杜外

庭前《にわさき》は日の照あつし脂浮く汚き顔をいとひてこもる　神原克重

「愛」の側の「飽足らない」に照応して、「憎」の側には「飽」という外延的感情がある。

つれづれに折鶴いくつつくることぞ呑み飽きたりし粉薬の紙に　川端千枝

議会傍聴あきて出で来し百姓のわれは疲れて浅草に来つ　河合一路

「愛」の側では、消滅に対する「惜しい」という危機的感情があったが、「憎」の側には、存続に対する「煩わしい」という世紀末的感情がある。

古り妻はいよいよ古りて言ふことのあな煩はし朝夕べに　　川崎杜外

次に、過去的感情としては「愛」の側の「懐しさ」に照応して、「憎」の側には「悔」がある。「悔」も過去の想起を主要契機としているが、特に自己の過失または罪悪に関する想起である。

忙しさにしみじみ抱きし日も稀ら吾児《あこ》を死なせて後悔いにけり　　金子不泣

うら若き人の心の一途さにほだされもせば悔を重ねむ　　川端千枝

「愛」の側の「恋しさ」に照応する「憎」の側の未来的感情は「恐」である。「恐」とは事物及び事象の未来に於ける生起に対する憎みの情緒である。

貧しさに妻子の心いぢぎたなくなりはせぬかとひそかに恐る　大沢　勇

たなぞこに数へおづおづと出す人の銭は薬価の半ばに足らず　大塚英都代

癒えがたきつひの病かこころおそれ医師にしたがひ戸かげにたてり　川端八洲人

以上は時間的に着色された愛憎の様相を挙げたのである。

四

次に、愛憎の様相にあって、時間的規定を離れて、㈠対象そのものの一般的存在性格に規定されているもの、㈡対象の特殊的作用に規定されているもの、㈢対象の所有性格に規定されているものの三つに就て述べよう。

第一に、対象そのものの性質に規定された愛憎の様相を挙げれば、先ず愛の側では、愛する対象の存在性格が自己と比較して大きいか小さいかによって、愛が様相を異にして来る。愛する対象が自己よりも小さい場合には「労《いたわ》り」の感情が起る。

瀬戸鍋を安く買ひ来て喜べり貧しき妻はいたはりやらむ　川端春歩

をみな子はただいたはられ生きよといふ母の言葉をききわけてをり　太田稔子

「労り」という客観的感情の裏面には「優しさ」という主観的感情がある。

冴えわたる月の下びにいとせめて妻にやさしく物は言はばや　大橋松平

張り裂くる胸いつぱいの涙なりやさしき言《こと》はのたまふなゆめ　神谷昌枝

「優しさ」は「労り」の主観的側面であるが、労られるものもまた「優しさ」を主観性として有っているのが普通である。「優しさ」を主観性として有っていないものは、他の「優しい」主観によって、労られる値打のないものである。労られる値打のないものを労ることは、単純な人間性を越えた事柄である。「労り」は後に取扱う「憐み」とつまりは同じものである。なぜならば、愛する対象の存在性格が小さいということは、愛する対象の所有物が憎むべきものであることと結局は同じである。愛の特殊相としての謂わゆるアガペの系譜的位置も主としてここにあると思う。アガペは人みなを労る愛憐の形を取る場合が多い。

順礼の子を呼びとめてものめぐむ人もありけり秋の夕ぐれ　　落合直文

逢ひぬれば母と呼ぶべき父の妻なさけ籠りしことを宣らしぬ　　神沢弘

愛する対象の存在性が自己よりも著しく大きい場合には「畏れ」の感情が起る。

畏《おそれ》さに泪たまりてあふぎたり我大君は挙手をたまへり　　上坂信勝

八十四歳秋のみ筆と書き添へて父がみ文を手筥にしまへり　　川島園子

その場合に、愛情が濃《こまや》かであると「甘え」の感情が起りがちである。

赤子抱く我に甘えて泣き寄る子兒とはいへど汝も幼なし

冠木富美

甘味を味うのは、甘える方と甘えられる方と双方ともである。この「甘え」の甘味は愛の味として、「憎」の苦味に対しているもののようである。謂わゆる情感の神秘主義の甘い惑溺は情緒のおのずからな行き方だとも云える。

こんどは憎の側へ移れば、憎む対象の存在性格が自己よりも小さい場合には「蔑《さげす》み」の感情が起って、屢々《しばしば》冷笑を伴う。

みづからを狙へる銃《つつ》に目をやりて冷たく笑みし時か撃たれし

奥村奥右衛門

板仕上ぐる鉋《かんな》削りも粗《あら》きままやめねばならぬ手間安き仕事

奥田和男

憎む対象の存在性が自己よりも著しく大きい場合には「諦め」の感情が起る。

諦めよあきらめよと母がいふこゑを血を喀きながら我はうべなふ　大野虎治

人と生れし寂しさにさへ堪へてありその余のことは忍ばざらめや　沖本重虎

愛憎の対象が非常に大きい存在性格を有っている場合に、「畏れ」と「諦め」とが融合して帰依忍従の混合感情を生ずることは宗教的情操に於て見られることである。

第二に、対象の特殊的作用に規定された愛憎の様相を挙げれば、愛すべきものが与えられた場合に愛を以て反応するのが「恩」すなわち感謝の情である。

いたはりつつ且つ励ましし恩愛に思ひ到れば荒き涙あり　太田青丘

塀の外をかけゆく吾の幼児に気をつけくるるどなたの声か　大橋茂代

それに反して、憎むべきものが与えられた場合に憎みを以て反応するのが「怒」である。

この四五日人に関はる怒ありて感冒《かぜ》荒《あれ》の咽喉にまづき飯食ふ　金子信三郎

腹立ちて早寝せし我が枕辺に妻は着物を縫ひ初めたり　川端春歩

怒が抑鬱的持続的になったのが「怨」である。怒は通例興奮的突発的であるから、愛の側の恩に対応する憎の側の情緒は、怒ではなく、怨である。

母は誰もうらまず責めず目を瞑《と》ぢぬわが十一の秋寒き夜に　金子薫園

おもひつくし恨みつくして長き夜のあかつきくらく出でてゐし月　太田水穂

怒が正義感に根ざして道徳的様相を取ったものが「憤」である。　江村定憲

この国のジャーナリストの無気力を憤りつつしかもうべなふ

川辺森兵

いつはり多き社会《よ》と思ひつつありなれて憤ることもなくて過ぎ来し

第三に、対象の所有性格に規定された愛憎の様相を挙げよう。自己の所有物が、愛すべきものであれば、「誇」の感情が起る。

川口梢

乗馬服手綱さばきをほめられつつ見し日に似たる今日の空かな

奥村奥右衛門

一天の君おはしますみあらかにまうのぼり来つわが父よ母よ

「誇」が持続し変質すると「高慢」の感情になる。

江波戸白花

見覚えの無きつらなれど景気よくわれも帽子に手をかけしかな

自己の所有物が、憎むべきものであれば、「恥」の感情が起る。

はづかしきほどには饑ゑず貧しとふ言葉はいまだ遥けかるらし　大橋松平

つき詰めて生きんと願ふ此の村の娘等は髪のおどろを恥ぢず　唐木田李村

「恥」が持続し変質すると「卑屈」の感情になる。

人の前に肩を落して坐る癖は店を閉ざしし頃よりの事か　河内英壮

次に、他者の所有物が、愛すべきものであれば、「羨」の感情が起る。

恩給に安けく暮らす友は我が植うる代田《しろた》を見て通りたり　金岡正男

金沢種美

おもふまま為《し》たいざんまい為《し》つくして死にゆきし父はうらやむべかり

他者の所有する愛すべきものを、自己が代って所有しようとする競争心が加わると、「羨」が「妬み」となる。羨みにあっては、他者はむしろ愛の対象であるが、妬みにあっては、明白に憎の対象である。次の二首には嫉妬が隠れていないとも限らない。

特価品あらけなく選る女人らに混りてはをれ心おくれつ　　香　美雅子

格子越しに見ゆる今宵の月淡し夫《つま》は帰らじと思ふわびしさ　　川津てる子

特価品を選り取りする「女人ら」に対してひそかに競争心を起して、彼等を憎んでいるならば、また夫の帰宅しないのが、夫の領有に競争者のあるためだとして、その競争者を憎んでいるならば、そこには嫉妬がある。

他者の所有物が、憎むべきものであれば、他者が憎の対象である場合には、「いい気味」という感情が起る。

高文試験に落ちたる友を慰めゐる我の心はたのしみてはゐぬか　大下三雄

然しながら、他者の所有物が、憎むべきものである時には、他者は憎の対象であるより

はむしろ愛の対象であることが多い。その時に起るのは「憐み」の感情である。

潰《く》えそめしレプラ患者の顔みつつ憐憫のこころしばしおこらず　大屋一三

相離れをればかたみに憐みて生きゆくことをとぶらひ合へり　川崎杜外

「憐み」は必然的に「労《いたわ》り」である。そうして一方には、万物が他者として自己に対することと、他方には、万物が有限性の極印を捺されていることとに基いて、憐憫の情は万物へ向って注がれるのである。

田疲れの馬の寝息をあはれみつおそき夕餉の箸とりにけり　片岸芳久美

翁草の花をあはれみたもとほる草生の径は砂浜に尽く　大黒富治

またそれと同時に万物が自己と一つに融け合って来る。万物は、有限な他者であって、且また有限な自己である。それが謂わゆる「もののあはれ」である。「もののあはれ」とは、万物の有限性からおのずから湧いて来る自己内奥の哀調に外ならない。客観的感情の「憐み」と、主観的感情の「哀れ」とは、互に相制約している。「あはれ」の「あ」も「はれ」も共に感動詞であるが、自己が他者の有限性に向って、また他者を通して自己自身の有限性に向って、「あ」と呼びかけ、「はれ」と呼びかけるのである。なお、さきに中枢的な「悲しみ」に対して、末梢的な「苦しみ」があることを云ったが、「哀れ」もまた「悲しみ」に対して一種の末梢的な地位を占めていると云える。「哀れ」は「もののあはれ」として飽くまでも即物性を有っている。

馬を売る話まとまり囲炉裏辺に手打の音はあはれなりけり　加藤明治

鐘鳴りて施餓鬼《せがき》船行くあはれさを川辺に立ちて吾は見て居り　海老沢欽三

政党時代の時の人あはれ生死《いきしに》もいまは知られずなりにけるかも

河村千秋

五

純主観的情緒である「嬉しさ」「喜び」「楽しさ」「悲しさ」「歎き」「苦しみ」等が快感か不快感かのいずれかであることは既に言ったが、客観的情緒の根柢にも快、不快の感情が存していて、指導的意味を有っている。愛とその諸様相、例えば「親しさ」「懐しさ」「恋しさ」「恩」「誇」等は快感に属する。その反対に、憎とその諸様相、例えば「厭」「悔」「恐」「怒」「恥」等は不快感に属する。尤も、「怒」には快感も伴うものとされている。「蔑み」は憎の対象に対して起る感情であるが、矮小《わいしょう》な対象を見下す自己の大さの自覚を伴うがために、むしろ快感である。謂わゆる浪漫《ロマン》的イロニーは万象の矮小性虚無性に対する天才的優越感に基くものであるから、情緒の系図では、「蔑み」に根を下しながら、後に出る「可笑しい」と「美しい」の情感の薫りに花を開いた芸術的快感であると云ってよい。「諦め」も同様に憎の対象に対して起るものであるが、対象の巨大性の中に小さい自己を没することによって、快感を獲得するものである。その反対に、愛する対象の巨大性に対して起る「畏れ」は、自己の矮小性の自覚を伴う限り、純粋な快感ではない。「いい気味」は憎の対象である他者が、憎むべきものを所有している場合に起る感情として、否定の否定によって、快感に属する。「憐み」は愛の対象である他者が、愛すべきものを所有している場合に起る「羨」は、むしろ不快感である。他者が、憎むべきものを所有している場合に起る感情であるが、それは愛する対象の存在性格が小さいことに外ならない限り、自己の優越感も交って、快、不快の混合感情である。「哀れ」が単純な「悲しみ」の様相でないわけも、「憐み」と相制約する情緒として、憐れむ者の快感と憐れまれる者の快感とを部分感情として有っているからである。

要するに、今迄挙げた感情は、主観的感情も客観的感情も、すべて快、不快の感情によって指導されていた。それに反して、ここに緊張、弛緩の感情によって指導されている一群の情緒がある。今迄挙げた情緒の中にももちろん緊張、弛緩の感情が種々の形で混入していた。殊に、未来的感情としての「恋しさ」と「恐」とには緊張感が多分に入っていた。それにも拘らず、快、不快の感情が指導的意味を有っていたと考え得る。これから挙げる感情の群にも、快、不快の感情は依然として色彩を鮮かにしているが、しかも指導的意味は緊張、弛緩の感情へ移ってしまっていると云えるのである。この一群は勝義に於ける未来的感情である。三つに分けて述べよう。

先ず第一に、「欲」の情緒または欲に伴う情緒がある。欲の対象は常に未来の圏内に在るから、欲の情緒は緊張を本質とする。古来、五情として喜、楽、欲、怒、哀を挙げる場合にも、七情として喜、怒、哀、楽、愛、悪、欲を挙げる場合にも、欲が主要な情の一つとして数えられている。

銭欲しとおもふこころを叱りつつむかへばしろき岩木嶺の雪　加藤東籬

おほかたのものは消化をせずなりし腹に生きよき魚を食ひたし　大野虎治

花買ひてかへる心となりにけりこの静けさや幾日欲《ほ》りせし　金子薫園

欲が可能的対象へ緊張するのは、現実に於ける対象の欠如に基いている。欠如に対する主観的感情が「寂しさ」である。人間が個体として存在する限り、存在継続の「欲」と、個体性の「寂しさ」とを、根源的情緒として有つことはおのずから明かである。「欲」と「寂しさ」の在るところに個体が在ると云ってもよい。そうして「寂しさ」は一方に自己否定に於て「哀れ」と「憐み」（アガペ）へ放散すると共に、他方に自己肯定に於て「恋しさ」（エロス）の裏づけに集中する。博愛的放散と恋愛的集中とを同時に呼吸するところに「寂しさ」の生命がある。欲はどう展開するか。欲が達せられた場合には、緊張が弛緩して、「満足」の情が生ずる。満足は弛《ゆる》んだ快感である。

ふたりゐて足らふ心に黙《もだ》しをり風わたり来て松葉をふらす　奥貫信盈

十日余りを遊び足らひて父母は雪降る郷にまたかへります　大石逸策

欲が達せられない場合には、「不満」の情が生ずる。「不満」は満足ほどの弛緩性を有っていない。半ば弛み半ば張った不快感である。

足ることなく過ぎし一生《ひとよ》を言ひ出づる母の願ひは我にかかれり　加藤淘綾

むさぼりてよむ汝《な》が文の短きをもの足らず思ひくりかへしよむ　大野一雄

満足は「嬉しさ」と「楽しさ」とに分肢し、不満は「悲しみ」と「苦しみ」とに分肢する。

第二に、「疑」と「惑」の情緒がある。いったい、「欲」にあっては、対象が一定していて、その一定した対象への関係が緊張感となるのであるが、対象が一定しないで、対象と対象との間を振子のように来往するところに、一種の緊張感を生ずるのが、「疑」と「惑」とである。言い換えれば、志向の対象が未来の地平に動揺することによって生ずる緊張の情緒である。そうして、未来に残されている決定の根拠が、客観の側にあると考えられた場合が「疑」の情緒である。

手にをへぬ児をさとしつつ教育のちからうたがひて思ひ疲るる　金森宏

猜疑《うたがひ》の心ゆらぎもなごみてはさらに寂しくおもひしづめり　大屋一三

未来に残されている決定の根拠が、主観の意志に依存すると見られた場合が「惑」の情緒である。

遠く見て在り経しものの身に近くあるに驚き心惑へり　川崎杜外

第三に、「欲」の対象への到達に関して「疑」がある場合には「希望」と「心配」とを生ずる。「希望」とは、愛すべき対象を未来の時間的地平に有ち、且つその到達に或る度の可能性がある場合に起る情緒である。希望は張りきった快感である。

幸福のわれにめぐりてくるごとく咲きはじめたる日まはりの花　　海達貴文

日《け》ならべて熱出でぬ身のさわやけしもの多く食ひて我は肥《ふと》らむ　　加藤淘綾

それに反して、憎むべき対象を未来の時間的地平に有ち、且つその到来に或る度の可能性がある場合には、「心配」の情緒が起る。心配は張りきった不快感である。

くすし達寄りてひそひそ話しをり我父にかかはることならむか　　河内英壮

亡き人が永く閲きて手ずれたる言泉はいかになりゆくらむか　　加藤意沙弥

希望の中には心配が含まれ、心配の中には希望が含まれている。希望に対する蓋然性が極めて大きい場合には、「頼もしい」という感情が起る。緊張した快感である。

あかときと白みそめたるひむがしにほのかに焼くる雲はたのもし　大塚泰治

蓋然性が確実性に達した場合には、「確か」という感情が起る。これは希望通りの結果になった場合であって、弛緩した快感である。

落葉松《からまつ》の林なかばの下り坂予感まさしく湖が見ゆ　川端千枝

反対に、蓋然性が小さい場合には、「覚束無《おぼつかな》い」という感情が起る。この感情では、緊張は弛緩に傾いている。不快感である。

掛貝芳男

忘れよと書き給ふにはあらねどもおぼつかなしや此ごろの文

蓋然性が次第に減少して零になれば、「絶望」という感情が起る。弛緩した不快感である。この「絶望」という感は、希望の側から減少の極限として、感じられたものであるが、心配の側から見れば、心配通りの結果になった場合である。

ながらへむ望み空しき子と知りついよいよ愛《かな》しくなりゆくものか　　川崎生止松

なお、希望が反対の結果に突然なった場合には、「失望」という特殊の情緒が起る。失望は弛緩した不快感である。

暖くならば癒えむとたのしみしを桜の花も散るといふなり　　川端千枝

また、心配が反対の結果を見た場合には「安心」という情緒が起る。安心は弛緩した快感である。

指きりてちかへば安く居る児なりそのをさなさよおかしがたしも　川端千枝

「希望―心配」関連の中の客観的「疑」の契機に主観的「惑」も加わった一種の全体的緊張感が「不安」の情緒である。

日に幾度通ふ厠《かわや》に新聞の相場の記事を我は読みつぐ　大野虎治

一か他かの決定を孕んでいる危機の情緒が、すなわち「不安」である。不安は不快だとは限らない。緊張感の具体的全体として、不安は人間欲の緊張性そのものによって本質的に制約された気分、未来の可能性を本質として孕むものの懐妊の情緒である。第一次欧洲大戦後の謂わゆる「不安の哲学」は、この情緒に根ざしている。

六

興奮、沈静の感情が指導的意味を有っている情緒もある。もちろん「怒」や「恐」や「失望」などにあっても、興奮が強度に達し得るが、「怒」と「恐」にあっては快不快の感情が、「失望」にあっては緊張弛緩の感情が優勢に支配していた。それに反して、興奮、沈静が指導的意味を有っているのは「驚」の情緒である。

居ながらに眠れる人の時をりに驚く顔を見てゐたりけり　　鎌田敬止

移さむといだき上げたるうたたねの吾子《あこ》の重きに驚きにけり　　江原青鳥

指折りて驚かさるる年月の春はふたたび目の前にあり　　奥田冨雄

「驚」は快不快のいずれにも属しない謂《い》わゆる中性的無記感情である。不苦不楽受である。快も不快も倶に非ざるこの倶非の受を、デカルトが一切の情緒の中の第一のものと見たのは、或る意味で正しい認識であると言わなければならない。アリストテレスも「驚」を哲学の出発点と考えた。驚は偶然性に伴う存在論的感情である（拙著『偶然性の問題』中の「偶然性と驚異の情緒」、及び『人間と実存』中「驚きの情と偶然性」の章参照）。決定論の立場から、一切の偶然を斥けたスピノザが、驚を情緒として認めなかったのは興味ある事実である。偶然ということには三つの性質がある。第一に何か有ることも無いこともできるようなものが偶然である。第二に何かと何かとが遇うことが偶然である。第三に何か稀れにしかないことが偶然である。従って驚の情もこの三つの方向を示している。

事あればありて驚き事なくば事なきままに疲るる心　川口梢

有ることも無いこともできるところの偶然が有った場合に驚くのである。

おどろきは宿直室の戸をあけてかくもよせたるいちめんの霧　大木雄二

戸をあけたときに、眼と霧とが遇ったその偶然に驚いたのである。

物をもちて人をへだつる習性を時に吾が上に見出でておどろく　大屋重栄

常に見るのではなく、時に、稀れに、見出したその偶然性のために驚くのである。古語で眠りから覚めるのを驚くというのも、何かの偶然がたまたま潜在意識を驚かせて目覚めの機縁となるからであろう。

偶然の第三の性質である稀有ということは「珍しい」という一種の独立した情緒に展開する場合もある。

大塚泰治

青田の中をバス行く道は平凡にてめづらしきごとし理髪店あるは

鹿児島寿蔵

もみぢあせし荒山の上にあすならうの青きひともと仰ぎともしむ

「珍しい」という情緒は既に無記性から快感へ移りかけている。「ともし」という言葉が「乏し」「珍し」の意味から「愛らし」の意味へ移って行っているのは、そのためである。「珍しい」ことが、同時に小さいことであって、そうして突然に場面に出現すると「可笑《おか》しい」という一種の驚の感情を起す。

小走りにわが前をゆく犬の乳房赤くはりきりてゆさゆさ動く

鎌田吉三郎

可笑しい時に笑うのは何故か。赤くはりきった乳房などは通例隠されているものであり、また隠して置くべきものである。この「べし」という目的理念に背馳して、ゆさゆさ動いてまで見えるのは、目的理念の実現に失敗したことである。他者の失策に関する「いい気味」は、自己の「喜び」として笑いを誘うのである。少なくとも発生的にはそうである。但し、現に与えられたものが、その目的理念と矛盾していることを把握するのは高等な知性の働きであるから、「可笑しい」という感情は、著しく知的、論理的な感情である。「可笑しい」と感ずるのは、すべて小さいことであり、従って我々は軽い気持で喜んで、笑うのであるが、その反対に、大きいものに関する驚きは「厳《おごそ》か」という感情をひき起す。

はろはろと天に向ひておもふことはてしもあらず銀河のながれ

上林ふみ子

大きい「厳か」なものは、外界に於てのみならず、内界に於てもある。

物学び多くを知らぬわが母のやまとをごころ尊くありけり　　影山正治

カントは驚歎と崇敬をもって自分の心を充たすものは、上では星の空、内では道徳法であると云った。「厳か」という感情は、道徳的な色彩に富んだ感情である。なお、「可笑しい」ことが殆ど常に快感であるに反して、「厳か」なことは、「畏れ」と同様に、快不快の混合感である場合が多い。

小さいものに関する驚きが「可笑しさ」であり、大きいものに関する驚きが「厳か」であるに対して、雑多の統一に対する驚きは「美しい」という感情である。

屋根のそり両翼ののび此堂のととのへる美のもてる静寂　　河合千代子

「美しい」という感情が、芸術的感情であるのは言うまでもない。

驚きの対象に関して、存在の理由が知性の透徹を欠くとき、そこに「疑」が混入して「怪しい」という感情が起る。

元結の切れて暗める朝鏡まがまがしさは思ふべからず

川添ゆき子

この「怪しい」という驚きの感情は、宗教の成立に不可欠のものであり、宗教学者の謂わゆるマナへの通路をなしている。

「驚」の情緒が、知的情操、道徳的情操、美的情操、宗教的情操へ発展すべき系譜的意義を暗示し得たと思う。

兎も角も、興奮沈静情緒としての驚は本来、偶然性の情緒であると云ってよい。それに対して、緊張弛緩情緒のすべては未来の可能性に関するものであるから、可能性の情緒であると云ってよい。また、それらの二つに対して、感情の一延長説をも基礎づける快不快情緒を必然性の情緒と呼ぶことも許されるであろう（拙著『人間と実存』二二一―二二八頁〈本書二八四―二八九頁〉参照）。

七

情緒の系図をたどって見た。数ある情緒の中で最も屢々見られるのは、第一に生存または存在そのものに関する「驚」と「欲」、第二に特に自己保存に関する「恐」と「怒」、第三に種族保存に関する「恋」とその裏面の「寂」、第四に生存の充実不充実の指標として主観的感情の「嬉」「悲」、客観的感情の「愛」「憎」等であろう。自己保存は独在的自我性に於て機能するから、他者に対する憎に主力を注いで、「恐」の防衛的消極性と「怒」の攻撃的積極性の形を取るのである。種族保存は相互塡補的間主体性に於て作用するから、欠如自覚としての「寂」を基礎に有つと共に、塡補要請としての「恋」を他者に対する愛の地平に強調するのである。

私が材料に取った『新万葉集』巻二の二千八百七十首の中で、これら十種の情緒が言葉の形で有体的《ありてい》に歌の中に出ているものの数を挙げれば、「驚」が二十首、「欲」が三首、「恐」が九首、「怒」が十三首、「恋」が十二首、「寂」が百五首、「嬉」が十六首、「悲」が四十八首、「愛」が十四首、「憎」が五首であった。「寂」が絶対多数であることは、個的存在の個体性の情感的自己反省としてうなずかれる。なお、「喜」の二十首と「楽」の三十三首とを「嬉」の十六首に加えれば、合計六十九首となり、「歎」の二十四首と「苦」の八首とを「悲」の四十八首に加えれば、合計八十首となる。更に「哀」の三十八首をも後者の中に加えると百十八首となる。主観的感情に於て、「悲」及びその様相の方が、「嬉」及びその様相よりも優勢であることは首肯される。客観的感情に於て、「愛」と「憎」との割合もまず当然と考えてよい。「驚」と「恐」と「怒」の数に就ても別に言うことはない。「恋」が比較的少数であることに関しては、「寂」の擬装の下に「恋」が覆われている事実を見逃してはならないと思う。「欲」が最も少ないのは、主として次に述べる事情によるものであろう。

いったい、今挙げた数字は種々の制限を有っている。第一に、歌に盛られた情緒が、その情緒を表わす言葉として歌の中に出ているとは限らないから、今の数字は、一定の情緒を歌っている歌の数と同じではない。例えば、「恋」という言葉が歌の中に出ているのは、十二首に過ぎないが、恋歌は数十首ある。第二に、一定の情緒が感じられることと、その情緒が歌に詠まれることとの間にもかなり違った比例が成立つことは云うまでもない。「寂」「悲」等は歌として表現される場合が多いが、「欲」「憎」等は歌の作因となる場合が甚だ少ない。「欲」が最少数であり、「憎」がそれに次ぐのもそのためであろう。第三に、この集に採択を決定した選者の嗜好ないし意向が反映されて、或る種の情緒を盛った歌が、意識的または無意識的に排斥される傾向があったというようなことも考え得る。二千八百七十首の中で恋歌が僅か数十首しかないという事実は、主としてその点に帰因すると思う。数字はこれら種々の制限の下に、研究材料としての価値を有つだけである。

ついでに、主要な情緒として「驚」「欲」「恐」「怒」「恋」「寂」「嬉」「悲」「愛」「憎」の十種の例を古えの『万葉集』から引用して置こう。

大伴家持

夢《いめ》の逢ひはくるしかりけり驚きてかき探《さぐ》れども手にも触れねば
大伴旅人

いにしへの七の賢《さか》しき人どもも欲《ほ》りせしものは酒にし有るらし
石川郎女

春日野の山辺《やまへ》の道を恐《おそり》なく通ひし君が見えぬ頃かも
読人不知

慨《うれた》きや醜《しこ》ほととぎす今こそは声の嗄《か》るがに来鳴きとよまめ
山部赤人

高くらの三笠の山に鳴く鳥の止《や》めば継がるる恋もするかも
柿本人麿

さざなみの志我津《しがつ》の子らが罷道《まかしぢ》の川瀬の道を見れば寂しも
藤原皇后

吾背子《わがせこ》と二人見ませばいくばくかこのふる雪の嬉しからまし
高市黒人

売比《めひ》の野の薄《すすき》押しなべ降る雪に宿借る今日し悲しく思ほゆ
山上憶良

愛《は》しきよし斯《か》くのみからに慕ひ来し妹《いも》が心の術《すべ》もすべなさ

われこそは憎くもあらめわが宿の花橘《はなたちばな》を見には来じとや

読人不知

八

以上述べて来た情緒の系図を左のように図示することが出来る。

左の図は、なるべく簡明であるために、余りに派生的な情緒は省略した。そうして、主要な十種の情緒は大きい円であらわして置いた。「欲」と「寂」とを包む点線の円は、個的存在としての人間の中核を示している。その直ぐ上と、直ぐ下には、緊張弛緩の感情が位置を占めている。更に上部には、興奮沈静の感情である「驚」の周囲に、謂わゆる情操または高等感情の構成要素が一群をなしている。下部には、「嬉」「悲」「愛」「憎」を四つの中心として、快不快の感情が多様に展開している。「恐」と「怒」とは動物進化上に意義のある本能的情緒と言ってよいであろう。「寂」「哀」「憐」「愛」「恋」をつなぐ線が、特に人間学的重要性を有っていることは、看過してはならない。個体性の「寂」と有限性の「哀」とが論理的関係にあること、主観的な「哀」と客観的な「憐」とが相制約し合うこと、「愛」が自己否定的な「憐」(アガペ)と自己肯定的な「恋」(エロス)との二方向を弁証法的に内含していること、有的な「恋」の裏につねに無的な「寂」が基礎づけをしていること、等はこの図によってもおのずから明かであろう。

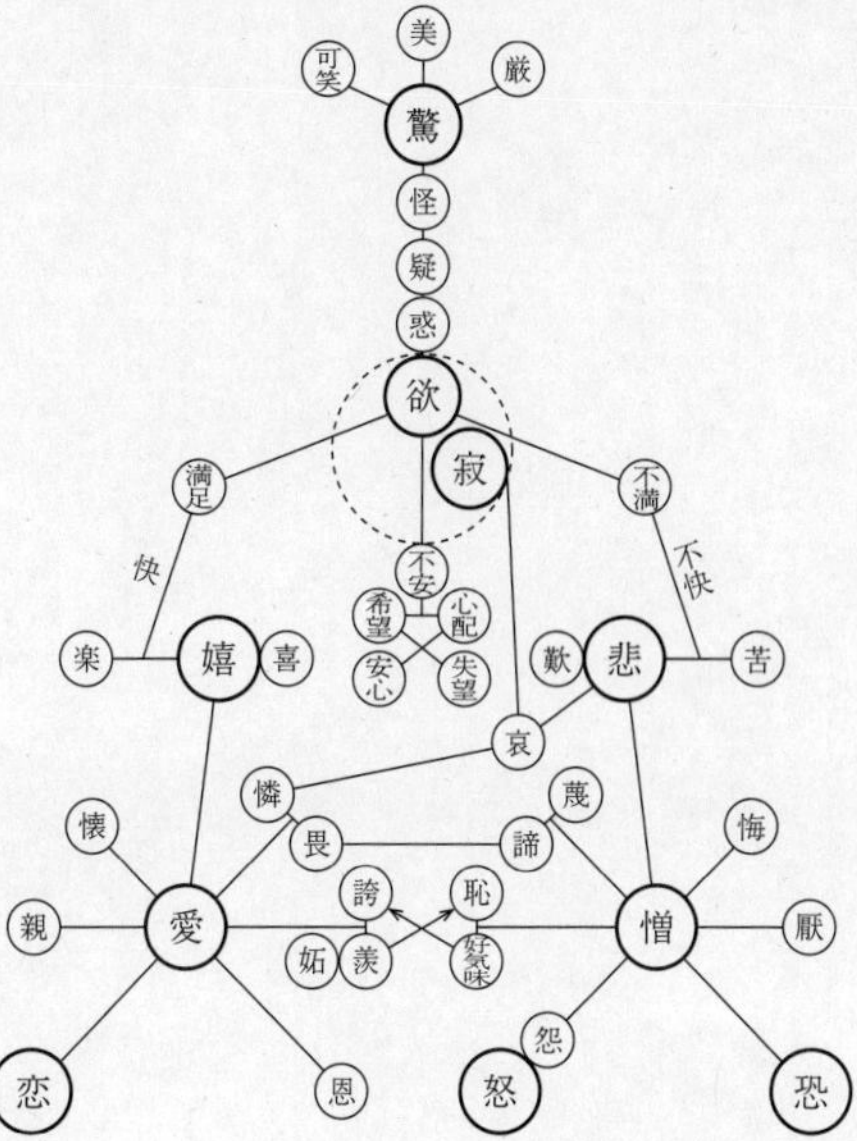

Ⅷ 文芸論

文学の形而上学

一

文学を言語によって表現されたもの全体というように解するならば、文学とは極めて広いものを指すことになる。法然の「登山状」も、貝原益軒の「十訓《じっくん》」も、西川如見《にしかわじょけん》の『天文義論』も、佐藤信淵《さとうのぶひろ》の『経済要録』もみな文学の中に入って来る。そうすると、文学の形而上学とは言語の形而上学というようなものになって来る。いま私は言語の形而上学を取扱おうとはしていない。すなわち文学ということをもっと狭い意味に解して、言語によって表現された芸術と見て、そういう言語芸術としての文学の形而上学を主題としている。そうして、ここで形而上学というのは美学に対して一般哲学を意味しているに過ぎないのであって、文学に関する哲学的考察を試みようとするのである。

文学の本質は、言語による時間芸術ということによって大略が示される。従って、文学を時間の地平に於て解明することが、文学の形而上学の主要問題でなければならないと思う。時間の問題の哲学的重要性に関しては、今更いうまでもないが、例えばベルクソンは時間について「最大な哲学諸問題の鍵はそこにある」といい、ハイデッガーも「正しく目撃され正しく解明された時間の現象の中にすべての存在学の中心問題が根ざしている」と云っている。文学が時間芸術の一つであるということは、文学の哲学的把握が如何なる仕方に於てなさるべきであるかをおのずから示唆している。

二

文学を時間の視圏から考察するに先《さきだ》って、一般に芸術の時間性に関して考えて置くことが必要である。人間存在が時間的存在（厳密には時間空間的存在）であることに基いて、人間には歴史がある。歴史は文化を産むに於て勝義の歴史となり、文化は自己の形成の中に必ず芸術を契機として含んでいる。芸術は如何なる時間的性格を有っているかというに、芸術が直観を特性とする限り、時間的には現在に位置を占めたものだということができる。直観はまのあたり見ることを条件としている。まのあたり見るのは現在に於て可能である。歴史は何等か一定の方向に動いているが、それに直角に交わる面というようなものが考えられる。それが現在である。そうして歴史が現在面へ自己を投げて謂わば自己を映したものが芸術である。東大寺法華堂の諸像や『万葉集』は奈良朝を中心とする歴史の動きの現在面に於ける投影にほかならない。為永春水《ためながしゅんすい》の『春色梅暦《しゅんしょくうめごよみ》』や初代延寿太夫《えんじゅだゆう》の清元節《きよもとぶし》は文化文政の時代の現在面に映った形像である。芸術とは歴史が現在面で円熟し完成したものである。円熟の頂点に達し、完成の極に至ったものである。円熟完成した形で直観され制作され、またそれが直観され翫賞《がんしょう》されるのである。芸術の小宇宙的構造ということが云われるが、芸術とは小宇宙として完結したものである。法隆寺の金堂、『源氏物語』、運慶の無著《むじゃく》像、雪舟の山水図、芭蕉の俳句、近松の浄瑠璃、隆達《りゅうたつ》の端唄《はうた》等はいずれも小宇宙的構造を有っている。そうして小宇宙的構造とは内的充実の最大限を意味している。そういう内的に充実し完結した形で芸術はまのあたり見られる。すなわち芸術は現在という時間性を有っている。現在の瞬間に向って Verweile doch, du bist so schön! と言い、「乙女の姿しばしとどめん」と嘆ずることが芸術の本質である。

　芸術に対して学問や道徳はどういう時間性格を有っているかというに、先ず学問は理由律に従って理由から帰結へ進むという本質的構造を有っている。帰結は理由から導き出されるのである。すべて学的理解とは一つの事実をそれを規定する制約に基礎づけることにほかならない。与えられた新しいものを既に有っている古いものによって説明するところに学的理解が成立するのである。例えば水が水素と酸素との化合物として学的に理解される場合には、水という新しく説明すべき化合物を水素なり酸素なり元素と呼ばれる古いものに還元して考えるのである。ニュートンの万有引力説も宇宙全体の運動を既に知られている地球上の物理的法則に還元した限りに於て学的認識であったのである。月が地球の周囲をめぐる運動に関して云えば、月は惰性の法則によって円の切線の方向へ運動すべきであるのに、月と地球との与えられた距離から出て来る落下の法則が要求するだけそれだけ惰性の法則の命ずる線から離れた方向へ運動するのであると考えた。すなわち月の運動という新しく説明さるべき事実を林檎の落ちる落下運動という既知の法則に還元したのである。古いものから新しいものへ進み、理由から帰結へ動いて行くのが学問の構造である。理由が起点として決定的意味を有ち、古いものが根拠として基礎的地平を提供する限り、学問の時間的性格は過去的であると言えるであろう。過去の理由が起点となって未来の帰結を導き出すのである。過去の古いものが根拠となってその基礎の上に新しいものが展開されるのである。その意味に於て学問の時間的構造にあっては過去に重点が置かれていると云っても差支ないであろう。

次に道徳はどうかというに、道徳の領域は意識的目的の支配する領域である。自然法が不可不の法則であるのに対して道徳法は不許不すなわち当為の法則であるというのも、意識的目的の支配を予想したものである。道徳は目的の実現を命令するという形を取って来る。その実現さるべき目的が仮説的命令の内容となるに過ぎないものであるとしても、または定言的命令に於て無条件に妥当する自己目的であるとしても、いずれにしても道徳的意識は目的の意識がなくしては成立しない。行為の目的が意識的に未来に於て予め把握され、未来への距離が義務としての緊張を有ち、義務が努力によって果されるところに道徳現象は成立するのである。カントが道徳法を星の耀いている空に譬えたのは単にまのあたり観照の対象としての星空の崇高性を言っているのではないと考え得る。そこには星空が「わがうえに」目的として意識され、われより星空への距離が義務として緊張性を帯び、懸隔《けんかく》の撤去が未来に於て要請されている。星空は現在に於て翫賞される芸術品としてではなく、未来に於て実現さるべき課題としての性格にあって道徳法に譬えられていると見ることができるのである。人格という概念も未来的形成可能ということを主要契機としているものでなくてはならぬ。こう考えて来ると道徳の時間的性格は未来的であるということができる。歴史の重点が過去にあるか未来にあるかというような問題も、学問的理解の立場からは過去に重点を置き、道徳的形成の見地からは未来に重点を置こうとする傾向があるように思う。

芸術は現在を、学問は過去を、道徳は未来を時間的性格として有っているとすれば、宗教はどうかということになってくる。宗教に於ては永遠ということが中心になっている。無限性を潜勢的に考えて sempiternitas の概念を立てるにしても、現勢的に考えて aeternitas の概念を立てるにしても結局は大差ない。宗教にあっては永遠の今というものが現実性を有って来る。現在の今が無限の深みを有ったものと考えられる。芸術の時間的性格が現象学的現在であるのに対して、宗教の時間的性格は特に形而上学的現在であるということができる。そうしてそこに宗教と芸術とに類似の面が見られる。

ともかくも芸術の時間的性格は現在的であるということができる。但しその場合に現在というのは点のような現在を言っているのではない。直観によって輪郭づけられた一定の持続を有った現在である。アウグスチヌスは有名な時間論にあって、現在は一点に於て過ぎ行くから延長を欠いているが、「現前的諸対象の現在」(praesens de praesentibus) は直観として持続することを説いている。点としての現在と直観に於て持続する現在との区別は極めて重要である。自然科学の取扱う抽象的時間は点として数えられる現在であり、芸術を成立させる場面であるところの現在は直観に於て持続する現在であるということができるであろう。この区別を明かにし得る面白い例がある。巴里《パリ》のルーヴル博物館にテオドール・ジェリコーの描いた競馬の絵がある。馬はいずれもみな足を前後に延ばしている。然るに早取写真が発明されて実際の馬の走っているところを写して見ると、馬は決してそのような姿勢はしないことがわかった。それで近来は次第にそういう馬の姿勢は描かれなくなった。しかしロダンは却《かえ》ってジェリコーを弁護しているのである。「写真は嘘だ。そんな瞬間というものは本当には存在しない。ジェリコーの描いたのは幾つかの瞬間にわたって現われる姿勢である。画家の方が写真よりも真理を有っている。ジェリコーの描いた馬は実際走っているように見える」と言っている。早取写真の写しているのは延長を欠いた一点としての現在である。それに反してジェリコーは持続する直観に従って現前的諸対象の現在を描いている。早取写真は自然科学の機械性に制約されている限り、抽象的時間の現在に即しているのである。画家のジェリコーは持続する現在を直観によって把えて、そこに芸術を成立させているのである。

三

芸術の時間性を考えて見たのであるが、その点から文学の時間性をも理解することができ、それによって文学を哲学的ないし形而上学的地平にもたらすことができる筈である。文学を芸術の一種と見る限り、文学の時間性は一般的に言って現在的であるということを予めいい得るのはもちろんである。しかしこの点は後になお詳しく考察する必要がある。芸術の成立する現在が自然科学的な抽象的現在ではなくて、直観に於て持続する具体的な現在であると今言ったが、そのことに関連して文学の時間的性格を明かにすることができる。

時間の現象には量的時間と質的時間との区別がされるのが普通である。量的時間とは時計の時間のように一、二、三、四、と数えることのできる時間である。かように計量される時間の特色はその単位が同質的で且つ乖離的であることに存している。各単位が同じで互に離れ離れになって居ればこそ数として加えて行くことができるのである。そうして量的時間は数学的に取扱い得る限り自然科学での時間概念の基礎をなすものである。それに反して質的時間は異質性と相互侵徹とを特色とする流動または持続である。質的時間の分割のない多様性は屢々《しばしば》音楽の旋律の流れに較べられる。音楽では一楽節は常に終りかけていながら、新しい音符の加わって来ることによって楽節全体が絶えず様相を変えるのである。旋律の流れは一つの全体であってその多様性は分割されてはいないのである。質的時間はまた光のスペクトルにあらわれる色の連続にも較べられる。知らず識《し》らず赤から橙黄を経て黄に移って行き、黄から緑を経て青に移って行き、青から藍を経て菫に移って行く。橙黄を取ってみれば、赤とも相侵し合っているし、黄とも相侵し合っている。分割のない多様性として一が他の中に入り込んでいるところに色彩の流れがあるのである。質的時間は流動そのもの、推移そのものである。量的時間は流動に静止を命じてその静止点を同時性として数えることに於て成立するとも考えられるものである。

文学の時間性は量的時間に属するか質的時間に属するかというに、むろん後者に属することは音楽と同様である。文学にあって最も量的時間に近いものは詩のリズムである。日本詩では五七調と七五調とに共通の点は十二音という数である。量的時間の言い表わし方に従えば時間が十二にきざまれている。それが詩の一句として幾つか繰返されてそこに詩の形式が成立するのである。然るに詩のリズムは人間の呼吸のリズムに基いている。すなわち一気息で朗唱され得るという条件の下に詩の一句が成立する。そうして人間の一呼吸のリズムはほぼ一定しているから、従って詩の一句の長さは各国語に於てほぼ同じである。日本で五七調も七五調も一句十二音であると同じくフランスでも最も典型的な詩形アレキサンドランは十二音である。

音節を数えるという点から見ると詩の時間は量的時間のようにも思われるが、実はそうではなく質的時間である。詩の時間は純粋な持続または流動である。そのことは五七調とか七五調とかいうことに既に明かにあらわれている。十二音を一定に句切って五七調または七五調にすることが既に時間が量的時間でなく質的時間であることの証拠である。

コモロナル／コジョウノホトリ

ミヅシヅカナル／エドガハノ

同じ十二音ではあるが、五七調と七五調とは句切りで表わされる持続の仕方如何で感じの性質が全く違っている。そこにあるものは質的時間である。流れである。フランスのアレキサンドランは十二音を等分して六音と六音とにしている。すなわち六音節目に句切りを施している。

L'amour n'a plus de goût, non plus que la dispute.

このことは一句が単に十二音から成立しているということとは大いに違っている。持続の緊張によって一句が二等分されているのであって、そこに質的なものが見られるのである。すなわち質的時間があるのである。同じ十二音であってもアレキサンドランと五七調と七五調とから受ける感じの質的相異は、女が帯を全身の中央に締めているのと、上目に締めているのと、下目に締めているのとから受ける印象の質的相異に似たものがある。短歌のリズムにしても単に三十一音という数量的なものではない。上の句と下の句とに分ければ十七音と十四音との組合せになるが、短歌の原型は五七、五七、七という長歌の結尾に当るものだというから、十二音、十二音、七音の組合せであったわけである。

秋山に落つるもみぢ葉
しましくはな散り乱れそ
妹があたり見む

唐衣きつつなれにし妻しあれば
はるばる来ぬる旅をしぞ思ふ

同じ三十一音を基礎とするものでも両者の句切りの間には琴と笛ほどの質的相異が感じられる。俳句の十七音を取って見ても、十七音が一句として詠み下されているものと、五音、七音、五音の三句になっているものと、十二音と五音とに分れているものと、五音と十二音とに分れているものとにあっては、リズムの時間性格は、持続の緊張の種々相を示す点に於て、確かに質的のものである。

釣鐘にとまりて眠る胡てふかな

菜の花や
月は東に
日は西に

大門のおもき扉や
春のくれ

ゆく春や
おもたき琵琶の抱ごころ

詩にあって質的時間の特色を表わしているものは、句切りの外になお音の長短やアクセントの強弱がある。アクセントの強弱はもとより質的印象の相違を制約するものであるが、音の長短ということも詩に於て有つ意味は分量上の関係ではなく緊張の度合による性質上の関係である。音の長短が詩の質的時間を特色づけているのはギリシアの詩やラテンの詩であり、アクセントが質的時間をあらわしているのはイギリスやドイツの詩である。ギリシアやラテンの古代語の音の長短ということに近代語の英語やドイツ語でアクセントの強弱ということが代るようになった事実を見ても、音の長短ということが質的意味を有っていたことが知られるのである。音の長短に関して長短格、短長格、長短々格、短々長格、長々格等の音脚があり、アクセントの強弱に関して揚抑格、抑揚格、揚抑々格、抑々揚格、揚々格等の音脚があることは詩の質的時間の構造を示しているにほかならぬ。漢詩の平仄《ひょうそく》の法も一種のアクセントの有無と云ってよいであろう。アクセントを考慮に入れていないのは日本の詩とフランスの詩とである。イタリアの詩は十一音節句にあっても滑走句にあっても切断句にあってもいずれもみな第十音節目にアクセントを置くという点に於てアクセントが質的時間の構成契機となっている。

　詩の時間が質的時間であることはこのように句切り、音の長短、アクセントの強弱などによっても知られるのであるが、更に韻が顧慮される場合にはますますそこに質的性格が明かにあらわれて来る。質的時間として多様性の一が他の中に入り込んで相互に侵し合って居ればこそ、押韻ということが可能なのである。頭韻では例えば

ニツツジノ　ニホハムトキノ
サクラバナ　サキナムトキニ

という場合、どうして韻が成立するかということを時間性の構造の上から考えて見ると、時間が多様性の相互侵徹を特色とする質的時間であるため、ニツツジノのニとニホハムトキノのニとが互に他の中に入り込んで相侵し合うからである。またサクラバナのサとサキナムトキニのサとが記憶に於て持続しながら互に滲透し合うからである。そうして、ニとニのように、またサとサのように、相応和する韻と韻とは、たとえ同音であっても、持続の潤色を受けてその具体性に於て質的相違を示していることは、吉野山で別を惜んだ静と鶴岡八幡宮で舞をした静とのようなものである。脚韻にあっても同様である。

楚王宮北正黄昏
白帝城西過雨痕

質的時間として成員間の相互侵徹が記憶の形で成立すればこそ昏と痕との平声元韻《ひょうせいげんいん》が響き合うのである。

以上は文学の中で最も量的時間に近そうに考えられる詩を取って、それがやはり量的時間ではないことを明かにしたのである。文学を構造する時間性が質的時間であることは確かである。そうして時間が質的であるということは時間芸術たる文学と音楽とに共通の性格であり、両者の内的関連の基礎であり、特に詩に於て、音楽性を排斥する詩論の原本的弱体性を示す指標である。

四

次に言語芸術としての文学を音響芸術としての音楽から区別する時間性格はどういう点にあるであろうか。音楽が音の知覚に於て成立しているに対して、文学は言語に基づく想像を領域としている。また一般的に言えば、音楽が表現的芸術に属しているに対して、文学は再現的芸術に属している。かように音楽が音による表現的芸術であり、文学が言語による再現的芸術であることに基いて両者の時間性格に相違が見られるのである。

音楽の質的時間の持続は音楽が音として知覚される時間すなわち音楽が実際に充たしている時間だけの持続である。「六段」の曲を演ずるのにどれだけの時間を要するかは知らないが、仮りに五分ないし十分間かかるとすればその五分ないし十分間が六段調という楽曲の有つ時間的持続の全部である。然るに文学にあっては実際に文学が充たしている時間のほかに或る他の時間の持続を自己の中に内含することができる。それは言語が非現実的なものを直観させせる機能を有っていることによるのであるが、かくして文学の時間は重層性という特色を有つようになるのである。俳句の十七音や短歌の三十一音を口ずさむには恐らく五六秒か十秒位より要しないであろう。一つの俳句、一つの短歌が充している時間の持続は僅か五六秒か十秒位である。しかしその五六秒ないし十秒の知覚的時間もなお自己の中に一層大きな観念的時間の持続を有つことができるのである。一方に音の知覚と他方に言語による想像とが存在するため、時間現象が重層性を呈してくるのである。厳密に云えば、言語の感覚性と観念性との二重性格に基いて、重層的時間が現象するのである。

散る柳あるじも我も鐘を聞く

では鐘のひびきの続く間の時間が上層部の時間性として観念的に現象している。

永き日をさへづり足らぬ雲雀かな

では少なくも一日間の時間が内含されている。

心には忘れぬものをたまたまも見ぬ日さまねく月ぞ経にける

では一ケ月の時間が想像に基いて流動している。

ひととせに一たび来ます君まてば宿かす人もあらじとぞ思ふ

一年間が一首の中に入っている。

いにしへの旧き堤は年深み池の渚に水草生ひにけり

永い過去の年月が流れている。

見れど飽かぬ吉野の河のとこなめの絶ゆることなくまた還り見む

未来への展望が限りなく開かれている。

橘やいつの野中のほととぎす

橘の匂いを現に嗅いでいる瞬間に嘗て同じ匂いを嗅ぎながらほととぎすを聞いた瞬間が蘇って来ている。過去が再び現在として全く同じ姿で蘇っている。全く同じ二つの現在、無限の深みを有った現在がそこにある。時間が回帰性を帯びて繰り返されていると言ってもよいし、永遠の今が現に存在していると言ってもよいであろう。今まで挙げた例では重層的時間にあって常に上層の観念的時間の方が下層の知覚的時間よりも大きい持続を有っているが、その関係が反対の場合ももちろんあり得る。すなわち一瞬間の出来事を想念するためにかなり大きい持続を有つ知覚的時間を費している場合が殊に小説などには往々ある。汽車の擦れ違う一瞬間の叙述に数頁を割いている小説は必ずしも珍しくない。

時間の重層性は殆ど文学の生命と言ってもいい位である。夏目漱石の『こころ』を開いて見ても先ず眼に入る文字は

「私は其人を常に先生と呼んでいた。だから此処でもただ先生と書く丈で本名を打ち明けない。是は世間を憚かる遠慮というよりも、其方が私に取って自然だからである。私は其人の記憶を呼び起すごとに、すぐ「先生」と云いたくなる。筆を執っても心持は同じ事である。余所《よそ》余所《よそ》しい頭文字抔《など》はとても使う気にならない。私が先生と知り

合になったのは鎌倉である。其時私はまだ若々しい書生であった。」

永井荷風の『濹東綺譚《ぼくとうきたん》』の巻頭の言葉も

「わたくしは殆ど活動写真を見に行ったことがない。おぼろ気な記憶をたどれば、少年のころ——明治二十四五年頃でもあろう。神田錦町に在った貸席錦輝館で、サンフランシスコ市街の光景を写したものを見たことがあった。活動写真という言葉のできたのも恐らくはその時分からであろう。それから四十余年を過ぎた今日では、活動という語は既にすたれて他のものに代られているらしいが、初めて耳にしたものの方が口馴れて言いやすいから、わたくしは依然としてむかしの廃語をここに用いる。」

『竹取物語』の書き出しも

「今は昔、竹取の翁といふものありけり。野山にまじりて、竹を取りつゝ、万づの事に使ひけり。名をば讃岐造麿となむいひける。その竹の中に、本光る竹一筋ありけり。怪しがりて寄りて見るに、筒の中光りたり。それを見れば、三寸ばかりなる人、いと美しうて居たり。」

『源氏物語』を取って見ても

「いづれの御時にか、女御、更衣数多侍ひ給ひける中に、いとやんごとなき際にはあらぬが、勝れて時めき給ふありけり。初めより、我はと思ひあがり給へる御方々、めざましきものに貶しめ嫉み給ふ。同じ程、それより下﨟の更衣達は、まして安からず。」

こういう時間の重層性はすべて音の知覚的時間を下層とし、意味の構成する観念的時間を上層としているが、上層部は更に幾つかの時間層を重ねることができるのである。今、引用した『竹取物語』でも「今は昔」という言葉によって「昔」が観念的時間の基底をなしているが、更にそういう一次的な観念的時間の上に二次的な観念的時間が流れているのである。

「翁いふやう、われ朝毎夕毎に見る竹の中に、おはするにて知りぬ、子になり給ふべき人なめりとて、手に打入れて家に持ちて来ぬ。……この児養ふ程に、すくすくと大になりまさる。三月許になる程に、よき程なる人になりぬれば、髪上などさだして、髪上せさせ裳着す。」

「朝毎夕毎」とか「三月許」とかは二次的な観念的時間である。そうして二次的な観念的時間は更に高次な三次以上の時間を想像の地平に築き上げて行くことができる。『源氏物語』では「いづれの御時にか」という言葉で一次的観念的時間が示されているが、更に二次、三次の時間の流れが重層している。

「朝夕の宮仕につけても、人の心を動かし、恨みを負ふ積りにやありけむ、いとあつしくなりゆき、物心細げに里がちなるを、いよいよ飽かず哀れなるものに思ほして、人の譏をもえ憚らせ給はず、世の例にもなりぬべき御もてなしなり。上達部上人なども、あいなく目を側めつつ、いと眩き人の御おぼえなり。唐土にも、斯かる事の起りにこそ、世も乱れ悪しかりけれと、やうやう天の下にもあぢきなう、人の持て悩み種になりて、楊貴妃の例も引き出でつべうなりゆくに、いとはしたなき事多かれど、忝き御心ばへの類なきを頼みにて交らひ給ふ。父の大納言は亡くなりて、母北の方なむ、いにしへの人の由あるにて、親打具し、さしあたりて世のおぼえ花やかなる御方々にも劣らず、何事の儀式をももてなし給ひけれど、取立てて、はかばかしき御後見しなければ、事とある時は、なほ拠所なく心細げなり。前の世にも、御契りや深かりけむ、世になく清らなる玉の男御子さへ生まれ給ひぬ。」

「朝夕の宮仕」は二次的観念的時間層であり、「唐土にも斯かる事」、「いにしへの人」、「前の世」などは三次的観念的時間層を構成している。そうして観念的時間層は鏡に映した像を更に第二、第三、第四の鏡に映して行く場合のように、または一つの箱を次々に大きい箱に入れて行く入子《いれこ》の場合のようにいわゆる重複作用《イテラチオン》の現象を無限に続けて行く可能性を有っているものである。

文学を音楽から区別する哲学的特色は時間の重層性にあると云ってよいのであるが、これには疑問が起らないとも限らぬ。例えばベートーヴェンの「第六交響楽」には田園の朝、小川のほとり、農夫の宴、嵐、嵐の後の幸福というような時間層が想像の地平に観念的に築かれている。また描写音楽の中には時計が三時を告げてから四時が鳴るまでの間の時計屋の店を描写したようなものさえもある。しかしこういうように時間の重層性が音楽によって示されているのは決して音楽の本領とは考えられぬもので、音楽にとってはむしろ余技に属している。音楽の本領は飽くまでも表現的芸術たるところに存するのであって、音楽が表現性を離れて再現性へ近づくに従って、音楽は文学化されたと見なければならないのである。その場合には単なる音が言語の機能を代行しようとしているのであって決して音楽の常道ではない。音楽が音響芸術であり、文学が言語芸術である限り、時間性格の単層性は音楽の特色であり、重層性は文学の特色である。更にまた声楽が音楽と文学との混合形式であることは言うまでもないことである。なお、ここに注意を要することは、音楽が音そのものによって時間の重層性を示そうとする場合には、本来の単層性を否定することによって、自己を文学化することであるに反し、文学、特に詩が音楽性を強調する場合には、自己本来の重層的性格により、上層の観念的時間を否定することなしに、下層の知覚的時間の音楽性を開示することである。描写音楽の形に於ける音楽の文学化は自己以外の他者となることであるが、文学の音楽化は自己の本質的内奥の発揮にほかならない。何等かの形で音楽を含まない文学は存在し得ない。特に詩にあっては、俳句のような極端な短詩形に於てさえも、五、七、五の形式に於て成立する以上は、楽曲の前部と中部とが対比的に相異った主題から成り、後部は前部を繰返す謂わゆる三部形式の音楽の構造を具備している。

なお重層性という点で文学と絵画とを比較することができる。文学が時間に対する関係は絵画が空間に対する関係に似ている。空間芸術は一定の空間を充すことに於て成立しているが、彫刻や建築のように三次元の空間に成立するものはそれが実際に充している空間だけの広がりしか有っていない。彫刻は再現的芸術として物体の形像を造り、建築は表現的芸術として内部空間を素材とするものであるが、実際に充す空間以外の空間を含まぬ点に於ては一致している。それに反して、二次元の空間に成立する絵画は、二次元性が三次元性を観念的空間として含むという意味以外にもまた、実際に充している空間の中になお一層大きい空間の広がりを観念的に重層することができるのである。このことは特に風景画に於て著しいことであるが其他殆《ほとん》どすべての絵画に於てもまた見られることである。重層性が二重以上になっている場合も珍しくない。画面のうちに風景画の屛風を有っている「彦根屛風」の画因はその一例に過ぎない。彫刻が空間の重層性を示そうとする場合には自己の本領を離れて絵画化する外はない。法隆寺五重塔の塑造《そぞう》群像や平等院鳳凰堂の「雲中供養菩薩像」などに見られる通りである。また建築がこの意味の重層性を内部空間に於て構成しようとするならば特殊の場合として絵画的な特殊の技巧を要するのみならず、更には進んで絵画そのものの助けを借りるようなことになるであろう。絵画の空間重層性を建築が巧みに取入れている例は北京の紫禁城内に見られる。廊下のつきあたりに遠近法によって描かれた画面があるが、少し離れさえすればどう見ても廊下の延長としか思えない錯覚を起すのである。ともかくも絵画は彫刻と建築とに対して空間の重層性を特色としている。そうして文学と絵画とは一方は時間的で他方は空間的であるが、重層性を示す点で類似を有っているのである。それ故に音楽、建築、彫刻を一つの部類と考え、それに対して絵画と文学とを他の一部類と考える芸術分類法もある。音楽と建築と彫刻とは現実的な現在に繋がれているが、絵画と文学とにあっては現在は、その上層構造に関する限り、非現実的なものの直観の中に動いているのである。絵画は色彩により、文学は言語によって知覚乃至表象の錯覚を来たし、それによって空間的にまたは時間的に大きい展望を獲得するのである。絵画と文学とが空間または時間の重層性を有っているのは色彩または言語による非現実的知覚と非現実的表象に基いているのである。

なお文学は観念的時間のほかに観念的空間を有ち得るし、絵画は観念的空間のほかに観念的時間を有ち得るのも事実である。空間が文学の形式的条件となっているのは対話を形式とする戯曲に於てである。戯曲は必ず人物の登場する場面を有するのみならず演劇として現実の空間に於て演出される可能性を有っている。小説にあっても内容として空間が入っていない場合は殆どないであろう。漱石の『草枕』のはじめなどは単にその一つの場合に過ぎない。詩にあっても空間表象は容易に入って来るのである。純粋に時間表象のみを内容としているのは例えば

何時はしも恋ひぬ時とはあらねども夕かたまけて恋ひはすべなし
文月や六日も常の夜には似ず

空間表象を含んでいるのは例えば

田児の浦ゆ打出でて見れば真白にぞ富士の高嶺に雪はふりける
牡丹散てうちかさなりぬ二三片

但し、文学に空間が入って来れば来るほど、文学は絵画に接近して行くのである。戯曲は演劇へ移り、黙劇と活人画とを通して絵画へ行き得る。小説でも詩でも叙景が勝って来ると絵画的になって行く。他方、絵画も或る意味で時間の流れを含み得ないことはないが、時間を含めば含むほど、絵画は文学に近づくのである。すべて運動を表現している絵画は運動の空間時間性に基いて時間を含むと云ってよい。「阿弥陀二十五菩薩来迎図」や雪村の「風雨山水図」や広重の「東海道五十三次」の四日市、庄野などの図はその例である。絵巻物の類になると更に著しく時間が入っている。「道成寺縁起《どうじょうじえんぎ》」などでは時間の流れが浪を打っているとでも言いたい。然しながら絵巻物の有っている時間性は主として実際に絵巻物を繰りひろげる現実的時間に基礎を有つものであって、空間芸術としての絵巻物から空間時間芸術としての映画への距離はさほど大きくないと考えなければならぬ。そうして映画と文学とが、特に発声映画に於て、緊密な内的関係に立つのみならず、絵巻物そのものも、文学と絵画との綜合芸術であると言われるほど、本質的に文学に接近していることは、「過去現在因果経画巻」や「源氏物語絵詞」などが、発生的意味に於ても、明かに証明していることである。かくて絵画は観念的時間を内含し得るにも拘《かかわ》らず観念的空間を特色とし、文学は観念的空間を内含し得るにも拘らず観念的時間を特色とすると考えることができるのである。

以上の考察に基いて、時間の重層性ということを言語による時間芸術としての文学の哲学的本質と断じてもよいであろう。マルセル・プルーストにとっても小説は「失われた時間の探索に」成立するのである。「過ぎ去った年月は我々から分離しているのではなく、時間は我々に合体しているのであって、私の作品の中でそういう時間の概念を強く浮き出させることが私の意図であった」と『再び見出された時間』の終り近くにプルーストが言っている。

五

文学の時間性について今迄の考察で明かになったことは、第一に文学は芸術の一種である限り文学の時間性は一般的に云って現在的であること、第二に時間芸術としてその時間性は質的であること、第三に言語芸術として時間が重層性を有っていることであった。文学の時間的本質を一言でいうならば、重層性を有った質的な現在である。これで文学の時間性を一般的に明かにしたわけであるが、更にそういう一般的性格が文学の種類によって種々に分化して行くことを見て行かなければならない。その点を考察すると文学の時間的性格が具体的に明かにされて来る。それはどういうことかというに、一般的には現在的な時間であるが、そういう基礎的事態に於て更に過去に重きが置かれる場合と、未来に重きが置かれる場合と、現在に重きが置かれる場合とによって文学そのものに著しい差異が生じて来るのである。文学の時間的構造に於て過去に重きが置かれているものは小説であり、未来に重きが置かれているものは戯曲であり、現在に重きが置かれているものは詩であると言ってよいであろう。

先ず初めに時間現象にあって、過去、未来、現在のいずれかに重点を置くことの意味を簡単に述べて置こう。時間に関しては第一に時間とは過去から未来へ向って流れるものであるという見方がある。時間は過去を起点として未来へ流れて行くところの過去の連続した進行である。従って記憶が時間の本質と考えられ、過去からの持続に重点が置かれる。もし過去からの持続としての記憶がないならば二つの瞬間は一または他に過ぎないものであって、先および後ではないことになる。持続としての時間は記憶にほかならない。記憶ということは必ずしも明瞭な意識でなくてもよいので、ただ先と後とを繋ぐものであればよいのである。その意味で苗は種子の記憶を持ち、花は苗の記憶を有ち、果実は花の記憶を有つということになる。こういう考え方は過去に重点を置く時間論である。第二の見方は未来に時間の重点を置こうとする。時間というものは未来を起点として把握されるものである。未来のない時間というものがないばかりでなく、未来があるということが時間を他のものと区別する主要な点である。到達すべき目的があって始めてその目的への距離が時間として成立して来るのである。時間とは意志または努力にほかならない。従って時間の本質は予料ということである。記憶ではなく、予料が時間の意味である。時間は未来から生れて逆に現在へ過去へと流れて行く。第三には現在を時間の重点と見る時間論がある。過去とか未来とかいうものは実は存在していないものである。過去は過ぎ去ったものとして存在していない。未来は未だ来ていないものとして存在していない。存在しているのは現在だけである。過去があるのではなく、単に過去の記憶があるだけである。未来があるのではなく、単に未来の予料があるだけである。そうして過去の記憶や未来の予料が成立している場面は現在である。時間の起点は現在にある。今という一つの泉が原始的印象としてほとばしり出ている。今、今、今、今……が時間である。過去は沈んでしまった今であり、未来は未だ浮いて来ない今である。今を厳密に一点と考えれば無いようなものであるが、現われた今を僅かに把持し、現われる今を僅かに先取するならば、現在は直観として現前するのである。直観としての現在が時間の本質でなければならない。時間は現在から過去及び未来に流れ拡がるのである。

時間の本質に関しては大略こういう三つの見解があるが、更にもう一つの見方を第四の時間論として附け加えることもできる。過去とは単に過ぎ去ったものではない。未来とは単に未だ来ないものではない。過去も未来に於て再び来るものであり、未来も過去に於て既に来たものである。過去を遠く辿れば未来に還って来るし、未来を遠く辿れば過去に還って来る。時間は円形をなしている。回帰的である。現在に位置を占めるならば、この現在は現在のままで無限の過去と無限の未来を有っているとも言えるし、また無数の現在の同一者であるとも言える。現在は無限の深みを有った永遠の今であり、時間とは畢竟するに無限の現在または永遠の今にほかならない。

過去に重点を置く第一の時間論と、未来に重点を置く第二の時間論とを比較すれば、第一の時間論は生物学的であり、第二の時間論は倫理学的であるとも云えないことはない。有機体には時間の不可逆性が印されていて、生物は老いて行く。樹木の幹は年々太くなって行く。生物に印されている時間は過去の連続ということである。それ故に過去に重点を置く時間論は生物学的と云い得る。それに反して、未来に重点を置く時間論は倫理学的と云っても差支ない。未来が現実性を帯びて決定力を有つことができるのは意識が未来を先取するからである。一体、ものは原因が先にあって後に結果が生ずる。然るに意識は一定の結果を目的として未来の領域で先取して、その目的実現のための手段を逆に導き出して来ることができる。そこに見られるものは意志活動であるから、時間の本質を未来にありとする時間論は倫理学的色彩を帯びたものである。次に第三の時間論は時間現象の現在に於ける原始的印象に立脚するものであるから心理学的な時間論ということができるし、それに対して可想的な永遠の今を主張する第四の時間論は形而上学的な時間論と言って差支ないであろう。

一体、時間の根本性格を過去的と見たり、未来的と見たり、現在的と見るには各々態度に相違があるのである。時間の流れと共に自分も流れようとすると、おのずから過去に重きを置いたり、未来に重きを置いたりして来る。そうして現在というものは無いようなものになって来る。それに反して時間の流れを見詰めようとすると時間の重点がおのずから現在に落ちて来る。孔子が川のほとりに在って「逝《ゆ》く者かくの如きか、昼夜を舍《お》かず」と云ったように時間は川の流れに譬えることができる。過去に重心を置くのは船に乗って川を下るようなものである。川上から川下へ船は流れて行く。未来に重心を置くのは曳船をして川を遡るようなものである。川というものの特色は川下から出発して川上へ遡り得るという点にあると考えられる。現在に重心を置くのは川に面して直前を見ているようなものである。そこに新しいものが生れては死に、死んでは生れる。今という現在が源泉となる。なおまた川を見て、この水が海に入ってそれが水蒸気となって天に昇り、更に雨となって地に下って山をうるおし、それが谷間から次第にもとの川に流れて来るというように考えることもできる。すなわち今見ているこの川の水は永遠に循環している水であり、従って今見ている水は無限の深い背景を有ったものだというように考える。そうすれば川の水は永遠の今の象徴と見られることになる。

時間の重心を過去、未来、現在に置く種々の時間論が可能であることを述べたのであるが、文学の時間的構造に於ても小説では過去に、戯曲では未来に、詩では現在に重きが置かれていると考えられるのである。そういう文学の時間性の分化のことを少し詳しく見て行こう。

六

小説とは物語の一種である。一つの主体があって或る事柄を述べるのである。述べるとは言を延べる義であるという。述と延とは同じである。言葉を述べるのは物を延べるようなものである。巻いてあったものを手で延べひろげるように次第に或る事柄を言葉によって述べて行くのである。従って時間的には過去が起点となって未来へ向って展開して行く。小説には記憶をたどって語るということが構成形式となっている。それは自己の体験に即した小説であれば無論のことであるが、他者の生活の観察を主調とするものであっても結局は同じことである。すべて小説では或る人生が記憶を基として記録され描写されるのである。記憶に蘇っている人生が自己自身の体験であろうと他人の生活であろうと小説家は第三者の立場にいて静かに観察して述べているのである。そうして小説が写実的であるとか理想的であるとか、自然主義的であるとか象徴主義的であるとか、即物主義的であるとか表現主義的であるとかいうことは、過去を起点として過去の堆積を繰りひろげて行くという基調に何等の変化を来たすものではない。小説家は観察した事実の記憶に選択と変形と配列とを自由に与えるのはもちろんであるが、構成上の計画を細部に亙って予め決定する必要なく、興味の湧くに従って始めの糸口を未来へ未来へと繰りひろげて行くのが常である。それ故に「筋」の無い小説とか、小説の「無目的性」とかいうようなことが云われることがある。従って小説には過去から未来へ流れる生命の流れが最もその儘の姿に近いなりで取り入れられて来る。それ故に他の文学的作品に比して小説は最も包括的である。夏目漱石の作品などを考えて見れば、包括的という意味がおのずからわかるであろう。また小説の長さは如何に長くても別段に差支ない。『源氏物語』などはその一例である。生命が過去の重圧の下にただそこに流れ流れているのである。小説に述べられている言語の実際に充す現実的知覚的時間と小説の中に含まれている想像的観念的時間とは延長の上で比較的接近していてもよいのである。記憶を領域として過去が展開されて行くという小説の基本構造が、無目的性とか包括性とか長篇とかいうような特性を可能にさせているのである。

但し小説の観念的時間は観念の自由性の中に動いている。年代記というような史実記載の形式は量的時間でないまでもよほど量的時間に接近した状貌を呈しているが、小説では作家は自己の視角に従って事件と時間との間に存する比例を自由に変更することができる。十分間に起った事件の記憶をたどるために数十頁を費し、その背景をなす数年間の記憶に僅か半頁しか費さないというようなことも可能である。時間の顚倒的配置も可能である。林芙美子の短篇小説「追憶」では表題が既に小説の時間的構造を明示しているが、記憶の配列に於て途中から二年前の追憶に逆に戻っている。そのことは過去を起点として展開する小説一般の時間的構造に牴触しない。小説に於ける観念的時間の自由性の好例は谷崎潤一郎の『蘆刈《あしかり》』にも見られる。或年の九月某日の記憶が記されているのであるが、初めの半分は午後三時過ぎから六時までのことが書いてある。水無瀬《みなせ》宮を機縁として記憶は鎌倉初期の後鳥羽院の時代を喚《よ》び起して来る。後鳥羽院の時間層の上に藤原初期の紫式部時代の記憶が重層して来る。山崎駅に就いては信長の時代、京都市拡張の去年、忠臣蔵の時代、菅公の時代が交互に記憶され、淀川に関しては幼年の記憶として隅田川の両岸が思い浮べられ、後鳥羽院と江戸の通人とが時間的に結びつけられて来る。そうして院が隠岐の配所で水無瀬の御遊を追懐されたことが追懐される頃、時計は六時を示すのである。小説の後半は夕餉《ゆうげ》の後から夜半に至るまで月の光の下に展開している。記憶は先ず渡船を機縁として子供の時分を現出する。次で男山に関して景樹《かげき》や其角《きかく》の江戸時代に移り、ひろびろした川幅を見るに及んで杜甫や白楽天の唐時代に移り、更に遊女論に関して大江匡衡《おおえのまさひら》や匡房《まさふさ》の平安朝から西行の時代に移る。そこへ唐突として一人の芹橋《せりばし》という男が出て来て、毎年の月見のことから幼いころ父につれられて月見に来たことを追懐し、そうして数十年前の出来事として亡き父の恋物語をながく述べるのである。恋物語の頂点は父がその恋人の肌身につけていた友禅の長襦袢《ながじゅばん》を取り出して往時の追懐に耽けることを子の芹橋が追懐している箇所である。恋物語は恐らく一時間たらずで述べられたものであり、午後三時過ぎから夜半までの基礎的記憶の五分の一以下の時間を占めている筈のものであるが、小説全体の頁数の上では三分の二以上を占めている。『蘆刈』は観念的時間の自由性の現象を明瞭に示すと共に、小説の時間性が過去に重点を置いていることを容易に理解させるのである。

小説が物語の一種として記憶をたどって過去から未来へ展開することは、学問にあって過去の古いものが根拠となってそれを基礎として新しいものが展開されて行くことと類似を有っている。学問にあっても時間的構造の上では過去に重点が置かれていたのであるが、小説にあっても同じく過去に重点が置かれている。このことは小説に於ける知的要素の優位を証するものと云ってもいい。学問にあって理由から帰結が静かに冷たく導き出されるように、小説にあっては人生の体験の原因結果が第三者の立場から冷やかに分析され物語られるのである。小説の創作に関して徳田秋声《とくだしゅうせい》は次のように云っている。「見る、描く、という気分になって初めて小説を書く事が出来る。年をとって経験を積むに従って、薄れゆく感情と反比例に、理智の光が輝き出す。……其の時始めてあるがままの現実をはっきりと眼に写す事が出来るようになるのだ。そこで観る、描く、という気分になる。ここ迄来れば小説が書けるのだ。これ以前の心持の人は、未だ小説を書くのは早い。勿論感情的な人と理智的な人とで多少速い遅いの差はある。……が、一般から云うと近代の人達は、他の時代の人達に較べると、年の割に速くから観る描くという気分になっている。近代精神、手取早く云えば、自然主義的思想は科学的な理智的な、情に熱するよりも、冷かに理に覚めるという傾向に進んで来ている。此の時代の精神に知らず識らずの間に感化されて来た人々は、昔の人の様にいつ迄も夢中になって歌っては居られない。歌う可く、あまりに知的になっている。じっと静かに観る、観て判断するという風になっている。……今の青年が詩にゆかず、抒情文に親しまず、直に小説を書こうとするのは、道理のある事である」。理由から帰結へ進む、原因から結果へ移るという知的要素の優勢の事実によって、小説に於ては文学と学問とが形式上著しく接触し得るものである。小説は文学の中では詩や戯曲に較べて最も学問に近い知的性格を帯びていると云って差支ない。物語は思惟の一様式だというような見方もある位である。学問が過去的時間性を有つように、小説の時間性も過去的であるというのはそういう事情に基いているのである。然しながら、小説は芸術である限り、如何にその時間形態が過去的であると云っても、なお根柢に於ては現在の直観であることをやめてはいない。その点で飽くまで学問とは違った性格を有っている。小説の時間性を一言で云えば過去的現在ということができるであろう。

七

小説では一つの主体があって或る事柄を述べるのであり、その意味で小説は一元的であった。それに反して戯曲は多元的構造を有つもので、幾つかの主体によって対話の形で全体が提出されるのである。然るに幾つかの主体間の本質的な関係は行動ということにある。従って戯曲にあっては行動が本質的意味を有って来る。戯曲の本質が行動にあるところからして、舞台に上演するという可能性も生じて来るのである。そうして時間芸術としての戯曲が、空間時間芸術としての演劇に移って行くのである。それのみならず、発生的には演劇の方が先に存在していたもので、戯曲が文学として成立するようになったのはむしろ後の発達に属するものと考えられる。演劇には科《しぐさ》と白《せりふ》とが構成要素であり、白の独立したものが戯曲となったのであるから、戯曲の言語は行動と直接関係にあるものである。いったい drama とは δρῶντας（行動している者共）をあらわすものであり、「わざをぎ」も「わざ」すなわち動作の一種にほかならない。そうして人間の行動は意志の外面化であるから、演劇、従って戯曲の内容は人間の意志が運命や境遇に対してなす人格的争闘、意志と意志との性格的葛藤であると云っても差支ない。戯曲は対話の形式に於ける魂と魂との交渉だというように云われることもあるが、魂と魂との交渉すなわち間主観性の一次的現象は意志作用であるから、如何に動きのすくない戯曲にあっても、意志を通路として行動への展望が開かれていないものはないのである。

戯曲が意志と行動とを本質とすることから、戯曲の時間的性格がおのずから明かになって来る。人間の意志と行動とは目的性の領域にあらわれる限り未来を起点として発動するものであり、従って戯曲の時間性は未来に重点を有つものである。戯曲にあってはすべての点が謂わば各々未来から規定されていると共に戯曲全体としても未来に起始を有って未来から展開して来るのである。戯曲には必ず一定の明瞭な筋がなくてはならない。そうして筋は大詰を起点として倒逆的に組立てられている。古典劇にあって悲劇と喜劇とを決定するのは結末が絶望的破局に終るか円満な解決に終るかである。破局に終ることを特性とする悲劇は破局の前に破局への危機を要求し、危機の前に危機への進行を要求する。悲劇の筋は簡単に云えば進行、危機、破局の三段階であり、普通には前半に昇りの線があり山または転換機に於て急激に降りの線へ移行するのである。解決に終ることを特色とする喜劇は解決の前に解決さるべき紛糾《ふんきゅう》を要求し、紛糾の前に紛糾へ発展する進行を要求する。喜劇の筋の大略は進行、紛糾、解決の三段階であり、前半に降りの線があって転換機としての底を経て徐々に昇りの線へ推移するのを常とする。悲劇は偉大なものの美しいものの壊滅没落を将来するために全体が機構され、喜劇は芽出度《めでた》し芽出度しの笑いを目指して全体が組立てられるのである。戯曲の起点は悲劇では悲惨な破局、喜劇では喜ばしい解決という未来に存すると云わなければならない。そうして破局または解決という単一な未来的局面の中へ戯曲全体を押し込めることによって劇的効果が挙げられるのである。

近松の『曾根崎心中』にあっても曾根崎の森の松と棕櫚《しゅろ》の相生樹《あいおい》にお初徳兵衛《はつとくべえ》の二人が体を結びつけて心中を遂げることが悲劇の大詰として予め先取されて居り、友達九平次《くへいじ》の不信行為は破局への危機を齎《もたら》したものであり、徳兵衛とお初と主人の内儀の姪との恋愛ないし義理関係が前半の進行である。曾我廼家《そがのや》五郎の『宝の拍手』にあっても石工富蔵が四百両の大儲けをすることが喜劇的解決であり、一升枡一杯と千石船一杯の思い違いで大袈裟な米相場をしていたことがわかったとき重罪に陥ったと人に言われて「世間を知らぬ悲しさにこんな騒動にならうとは俺は夢にも知らなんだ」と苦悩するあたりは最後の解決の前提として逆に提出された紛糾であり、それまでの出来事全体は紛糾への進行に過ぎないのである。岡本綺堂《きどう》の『修禅寺《しゅぜんじ》物語』にあっても面作師夜叉王《やしゃおう》が「神ならでは知ろしめされぬ人の運命、先づわが作にあらはれしは、自然の感応、自然の妙、技芸神に入るとはこの事よ。伊豆の夜叉王、われながら天晴《あっぱれ》天下一ぢやなう」と快《こころよ》げに笑うことが全体の起点であると共に昇りの線の頂点であり、出来損《できそこな》いの面を頼家に持ち帰られたことを末代迄の恥辱と思い、再び槌は持つまいと決心するところが降りの線の到達した転換機である。他方にあって、かつらと頼家の最期は降りの線の終極として悲劇的効果を目指し、桂川のほとり虎渓橋《こけいきよう》の袂《たもと》の恋の場面は昇りの線の山をなしている。夜叉王とかえでによって代表されている職人気質と頼家とかつらによって代表されている公家気質とが二つの反対の劇的目標を示しているが、その両目標はいずれも未来に於て予め先取されて戯曲全体の決定的動因となっているのである。倉田百三《ひやくぞう》の『出家とその弟子』にあっても、親鸞が「それでよいのじゃ。みな助かっているのじゃ」といいながら大往生を遂げる場面が戯曲構成の本質的出発点であって、一子善鸞の頽廃的生活や愛弟子唯円の恋愛は却って逆に導き出されて来たものである。

戯曲の時間性が未来に重点を有っていることに内的関連を有っていることは、戯曲が余り長いものであってはならぬという特色である。それは劇場での実演関係に基くと考えられるかも知れないが、その根柢には戯曲の性質上未来に重点が置かれているという事実があるのである。未来が起点となって戯曲全体が形成されているから、上演の問題とは別に一定時間内にその未来を示すことが肝要である。従って上演された場合にもそれを一定時間内に観客に見せることができるのである。過去を起点とする小説はどのように長く繰り延べられても少しも差支ないが、未来を起点とする戯曲は時間的経過に一定の限度を要求して来るのである。

小説が過去的時間性格に基いて学問に接近していたように、戯曲は未来的時間性格に基いておのずから道徳に接近しているものである。さればこそ戯曲特に悲劇は感情の浄化をもたらす職能があるとアリストテレスも言ったのである。アリストテレスの言葉そのものについては種々の解釈があり得るであろうが、悲劇を見た後の心境が一切の情念から洗い浄められて純潔清澄となることは誰人も否み得ないであろう。悲劇は観客の道徳的人格全体を震撼するのである。観客は自己の道徳性を通して一切が空の空であることを体得するのである。そうして偉大な人格が悲劇の指導的役割を演じて来ると、そこに悲劇の道徳的効果も益々深く大きくなって来る。人生の美しいもの、貴いもの、偉大なものが一朝にして没落してしまうことを目撃するとき、何物も頼みにならぬという幻滅の悲哀が残るのである。そうしてその瞬間には如何なる人間も本来の真面目に立ち還って清浄潔白な魂の持主となるのである。喜劇もまたそれに類似した道徳的効果をもたらすのが普通である。喜劇を受容するためには精神が平静な状態に置かれることが必要である。波の立った情念はおのずから洗い浄められて行く。喜劇を見ている観客の精神からは怒りとか恨みとか嫉妬とかいうような醜い情念は知らず識らず消え去ってしまうのである。

要するに戯曲はその多元的構造に基いて意志や行動が本質的なものであり、従って時間性の上では未来が強調されているのである。またその結果として戯曲は倫理的性格を帯びて来る。但し芸術である限り、戯曲の未来性は現在性の基底の上に浮んでいる性質であって、戯曲の時間性は未来的現在であるということができるのである。

八

小説と戯曲とが客観的であるに対して詩は主観的である。詩という場合、ここではもちろん抒情詩を指しているのであるが、自己の心持ちがどうしても押さえきれないで溢れ出て来てはじめて詩となるのである。本居宣長が「歌よむは物のあはれにたへぬ時のわざなり」と云っているのもそのことである。石川啄木が詩に関して「人間の感情生活の変化の厳密なる報告、正直なる日記でなければならぬ。従って断片的でなければならぬ。——まとまりがあってはならぬ。まとまりのある詩、即ち文芸上の哲学は演繹的には小説となり帰納的には戯曲となる。詩とそれらとの関係は、日々の帳尻《ちょうじり》と月末若くは年末決算との関係である」と云っているのも味わうべき言葉である。

現在に感動と直観とがあるとき詩が生れるのである。詩は現在の感動と直観とを端的に表現するものでなければならぬ。人麿の「近江の荒れたる都を過ぎし時」の歌が好い例である。

玉襷《たまだすき》 畝傍《うねび》の山の 橿原《かしはら》の日知《ひじり》の御代《みよ》ゆ 生《あ》れましし神のことごと 樛《つが》の木のいやつぎつぎに 天《あめ》の下知らしめししを そらにみつ大和を置きて あをによし平山《ならやま》を越

え　いかさまに思ほしめせか　天離《あまざか》る夷《ひな》にはあれど　石走《いはばし》る淡海《あふみ》の国の　楽浪《ささなみ》の大津の宮に　天の下知らしめしけむ　天皇《すめろき》の神の尊《みこと》の　大宮は此処《ここ》と聞けども　大殿は此処と云へども　春草の茂く生《お》ひたる　霞立つ春日《はるひ》の霧《き》れる　ももしきの大宮処《おほみやところ》　見ればば悲しも

詩は時間的には現在の一点に集注していると言ってよい。投網を引きあげるとき、拡がった網が龍頭《りゅうず》の一点に集注して来るように、すべてが現在という中心に集って来ることによって詩が成立するのである。

天数《あまかぞ》ふ凡津《おほつ》の子が逢ひし日におほに見しかば今ぞ悔しき
鳴る神の音のみ聞きし巻向《まきむく》の檜原《ひばら》の山を今日見つるかも
昔見し象《きさ》の小川を今見ればいよよ清《さや》けくなりにけるかも
恋しけば形見にせむと吾がやどに植ゑし藤浪いま咲きにけり
憶良らは今は罷《まか》らむ子哭《な》くらむ其の子の母も吾《わ》を待つらむぞ
青丹《あをに》よし奈良の都は咲く花の薫《にほ》ふがごとく今さかりなり

これらの歌には現在の感動なり直観なりが「今」とか「今日」とかいう言葉の上にも表わ

されているが、必ずしもその必要のないことは云うまでもない。

淡海《あふみ》の海《み》夕浪千鳥汝《な》が鳴けば心もしぬにいにしへ思ほゆ

去年《こぞ》見てし秋の月夜《つくよ》は照らせれど相見し妹《いも》はいや年さかる

み吉野の象山《きさやま》の際《ま》の木末《こぬれ》には幾許《ここだ》も騒ぐ鳥の声かも

などが現在を焦点としていることは明かである。詩に表現される感情は押え切れないで現在の瞬間から鬱勃としてほとばしり出て来るのである。なお詩が現在の一点に集注していることに基いて、詩は余り長くてはいけないということが出て来る。短歌から更に俳句のように短い形のものでも詩として立派に成立するのはそのためである。

古池や蛙とび込む水の音

花の雲鐘は上野か浅草か

五月雨を集めて早し最上川

三尺の鯉くぐりけり柳影

四五人に月落かかる踊かな

等はいずれも現在の瞬間の直観と感動とである。

詩の時間的性格は現在的であると云って差支ないが、なおまた詩の現在は謂わゆる「永遠の今」であると見ることもできる。永遠の深みを有った現在が詩の形式的規定の上にあらわれている。詩のリズムの反覆ということは現在が永遠に繰り返すことである。例えば

五音七音
五音七音
五音七音
←……

現在が限りなく繰り返すことは、現在が永遠の深みを有っていることである。リズムのみならず詩が韻を踏むということも同様である。

秋風蕭瑟天気涼。
草木揺落露為霜。
群燕辞帰鴈南翔。

念君客遊思断腸。
慊慊思帰恋故郷。

この詩は平声《ひようしよう》陽韻《よういん》の繰り返しである。また幾つかの行にわけて詩を書くことも矢張り詩句の反覆にほかならない。幾つも重なって厚味を有って一つになっているものを、ばらばらに離して置くようなものである。例えば三好達治の詩

渚にいでて
網を繕ふ人かげあり
壁白き小学校の後庭に
鞠《まり》投ぐる童児あり
波は
磯に砕く
われは聴く

われは耳かたむく

されどわが聴くはかの波の響きにあらず
枯草の葉ずゑを過ぐる風の歌にもあらず

これは二行の繰り返しである。また詩の用いる畳句《じようく》も同様の根柢を有っている。例えば萩原朔太郎の詩

しづかにきしれ四輪馬車。
ほのかに海はあかるみて
麦は遠きにながれたり
しづかにきしれ四輪馬車。
光る魚鳥の天景を
また窓《まど》青き建築を
しづかにきしれ四輪馬車。

長歌の終りについている反歌も同様の機能をなすものと考えてよい。内容の上での反覆で

ある。

葦原《あしはら》の水穂《みづほ》の国は　神《かむ》ながら言挙《ことあげ》せぬ国　然《しか》れども言挙ぞわがする　ことさきくまさきくませと　つつみなく幸《さき》くいまさば　ありそ浪ありても見むと　百重波《ももへなみ》千重浪《ちへなみ》に敷き　言挙すれは

反　歌

しきしまの大和《やまと》の国は言霊《ことだま》の助くる国ぞまさきくありこそ

現在が深みを有つように繰り返すのである。多少長い詩形にあっても、すべてが現在の一点に集注するように、技術上リズムとか韻とか行とか畳句とかまたは反歌というようなものを用いて飽くまでも繰り返すのである。長い詩形をそれによって謂わば短縮するのである。詩のそういう外形上の技術は詩を同じ現在の場所に止《とど》まらせて足踏みをさせているようなものである。詩を永遠の現在の無限な一瞬間に集注させようとするのである。

文学の中で詩では特に現在性が浮き出ている。芸術としての一般的な現在性の上に更に詩としての現在性が加わっている。詩の時間性は現在的現在ということができる。そうして、過去に重点のある小説が学問に接近し、未来に重点のある戯曲が道徳に接近しているのに対して、現在に重点のある詩は特に芸術的性格の顕著な文学であると云って差支ないであろう。

九

今迄述べたことを概括して言えば、文学を哲学的に時間性の立場から見るならば、文学は重層的構造を有った質的時間としての小宇宙である。そうして小宇宙的な芸術である限り一般的に現在的性格を有っている。それが分化して小説となり、戯曲となり、詩となる場合に、更に過去的、未来的、現在的の潤色を受けるのである。

然《しか》しながら小説とか戯曲とか詩とかいうものは必ずしも或る一定の文学的作品がそのいずれかへ簡単に投げ入れられるような三つの整理箱を意味しているとは限らない。小説や戯曲や詩は化学の元素に譬えられることがある。元素は稀れには独立して純粋な形で存在することもあるが、最も多くは化合物として自然界に存在するのである。文学的作品にあっても類似の現象を見ると云ってもよい。その意味で小説の中の詩的要素や詩の中の戯曲的要素や戯曲の中の小説的要素などについて語ることができ、また従って時間構造に於ても種々の複雑性を帯びて来るのである。小説の中の詩的要素については川端康成の『雪国』を例に挙げることができる。この小説は非現実な夢幻の世界を喜ぶ主人公島村の性格によって既に内容上も詩的なものとなっているとも考えられるが、内容の上だけではそれを打ち毀《こわ》す程の強烈な現実的日常性も前面へ出て来ている。この小説を詩的なものとしているのはむしろ形式の上にあると思う。この小説には詩のリズムとか韻とか畳句に当るようなものが用いられていて全体が深みを有った現在として直観されている趣《おもむき》がある。新緑の初夏と年の暮の冬と紅葉の秋と三つのリズムをなして同じ北国の温泉村の情景が繰り返されている。駒子の唇が美しい蛭《ひる》の輪のように滑らかだという同一の形容が初夏と冬と秋と三度まで出て来ているのは三つのリズムに応ずる三つの脚韻のような役目をしている。汽車の窓ガラスに窓外の夕景色と車内の葉子の美しい姿とが一しょに写ったこと、山の白雪を写した鏡のなかに駒子の真赤な頰が浮んだこと、待合室のガラスが光って駒子の顔がその光のなかにぽっと燃え浮んだこと、駒子が窓際へ持ち出した鏡台に紅葉の山と秋の日ざしが写ったこと、鏡のなかで牡丹雪《ぼたんゆき》の冷たい花びらが駒子の首のまわりに白い線を漂わしたこと、これら同一の非現実的感覚が詩の畳句のように適宜の間隔を置いてまたしても繰り返されている。また葉子の声が悲しいほど美しく澄み通って木魂《こだま》しそうだという主題も三四回繰り返して変奏曲のように響いている。其他「嘘のように多い星」、「氷の厚さが嘘のように思われて」、「桐の三味線箱……これを座敷へ担いで行くなんて嘘のような気がして」、「嘘みたいにあっけなかった」、「なんだか静かな嘘のようだった」などと現実の非現実性を強調する同一の言い廻しが頭韻のようにところどころに出て来る。「心にもないこと。東京の人は嘘つきだから嫌い」という同一の言葉を駒子は年の暮と翌年の秋とに繰り返している。これらの反覆によって小説の叙述は詩の直観のような形式となり、時間的性格に於て現在が特に著しく強調されているのである。

次に詩の中の戯曲的要素の例としては『万葉集』の中の謂わゆる問答歌を挙げることができる。

（問）風雑《かざまじ》り雨降る夜の　雨《あま》雑り雪降る夜は　術《すべ》もなく寒くしあれば　堅塩《かたしほ》を取りつづしろひ糟湯酒《かすゆざけ》うち啜《すす》ろひて　咳《しは》ぶかひ鼻びしびしに　しかとあらぬ鬚《ひげ》かき撫でて　吾《あれ》を除《お》きて人は在らじと　誇ろへど寒くしあれば　麻衾《あさぶすま》引き被《かがふ》り　布肩衣《ぬのかたぎぬ》ありのことごと　服襲《きそ》へども寒き夜すらを　我《よ》よりも貧しき人の　父母《ちちはは》は飢《う》ゑ寒からむ　妻子《めこ》どもは乞《こ》ひて泣くらむ　此《こ》の時は如何《いか》にしつつか　汝《な》が世は渡る

（答）天地《ああつち》は広しといへど　吾《あ》が為は狭《さ》くやなりぬる　日月《ひつき》は明《あか》しといへど　吾が為は照りや給《たま》はぬ　人皆か吾のみや然《し》かる　わくらばに人とは生《ある》るを　人並に吾《あれ》も作《な》れるを　綿も無き布肩衣の　海松《みる》の如わわけさがれる　襤褸《かかふ》のみ肩に打ち懸け　伏廬《ふせいほ》の曲《まげ》廬《いほ》の内に　直土《ひたつち》に藁《わら》解き敷きて　父母は枕の方《かた》に　妻子《めこ》どもは足《あと》の方に　囲《かく》み居て憂ひ吟《さまよ》ひ　竈《かまど》には火気《けぶり》ふき立てず　甑《こしき》には蜘蛛《くも》の巣掻きて　飯炊《いひかし》ぐ事も忘れて　奴延鳥《ぬえどり》の呻吟《のどよ》ひ居るに　いとのきて短き物を　端《はしき》截ると云へるが如く　楚《しもと》取る里長《さとをさ》が声

は　寝屋処《ぬやど》まで来立《きた》ち呼ばひぬ　斯《か》くばかり術《すべ》無きものか　世間《よのなか》の道

この憶良の「貧窮問答の長歌」では、問う者と答える者とが共に立ち上って役場へ嘆願に行くとでもいう未来的行動目標が潜勢態の形で仮定されていると考え得る。旋頭歌《せどうか》にも

（問）あめつつ千鳥ましととなど裂ける利目《とめ》

（答）媛女《をとめ》にただに逢はむと吾が裂ける利目

伊須気余理媛《いすけよりひめ》と大久米命《おおくめのみこと》とのこの劇的問答は、媛が天皇の使者に従う近い未来を予料している。これら問答体の古歌は劇詩の原型とも見られる性質のもので、詩的要素と戯曲的要素とを等分に有っていると云ってもよい。従ってその時間的性格も現在性と未来性とを等しく具有している。なお戯曲の中の小説的要素は、すべて説明的部分に見られるのであるが、時間的構造に於ても過去性がそこに現われて来て、全体の時間性格の変様を規定している。

　これらの考察によって明かになったように、小説と戯曲と詩とへの文学の分化は必ずしも簡単な形でなされるのではなく、従って文学の時間性の分化も甚だ複雑な状貌を示しているのである。そうして文学一般の時間的本質は分化を含む基礎形態として、重層的な質

的現在であると云ってよいのである。

歴史は時間の具体性である。そうして過去に起点を置いて未来へ向って時間が流れて行くというように見て、古いものによって新しいものを説明して行こうとするのは記述的または学問的態度である。そこには原因結果の関係や理由帰結の関係が支配している。すなわちそれは必然性の妥当する領域であって、把握された必然性は真という性格を有って来るのである。それに反して未来に起点を置いて時間は未来から将来されるものであるというように考え、歴史そのものの重点を未来にあると思惟するのは行為的または道徳的態度である。それは目的性の支配する分野であり、目的実現のために自由が要請せられる領域である。自由によって実現せらるべきものは善という性格を取って来る。必然性の指導の下に真理を追求する学問的態度も、自由の理念の下に善を実践しようとする道徳的態度もいずれも或る意味で動的態度と云うことができる。この二つの動的態度に対して静的態度を取るのが直観的または芸術的態度である。芸術的態度は歴史の動きの横断面を凝視し味わおうとするのである。現在に於て時間を直観しその味に徹しようとするのである。そこでは必然性が自由の形態を取り、自由が必然性の姿を帯び、必然自由態が美と呼ばれるのである。芸術家は制作過程に於て原因結果を探求する学問的態度を取る場合もあろうし、作品の完成に不休の努力を要する点に於て道徳的態度を持することも不可欠条件であろうが、芸術作品が芸術作品として成立するのは現在の直観に於てである。現在の直観がないところには如何なる因果性の探求も如何なる意志の努力も芸術の美を産み出すことはできない。芸術の時間的性格が現在的であるというのはそのことである。

芸術は歴史の横断面であり現在の直観であるということは、芸術の時間性が質的現在であることを意味している。質的現在は直観として或度の持続を有ち、異質の相互侵徹を内含する現在である。量的現在が数学的点の形で成立しているのとは違っている。量的現在はどうして成立するかというに、必然性を指導原理とする学問的態度の極限に於て成立するということができる。学問的態度は因果性または理由性の支配の下に過去によって未来を理解し、古いものによって新しいものを解明しようとする。過去によって未来を理解することはその極限の場合としては未来を抹殺することであり、古いものによって新しいものを解明することは新しいものを消滅させることを理想としている。そこには過去なり古いものなりがただ点のような現在として固定しているだけである。すなわち現在が諸点間の同時性として量的意味を持って来るのである。そういう点として数えられる同時性の意味の量的現在は数学的自然科学の成立する場面であって、数学的自然科学の謂《い》わゆる自然は量的現在の総和のようなものである。物理的抽象的時間や空間もそういう性質のものである。

芸術のうちで絵画、彫刻、建築のような謂わゆる空間芸術は芸術である限り直観に基づくものとして質的時間的要素を欠くものではないが、素材としては並存的空間的のもののみを有っているのである。従って空間芸術の作品は自然物として取扱われることも可能である。空間芸術は自然物としては量的現在に成立し、芸術品としては質的現在に成立していると云ってもよいであろう。絵画や彫刻の真偽の鑑定の標準として寸法重量の測定登録を主張する人があるのは空間芸術の作品を自然物の半面に於て取扱おうとするのである。時間芸術たる音楽と文学とは純粋に質的現在に成立しているということができる。音の継起を本質とする音楽を、同時性の計量に解体することは音楽の解消にほかならない。音楽は異質の相互侵徹としての音の持続の知覚にあって始めて成立するのである。文学もまた質的現在に於て成立している。そうして音楽が音の知覚そのものとして時間的には単層性を示すに反して、文学は言語によって観念的時間を産むことに於て時間の重層性を構成するのである。重層的時間を有つことが言語芸術としての文学を音響芸術としての音楽から区別する点である。そうして音楽が時間の単層性によって生命ないし精神の持続の形式そのものを表現し、従って最も印象の直接な官能的な芸術であるに反し、文学は時間の重層性によって生命ないし精神を形式内容の両面に亙って全的に表現し、従って人間のいのちとたましいを有《あ》りの儘《まま》に示す最も深い人間的な芸術であるということができるのである。要するに重層的な質的現在ということが文学の時間的性格であり、歴史の時間性を背景とする文学の時間的性格を明かにして、文学の哲学的考察を終えようと思う。

日本詩の押韻（抄）

一　押韻の芸術的価値

　詩の形式は言語相互間の関係に存するものであるが、二様の異った見地から見ることが出来る。一は言語の有する音の連続に基く量的関係で、他は音の特殊な質的関係である。量的関係はすなわち相《あい》接続する音綴《おんてつ》の、またはその長短の、またはその強弱の反覆数に基礎を有するもので、詩の律を形成している。質的関係は一層具体的に母音、子音等の性質上の差異に関心して、詩の韻を形成するものである。

　ここで律というのはリズム（英 rhythm, 独 Rhythmus, 仏 rythme）に当り、韻というのはドイツでいわゆる Reim に当っている。ドイツでは Reim を更に二つに分けて Stabreim（頭韻）と Endreim（脚韻）とにしている。イギリスとフランスでは頭韻を allitération と呼び、脚韻を特に rhyme, rime と呼んでいる。頭韻と脚韻とが種概念として属する類概念を表わす名称が欠けている。ドイツでこの類概念に Reim なる名称を与え、更に二つの種概念に応ずる名称をもっていることは極めて論理的である。日本でも幸《さいわい》にこの二つの種概念に対して頭韻、脚韻（または尾韻）の二語をもっているから、両者を包摂する類概念を表わすには韻の語を用うるのが自然である。そうして、韻に対してリズムを表わすには律の語を用いて差支ないであろう。その結果として、韻律という場合には韻と律とを合せて意味することになる。

韻律 ｛ 律（Rhythmus, rhythm, rythme）
　　　 韻（Reim）｛ 頭韻（Stabreim, allitération）
　　　　　　　　　 脚韻（Endreim, rhyme, rime）

夏目漱石はここで律と云っているものを韻律と呼び、韻律、頭韻、尾韻の三つを同列に置いている（『英文学形式論』一六一頁）。なお、律と韻とに当る欧洲語の語原について一言して置こう。rhythm（Rhythmus, rythme）はギリシア語の ῥυθμός から来ている。ラテン語でも rhythmus と云った。rhyme（Reim, rime）の語原に関しては二説ある。一説によればラテン語の rhythmus の変形である。他説によれば高地ドイツ語で配列とか数とかを意味する rim から来たものである。語原の上でも rhythm と rhyme とは密接な関係を示している。

詩の形式に関して次のように考える者もあるであろう。いわゆる律や韻は外的形式に過ぎない。真の詩は内的形式に従わなければならない。真の律とは感情の律動であり、真の韻とはこころの音色である。こういうように考えるのは広義における自由詩の立場である。

私はこの立場に対して決して抗議をするものではない。寧《むし》ろ自由詩と律格詩とは相並んで発達して行くべきものと信じている。ただここに両者の相違を明かにして置きたい。自由詩を主張する者は感情の律動に従うことを云う。然《しか》しながら、この場合の従うという意味は詩の律格に従う場合とは意味を異にしている。感情の律動とは主観的事実である。詩の律格は権威をもって迫る客観的規範である。両者の間には衝動に「従う」恣意と、理性に「従う」自由との相違に似たものがある。自由詩の自由は恣意に近いものである。律格詩にあっては詩人が韻律を規定してみずからその制約に従うところに自律の自由がある。現実に即して感情の主観に生きようとする自由詩と、現実の合理的超克に自由の詩境を求めようとする律格詩とは、詩の二つの行き方として永久に対蹠《たいしょ》するものであろう。

いわゆる「新体詩」に関する最初の論争も実にこの二つの傾向の相違に基いたものであった。すなわち明治二十三四年に山田《やまだ》美妙斎《びみょうさい》と内田《うちだ》不知《ふち》庵《あん》との間にこの立場の相違から主張と反駁とが取交わされた。森鷗外の「美妙斎主人が韻文論」のうちに次のように述べてある。「不知庵は詩形を卑《いやし》み、韻格などに屑屑《せつせつ》たらざるものなり。美妙子が韻格を制定せんとてつらねし数千万言は、彼がために眼を過ぐる雲烟《うんえん》に過ぎず。美妙子が韻文即ち詩なりというを聞きては、所謂詩の純文学なるべきをおし量りて、形を以て想を制せんとするを笑いつ」（鷗外全集刊行会『鷗外全集』第二巻、二〇三頁）。次で二十五年の旗野《はたの》士《し》良《ろう》の「無韻非歌論」すなわち「韻の無きものは歌にあらず」という主張と佐藤誠実《さとうじようじつ》の「韻なくておのずから調《しらべ》のかなえるぞ歌の妙《たえ》なる所」という反対論も或る意味でこの二つの立場を代表していた。

およそ律格詩は主観的現実を離れて客観的自由の境を創造しようとする純芸術的努力である。言語の心理的ならびに論理的法則に従うことは芸術上の自然である。現実である。自然と現実とに反抗して、律と韻とより成る世界を創造することは詩人の使命の一つであると考え得る。

もろもろのこころ、柳にまかすべし

というときの「律」の動きは現実の世のものである。主観的意識が文法の論理をたどって再現されたに過ぎない。いわゆる「またぎ」によって強いて心理と論理とを無視して五、七、五の客観的形式に当て嵌《は》めるところに初めて一つの新しい詩境が浮びあがるのである。

もろもろの、こころ柳に、まかすべし　（芭　蕉）

「韻」の排列を自然のままに委ねて顧みないのも主観的感情を言語によって再現したに過ぎない。

雨に濡れて忽ち
日の照るままに乾く
涙もろきものには
ここは住まひ易きか

感情と言語のありふれた平凡な塊《かたま》りから、音楽的理念の客観的姿を彫り出すところに、純なる芸術の建設と創造とがある。

雨に濡れて忽ち
乾くに早きかたち
涙もろきものには
住まひ易きこの庭
（岩《いわ》野《の》泡《ほう》鳴《めい》）

現実に住むことを好むものは現実に住めばよい。ただ然し、現実を超越した純美と自由に憧れるものには律と韻の世界に逍遥することが許されている。客観的法則からの自由を願うものは「自由詩」の領域をまもって差支ない。主観的法則からの自由を自由の本質と信ずるものは律格詩の建設に進むべきである。ひとりの詩人がその都度の自己内心の要求に応じて、或る時は現実の放恣《ほうし》に耽溺し、或る時は律格の自律に高踏するのもよい。然しながら、「律」の上の定型には意義を認めても、「韻」に関しては単なる音の遊戯に過ぎないと考えるものがあるかも知れない。芸術上価値の無いものであると主張する者があるかも知れない。しかし韻は律と同様に言語の相互関係に基いて一種の節奏を生み、この節奏によって詩句の統一を計るものであることを知らなくてはならない。万葉の詩人が

みよし野の滝もとどろに落つる白浪
とどめにし妹に見せまく欲しき白浪　（万葉、十三）

と歌ったとき、「とどろ」と「とどめ」、「落つる白浪」と「欲しき白浪」の起す節奏によって第一句と第二句とを統一し連結することを忘れなかった。また

春日なる三笠の山に月も出でぬかも
佐紀《さき》やまに咲ける桜の花の見ゆべく　（万葉、十）

にあっても、第一句は「春日」と「三笠」の音韻関係によって統一され、第二句は「佐紀山」と「咲ける」と「桜」との音韻関係によって統一され、然る後に両句が判然と相対立しているのである。もしこれらの音韻上の考慮がしてなかったならば、第一句の終の七言と第二句の初の五言とを七五調に続けるかも知れぬ。そうすれば短歌の律に近いものになってしまう。旋頭歌の特色を遺憾なく発揮するためには、韻によって律の作用を補うことが必要である。またフランスの浪曼《ロマン》派詩人が句切《くぎり》（césure）について伝統的作詩法の拘束を解除した場合に、韻を極度まで重要視したのは何故であるか。六音綴目に施すべき句切を解除した結果として曖昧を来《きた》し易くなったアレキサンドランの一句の感じを、押韻を強調することによって判然させようと試みたのである。すなわち律による統一作用の上に起った或度の弛緩を、韻による統一作用の緊張をもって補おうとしたのである。

また仮りに押韻が「語路合《ごろあわせ》」や「地口《じぐち》」に類する遊戯に過ぎないとしても、それ故に無価値のものだと結論することが正しいであろうか。芸術上には遊戯は必ずしも無価値では無い。或る意味で芸術そのものも遊戯である。それが純粋であればある程、現実から離れた形式の世界での「関心無き」遊戯である。遊戯を解しない者は芸術の世界に入る資格は無い。「語路合」とは何を意味しているか。韻の上での偶然の符合一致である。ポオル・ヴァレリイは詩は「言語の運《シャンス》の純粋な体系」（Paul Valéry, Variété, 21e éd., p. 159）であると云い、また韻律の有する「哲学的の美」（ibid., p. 67）を説いている。彼が「純粋」といい「哲学的」というのは言語の偶然的関係に基づく構成的遊戯を指しているのである。いわゆる偶然に対して一種の哲学的驚異を感じ得ない者は、押韻の美を味得することは出来ないであろう。浮世の恋の不思議な運命に前世で一体であった姿を想起しようとする形而上的要求に理解を有たない者は、押韻の本質を、その深みに於て、会得することは出来ないと云ってもよい。押韻の遊戯は詩を自由芸術の自由性にまで高めると共に、人間存在の実存性を言語に附与し、邂逅の瞬間において離接肢の多義性に一義的決定を齎《もたら》すものである。押韻は音響上の遊戯だから無価値だと断定するのは余りに浅い見方である。我々はむしろ祝詞《のりと》や宣命《せんみょう》の時代における「言霊《ことだま》」の信仰を評価し得なくてはならない。富士谷御杖《ふじたにみつえ》も「言霊の弁」に、「言霊の妙用人の力の及びにあらぬ」ことを説き「すべて物二つうちあふはずみに自らなり出づるものは、かならず活きて不則の妙用をなすものなり」と云っている。

詩の律が、呼吸、運動感覚などによって説明される限り、心理学的と云われ得るとしたならば、詩の韻は、偶然性の問題を蔵する限り、哲学的または形而上学的と云われることが出来る。日本詩歌の律はよく心理学者によって研究される。明治二十三年に元良《もとら》勇次郎《ゆうじろう》氏は『哲学雑誌』第四十一号所載の精神物理学講義中にその研究を発表し、近くは相良守次《さがらもりじ》氏が『日本詩歌のリズム』と題する書に実験心理学的研究を詳述している。それに反して、詩歌の押韻の本質はプラトンの『饗宴篇』の問題に関心する者によってのみ深く把握されることができる。もとより、偶然性はただ問題とされるだけで、偶然性が必然性に解体される場合のあることは云うまでもない。たとえば神、上、髪は、芳賀矢一《はがやいち》氏が指摘している（『国語と国民性』三頁）ように、すべて頭の方に位する尊ぶべきものである。狼も恐ろしい「かみ」である。そこに必然的関係が存している。従って『梁塵秘抄』に「隣りのおほい子が祀る神は、頭《かしら》のしじけ髪、ます髪、額髪」などと云っている場合は偶然性の中に必然性が看取される（作例「アラベスク」第一節参照）。また、たとえば簾、涎、耳漏、雪崩、雨垂、五月雨などの間に一見したところで存する偶然性は、すべてこれらの語が「垂《た》れ」に還元される限り、必然的関係として現われて来る。同様に、襦袢とズボンとの間に存すると考えられる音韻上の偶然性は、両者ともポルトガル語の gibão, スペイン語の jubón などに語原を有するものと見られる限り、必然性に解体されてしまう。しかし、かような場合においても、詩韻の観賞は、言語学上の必然性に帰せられる前に、仮象としての偶然性を機縁として行われるのである（拙著『偶然性の問題』六二―六四頁参照）。

なお、次のように考える者があるかも知れない。押韻は無記の遊戯ではない。押韻は修飾であり、修飾は虚飾である。押韻に対しては道徳的嫌悪を懐くべきである。一切の欺瞞を斥ける心をもって押韻の虚偽をも斥けなくてはならない。私はそういう無技巧主義を芸術上の一つの立場として拒否しようとは思わない。しかし、素朴な詩風が唯一の価値ある立場であるなどと考えることは甚しく幼稚な考え方である。芸術と道徳とがおのずから領野を異にすることは今更いうまでもない。詩が芸術表現の効果を最大密度において立体的に齎そうとするときに、言葉の有っている被投的素質を一つの新しい投企の機能として動員して、押韻の形式を成立させてくるのである。被投的素質というのは言葉の有っている音楽性にほかならない。既に『歌経標式《かきようひようしき》』が詩歌の本質を説いて「原夫歌者、所下以感二鬼神之幽情一、慰中天人之恋心上者也。韻者所下以異二於風俗之言語一、長中於遊楽之精神上者也」(佐佐木信綱編『日本歌学大系』第一巻、五一頁)と云っている。我国の詩歌の起源は「尽二雅妙之音韻一之始」(同書、同頁)と一致している。そうして「近代歌人雖レ長二歌句一、未レ知二音韻一。……准二之上古一既無二春花之儀一、伝二之来葉一不レ見二秋実之味一」(同書、同頁)と歎じている。萩原朔太郎氏も「詩の第一義的条件が、実に音楽性そのものに有る」ことを主張し、「詩人が如何に強く表現の音楽性を熱情したか」(『四季』昭和十年夏季号、三一頁)を説き、「いっそ無韻律の詩を書くほどなら、大胆に散文意識を徹底して、普通の散文を書く方が好いのである」(『四季』昭和十一年二月号、二〇頁)と云っている。誇張が許されるならば、詩は言語によって哲学し音楽する芸術であるということができる。詩にあっては、言葉と言葉との交わす「双生児」も、音色と音色との間に響く木魂の問答も、それ自身において自己の存在を主張する意味自体である。詩の世界にあっては、マーヤーの面紗《めんしゃ》は客観的価値であり、蜃気楼の虚妄は有体的事実である。

イギリスでは押韻をしない謂わゆる blank verse は他の欧洲諸国においてよりも稍々《やや》重要な地位を占めている。その起源は十六世紀の始にサリー伯がヴィルギリウスの『アイネイアス』を訳したときに韻を踏まなかったことから来ている。次でシェークスピアの劇とミルトンの『失楽園』とが押韻をしなかったことが無韻詩を一つの勢力として立たせる機縁となった。然しながら、それは劇詩と叙事詩との範囲におけるもので、抒情詩人としてシェークスピアが多くの美しいソネットの作者であり、ミルトンが最も厳格な押韻法を有するイタリー式のソネットを唱道したことを忘れてはならない。また我々は一方においてダンテが『神曲』に、ゲエテが『ファウスト』に押韻をしたことや、バイロンが『チャイルド・ハロルド』に韻を踏んだことなども考えて見なければならない。且つまた、押韻の束縛のない詩をイギリス国民が或度まで重要視するのは、万事に実際主義を重んずる国民性に照しても別に不思議とするに当らない。

フランスでは韻は常に至要の地位を占めて来た。ヴェルレエヌが Art poétique の中で韻の横暴を罵《ののし》っているが、決して韻そのものに対する反対で無いことは彼自身の作に照しても明かである。彼の意は韻の過度の束縛に対する警告にほかならない。フランスの伝統的の作詩法が押韻上に複雑煩瑣な規定を立てていることを知っている者は、彼の反抗を容易に理解することが出来る。また謂わゆる自由詩人は一切の律の拘束を脱すると同時に、韻に対しても法則としての拘束力を拒もうとしたが、押韻の美的効果は依然として認めていた。そうして多くの場合に何等かの意味で押韻を実行していた。且つまた、その徒の多数は次第に古来の韻律に近いものに復帰して来た。フランシス・ジャムの「自由にされた詩」(vers libéré) は自由を標榜しながら自由詩主義 (verslibrisme) に対する反対にほかならない (Francis Jammes, Les Géorgiques Chrétiennes, Chant I 参照)。自由詩人は最早今日のフランス詩壇の代表者では無い。破壊の時代は既に去って建設の時代に入りつつある。ジュール・ロマンは「自由詩の概念は言語上の矛盾だ」(Jules Romains et G. Chennevière, Petit traité de versification, 1924, p. 23) と云っている。形式上の自由と詩とは相容れないものと考えるからである。ヴァレリイも韻律の形式が詩に欠くべからざることを力説している。「感激は作家の心の状態では無い。火力は如何に偉大であるとも、機械によって技術上の拘束を受けて、初めて有用となり、原動力となるのである。適切な束縛が火力の全く消散せぬように障害物とならねばならぬ」(Paul Valéry, Variété, 21e éd., p. 176) と云い、また「真の詩人の真の条件」として「甘美な桎梏を心が受け納れて絶えず犠牲に打勝つこと」(ibid., p. 56) を挙げている。また或時はソクラテスに言葉を貸して「最大の自由は最大の厳格から生れる」(Paul Valéry, Eupalinos ou l'architecte, 15e éd., p. 189) と云っている。いま彼の詩を一例に挙げて見る。

Parmi l'arbre, la brise berce

La vipère que je vêtis;
Un sourire, que la dent perce
Et qu'elle éclaire d'appétits,
Sur le Jardin se risque et rôde,
Et mon triangle d'émeraude
Tire sa langue à double fil ...
Bête je suis, mais bête aiguë,
De qui le venin quoique vil
Laisse loin la sage ciguë!

これはÉbauche d'un serpentの起首の一節である。八音綴の句をもって一貫しながら三百句以上に亙るこの長詩は、句尾の脚韻と句中の頭韻とをもって絶えず美しい音楽を奏している。この一節においてもbriseとberce、vipèreとvêtis、risqueとrôde、veninとvil、laisseとloinとla、sageとciguëとから成る頭韻が句尾の脚韻と相俟《あいま》って与える美的効果は、詩の音楽性に感覚を有つ者は直ちに感得するであろう。ドイツの批評家クルチウスはこの詩の脚韻をソプラノに比し、頭韻をそれに添う第二の声音に比し、そうしてヴァレリイの芸術を「完璧無比のダイヤモンド」(E. R. Curtius, Französischer Geist im neuen

Europa, 1925, S. 169, 171）と激賞している。なお詩韻の無用を説く論者に対してヴァレリイ自身も次のように云っている。「韻はよく、天下に規則以上に重要なものが存在すると云う、この子供らしい考を抱く人達の怒を買う。その故は彼等が、或る思念が、ある一つの規則よりも深長であり、永続性を持ち得るという無邪気な考を抱いているからである」（ヴァレリイ、堀口大學訳『文学』二九頁）。ヴァレリイの謂わゆる純粋詩（poésie pure）は「散文的のものは何ものももはや現われて来ない作品である。音楽的連続性が決して中断されない詩、意味の関係がそれみずから調和的関係に絶えず等しい詩、諸々の思念の相互的変化が思念全体よりも重要視される詩、形態の遊戯が主体の実在性を含む詩」である（Paul Valéry, Poésie, 1928, p. 184）。

日本詩に押韻したものは明治十五年の『新体詩鈔』のうちに井上巽軒《いのうえそんけん》の訳詩「玉の緒の歌」と矢田部尚今《やたべしょうこん》の創作詩「春夏秋冬」とがある。前者はロングフェローの訳で、左のような一節がある。

如何に未来は楽しきも
如何に空しき過去なるも
共に之をば捨ておきて
われを忘れず神を知り

はたらくべきは今日ばかり

全体は九節から成っているが、各節五句で、すべて第三句が踏み落しになっている。そうして巽軒は「余は試に韻を蹈む。……若し夫《そ》れ押韻の法、用語の格等は、次第に改良すべきのみ、一時に為すべからず」と云っている。「春夏秋冬」の第一節は

春は物事よろこばし
吹く風とても暖かし
庭の桜や桃のはな
よに美しく見ゆるかな
野辺の雲雀はいと高く
雲井はるかに舞ひて鳴く

この詩は四節から成って、各節は六句であるが、尚今は序に「此詩は句尾の二字を以て二句ずつ韻を踏みたるものなり。例えば「よろこばし」「暖かし」の如し」と云っている。『新体詩鈔』の後には、森鷗外や正岡子規や岩野泡鳴が押韻詩を試みた。現今では与謝野晶子の作がある。

およそ形式に束縛を感ずるのは詩人にとって決して誉《ほまれ》では無い。みずから客観的法則を立て、みずから客観的法則に従うとき、詩人は自然のような自由を感ずる筈である。なぜならば、表現界の客観的法則に従う主観の受動は、表現界を創造する主観の能動にほかならない。受動はパトスであることによって受動から能動へ反転する。表現は自己犠牲を媒介として自己肯定を実現するのである。法則を拘束として意識しないところに、芸術家としての、また人としての偉大さとパトスの創造力とがある。「定型を自由ならずと為るは真に定型の中に精魂をこめ、道としての鍛錬を究むることの浅い人に多い。究めずしてほしいままに是非するは謬っていよう。真の遊びは定型の中にあって己を磨く者のみが知る。苦業は法悦を生む」「律格の自然さに於て却って個々の自由が創造されているからである」(『白秋全集』第十七巻、三一二—三一八頁)と北原白秋も云っている。「法則のない即興品は嘗て美しいためしがない」「堅い石を飾る者は幸なるかな」(Alain, Système des Beaux-Arts, 5e éd., pp. 33, 38)とアランが云っているのも同じ心である。要するに、押韻の芸術的価値は自律の投企によって自由芸術としての自由の境地を創造する点に存するのである。

関連論考

安田武・多田道太郎『『「いき」の構造』を読む』より

はじめに

多田　安田さんのテキスト（九鬼周造《くきしゅうぞう》『「いき」の構造』岩波書店）は何版ですか。
安田　僕が持っているのは第十刷、昭和四十一年の版です。
多田　僕のが三十三年の第八刷ですから、その間あまり刷ってないですね。ところが最近また若い人がずいぶん読んでいるらしい。九鬼周造の名前は知らなかったけれども評判を聞いて読んだとか、題名に惹《ひ》かれて読んだとか……。
安田　ああ、題名にね。実を言えば僕も戦前、学生時代に題に惹かれて買ったんですよ。従兄の書棚にあったのを見て、あ、こんな本があるのかと、さっそく自分も買ってきて読んだけれども、難しくて難しくて……。一応最後まで読みましたが、大部分わからなかったのじゃないかな。

多田　僕は戦前に読んだという記憶がない。ひょっとすると昭和三十三年にこの本を買ったのが最初じゃないかという気がするけれども、とにかくこういう文芸書でこんなに息が長いのは珍しいですね。「思想」に発表されたのが昭和五年の一月号と二月号で、本になったのがその年の十一月。初版からほぼ半世紀でしょう。

安田　ずいぶん「いき」の長い名著というわけだ。（笑）

多田　これだけ生き長らえていて、しかも昔より今のほうが人気が出てきているという感じでね。

安田　つまり「いき」というものが私たちの生活自体のなかから失われてきているだけに、かえって今の若い人たちに読まれるのじゃないかな。ある時、若い人に「粋《いき》の反対は何だ」ときいてみたら、「不粋《ふいき》ですか」って言うんで大笑いしたことがある。（笑）「野暮《やぼ》」という言葉がパッと出て来ない。「無粋《ぶすい》」も出てこない。（笑）

多田　昔の東京の人は「野暮用」なんてことをよく言いましたね。上方《かみがた》では使わない言葉だけれども、東京の人もこのごろはあんまり言わない……。

安田　どちらへお出かけ？　なに、ちょいと野暮用で、てなふうに軽くいなすのが粋だったわけでしょう。

多田　そういう「いき」が生活から失われたからかえって『「いき」の構造』が読まれるという逆説があるのかもしれない。しかし僕の解釈はもっと通俗なんだ。ある出版社の人に言わせると、このごろは平仮名言葉が上に来て、下に難しい言葉がつく題名の本がわりあいよく売れるんだって。『「甘え」の構造』のように、日本人の気にしている言葉を最初に出して、次に西洋風の難しい分析的な言葉がつづくのがいい。なるほど、と思ったね。九鬼さんのこの本は、そういうものの先駆であって、これはわりあい重要な意味を持っていると思う。「いき」という普段に使っている生粋の日本語に、「構造」なんていう日本人の伝統的な語感からはよくは分らないけれども西洋哲学の連中に気になる言葉を、ぶっつけたというか、両者を連結させたこと、これはたいへんな先見性でしたね。昭和四十年代に入るぐらいから、そういうことがみんなの意識に上ってくる。『「甘え」の構造』なんかがその典型でしょうけれども。——ですから僕の勘では、九鬼さんのこの本も昭和三十年代はまああの売行きで、四十年代になって急に伸びてきたのじゃないかな。

安田　六〇年安保が昭和三十五年ですね。僕自身、戦後になって改めてこの本を買い直したのが昭和四十一年でしょう。そのころから僕も、そういう問題がもういっぺん気になりだしたんだな。

多田　甲南大学の九鬼文庫に『「いき」の構造』の草稿が保管されていて、それによると九鬼さんが最初にこの論文を書きおえたのが一九二六年十二月。大正十五年の終り、昭和元年になる頃です。だから草稿から言えば、昭和の全歴史を生きてきたわけね。しかし、いま手にとってみて、最近出た本だと言っても通じるでしょう。百五十ページばかりの短い論文だけれども、がっちりと書いてあって、日本の伝統的なものを西洋的な視角から分析している点で、たいへん新しい感じがしますね。

安田　ふくらまそうと思えばうんとふくらむ問題を、思いきり煮つめて書いている。

多田　そうですね。資料をずいぶん捨てているようですね。

安田　ええ。例えば、『「いき」の構造』の本文の、浮世絵について書いているところで、僕は、春信《はるのぶ》が出てこないのはおかしいなと感じていたんですよ。ところが草稿の段階では、春信が盛《さか》んに出ているのね。ああ、やっぱり春信をイメージとしては持ちながら、どういう理由からかは分らないけれども、あえて本文では書かなかったんだな、捨てたのだな、と思いましたね。

多田　悪戦苦闘しながら資料を捨てているというのは、教訓になりますね。

なぜ『「いき」の構造』か

安田　日本民族の特性というものを考えていくと、われわれはどうも知性や理性の面よりも、感性の面で鋭いものを持っているように思える。真に対して探求心が強いとか、善に対して心が惹かれるというよりも、まず美に対して、いちばん関心が強いのじゃないか。――ここ十数年いろいろ考えてきて、世界歴史全体から見ても日本人の美意識というのは高度に洗練されたものだと思いますね。人間生活を何で律していくかというと、宗教的な絶対者としての唯一神とか、形而上学的な思索とか、あるいは自然法的普遍者の概念とか、そういったものじゃなくて、むしろ美意識で律してきたのじゃないか。そこには日本の特殊な風土、和辻《わつじ》さんが言われたモンスーン地帯とか、あるいは照葉樹林帯の問題とか、歴史のかなり早い時期からの農耕生活のこととか、いろいろ関っていると思うけれども、いずれにしても美意識というものが、単に感性の世界とか美の世界に止まらず、日常生活全体の規範にまでなっている。日常の倫理はもとより、場合によっては宗教的なものまでが、日本人にとっては美意識と一体化して成立してきたのじゃないか。日本人の美意識については、単なる美学の問題としてではなくて、「人間の学」としてもっともっと考えてみなければいけない。——そういう考え方からすると、この九鬼さんの本は、どうしても徹底して掘り起さなければならないものなんですね。そう思って何回か読んでみたんだけれども、読めば読むほどだんだん手に負えなくなってくるところがある。これはとても自分一人じゃ無理だと悟って、多田さんとの対話を思いついた、というのが、そもそも『「いき」の構造』を読むという、この対談の発端なんですね。

日本の思想史と日本人の持っている特別な美意識を結びつけた著述は、実はこれまでにも決して少なくない。たとえば利休《りきゅう》の茶、芭蕉《ばしょう》の俳諧《はいかい》などと結びついて「わび」とか「さび」とか、あるいは「風雅《ふうが》」といった問題が出てくる。観阿弥《かんあみ》や世阿弥《ぜあみ》の能の世界と結びついて「幽玄《ゆうげん》」とか「花」とかの問題が論じられているわけね。けれども、「いき」という面から日本人の美意識を深く考えた人は、これは後にも先にも、九鬼周造ひとりしかないと言ってもいいでしょう。しかも『「いき」の構造』を継いで論究していった研究が、その後全く出ていない。僕自身に江戸の化政《かせい》期文化への好みがあるということもあって、ぜひともこの問題に突っこんでみたいのですね。この対話の狙いは、僕としてはそういうところにあるわけです。

多田　日本人のいまの文化にはいろいろ複雑な要素が入っているけれども、生活文化のほとんどは江戸中期から末期にかけて完成したものですね。刺身を食べるとか畳を敷きつめて宴会するとか、いろんなことを庶民がやりだしたのが江戸も末になってからでしょう。時代映画で過去を再現していく場合も、だいたい江戸末期が多い。そこに生活のふるさとがあるということでしょうね。だからそこを、学問的に考えなきゃいけないと思って見てみると、九鬼周造がそれを先駆的にやっているわけです。

もう一つは、九年前に安田さんと私との編集で、『日本の美学』(ぺりかん社)という特集号を以前の「エナジー」で出しましたね。そのときに、職人の問題をいろいろ考えて、日本の美学の底にある生き方の問題、倫理の問題を、僕らで提出しておいた。その延長として自然に九鬼周造に辿りついたという面もありますね。この前は、職人に注目したのはよかったけれども、生活のなかで見る視点がやや薄かったわけで、その点から言ったら、やはり『「いき」の構造』が出している問題に取り組まざるをえない。九鬼さんは芸能とか芸術の世界だけでなく、庶民の生きている姿そのもののなかから、生きている「いき」を取り出しているわけですから。

そういうものを九鬼さんはどこから発想されたのか。九鬼周造という人の一生をすこし調べてみると、興味深いことがいろいろあるんですね。

九鬼周造の生涯

多田　安田さんは、九鬼さんが東京の人だと思っておられましたか。

安田　いや、はじめは京都の人とばかり思っていました。

多田　そうでしょう。そうでしょうってのはおかしいけれども。（笑）安田さんのように昔から『「いき」の構造』に興味を持って、身を入れて読んでいらっしゃる方でも、九鬼周造は京都の人だと思っているのですね。九鬼さんが京都大学の教授だったためか、多くの人がそう思っているけれども、実は違うんですね。もともと東京の人です。そこになにか生活の葛藤があって、半世紀も前にこれだけの本が書けるような、心のあり方の原動力みたいなものがあったのじゃないか。もしそうでなくて、京都に生まれて素直に京都文化で育った人だったら、ここまで面白いものを発想できなかったのじゃないかかな。

ヨーロッパ留学から帰って昭和四年の四月に京都大学文学部講師を嘱託され、その後教授になられて、晩年まで京都に住まわれる。祇園《ぎおん》でもいろいろ遊んだという噂もあったりして、世間の人には九鬼さんは京都人だという錯覚があるわけですが、それには、九鬼さんを京都哲学のなかで位置づけようとする気分も手伝っているようですね。しかし率直に言って、京都哲学のなかでは九鬼さんはやや傍流と見られていたようです。少し年配の親友天野貞祐《あまのていゆう》さんが京都帝大の倫理学の教授をしていて、その天野さんがよんだのが九鬼さんということで、本格的な哲学から見れば少しずれたところの倫理の系統という感じがあったようですね。当時の京都哲学の中心にいた田辺元《たなべはじめ》さんなんかは、九鬼さんをほとんど評価しなかったという噂もあるし、世間でも西田・田辺哲学ほどには評価していなかった。戦後になって評価の高くなる、中井正一《なかいまさかず》など京大系の哲学者がいますが、そういう一人として潜在的な位置を占めてはいたけれども、当時としては表立ってはいなかった人と見ていいでしょう。

ですから京都学派としても傍流の人で、生まれははっきり東京で、明治二十一年に男爵九鬼隆一の四男として芝で生まれておられるわけですね。ある人名事典に京都帝大卒業となっていたけれども、それも根深い世間の錯覚のあらわれで、実際は一高を出て明治四十二年に東京帝国大学の文科に入学、明治四十五年に卒業して、大正元年から十年間ずっと東大の大学院にいらっしゃった。京都に住むようになるのは、大正十年から昭和四年までのヨーロッパ留学を終えてからのことです。それまではおそらく京都には、そんなに深いなじみはなかっただろうと思います。

ただ、九鬼家は京都文化と関りがないわけじゃないんですね。お父さんの九鬼隆一男爵という人は駐米全権大使にもなった名士で、九鬼の家系は九鬼水軍の末裔だと言われる名家なんですが、九鬼隆一の父親の代までは、兵庫県の三田《さんだ》の家老だったということです。本家の九鬼家は子爵で、いまは熊野神社の宮司をなさっているそうです。また、九鬼隆一男爵の奥さん、つまり九鬼周造のお母さんという方が、星崎初子と言って、京都の祇園の出なんですね。「もと京都の花柳界の出身で九鬼男爵がそこから彼女を抜いて男爵夫人の位置を与へた」というふうに、岡倉天心《おかくらてんしん》の息子の一雄氏は書いています。そういう点からみて、京都文化と複雑な関係を持って生まれたことは事実ですが、京都に住まわれる前の九鬼さんが京都とどういう関係を持たれたのかは、いまのところよくわからない。

この星崎はつ、あるいは初子という人が非常に魅力のある女性で、岡倉一雄の本にも出てくる話ですが、九鬼男爵が天心に妻を託して日本へ送る。船が一緒で三十日もいて、そこで縁ができる。縁どころでなくて熱愛という関係になり、男爵は夫人を離別してしまう。天心も深い苦悩を味わうということになるのです。天心研究でも一つの重要な問題になっていることです。ところが九鬼周造自身、そのことを小さいときから知っていて、ひょっとして自分は天心の息子じゃないだろうか、そうであったらいい、と思っていたという伝聞もある。しかしこれはたしかではないのです。父親が嫌いということじゃなくて、なにか天心に対する精神のつながりを持っていたということでしょうか。

九鬼周造のもう一つの精神の問題は、恋愛の経歴ですね。カトリック学者で岩下壮一《いわしたそういち》という人がいますが、この人が一高時代からの九鬼さんの親友で、九鬼さんはその妹さんに恋したという噂がある。ところがこの妹さんが何かの事情で修道院に入ってしまって、九鬼さんは深い心の傷を受けたのではないか。

安田　随筆集『をりにふれて』に、そのことがちらっと出てきますね。

多田　そう。「岩下君と私とは、ひよつとするともつと外面的にも近づきになる可能性が多分にあつた」というところですね。深読みは避けなければいけないけれども、その恋愛体験がかなりのちまで生き続けて、九鬼さんのなかに理想的女性のイメージを結んだのじゃないか。

九鬼さんの最初の奥さんという方は、いまも御存命の方です。この方も華族の出で、はじめ九鬼家の長男に嫁したのですが、のちに、昔の家ではよくあったことで、四男の九鬼周造さんと結婚する。九鬼さんは長兄のお嫁さんをもらったということですね。『をりにふれて』に書いていらっしゃるけれども、京都へ行くときにこの奥さんを東京に残して別居生活をされて、やがて破局に至って離婚になったわけです。「二人きり（岩下氏と——多田注）になつたので、私は家庭生活が破綻に終つたことを告げると、岩下君は暗い顔をして黙つてゐた」。昭和十四年のことですね。そのへんでの心の葛藤、心の傷も、精神の問題としてかなりのものであっただろうという推測はできるわけですが、この離婚のあとで、祇園の芸妓《げいこ》さんで中西きくえという方と再婚なさった。お母さんが祇園の出であることと思い合せて、祇園という場所とはかなり縁が深いという感じですね。——ついでに言っておきますと、お兄さんは滋賀県の知事だったそうで、九鬼家と関西とがかなり関係があったことは事実ですね。

九鬼さんの東京時代は、東大仏文の辰野隆《たつのゆたか》先生の思い出によると、柳橋《やなぎばし》でずいぶん遊んでおられたそうで、花柳界の文化にはなじんでおられたようです。江戸のそういうものと、祇園を中心とする上方のそれとが、九鬼さんのなかでどう結ばれていたのか、そこはまだちょっとわかりませんけれども。——伝説めいた話では、九鬼さんはあまりお酒はあがらないで、大尽《だいじん》遊びというか、芸妓さんや舞妓《まいこ》さんをたくさん集めてカフェーなどへ行っては、ご自分は紅茶なんかを飲みながらみんなには飲め歌えとさわがせて、面白くもおかしくもないという顔で眺めておられたらしい。

安田　昔は金持で、そういう遊び方をした人がたくさんいたでしょう。近衛文麿《このえふみまろ》なんかもそうだったのじゃないかと思うけれども、芸妓、雛妓《すうぎ》、末社幇間《まつしゃほうかん》を引きつれて、自分は酒も飲まないで眺めている。かなり高級な遊び方ですね。

多田　伝記として言うと、まあ、そういうことがいろいろあるわけです。そして、昭和四年に天野貞祐さんによばれて京都に住むようになるのだけれども、九鬼さんという人は、僕はやはり東京人であるとするのが正しいと思うのです。東と西の両方の文化が、屈折した形で、とくに恋人とかお母さんとの関係で入っていると推測はされるのですが、もっと本気で伝記を研究しないといけませんね。とくにお母さんのことですね。星崎初子という方は、天心との恋の傷で、晩年はずいぶん暗い心持と闘われたらしい。天心にもふかい影響を与えた人ですが、この人を母としてどういうイメージを「女」というものに持ったか、そこが謎です。

安田　『「いき」の構造』に関する限り、たしかに上方は潜在的ですね。お母さんが祇園の出身だったということはあっても、九鬼さん自身がこの本を書くまでに触れていた生活の形は完全に江戸のものであって、上方じゃない。だから『「いき」の構造』のなかの彼の美意識はまったく江戸前のものと考えるのが妥当でしょう。

多田　そうです。だからここで、九鬼さんは京都人ではないということをはっきりさせておいたほうがいいと思うのですね。

安田　そうそう。

多田　青春時代にたいへん鬱屈があったというのはどうも事実で、大学院在学の十年のあいだにそういうものが沸々《ふつふつ》と湧き起って、それからヨーロッパへ留学されて、パリでこの『「いき」の構造』が生まれた。江戸と京都、日本とパリという複雑な文化複合体がぶつかったところで、九鬼さんの思いというか衝動が湧き起って、それが学問の形をとったところにこういう論文が成り立った。この本は、ただ柳橋とか京都とかで遊んだ経験があって、それだけで出てくるようなものじゃないですね。九鬼周造の一生のエネルギーがここにこもっているというか、ここで、言いたいことをほとんど言いつくしたという感じでしょう。

パリではベルクソンと親しくして、ベルクソンにはかなり評価されていたようです。実存哲学者たちとの付合いも深くて、サルトルをかなり保護していたようですよ。

安田　ほう……。

多田　実存哲学者のパトロン的な役割をし、時間の問題について講演をしたりフランス語の論文を書いたり、パリの哲学界では俊秀として認められていた。その雰囲気のなかで『「いき」の構造』という今でも世界に通用する立派な仕事をして、帰国後京都大学に来られてからは『偶然性の問題』『人間と実存』『文芸論』などの仕事をなさった。

『巴里《パリ》心景』はパリの思い出をいろいろとうたった詩歌集ですが、そこで面白いのは日本語で韻《いん》を踏むという、マチネ・ポエティックの人たちがのちにやることの非常に早い実験を試みていることですね。それが『文芸論』にも生きてゆくわけですが、作品としては必ずしも成功したものとは言えない。ほかに随筆とか日本文化論もあって、それなりの面白味もありますが、全体としての衝動力の強さというか、これでなきゃ俺の人生は解けないんだというものは、やはり『「いき」の構造』そのものに展開されていて、あとのものはその補足という感じは免れないですね。

安田　正直なところ、そう感じます。

多田　頂点に立つ『「いき」の構造』には、今度私たちが甲南大学の御好意で読むことのできた草稿があるわけで、この対話でも今後参考にさせてもらうのですが、こういうものが公刊されて、みんなで研究してゆくことが大事ですね。草稿を見ると、どういう発想がどこで切れて、どこでつながって、どういうふうに円熟していったか、そのあとがまざまざと見えるようです。

安田　さっきの話の、京都哲学で彼が傍流であったというのは、京都の哲学がヘーゲルとかカントとか、ドイツ観念哲学が主流であるのに対して、九鬼さんの哲学がベルクソンみたいな新しいフランス哲学や、ドイツでもハイデッガーのような現象学のほうだったから、その意味でも傍流だったのじゃないですかね。

多田　そうですね。ヘーゲルやカントと禅の思想が合体してつくられた西田哲学からみたら、九鬼さんの哲学は新しがりのものでしょうね。現象学とか実存主義とか解釈学とかを入れながら、日本の芸者さんの文化を論じるというのは、これは当時としては主流にならないものでしょう。

安田　なりっこないね。しかしそれだけに、性格的資質として、多分に芸術家的詩人的な人だったんでしょうね。自分が岡倉天心の子じゃないかと思い、そうじゃないと知ってがっかりしたという話にも、それが実によく出ている。

多田　文学、小説の領域の夏目漱石と、学問の領域の九鬼周造というのは、どうも並んで、鬱屈しながら外国のことがよくわかった明治大正の先駆者だと思いますね。

安田　そうだと思う。

多田　僕ら自身の精神史のなかでは、九鬼周造という名前は学生時代にはなかった。京都で学んでいながら、僕が九鬼周造とか中井正一の名前と業績を知るのは戦後のことです。当時はやっぱり西田哲学の人たちの名前と、東京の「文學界」系の文学者の名前とが、学生のあいだでは主流だったわけで、九鬼さんの仕事はそういう無関心に耐えて半世紀を生きてきた。半世紀後に興味の焦点になってゆくだけの、それだけの力があったからでしょう。

安田　そう。力がある。

多田　九鬼さんのお墓が、遺言で、京都の鹿ケ谷《ししがたに》法然院《ほうねんいん》にあります。あそこには名士のお墓がたくさんあるのですが、なかでも九鬼さんのお墓はいいものです。お墓にはその人の全仕事が美的に集約されているような気がする。ハイデッガーの文章にもこのお墓のことが出てきますね。近くに谷崎潤一郎《たにざきじゅんいちろう》のお墓もあるのですが、こちらはもうひとつ僕の琴線に触れてこない。谷崎さんの小説には、僕はたいへん好きな一面と、いやみに思える一面とがある。とにかく九鬼さんのお墓のほうは、すっきりしていて、格調があって、西田幾《にしだき》多郎先生の字でただ「九鬼周造之墓」と書いてあって、衒いがないんですね。お墓をいうのには変な言い方だけれども、本格という感じがする。『「いき」の構造』なんていう不思議な視点を出した先生が、日本文化の流れのなかでやはり本格の人だったという感じが、お墓の装いのなかに汲みとれますね。読者の方はぜひ一度、九鬼先生のお墓に参ってほしいと思います。

安田　ハイデッガーの『ことばについての対話』(手塚富雄訳)も、お墓の話からはじまっていますね。

日本のある人　九鬼周造とお知り合いですね。数年間、あなたのもとで研究した人です。
ある問う人　九鬼伯爵《(ママ)》のことは、いつも思い出しております。
日本のある人　あまり早く逝《な》くなりました。あの人の師である西田博士がその墓碑銘を書きましたが、この弟子への最高の敬意の表示であるその仕事に、一年以上の時をついやしました。
問う人　わたしの大きい喜びですが、わたしは九鬼氏の墓と、その墓をめぐる樹苑を撮影した写真を所持しています。
日本の人　京都にあるその寺の庭をわたしは知っております。わたしの友人たちも、たびたびわたしといっしょにその墓を訪れました。その庭は、十二世紀の終わりに、僧法然によって、当時の帝都だった京都の東寄りの丘の上に、思索と瞑想の場として造営されたのでした。
問う人　それでは、この寺の樹苑は、早世した彼のためにふさわしい場所ですね。
日本の人　なんといっても、日本人が「いき」と呼んでいるものを考え抜いた人にふさわしいものです。

と、こういう書き出しになっていますね。この本に「ふさわしい」書き出しかも知れませんね。

化政期江戸の美学

安田　「わび」「さび」について、例えば茶道で言えば、茶室そのものからその庭、さらに茶道具を含めたいっさいに関りがあるわけで、これも日本人の生活から出てきた美意識に相違ないけれども、あえて私流に分類すると、「わび」「さび」というのは「聖なる美意識」、これに対して、「いき」は「俗なる美意識」ということですね。「いき」というのも「いなせ」というのも、「鉄火《てっか》」「意気地《いきじ》」というのも、これはみんな、いわば「俗」の美意識でしょう。

江戸時代、一日千両の金が動いたのは芝居《しばい》町と廓《くるわ》と魚河岸《うおがし》だと言われていますが、「いなせ」も「鉄火」も「いき」も、全部そうした場所での美意識ですよね。茶室の露地《ろじ》が「いき」だとか、まして「鉄火」だとか言うはずがない。

そういう意味で「聖」と「俗」という範疇《はんちゅう》を仮に立てるとすれば、九鬼さんが意識して追求したのは、日本における「俗の美意識」であった。そこがこの本の独創で、面白いところですね。

多田 いま「生活」と言うと、農民的伝統あるいは侍的伝統を引いた野暮ったいものという語感があるけれども、実はそうじゃない生活文化がたくさんあるわけですね。いまおっしゃったような、流通面を主とするような生活文化がある。普通は「生活」と言うと、ベタッと淀《よど》む感じなんですが、花柳界とか魚市場なんてものは、物の流れ、人の流れ、情報の流れのなかで生まれてくる生活ですから、淀む感じとは反対のものですね。そういうものは、聖なるものにはなかなかなりにくく、俗のままに止まる。永久に反逆しているという、やや実存的雰囲気があって、二十代から三十代前半の九鬼さんの目には、そういうものが面白く見えたでしょうね。

ですから、お茶が茶道というふうに「道」になるような要素は、『「いき」の構造』に関するかぎり薄い。「日本的性格」など、昭和十年代の論文になってくると、かなり「道」に近づいてゆくようなものが出てきますけれども。

安田　ええ。儒教だとか神ながらの道だとかが出てくる。しかし『「いき」の構造』では、要するに「いき」は『浮かみもやらぬ、流れのうき身』といふ「苦界《くがい》」にその起原をもつてゐる。（一二六頁）（本書一〇七頁）と言い切っているわけです。まさに俗なる美意識の端的な表現じゃないですかね。

多田　なるほど、「流れのうき身」——いい言葉ですね。「流れ」というのは、これはやはり江戸文化でしょう。江戸の「いき」に対して、上方は「粋《すい》」ですが、「粋」というのはどうも中国から入ってきた概念のようで、そのまま漢字を使っているわけでしょう。ところが「いき」になると大和《やまと》言葉になって、独特の色合《いろあい》を帯びてくるんですね。「粋」のほうはどことなく、まだ流れのなかで揉まれていない感じがある。色で言えば原色的な感じがするんですね。

江戸時代の文化は、寛文《かんぶん》の京都、元禄《げんろく》の大坂、文化《ぶんか》文政《ぶんせい》の江戸と、三段階に分けられますが、化政期になってはじめて物と人の流れが出てきて、消費文化が形づくられるわけです。大坂はたしかに問屋制が発達して、米相場を中心に物が流れ、そこに西鶴《さいかく》や近松《ちかまつ》の世界ができてくるけれども、庶民のなかの「浮かみもやらぬ、流れのうき身」という感じのものは、上方文化のなかでまだ定着していない。問屋文化ですから、下々まで行かない。

芸人にしてもそのころは、みな門付《かどづけ》芸人です。流れのなかで揉まれていなくて、まだ泥臭い。化政期の江戸になってようやく、長唄《ながうた》や清元《きよもと》のお師匠さんが一戸を構えて独立の暮しが立てられるところまで発展してゆくのですね。それだけ情報なり芸能なりの流れがはやくなって、そこで揉まれてきたのが「いき」である。そういうものを理想化されて、九鬼さんが『「いき」の構造』をお書きになった。だから当然、これは化政期の江戸文化の分析であって、日本文化全体に及ぶものではないですね。しかしそれだけに、問題が絞られていて、鋭いものが出てきているわけです。

安田 もう一つ仮説として考えてみたいのは、なぜ「火事と喧嘩《けんか》は江戸の花」と言われたのかってことです。江戸の町というのはやたらに火事が多かったようで、いまのように火災保険があるわけじゃないから、焼け出されたらまたはなからやり直しってなところがあるでしょう。宵越しの銭は持たないっていう言葉にもあるような、刹那《せつな》主義みたいなものが、江戸っ子の気風《きっぷ》にあったのじゃないか。これは上方にはないものでしょう。

多田 ないです。上方はもっと沈澱した渋いもんで、そこから渋味の美学は出てきますけれどもね。

「火事と喧嘩は江戸の花」っていうのは、社会学ふうの野暮な言葉で言えば、物と人間の新陳代謝です。物の新陳代謝が火事で、人の新陳代謝が喧嘩ってことです。弱い奴はどこかへひっこんでいろってことになる。知らないもの同士、面《つら》と面を合わして、面《めん》を切ったとか切られたとかで喧嘩が始まって、喧嘩してはじめて仲直りというか、かえって人間が結び合うという、面白い情報社会ができてくる。そういう人と物との流れのなかで、揉まれ揉まれて出来てくるのが、「浮かみもやらぬ、流れのうき身」というふうな美学で、その中心が「いき」だということでしょうね。

安田 だから、「いなせ」とか「鉄火」というのが、「いき」と切っても切れないものだし、男で言えば、町奴《まちやっこ》とか火消し、女で言えば苦界の、水商売の女たち、そういう水商売上りの棟梁のかみさんなんて形になる。

多田 しかしあまりに火事が多いので、幕府がその対策で瓦葺《かわらぶ》きを奨励するんですね。町がほとんど瓦葺きになると火事が少なくなって、雨も漏らなくなり、そのへんから庶民の家の隅々までも畳を敷きつめるようになった。そういう、化政期を過ぎて天保《てんぽう》の時代になると、江戸の町も流れが淀んでくる。だから、「いき」という感じが完成し定着してゆくのはやはり、そうして淀んでくるよりも前の、化政期、十九世紀のはじめから一八三〇年ぐらいの間のことでしょうね。

安田 「明暦《めいれき》の大火《たいか》」もそうだけれど、幕府自体がしばしば江戸の町に火をつけたって言う説があるんですね。江戸の町がどんどん発展して、整理がつかなくなると、幕府のほうで火をつけて焼き払い、それで新しく都市計画をやり直したというのです。

多田 戦争というのも、そのたびに日本の産業の設備が変って、新陳代謝して、元気が出てくるという、これも江戸文化の流れを引いているわけだ。（笑）しかし昭和二十年以後はそういう爆発的な破壊は起っていないし、しかも、鉄筋コンクリートとかプラスチックとか、破壊しにくいような材料をどんどん持ち込んだでしょう。こうなると、江戸文化にとっては具合がわるい。上方文化以上に早く滅びるような、はかないものとして回顧されるということになりますね。永井荷風《ながいかふう》なんか、そういうことを早くに察知した人でしょう。

安田　そうそう、あきらめちゃった。

多田　谷崎潤一郎は関西のほうに心を移して行くけれども、九鬼さんが京都へ行くというのは、それとは違うような気がするね。九鬼さんは最後まで、京都文化、関西文化というものからは深い影響を受けなかったんじゃないか。

安田　僕もそんな気がしますね。たまたま天野貞祐が誘ってくれたから京都へ行ったのであって、自らどうしても上方で暮したいと思って行ったわけじゃないでしょう。もっとも谷崎の場合も、はじめは関東大震災後の東京を避けて上方へ行くわけだけれども……。

多田　谷崎さんもはじめの二、三年は上方が嫌いだったようだけれども、そのうちに生活の渋味みたいなものにだんだん包み込まれて、上方好みに惹かれていくわけです。しかし九鬼さんの場合、随筆を読んでみてもそういうものはあまり出てこない。「祇園の枝垂桜《しだれざくら》」なんかを見ても、大衆が桜を観賞するのがいいという、かなり面白い随筆ですけれども、京都風とはちょっと言えない。

安田　あれは必ずしも祇園の枝垂桜じゃなくて、向島《むこうじま》のお花見とか飛鳥山《あすかやま》の桜とか、そういうイメージがあったからじゃないですか。

多田　浅草奥山《おくやま》のイメージといったものですね。

安田　そうそう。江戸の文化は、上方文化の情緒主義に対して、やや理知的な要素を持っているでしょう。谷崎さんの場合には、理知主義と悪魔主義みたいなものがはじめはあったけれども、年とともにそういうものにくたびれたと言うか、もっと情緒的にしっとりしたもののほうが気が休まると言うか、意識的に上方文化へ行ったところがあった。しかし九鬼さんはそうじゃないですね。

多田　ただ、『春琴抄《しゅんきんしょう》』などを考えてみると、悪魔的なものは形を変えて生きのびているのじゃないかと思う。僕は、佐助がお琴を失明させた犯人じゃないかという説をいま考えているのです。つまり、佐助がお琴の目をつぶし、そのことによって自分も目をつぶすという完全犯罪をやったのじゃないか。そう考えると、谷崎さんは情緒の世界に浸り込んでしまったのではなくて、最後まで葛藤がある。小説家の場合には、若いときの深い動機がずっと生きのびてきて、それが創作の原動力になると素晴しいものが書けるという、その一つの例ですね。その点、学問はちょっとつらいのかなあ。(笑)つまり、われわれの読みとる力が足りないのかもしれないけれども、京都へいらっしゃってからの九鬼さんの仕事には、そういう深い動機の裏打ちがないような気がする。

安田　僕もそう思いますね。

多田　ひとつには大学で新しい学問をどんどん取り入れていかなきゃいけなくて、西洋哲学の祖述をなさったわけで、そこでは本当に執着していることがうまく出せなかったということがあるのかもしれませんけれどもね。「京都」というものも、九鬼さんのどこかに深くあったかもしれないけれども、学問にはうまくつながらなかったということでしょう。どうも学問と小説とでは、小説のほうに分《ぶ》がありそうですね。（笑）深い動機のようなものが正直に出てくるという点で。

安田　そうですね。

（朝日選書、一九七九年刊／ちくま学芸文庫、二〇一五年刊）

坂部恵『不在の歌——九鬼周造の世界』より

Ⅲ　わら葉に

B　偶然性の問題

1

『偶然性の問題』を著す

たまきはるいのちのはずみ灰色の言葉に盛りて書は成りにけり

『偶然性の問題』を著して

わくら葉のものの「はずみ」をかたくなの論理に問ひて一巻をなす

偶然論ものしおはりて妻にいふいのち死ぬとも悔ひ心なし

一巻にわが半生はこもれども繙く人の幾たりあらむ

一巻にわが半生はこもれども繙く人のありやあらずや

一巻にわが半生はこもれども繙く人のあるかあらぬか

さきにふれた遺稿の「短歌ノート」のなかに、右のような一連の歌がみられる。これらの歌に、一九三五年十二月周造が岩波書店より刊行した三百ページあまりのライフ・ワーク、『偶然性の問題』の性格の一端と、また周造がそれに寄せるおもいとが、端的に示されていることは、一見してあきらかなところだろう。『偶然性の問題』一巻には、文字通り、周造の「わが半生」——「わくら葉のものの「はずみ」」を「たまきはるいのちのはずみ」に転ずるそのひそかないのちの鼓動——が、「かたくなの論理」に映され、「灰色の言葉に盛」られたかたちで、封じ込められていた。それであればこそ、周造は、その一書を「ものしおは」って、「いのち死ぬとも悔ひ心なし」と、安んじて妻にむかっていいえたのである。

しかし、またその一方で、彼は、「わが半生」のこもったこの書物が、「繙く人のありやあらずや」という状態で、後世、なかば忘却の運命にさらされることを、すでに完成の時点ではっきりと予感してもいた。

すでにわれわれが見て来たように、不幸な生い立ちを背負った周造の半生の孤独は、異様といっても言い過ぎでないほどに、深いものであることを運命づけられていたし、その孤独の形をさながらに映した、「灰色の言葉」と「かたくなの論理」の運びが、江戸このかたとりわけ明治以降の日本における軟文学偏重に毒された大方の読者のやわな日本語の好尚からはあまりにかけはなれたものであらざるをえないことを、周造自身、身に染みて承知していたからである。

実際、すでに見たポンティニー講演、とりわけ「東洋的時間」についてのそれに見られた、空海、道元、梅園らごく少数の例外を別にすれば、わが国の伝統においては稀な、日本的・東洋的というよりは、むしろインド・ヨーロッパ的な特質にきわめて近い抽象的・形而上学的思弁を能くする力は、この著作においても、古今東西にわたるより多くの歴史的素材を引照しつつ、見方によっては、より徹底した形をとって行使される。そして、その「かたくなの論理」の緻密・壮大な構築は、これまた、わが国の伝統においては比較的稀な、個的実存の孤独と不安の深さとさながらに照応し合い、時代における周造の孤立をあかしするのである。

「かたくなの論理」に問い、「灰色の言葉に盛ら」れた「たまきはるいのち」を、周造の「わが半生」を下敷きにして、丁寧に読み解こうとしたひとも比較的稀であったし、かといって、伝記的背景を下敷きにしてテクストを読むなどもう古いと息巻く手合いのなかにも、この論理の構築から「たまきはるいのち」を引き出すまでの自身の「わが半生」の深みと厚みの持ち合わせのあるひとが、そうざらにはいるはずもなかった。ことがらは、要するに、そういうことだろう。

ともあれ、わたくしの心象風景のなかで、『偶然性の問題』一巻は、すでに以前にも引いた「短歌ノート」のなかのつぎの歌と二重写しになって見える。

しかすがにさびしかりけりわがこころ知る人たえて無しと思へば

2

ここで、一九二九年、周造がヨーロッパ留学を終え帰国して後の動静を、さしあたり、

「偶然性」の問題がそこで占める位置に焦点を据えて、ひとわたり見ておくことにしよう。帰国からしばらくの年譜を摘記すると、以下のとおりである。

「一九二九（昭和四）年　四十一歳

一月二十九日、日本郵船「春洋丸」にて帰国。船中において「仏独哲学界の現状」ならびに「日本文化」の二篇を書き上げた。

三月十六日、東京大学山上会議所にて開かれた哲学会例会で、「時間の問題」と題する講演を行なう。

四月、京都帝国大学文学部哲学科講師に就任。

十月、大谷大学において「偶然性」と題する講演を行なう。留学時からの九鬼の偶然性に関する考察は、この講演によって初めてまとまったものとして示された。

この年度の講義は次の通りである。《特殊講義》現代仏蘭西哲学の主潮。《講読》Bergson, Essai sur les données immédiates de la conscience.［ベルクソン『意識の直接与件についての試論』］

一九三〇（昭和五）年　四十二歳

一、二月、「「いき」の構造」を『思想』に発表。

三月二日、関西日仏学館において日仏文化協会主催により講演「仏蘭西哲学の特徴」(Caractères généraux de la philosophie française) を行なう。また、パリから与謝野夫

妻宛に送られた「押韻に就いて」の一部が、この月、雑誌『冬柏』に掲載される。（匿名小森鹿三）

十一月、『「いき」の構造』を岩波書店より刊行。

同二十九日京都哲学会において「形而上学的時間」と題する講演を行なう。

《特殊講義》偶然性其他二、三の哲学的問題。《講読》Boutroux, De la contingence des lois de la nature.［ブートルー『自然諸法則の偶然性』］

右によって見ると、帰国後二年間における周造の活動が、①ポンティニー講演のテーマの延長上にある、「時間」の問題と「日本文化」の問題（「時間の問題」、「形而上学的時間」、「日本文化」）、②「いき」の問題（「「いき」の構造」思想稿、『「いき」の構造』）、③「偶然性」の問題（「偶然性」の講演、《特殊講義》偶然性其他二、三の哲学的問題。《講読》Boutroux, De la contingence des lois de la nature.［ブートルー『自然諸法則の偶然性』］）、④仏独哲学の現状の紹介（「仏独哲学界の現状」、《特殊講義》現代仏蘭西哲学の主潮）、⑤（これは、パリ時代の成立だが）「押韻」の研究（「押韻に就いて」）、といったテーマ群をめぐって展開されていることが、ただちにあきらかとなろう。

周造は〈新帰朝者〉として、泰西の新時代の動向の紹介にあたるとともに、滞欧中に胚胎したいくつかのテーマを、さらに展開すべく努めることになる。

これらのテーマのうち、①の時間論に属する、「時間論」は、「ベルクソンとハイデッガー」の副題を付して、講演の翌々月（一九二九年五月）『哲学雑誌』に発表。ベルクソンとハイデッガーの時間論とその異同を紹介、論評したもので、ハイデッガーの紹介としては、わが国でもっとも早いもののひとつ。また、「形而上学的時間」は、講演の翌年一九三一年一月『朝永博士還暦記念論文集』で公刊、のち『人間と実存』（一九三九年）所収、内容は、ポンティニーでの「東洋的時間」とほぼ同じ。時間のテーマは、のちに、「文学の時間性」（一九三六年五月、奈良高等師範学校における講演）でも扱われる。また、日本文化のテーマは、②の「いき」の成果と合して、「日本的性格」（一九三七年『思想』）にまで受け継がれる。

⑤の「押韻論」のテーマは、雑誌掲載の翌一九三一（昭和六）年十月岩波講座『日本文学』所載の「日本詩の押韻」に受け継がれ、さらに、文学論一般にまで拡張されたかたちで、一九三三（昭和八）年の普通講義「文学概論」に展開（これについては、次章で詳しく見る）、さらに、その後書き継いだいくつかの論稿を合わせて、死後一九四一年九月刊行の『文芸論』に至る。

さて、ここでの当面の眼目である「偶然性」のテーマは、右の引用にも見られたように、これも、もとは滞欧時代に胚胎するものであるが、すでに、帰国の年、一九二九年十月の大谷大学における講演「偶然性」で、はじめてまとまった姿を見せ、さらに、翌年の特殊講義「偶然性其他二、三の哲学的問題」で展開、その後、学位論文「偶然性」となって京都帝国大学に提出され、一九三二（昭和七）年十一月九日、同大学から文学博士の学位を受けるもとになる。畢生の大作『偶然性の問題』の岩波書店からの刊行は、すでに冒頭でも見たように、さらにこれよりも三年あまり後、一九三五（昭和十）年十二月のことである。これ以後にも、このテーマは、「偶然の諸相」（一九三六年）、「偶然の産んだ駄洒落」（同年）、「偶然と運命」（一九三七年）、「驚きの情と偶然性」（一九三八年）、「偶然と驚き」（一九三九年）等、さまざまの機会に発表した一連の論稿あるいは講演において繰り返し取り上げられ、ヨーロッパから帰国後その死にいたるまで、文字通り一貫して、周造の関心の中心を占めつづけることになる。

なお、帰国の年一九二九年、大谷大学での講演から、一九三五年末の『偶然性の問題』の刊行にかけて、「偶然性」をめぐっての思索が周造のうちで成熟をとげる期間には、一方で、一九三一年八月の父隆一の死、同年十一月の母波津の死、一九三四年七月、四十年ぶりの根岸再訪、その前後の〈夢〉についての随筆執筆、といった、すでに本書の第一章でわれわれの見たような、心中深く積年の父母をめぐる葛藤に周造がひとつの締め括りをつけ、ある形でそれから解放されるような、一連の外的ならびに内的な出来事が生起している。

こうした経緯の間に「偶然性」をめぐる長年の思索が最後の成熟を見た、という（それ自身またひとつの〈偶然〉の）事情もあずかったればこそ、書物の完成にあたって、冒頭に引いた短歌連作に示される、「死ぬとも悔ひ心なし」という一際の感慨もありえたことと考えて、まず見当に狂いはないだろう。

3

以上にあらましを見たように、「偶然性」をめぐる周造の思索は、さしあたって外面的にいって、滞欧中のポンティニー講演やあるいは「いき」準備稿にすでに姿を見せる、時間論や「いき」をはじめとする日本文化論のテーマとならんで胚胎し、帰国の年の大谷大学での講演ではじめてまとまった形で顕在化され、その後数年の経過のうちに、これらのテーマ群を背景としつついわばそこから抜きん出るようにして、急速に周造の思索の営為の中心を占めるにいたる。つぎの問題は、そこで、おのずからなる順序として、こうした外的な経緯の背後にある、「偶然性」のテーマの背景のテーマ群のうちにおける胚胎とそこからの展開の内的な様相について考えてみることとなる。

じつは、この問題については、前節までのところで、漠然とではあれ、ある見通しの基本線だけは定めておいた。そのあらましは、つぎのとおりである。

周造の滞欧期間の最後に位置を占め、また、全生涯の思索の営為においても間違いなくひとつの頂点を形づくるポンティニー講演の、とりわけ「東洋における時間の観念と時間の捉え返し（反復）」において、周造は、東洋の回帰的時間あるいは永遠に繰り返される可逆的な同一的時間の観念を徹底して掘り下げることをこころみ、そうした時間の「無限に深い厚みをもつた今」を「捉え返し」、そこへと参入する「垂直のエクスタシス」の「深秘な閃光」の瞬間を説いた。それは、「「我なし」とともに「我あり」の瞬間」であり、我の意識を「絶対的孤独」の底無しの深みへ向けて開く、深い自足というよりは、むしろ、みずからの同一性についての深刻な不安と懐疑へとひとを誘う瞬間でもあった。この無限の重層、いわば自己の同一性と他者の差異性との無限の重層の瞬間のありかたをさらに徹底して掘り下げて行けば、おのずから、道は、〈分身〉、〈双子〉、〈二元性〉、〈エロス〉といったテーマに通じて行くはずのものとおもわれるが、「東洋的時間」の講演では、このテーマは、ついに表面化されることなく、潜在的なままにとどまっていた。

一方、ポンティニー講演に先立つこと二年近く、第一次パリ滞在のおわり一九二六年の末に書き上げられた準備稿「「いき」の本質」においては、この〈分身〉、〈二元性〉、〈エロス〉といった二元的緊張・対立のテーマが、「二元的の自己が自己に対して異性を措定し、自己と異性との間に可能的関係を構成する二元的態度」として、考察のなかで枢要な位置を占めていた。

以上ふたつのテーマは、たんに思考のうちにおいて抽象的な矛盾対立あるいは葛藤の関係においてあるものというにとどまらず、むしろ、何よりもそれに先立って、東と西、異郷と故郷、父と子、父と母、実の父と心の父、男と女、等々無限の重層においてある一連の二元的対立をどのように生き、それらの形作る「いのちのはずみ」の場において、自己の生をいかに無限の厚みをもった今のなかへと深め、自己の同一性をいかにして具体的な生の場に深く根ざした堅固なものたらしめるかという、日々の生きた課題のなかで、いわば具体的な葛藤として周造によって生きられたものにほかならない。

ところで、思索のレベルでの問題としては、まさに、右のふたつのテーマの重なり合うところ、すなわち、自己の絶対的孤独と峻厳な宿命の同一性の底無しの深みと、自己と他者の二元的対立というふたつのテーマの重なり合うところに生起してくるもの、すなわち、あえていいかえれば、無限の厚みをもった永遠の今を生きる一種の神秘体験の核をさらに一層掘り下げて行くところに生起してくるものこそ、〈偶然性〉の問題にほかならなかった。

この問題は、したがって、はじめから二元性ないし二元的対立のテーマを顕在化させ、正面に押し出した「いき」についての考察においても、反対にまた、むしろ、「無限に深い厚みをもった今」における自己の「垂直のエクスタシス」の同一性の垂直の厚みの神秘的体験を主たる考察の主題とした「東洋的時間」論においても、ほとんど顕在化されることがない。

しかしながら、すでにわれわれが見定めたように、二元性と一元性、自己と他者、同一性と差異のいわばたわむれと重なり合いの場面であらわれる〈偶然性〉の問題は、そうおもってみれば、とりわけ、ポンティニーでのもうひとつの講演である、「日本芸術における〈無限〉の表現」において、(また、ひそかな芽生えのかたちでは、「東洋的時間」においても)すでに、その一端をあらわしつつあった。

ここでは、もっとも典型的な例として、「日本芸術」の講演で、周造が「これやこの行くも帰るも別れては知るも知らぬも逢坂の関」という蟬丸のよく知られた歌を、「過去と未来の二つの道が出会う瞬間」として、ヤージュニャヴァルキヤがアルタバーガに向かって「愛するものよ、私の手をとれ、この認識はわれわれ二人だけしかできない」と言った聖なる時として説き明かし、つづけてつぎのように言っていたくだりを、あらためておもいおこしておくことにしよう。

「さらにそれは、魂がもう一つの魂に向かって「銀杏の葉は一つが二つに分かれたのか、それとも二つが一つになったのか」と問うた恵みの時であり、またそれは、今このポンティニーのサロンでこうして我々が過ごしている時でもある。それは私が蟬丸について諸君に語り、我々が、かつてすでにこの同じ時を共に過ごしたことがあったかどうか、そして再びこの時を共に過ごそうとしているのではないかどうか、――我々はすでに無限回知り合っていたのではないかどうか、そして再び知り合おうとしているのではないかどうかをまさしく自問している時である。今は、わが尊敬すべき盲人蟬丸をして偶然の問題と循環する時の問題を省察せるに任せ、我々のために琵琶を取って古いやまと歌を奏でるよう乞い願うことにしよう。」

「偶然の問題と循環する時の問題」とは、まさに、「銀杏の葉は一つが二つに分かれたのか、それとも二つが一つになったのか」という、人生における〈わくら葉〉の出会いないし邂逅の問題、二元性と一元性の重なり合いの問題——あえていえば、その答えが、むしろ琵琶の奏でる古い歌の調べと律動のうちに消え入って行くような微妙かつ繊細な問題にほかならない。

ともあれ、多少先まわりして、本章の結論を先取りするかたちでいうとすれば、ヨーロッパ留学から帰国後の周造は、生活環境の変化、身分の安定と、またおのずから加わる年齢とともに、東と西、父と子、母と子、等々、実生活の上での二元的対立・緊張が、なにほどか弛み、あるいは解消・解決するのとは裏腹に、今度は、むしろ、理論的形而上学的思索の場面で、その「たまきはるいのちのはずみ」の対立・緊張のありようを、いわばあらためて〈捉え返し〉、〈反復〉することにみずからの人生の持続を生きることの重心を移した。帰国後の周造の思索の営みのなかで、〈偶然性〉ないし「わくら葉のものの〈はずみ〉」をめぐる思索が、年来の他のテーマ群のなかから抜きん出て、急速に中心の位置を占め、高度に抽象的形而上学的な「灰色の言葉」、「かたくなの論理」のうちに、その実、

「わが半生がこもる」ようになることの意味は、おそらく、このあたりにあることとおもわれる。

4

さて、一九三五（昭和十）年末刊行の『偶然性の問題』のほかに、われわれが今日全集で見ることのできる〈偶然性〉の問題についての資料には、つぎのようなものがある。

1. 「偶然性の問題」手沢本への書込み
2. 「偶然性」（一九三二（昭和七）年提出の博士論文）
3. 「偶然性」（一九二九（昭和四）年十月、大谷大学における講演の草稿、三種類の異文がある）
4. 「偶然化の論理」（遺稿、昭和十一年以降の執筆と推定される）
5. 「偶然性の基礎的性格の一考察」（「哲学研究へ寄稿のつもりで書いたもの」という注記のある遺稿、『偶然性の問題』の前後の執筆と推定される）
6. 講義「偶然性」（一九三〇（昭和五）年、京都帝国大学文学部における講義「偶然性其他二、三の哲学的問題」の草稿）

右のうち1～5は、すべて、『偶然性の問題』本文とともに、全集第二巻に、6は、おなじく第十一巻に収められている。

成立の順序としては、帰国の年の秋の講演の草稿3がもっとも早く、すでに見たように、これが周造の偶然性に関する考察がまとまったものとして示された最初である。つづいて、翌年の6講義草稿、さらに一《ママ》年のちの2博士論文「偶然性」、そして、三年の熟成期間を経て、『偶然性の問題』刊本とそれをめぐる草稿群4、5、1がつづく。

以上の、足かけ六年にわたって〈偶然性〉の問題をめぐる考察を展開した一連の資料に即して、この問題をめぐる周造の思考の展開ないし変遷の諸層を詳細にたどってみることは、それ自体としてみれば、それなりの興味の対象となりうることではあるが、ここでは、そこまでの余裕がないことと、また、すぐ続いて述べる理由によって（『「いき」の構造』の場合とはちがい）、刊本本文の立ち入った理解のために、そうした作業が絶対に不可欠であるという事情が存在しないので、右の諸資料相互の位置関係について、最低限必要な要点のみを以下に述べる。すぐ続いて述べるといった理由とは、要するに、先まわりしていう形になるが、〈偶然性〉をめぐる考察においては、「いき」の場合とちがって、それがまとまった形で述べられた最初から、周造の思索の基本的な結構はほぼ定まっており、発展や変遷と呼ぶに値するほどの変化はそこに見られず、むしろ、最初の講演から刊本にかけて、さらなる整理・統合・洗練と肉付けがなされて行くというのが実情にほかならないということである。

さて、諸資料相互の位置関係についていうと、まず、最初の大谷大学講演の草稿（全集版のページ数にして二十七ページ）において、すでに、のちに見る『偶然性の問題』（同じく二百六十ページ）刊本にまで受け継がれ、展開せしめられることになる、〈偶然〉を基本的に三つの種類に分類して考える構想が、すでにはっきりと姿をみせる。すなわち、ここでは、それは、「経験界における本質的関係」をつぎの三つとして立て、それらの関係の定立を拒否する対象相互の関係として、まず、偶然性を(a)論理的見地から考える構想の形をとって提示される。

(1)内属の関係（主体と属性の関係）
(2)因果関係（原因と結果との関係）
(3)目的手段の関係

偶然性は、さらに、それを可能の領域の背景において見る(b)形而上的見地、またとりわけそれを驚異の情との関係において見る(c)心理的見地から考察される。以上の原理的考察の上に、さらに、(α)偶然と科学、(β)偶然と宗教、(γ)偶然と芸術、(δ)偶然と道徳の関係について、順次手短かな考察が加えられる。

右のような構想は、博士論文「偶然性」（全集版で四十一ページ）になると、

①論理的偶然
②経験的偶然

③形而上的偶然

という形に整理・統合され、この枠組みのうちに、講演では別立てにされていた(α)偶然と科学以下の各論的考察もまた、適宜吸収される。すなわち、ここでは、大谷大学講演の、論理的見地からする(1)(2)(3)の分類原理と、(a)論理的、(b)形而上的、(c)心理的の分類原理が、後者のうち(b)(c)を一つにして③形而上的偶然とし、中間に新たに②経験的偶然を加える形で、重ねあわされ、三つの立脚地は、また「述語的、仮説的、離接的地平と云っても差支ない」として、それぞれ右の(1)(2)(3)を継承するものであることが明示されながら、表面に出た分類原理としては、むしろ、右の(a)(b)(c)のほうを受け継ぐ、論理的―経験的―形而上的の三分類が採用され、この三者についての考察の前後に、それぞれ短い「序説」と「結論」が来るという全体の構成が取られるのである。

すぐ後にもあらためてよりくわしく見るように、三年後の刊本『偶然性の問題』は、この構成をそのまま踏襲し、短い「序説」と「結論」を前後に置いて、その中間につぎの三つの章を置くという全体の構成をとる。

第一章　定言的偶然
第二章　仮説的偶然
第三章　離接的偶然

見られるとおり、ここでは、表面に出される分類原理は、ふたたび、大谷大学講演の論理的見地からするものに復し、それが、形式論理学の判断の分類にしたがって統一的に整えられ、定式化されている。ここでも、偶然性と科学、宗教等々との関係に関する各論は、この三章立ての枠組みに適宜組み込まれるかたちで、これまでよりもはるかに多くのページ数を費やして詳細な立ち入った叙述がなされる。

なお、時期的にいって、大谷大学講演と博士論文「偶然性」の中間の位置を占める講義の手びかえのためのノート「偶然性」（全集版で、横組百四ページ）は、前記の諸稿とやや異なってつぎのような構成を取る。

第Ⅰ部　歴史的考察
1偶然性の問題
2抽象と現実、実体と属性
3因果関係と目的手段関係
4絶対者
第Ⅱ部　体系的考察
1序説
2論理的偶然
3経験的偶然
4形而上的偶然

5 結論

全集十一巻巻末の「解題」によると、このうち、第Ⅱ部の「体系的考察」の成立時期について一つの重要な問題がある。「すなわち、第Ⅱ部は、本全集第二巻に収めた「博士論文　偶然性」の謄写版刷が一部切られてノートに貼られている。この謄写版刷は昭和七年になされたものであり、講義は昭和五年に行われている。従って、本巻に収めた第Ⅱ部の「体系的考察」は昭和五年の講義に於いて述べられたものではないと考える他はない。」

ともあれ、右のうち第Ⅰ部の1には、偶然性と科学等々の各論が組み込まれ、2と3（さらに4）は、主として西洋哲学史にその材料を仰ぎながらも、大谷大学講演の(1)と(2)(3)の枠組みを継承している。実際には講義されなかったか、あるいは、のちに大幅に補訂されたとおもわれる第Ⅱ部が、右に引いた「解題」からしてもあきらかなように、「博士論文　偶然性」とまったくおなじ構成をとることはあやしむに足りない。

というわけで、この講義ノートは、構成からしても、大谷大学講演と博士論文を橋渡しする中間の形態を示している。

以上、諸資料の位置関係についての簡単な概観によって、わたくしが、さきに、〈偶然性〉をめぐる考察においては、それがまとまった形で述べられた最初から、周造の思索の基本的な結構はほぼ定まっており、発展や変遷と呼ぶに値するほどの変化はそこに見られず、むしろ、最初の講演から刊本にかけて、さらなる整理・統合・洗練と肉付けがなされて行くというのが実情にほかならない、と述べたことの理由のおおよそはわかっていただけることとおもう。いまは、これ以上さらに諸稿間の展開過程の内容の詳細に立ち入ることはしないで、ただちに最終形態の刊本『偶然性の問題』の内容の検討に入ることにしよう。

5

『偶然性の問題』は、すでに見たように、つぎのような全体の構成をとる。

序説
第一章　定言的偶然
第二章　仮説的偶然
第三章　離接的偶然
結論

「序説」は、「一　偶然性と形而上学」、「二　必然性の本質とその三様態」、「三　偶然性の三様態」の三節にわかれ、「結論」は、「一　偶然性の核心的意味」、「二　偶然性の内面化」の二節をもつ。ともに、短いものである。

本論を成す中間の三章は、一章が七つの節、二章が二十一の節、三章が十四の節に細分され、ほぼそれぞれの節数に応じたページを割り振られて、論理的、体系的、歴史的見地から、右に見た先行諸論稿の成果をも吸収しつつ、〈偶然性〉のあり方とその諸相をめぐって、緊密なかつ委曲を尽くした議論を展開する。

詳細については、関心をおもちの向きは直接テクストについて見ていただくことにして、ここでは、さしあたり、周造の行論の基本の骨組みだけを以下に摘記することにしよう。

〈偶然性〉は、まず、①定言的偶然（偶有性——わくら葉に、間々）、②仮説的偶然（因果的、目的的偶然——ゆくりなく、端なくも、ふと）、③離接的偶然（無いことの可能性——たまたま）に分かたれ、理論的には、それぞれ、①論理的、②経験的、③形而上学的と性格づけられる。

①「定言的偶然は、定言的判断において概念としての主語に対して述語が非本質的徴表を意味するときに成立する。すなわち、或る言明的判断が主語と述語との同一性を欠くために確証性、従って必然性をもたないことが明らかになった場合である。」一言でいえば、一般概念に包摂し切れぬ「個物および個々の事象」の現存によって証示される種類の偶然性である。

②「仮説的偶然は、仮説的判断の理由帰結の関係以外に立つものとして成立する。すなわち、理由と帰結との同一性によって規定されたる確証性、従って必然性の範囲外にある

ものとして成立する。」この種の偶然は、まず、純粋な理論の領域において、(a)理由的偶然性として、つぎに、経験の世界において、(b)目的的偶然、また、(c)因果的偶然として、あらわれる。以上三つの様相のそれぞれは、また、(α)消極的偶然と(β)積極的偶然に分かたれる。後者すなわち積極的偶然において、ひとは、これまでもっぱらあるひとつの因果系列との関連においてのみ見ていた出来事を、他面で決定する、それとは別の因果系列の存在に気づいて驚く。こうして、仮説的偶然は、「一の系列と他の系列との邂逅」という構造を示すが、この構造こそ、また、仮説的偶然の核心的意味にほかならない。

③「離接的偶然は、与えられた定言的判断もしくは仮説的判断を、離接的判断の一区分肢と見て、他にもなお幾個かの区分肢が存すると考えることによって成立すると云える。すなわち、言明的または確証的の命題を離接関係に立つ区分肢と見ることによって、被区分概念を同一性に対して差別性を力説すると共に、言明性（現実性）および確証性（必然性）を問題性に問題化するのである。」一言でいえば、ある出来事ないし出来事の系列を、その非存在ないし「無いことの可能」にきわまる他の可能性のより広い地平の背景に置き直して眺めるという、一種の形而上的感覚によって見えてくる類の偶然である。

さて、まとめると、①定言的偶然の核心的意味は、一般概念にたいする「個物および個々の事象」、②仮説的偶然の核心的意味は、「一の系列と他の系列との邂逅」、③離接的偶然の核心的意味は、「無いことの可能」である。

以上を見定めたところで、周造は、「結論」のなかでつぎのようにいう。

「そうして、これらの偶然の三つの意味は決して個々に分離しているのではなく、渾然として一に融合している。「個物および個々の事象」の核心的意味は「一の系列と他の系列と邂逅」ということに存し、邂逅の核心的意味は邂逅しないことも可能であること、すなわち「無いことの可能」ということに存している。そうしてこれらすべてを原本的に規定している偶然性の根源的意味は、一者としての必然性に対する他者の措定ということである。必然性とは同一性すなわち一者の様相にほかならない。偶然性は一者と他者の二元性のあるところに初めて存するのである。」(強調、坂部)

ここに、「東洋における時間の観念と時間の捉え返し(反復)」以来の、「永遠に繰り返される同一的時間」における垂直に無限の厚みをもった必然的な自己の同一性ないし宿命の観念と、それに先立つ「「いき」の本質」以来の、「自己にたいする他者の措定」と独立の二元の邂逅のテーマとが、〈偶然性〉の概念の考究をとおしてひとつに結び合わされ、両者の対立・緊張が、解決にまでもたらされる。

「個物の起源は、一者に対する他者の二元的措定に遡る。邂逅は独立なる二元の邂逅にほかならない。無いことの可能は一または他の選択に基くものとして二元を予想している。」

「無いことの可能は一または他の選択に基くものとして二元を予想している。」とは、一者と他者、同一性と差異の対立ないし二元に胚胎する〈偶然性〉の問題が、つまるところ、最終的には、〈無〉と〈有〉の二元、ないし〈無〉と〈有〉の二元のたわむれに由来するものであることをいうにほかならない。「無いことの可能」としての〈離接的偶然〉に関連して、周造は、書中で、しばしば、シェリングが太古の歴史のはじまりにおける〈無〉と〈有〉の二元のたわむれの出来事として説く「原始偶然」を引き合いに出している。

「わくら葉のもののはずみ」の律動のなかで、〈無〉と〈有〉が、〈一者〉と〈他者〉が、交錯し、〈自己〉と〈他者〉が、あるいは、自己と自己の分身が、出会う。それは、「魂がもう一つの魂に向かって「銀杏の葉は一つが二つに分かれたのか、それとも二つが一つになったのか」と問うた恵みの時」であり、あるいは、「わが尊敬すべき盲人蟬丸」が、「偶然の問題と循環する時の問題」にかんする省察を琵琶の奏でる古いやまと歌のいわば垂直のエクスタシスの鼓動としての調べと律動のうちに溶かし込む、そうしたことばたちの邂逅、あるいはことばたちとの邂逅の至福の時である。

「結論」の末尾で、周造は、「浄土論」の『観二仏本願力一、遇無二空過者一』という一句について省察しつつ、そこから、「遇うて空しく過ぐる勿れ」という命令を引き出す。

「わくら葉のもののはずみ」による、ひととひとの邂逅、あるいは、ことばとことばとの邂逅が、「たまきはるいのちのはずみ」の律動のうちに救い取られ、完成することへの祈願に、『偶然性の問題』一巻の考察はきわまるのである。

6

『偶然性の問題』一巻のうちに、周造の「わが半生はこもり」、「半生」の「たまきはるいのちのはずみ」は、「灰色の言葉に盛」られ、あるいは、「かたくなの論理に問」われて、いわば実人生と言葉・論理の形づくる合わせ鏡のなかで、〈一元――二元の対立とたわむれ〉ないし〈一元――二元の交錯〉というテーマの無限のヴァリエーションとして、問い深められ、〈捉え返され〉た。

この精密な思索の営為は、それ自体がまた、〈捉え返し〉〈反復〉の時間、〈循環的時間〉を生きることの一形態にほかならなかった。

ここに使用された「かたくなの論理」の構築は、あくまで精緻・峻厳、また、機に応じて呼び集められる「灰色の言葉」の群は、文字通り古今東西にその由来をもち、日本人ばなれのした教養ないし素養を証示しつつ屹立している。「無いことの可能」に究極する、系列の重層の上に立つ論理は、近代的な主――客の対立のそれはいうにおよばず、また、当時の日本でおこなわれた〈述語〉の論理、〈種〉の論理、あるいは〈間〉の論理〈あるいは、おのぞみならば〈弁証法的唯物論〉の論理等々）よりも、より柔軟に（いわば絵画におけるキュービズムの営為にも似て多数の視点を同時に含み込む論理を提示し）、より包括的に、より深く、「いのちのはずみ」と「垂直のエクスタシス」の機微を問い、時代の思想状況のなかにあって、孤立に甘んじ、孤高を持している。（「緡く人の幾たりあらむ」、という周造の感慨は、こうした事態への自覚を背景としていわれているだろう。なお、今日の〈様相〉の問題をめぐる哲学的・論理学的議論の新たな展開に照らしても、『偶然性の問題』が、なお多くの刺激的な着眼点を含むものであることは、野本和幸氏が「『偶然性の問題』覚書」（九鬼周造全集、月報十）で指摘するとおりである。）

あまりにも時流を抜いて、日本人には稀な思弁的・形而上学的思索を自在にし、また、日本人ばなれのした自律的個人（とその深奥に発する複数者との邂逅）のあり方に徹したことのゆえに、こうした周造の孤立と孤高は余儀ないものとなったとはいえ、それでも、『偶然性の問題』一巻の思索のうちに、周造の「わが半生」の「いのちのはずみ」の生き生きとした律動がこめられていることは、われわれのこれまでの考察によって、何よりもあきらかなところである。

くりかえして言えば、『偶然性の問題』一巻が、みずからの半生の生きられた時を〈捉え返し〉〈反復〉する、周造なりの仕方でのひとつのプルースト的な営為であったことをわたくしは疑わない。

すでに本書の第一章で見たように、周造は、『偶然性の問題』刊行の前年にあたる一九三四（昭和九）年、幼少の頃を過ごした根岸の家を四十年ぶりに訪れ、随筆「根岸」を執筆している。また、『偶然性の問題』刊行後ほど経ぬ一九三七（昭和十二）年には、この「根岸」とほとんど一字一句符合する記述を多く含む「岡倉覚三氏の思出」と題する随筆を執筆し、そこで母波津や天心の思い出を述べながら、つぎのように語っていた。

「思出のすべてが美しい。明りも美しい。蔭も美しい。誰れも悪いのではない。すべてが詩のように美しい。」

このように語るとき、周造は、波津や天心やあるいは隆一の人生が、それぞれに曲折に富んだものでありながら、またそれぞれに、「たまきはるいのちのはずみ」に「遇うて空しく過ぎ」なかったものであることを、いまや『偶然性の問題』を書き了えて、「いのち死ぬとも悔ひ心なし」の心境に達したみずからの半生といわばその垂直のエクスタシスの内側から重ね合わせて、感慨深くおもっていたにちがいない。『偶然性の問題』一巻は、彼ら親しかったひとびとと周造自身の鎮魂の書でもあったのである。

（TBSブリタニカ、一九九〇年刊）

マルティン・ハイデッガー『言葉についての対話』（高田珠樹訳）より

日本人〔手塚富雄〕　九鬼周造伯爵をご存じですね。あなたのもとで何年間か学びました。

問う人〔ハイデッガー〕　九鬼周造伯爵は、常々、想い出しております。

日本人　亡くなられたのが早すぎました。師に当たる西田は、九鬼のために墓碑を書いたのですが、自分の弟子に対するこの最高の顕彰の仕事に一年以上をかけました。

問う人　九鬼のお墓と、そのお墓がある杜《もり》の写真を何枚か持っています。とても嬉しいことです。

日本人　京都にあるその寺の庭園を知っております。私の友人の多くは、私と一緒にそこのお墓に参ります。庭園は、十二世紀の末に法然上人が当時、都だった京都の東山に省察と瞑想のために造営したものです。

問う人　そうすると、今もこの寺の杜は、早逝《そうせい》した人たちにちょうどふさわしい場所なのですね。

日本人　何といっても、九鬼の省察はあげて、日本人がいきと呼ぶものに向けられていました。

問う人　この語が何を言うのか、私には、九鬼との対話では、いつもただ遠くからおぼろげに感じられるだけでした。

日本人　九鬼伯爵は後に、ヨーロッパから帰国したあと京都で日本の芸術と文学の美学についていくつかの講義を行ないました。それらは本になって出ています。九鬼は、その中で、日本の芸術の本質をヨーロッパの美学の助けを借りて考察することを試みています。

問う人　しかし、そういったことを企てるのに美学に頼ってよいものでしょうか。

日本人　よくない、というのはどうしてでしょう。

問う人　美学という名称とそれが名指すものとは、ヨーロッパ的な思考、哲学から出てきています。だから、美学的な考察は東アジア的な思考にとって所詮、基本的に馴染まないはずです。

日本人　多分、おっしゃるとおりかもしれません。しかし、私たち日本人は美学に助けを求めなくてはならないのです。

問う人　それはまた何のためでしょう。

日本人　美学は、芸術や文学として私たちに迫ってくるものを捉えるために必要な様々の概念を私たちに提供してくれるのです。

問う人　あなたがたには概念が必要なのですか。

日本人　おそらくそうだと思います。ヨーロッパ的な思考と出会って以来、私たちの言語に能力の欠けていることが明らかになってきているのです。

問う人　どういう点でですか。

日本人　私たちの言語には、対象を一義的に分類し、それら相互の関係の中で互いに上位、下位にあるものとして表象するための限定的な力が欠けているのです。

問う人　その能力のないことを、本気で自分たちの言語の欠陥であると見なしていらっしゃるのですか。

日本人　東アジア世界にとってヨーロッパ世界と出会うことが避けられなくなっているだけに、たしかにご質問については突き詰めて考えてみる必要があります。

問う人　今そうおっしゃったことで、あなたは、私が九鬼伯爵としばしば論じあった争点に触れていらっしゃいます。要するに、東アジアの人々は、ヨーロッパ的な概念体系を追いかける必要があるのか、それは正当であるのか、という問いです。

日本人　現代では地球上のどの地域でも技術化と産業化が席巻している以上、この点でもはや逃れるすべはないかに見えます。

問う人　慎重なもの言いをなさって、「ないかに見える」とおっしゃる。

日本人　そのとおりです。と申しますのは、やはりこのような可能性もあるからです。私たち東アジア人が現に在る在りようから見ますと、私たちをも引き込んでゆく技術的な世界は所詮、表面的なところに限られたものでしかありえず……、そして……。

問う人　……そのために、ヨーロッパ人が現に在る在りようとの真の出会いは、あらゆる均一化や混交にもかかわらず起こっていない、と。

日本人　ことによると全く起こりえない。

問う人　これをそう端的に主張してよいものでしょうか。

日本人　それは私とて到底できかねます。でなければドイツにやってこなかったでしょう。ただ、どうしても感じてしまう危険があるのです。この危険はどうやら九鬼伯爵も乗り越えることができませんでした。

問う人　どういう危険を考えていらっしゃいますか。

日本人　ヨーロッパの言語精神は私たちに概念的なものを豊富に用意してくれているのですが、私たちがその豊かさに幻惑されて、自分たちの現に在る在りようを呼び求めているものを何か曖昧であやふやなものに貶めてしまう、という危険です。

問う人　ただ、遥かに大きな危険が迫っています。それは、私たち双方に迫ってくるもので、この危険は目立たないでいるだけに、その脅威も大きいのです。

日本人　それはまたどうしてでしょう。

問う人　危険は、私たちがその手の危険があろうなどとは予想もしないような方面から迫ってきています。予想もしないとはいえ、今では、われわれもその危険をこの方面において経験しなくてはいけないはずです。

日本人　ということは、その危険をすでに経験なさったわけですね。そうでなければ、そこに注意するように指示なさることもおできにならないはずですから。

問う人　その危険を、それが及ぶ範囲全域にわたって経験したなどとは到底言えません。ただ予感はしました。しかも、それは九鬼伯爵との対話においてです。

日本人　九鬼とは、それについてお話になりましたか。

問う人　いいえ。危険は、対話そのものから湧いてきました。それが対話であった、とすればの話ですが。

日本人　どういうことを考えていらっしゃるか分かりませんが。

問う人　私たちの対話は、わざわざそのために開かれる学問的な討論ではなかったのです。ゼミナールの演習のように、その種のものが起こるかに見えるところでは、九鬼伯爵は黙っていました。私がここで言う対話とは、自由な遊びのように私どもの家でおのずと生じたものです。私どもの家に九鬼伯爵は時には夫人もお連れになってやってこられました。夫人はそんな折に華やかな和服をお召しでね。東アジア的な世界がそれでもっていよいよ明るく輝いたもので、私たちの対話にある危険もいっそう鮮明に立ち現われてきたものでした。

日本人　どういうことを考えていらっしゃるか、私にはまだ分かりませんが。

問う人　私たちの対話の危険は言語そのものの中に潜んでいました。私たちが何を論議したかというその**何**にあるのでもなく、また、それをいかに試みたかという、その**いかに**にあるわけでもなかったのです。

日本人　しかし、九鬼伯爵は、ドイツ語、フランス語、英語が並外れてよくできたでしょう。

問う人　おっしゃるとおりです。**彼**は、論究の俎上に乗るものを、ヨーロッパの様々な言語で言い表わすことができました。私たちは、しかし**いき**を論究していました。その際、私には日本語の言語精神が閉ざされたままでした。今日に至るまでそれは変わっていません。

日本人　対話で用いられた様々な言語が一切をヨーロッパ的なところに移してしまった、ということですね。

問う人　ところが、対話が言い表わそうと試みていたのは、東アジアの芸術と文学の本質的な点であったわけです。

日本人　これで私も、どこに危険を嗅ぎ取っていらっしゃるか、いくらか分かってきました。対話の言語が絶えず、論じられていたものを言い表わす可能性を壊したのですね。

問う人　しばらく前に私は、実にぎごちないながら、言語を存在の家と名づけていました。人間が自分の言語によって存在の呼び求めの中に住まうなら、私たちヨーロッパ人は、どうやら東アジアの人間とは全く別の家に住んでいることになります。

日本人　仮に、それぞれの言語が当地と彼《か》の地とでは、単に異なっているというだけでなく、根本から別の本質のものであるとすれば、そうなりますね。

問う人　そうすると、家から家への対話というのはあくまでほとんど不可能に近いということになります。

日本人「ほとんど」とおっしゃるのは適当でしょうね。それはやはりひとつの対話だったからです。しかも、推察するに、刺激的な対話だった。と申しますのも、九鬼伯爵は、私たちを相手に京都大学で行なったゼミナールの演習で、繰り返しあなたとの対話に立ち返ったからです。そうなるのは大抵、当時あなたのもとで学ぶために彼をドイツに旅立たせた理由をもっと明確に知りたいと、私たちが九鬼にせがんだ時でした。ご本の『存在と時間』は当時まだ刊行されていませんでした。けれども、われらが大先生、田辺教授を含む何人かの日本人の教授たちが第一次世界大戦のあと、フッサールのもとで現象学を学ぶためにブライスガウのフライブルクに行きました。そんなこともあって、わが国の人たちはあなたを個人的に存じあげていたわけです。

問う人　おっしゃるとおりです。当時、私は、フッサールのところの助手として毎週、決まった時間に日本からやってこられたかたがたと一緒にフッサールの最初の主著である

『論理学研究』を読んでいました。当の師匠は、もうその頃には、世紀の変わりめに出た自分のこの作品を特に高くも評価していませんでした。ところが、私自身には、なぜ『論理学研究』を現象学への入門という目的のために優先するか、ということについて自分なりの理由がありました。師匠のほうは私の選択を大目に見てくれていました。

日本人　当時、一九二一年だったと思いますが、わが国の教授たちは、あなたのところで講義を聴きました。教授たちは筆記録を日本に持ち帰りましてね。私の勘違いでなければ、標題は「表現と現象」となっていました。

問う人　いずれにせよそれが講義の主題でした。ただ、九鬼教授がマールブルクの私のところへやってこられたのには、また特段の理由がいくつかあったにちがいありません。

日本人　もちろんです。それらの理由は例の講義に帰するものだと思います。講義の筆記録は日本では別の方面でも大いに論じられたものでした。

問う人　ただ、筆記録というのは、典拠としては当てになりません。おまけに、その講義もはなはだ不完全なものでした。とはいえ、そこには、ひとつの道を歩もうとする試みが兆してはいました。それがどこに繋がってゆくのかは、私にも分かりませんでした。その次あたりの展望だけは、それらが私を絶えず招くので分かっているわけです。もっとも、視界がしばしばずれたり、かげったりはしましたがね。

日本人　それについては、わが国の人たちも多少感じていたにちがいありません。あなたの問いが言語と存在の問題をめぐるものであることは繰り返し聞かされていました。

問う人　これに気づくのは、またさほど難しくはありませんでした。すでに一九一五年の私の教授資格論文からして、その標題が「ドゥンス・スコトゥスの範疇論と意味論」で、そこに両方の展望が前面に現われてきていますからね。「範疇論」というのは、存在者の存在の論究に対する通常の名前です。「意味論」というのは、思弁的文法学、つまり言語をそれが存在に対して持つ関わりにおいて形而上学的に省察することを指します。ただし当時の私には、まだこれらの関係や事情を見通すことはできませんでした。

日本人　だからこそ、また十二年間も沈黙されたのですね。

［中略］

問う人　知識欲や、説明を貪欲に求めるというのは、私たちをけっして思索しつつ問うというところへ連れていってくれません。知識欲というのは、すでに、隠された自己意識の慢心であるのが常です。この自己意識は、自分で理性や理性的であることなどを案出しておいてそれを引き合いに出すのです。知識欲は、思索されるべき威厳を備えたものを前にしてじっと思いを凝らすなぞということを欲しないのです。

日本人　そのようにして、私たちは実際にはただ、自分たちの芸術や文学がその本質を汲む元となるものを、もっと明るいところへ引き上げる上で、ヨーロッパの美学がどの点でふさわしいのか、を知りたがっていたにすぎないのです。

問う人　で、その元となるものというのは。

日本人　それを表わす名称としては、すでに先に名の挙がったいきがあります。

問う人　それが言い表わすところを経験せぬまま、その語を九鬼の口から何度、聞かされたことでしょう。

日本人　ところが、九鬼にとっては、あなたがお考えになっていた解釈学的ということを通して、いきが何らかの形でそれまでより明るい光の中に達したにちがいないのです。

問う人　たしかに私もそのようなことをうすうす感じてはいたのですが、九鬼の洞察を私なりに辿って納得することはついぞできませんでした。

日本人　何が障害となったかについては、すでに指摘されました。対話の言語がヨーロッパの言語だった。ところが、何を経験し考えようとしていたかといえば、日本芸術の東アジア的な本質であったわけです。

問う人　私たちが論じていたものは、あらかじめヨーロッパ的な表象圏の中に無理やり移し寄せられていたのです。

日本人　それはどのような点で気づかれましたか。

問う人　基本となる語であるいきを、九鬼が解説する際の仕方です。彼は、感覚的な輝きが生きいきと魅了することを通して超感覚的なものが透けて輝き出てくる、と語りました。

日本人　そう述べることで、九鬼は、私たちが日本芸術において経験するものを言い当てていると思います。

問う人　そうすると、あなたがたの経験は、感覚的な世界と超感覚的な世界との区別というところで動いていることになります。昔から西洋形而上学と呼ばれているものは、この区別に基づいているのです。

日本人　今、この区別が形而上学を徹底して支配していることを指摘されたことで、先に私たちが話題にした危険の源泉に触れていらっしゃいます。私たちの思考を思考と呼んでよいなら、この思考もたしかに形而上学的な区別と似たものを知っています。ところが、区別することそれ自体、あるいはそこで区別されるものは、西洋的な形而上学の概念によっては捉えられないのです。私たちには、色彩を意味する**色**《いろ》という言い方と、空虚や開けていること、天などを意味する**空**《くう》という言い方とがあり、**色**なくして**空**なしと言います。

問う人　それは、ヨーロッパの芸術論、つまり形而上学的な芸術論が、芸術を美学的に表象する際に言うことにまさに対応しているかに見えます。アイステートン〔*αἰσθητόν*－感じられるもの〕、つまり知覚されうる感覚的なものが、ノエートン〔*νοητόν*－考えられるもの〕、すなわち感覚的ならざるものを透けて輝き出させる、というのです。

日本人　こうなると、九鬼にとって、**いき**をヨーロッパの美学の助けを借りて――ということは、ご指摘によれば形而上学的に――規定したい、という誘惑がいかに大きかったかがご理解いただけるでしょう。

問う人　大きいといえば、私が抱く危惧の念のほうが大きいでした。それは今も変わりません。つまり、こういうやり方では東アジア芸術の本来の本質が隠蔽されてしまい、その芸術にふさわしくない圏内にずらされてしまうのではないか、と案じるのです。

日本人　ご心配については私も全く同感です。**色**というのは色彩を指しますが、その意味するところは、感覚的に知覚しうるもの一切を本質的に上回っているからです。**空**にしても、たしかに空虚や空《あ》いたところを指していますが、非＝感覚的なものというのとは違ったものを意味しています。

問う人　示唆されている点について、私はただ遠くからついてゆくことしかできませんが、うかがっているとわくわくしてきます。九鬼伯爵の想い出を糸口としたことで私たちのこの対話がうまく成就するのではないかという気がして、先に申しました危惧の念も、この期待のために私の中では、かすんでしまいます。

（平凡社ライブラリー、二〇〇〇年刊）

天野貞祐『をりにふれて』後語

九鬼君の遺著に後語をしるそうとは私の夢にだも思い及ばなかったところであるが、現実の事実を如何ともするわけにゆかない。彼は本年五十四歳で私よりも四歳若いばかりでなく、巻頭の写真（昭和十二年一月撮影五十歳）からも想察される如く非常に若々しく見える人で、五十を過ぎても四十代、場合によっては三十代とも思えるほどであった。其の上私の知って（明治四十年）以来一度チフスを病んだ以外にはいつにも病気らしい病気をしたことはなかった。頑健ではなかったけれども病気をばしなかった。京都帝大に奉職してからも近頃まで殆ど欠勤ということをしなかった。しかるに一昨年夏満洲北支に遊び北京で風邪に罹かり、いろいろ無理をした為であろうか帰朝以来どうも以前ほどの健康がなかった。本年一月以来は食欲も十分でなく何か胃の工合が悪いと周囲の者に語っていたそうである。一昨年洛外山科に新居の造営を計画し、ことにその庭園には生来の凝性を発揮して一草一木すべて自己の創意によらざるはなく、諸方の植木市や洛西の植木屋にまで自ら赴いて自己の趣向に合った木石を探し来るなど一通りの骨折ではなかったと聞く。昨年四月漸く竣工して移り住んだが、その頃から『文芸論』の完成を思い立ち、以前書いた諸作に筆を加え始めたものの如くであった。一方には大学の講義をしながら、他方には斯様な仕事に熱中し精根を傾尽したことが病気の原因でないにしても誘因であったことは明らかである。非常な凝性で名人肌で仕事を始めると健康も何も注意して居られなくなるのである。旧作への加筆といっても綿密を極め労苦を要すること並大抵のことではなかった。四月に入ってついに堪えきれなくなり、奥岩吉博士の診察を受けたところ腹膜炎という診断で四月十日京都府立医大病院浅山内科へ入院した。

入院に先立って末川博博士に病床から電話をし自分は死ぬかも知れぬがと云って死後のことについての助言を求めたそうである。既に死の予感を有っていたのであろうが、また何事にも綿密な用意周到な平生の性質を示す一事実である。初めて私が病院に彼を訪ねた時に『文芸論』の為にあまり無理をして健康を害してしまった、しかし『文芸論』を完成し校正も略々《ほぼ》すんだから死んでも更に憾《うら》むところはないと語った。病気は少しも快方に向わず、身体は目に見えて衰弱の一路をたどるのみであった。病院で腹水を検査した結果腹膜炎は癌に由因することが明らかにされ、浅山博士は外科の横田博士と共に診察され相談されたが何とも策の施しようがなかった。腹水を去れば衰弱が加わり、取らなければ腹が張って苦しく且つ吐気があって食料がとれず、堪えられぬという有様で病気は進むばかりであった。恐らく既に死を覚悟していたであろうが、或はむしろ覚悟のできている為であるか重病であるに拘らず、更に気力を失わず、身体は衰弱しても元気においては平常とあまり変るところはなかった。五月一日朝永三十郎先生の見舞われた際には却って病人から先生の近頃の健康状態などについていろいろ尋ねられたそうである。四日には私と二時間近くもさまざまな話をしたが、談話の態度は平生と別に違うことはなく、しかもこれが私との最後の談話であった。翌五日午前重態に陥ったが一度意識を回復し眼鏡をかけて友人達から贈られた植木鉢や自庭から持来らせた花を見て非常に喜んだ。これがこの世において彼の為した最後の自発的行為であった。其後二度だけ意識の明瞭に成ったことがあった。一度は澤瀉久敬《おもだかひさゆき》君に手紙の礼を言った。も一度は西田幾多郎先生に対してせっかく京都へ呼んで頂いても御厚意を受けたばかりで何の御役にも立たずすまなく思っている、ということを驚くべき明瞭さをもって述べた。それ以後は意識は澄んでいるようであるが次第に力を失い、六日午後十一時五十分ついに永久の離別をこの世に告げた。まことに自若たる死であった。

五月十一日遺言によって洛東法然院において告別式を営み、越えて六月二十二日法然院境内の墓に納骨した。墓は内藤湖南、浜田青陵両先生の墓と並び、文昭院静処湖南居士、文簡院常楽青陵居士の如き一代の碩学と共に文恭院徹誉周達明心居士として永久に息うことは学徒としてこの上ない栄誉である。

この法名は同僚小島祐馬教授の創意に成るものであるが、九鬼周造という一箇の人間の性格はそのうちに圧搾され凝結している。彼は学問に関しては実に真剣であった。飽くまでもその哲学において生き、その哲学において死した。文は彼の生命であった。彼は貴族として生れ且つ厳格な教育を受けた為であるか恭敬は彼の美徳であった。実に不思議なことには私との三十五年の交際において彼は一度でも他人の悪口を言ったことがない。これは私に対してだけでなく他の友人に対してもそうであったと思う。徹底ということは彼の著しい性格であった。何事にも徹底せざれば止まず、俗にいう凝性であった。語学を学べばそれを徹底的に学び、著作に従事すれば精根を傾け尽し、庭園を工夫してさえもそれに全力を傾倒する。すべて斯ういう風であった。その考え方は綿密を極めて周匝《しゆうそう》到らざるなく、その哲学によって、一種の境涯に到達し、それにおいて生きた。其処《そこ》に透徹せる心境を有っていた。彼の自若たる死の如きもその心境を示すものであろう。頭脳の明徹精緻に至っては類例に乏しいであろう。学校時代から稀に見る秀才であった。学者としては卓越した分析家であった。その徹底した分析は人を一種の美感に誘うものさえもあった。しかも他面において勝れた芸術的魂の持主であったことは『文芸論』一巻それを証して余りありと云える。明晰そのものの頭脳と芸術的魂とは矛盾したもののように思われるが彼においては調和を見出していた。高等学校時代から歌をつくっていたが、死ぬまでそれを止めなかった。同僚成瀬無極教授から病気見舞に躑躅《つつじ》の鉢植を贈られたのに対して四月二十日重態の中から歌の挨拶をしている——

賜はりし鉢のつつじはほのぼのとうす丹に咲きていま盛りなり
病み臥して人のなさけに濡ひてしみじみとしも涙を落とす

（四月廿九日、周造）

死が一週日の後に待っている重態にあってなおこの歌をよむことは心のゆとりを示すと共に強い歌心をも語るものであろう。私には歌の巧拙はわからないが、ただ「ほのぼのとうす丹に咲きて」というのはつねに悠揚迫らぬ人生態度を持していた彼を髣髴《ほうふつ》せしむるものがある。「ほのぼのと」という言葉のうちに彼の全貌をうかがいしるような気がするのである。

斯う記してくると彼は人間としてあらゆる長所美点を具有していたかに思われる。確かに彼は一箇の人間として客観的に考えて比類の少ない人であったと云わねばならぬ。身長五尺八寸、写真に見るが如き美貌の持主である。おのずから貴族の品位を有ち、嘗ってドイツ留学中自分では貴族と云われることをむしろ好まないに拘らず、ホテルの人々など彼を呼ぶにプリンツ・クキをもってしたほどであった。頭脳の明晰鋭利は群を抜き、加うるに詩歌の才能を備え、生活においては或度の富を有ち、職は学者として最高の位置というべき大学教授である。彼は一身に人生の幸福を集めているかに見えるが事実は全くその逆であった。彼は普通の意味で人生の幸福は知らなかったかもしれない。彼の生涯には嘗つて幸福の光は照さなかったかもしれない。彼が常人であったならば幸福の道は幾筋も眼前に横わっていたとも云える。けれどもその普通の幸福に生きるには彼はあまりに強い矛盾を蔵した人であった。極端に理性的であって同様に極端に感能的である。一方には享楽に惑溺しながら同時に他方には純粋理論の研究に精進努力する。理性と感能とのこの両極端が彼においては何の矛盾もなく両立するものの如くであった。神に酔うが如き崇高な考を有つと同時に極端に感性的な激情と衝動とに支配されることもなかったわけではないかもしれない。斯ういう性格の矛盾は決して幸福を招来する所以ではない。彼の生活のあらゆる美点もこの矛盾の雲に蔽われては幸福の光を浴びることはできなかった。華やかでしかも寂しく、豪奢でしかもつづまやかに、恭敬にしてしかも放胆に、幸福にしてしかも不幸に、矛盾の生活を生きたこと彼の如きも稀れであろう。

しかし彼の生涯に幸福の光がささなかったと云っては或は言いすぎであるかもしれない。極めて少数であっても心の底から彼を愛した人達の居ったことはどれほど彼を慰めたかしれない。かかる人として先ず挙げらるべきは一高教授故岩元禎《いわもとてい》先生であった。彼と先生との関係は「一高時代の旧友」においてみられる。先生は生涯彼を愛せられた。本年七月先生も亦逝去されたが、私は先生危篤という児島君の報知によって出京御訪ねすると、先生は枕頭に最愛の弟子九鬼岩下両君の写真をおき僅かに聞きとりうる音声をもって私に語られたことはすべて九鬼岩下両君を愛惜する言葉であった。九鬼君も亦終始一貫先生の忠実なる弟子であった。私は三十五年彼と交ってまことに不思議にも一度も彼と争論せず、気まずい思いをしたことがなく、私の時としてはあまりに立ち入り、あまりに出すぎた忠言にも彼はいつも感謝するばかりで抗論することはなかった。ただ或時私が岩元先生は偉いにしても、そのドイツ語授業には服しえないことを述べた時だけは思いがけぬ強い抗議に驚かされたことがあった。あれほど何事にも緻密を極め、英、独、仏語はいずれも読み、書き、話すことを自由にした彼が、そして実に正確なドイツ語を話した彼が、ただドイツ語の発音にはいつまでも岩元先生によって伝えられた方言的発音の痕跡を存していたことは私には却って美しいこととさえも思われたのであった。岩元先生の存在は彼にとって大なる幸福であり、彼の存在は先生にとってもこの上ない幸福であったに相違ない。

彼は生きては学界に重きをなし、先輩、同僚門下の信頼に浴し、重患のこと伝わるや西田、朝永、羽田、田辺、小島諸博士の如き学界の耆宿を始め友人門下の心からなる慰問を受け、周囲の者の献身的看護に護られ、親友は遠方より来って病床に侍し、死しては学界知友に哀惜せられ、さらに京都において彼の最も愛した洛東法然院の境内に湖南青陵両先生達と共に永久に息うことを思えばもって慰むるに足りる。なおしかしせめて十年の生存が彼にゆるされたならば或は学識と人格と共に円熟し、ゲーテを想わしむるような完成した人間と成りえたかもしれない。私などとしてはただ残念でならないのである。

（岩波書店、一九四一年刊、『九鬼周造全集』第五巻所収、一九八一年刊）

解題

I　自伝的エッセイ

〈根岸〉〈岡倉覚三氏の思出〉

「根岸」と「岡倉覚三氏の思出」とは、ともに幼少期を回想した随筆であり、生前未発表のものである。

九鬼周造の父である九鬼隆一《りゅういち》が駐米特命全権公使として在米中に、妻のはつ（波津子・初子）が周造をみごもる。そこで、日本で出産させるために、当時隆一の部下であった岡倉天心をエスコート役にして帰国させた。ところが、その天心とはつとの間に不倫というスキャンダルが起こり、はつは隆一と別居を余儀なくされ、天心は東京美術学校（現東京芸術大学）の校長の座を追われる。

これらの随筆を読むと、周造の姉は父の家に住み、周造自身は兄とともに母の家に住んで、ときに父の家を訪ねていたようである。このように、物心ついた時、すでに周造は分裂した家庭のなかにいたのである。

しばしば指摘されるように、志賀直哉や有島武郎といった、周造よりも一世代前の白樺派の作家たちは、「父」との対決を通して自らの自我を形成していった。しかし、周造にとって「父」は、葛藤の対象としても憧憬の対象としても身近には存在せず、関心を抱きながらも一定の距離を置いて存在していたのである。

しかも、周造にはもう一人精神的な「父」がいた。それは、岡倉天心の存在である。近所に住まいのあった天心は、しばしば周造と母が住む家を訪れてきたようである。

天心は「母の膝」にもたれている周造に面白い話を色々としてくれたという。さらにまた、美術学校に連れていってやったり、驢馬を買ってもらってあげようといったり、庭にブランコをこしらえてもらってあげようと遊んでくれた。周造は自分の本当の父は天心ではないかと疑っていたという伝説があるが、事実、ある時筑波山に狩猟につれていってもらった時に、茶店の人が天心を父親だと思って、「まあ坊ちゃんはお父さんによく似ていらしゃる」といったというエピソードが語られている。本当に天心の子であると信じていたわけではなかろうが、周造は天心という精神上のもう一人の「父」がいたことを誇りに思っていたようである。「覚三氏は天才人として私の幼い心に深く感銘され」たと述べているし、「先生の著 *Book of Tea*〔『茶の本』〕と *The Ideal of the Far East*〔『東洋の理想』〕とはわたしの滞欧中に耽読した書である」とも記している。ただし、「今では私は岡倉氏に対しては殆どまじり気のない尊敬の念だけを有っている」としながらも、若い日には「母を悲惨な運命に陥れた人という念もあって氏に対しては複雑な感情を有って」おり、東大で久しぶりにみかけたときには挨拶もしなかったとも述べている。

　このように、周造にはそれぞれにアンビヴァレントな感情をもった二人の「父」がいたのである。幼少期の周造は、二つの焦点をもった楕円の円周を巡るように生きていたといえよう。

　実の父と別居し、母と共に暮していた周造は、母に甘える子であったようだ。ただし、彼が甘えた「母」は、地母神的な安定した存在ではなく、二人の男の間で激しく揺れ動いている生身の女性であった。しかも隆一は天心との関係を断ち切らせるために、はつを京都に住まわせようとしたため、周造と兄は東京の知人の家に預けられることになる。さらにその後、はつは精神に異常をきたしたとして入院させられ、離縁の後に病院で亡くなる。文中にある「間もなく母は父から離縁され、……」の省略の部分は、松本清張（『岡倉天心――その内なる敵』新潮社、一九八四年）の推理によると、母の発狂、入院の事実が書かれていたのを、全集の編集者が削除したのではないかと思われる。

　要するに、九鬼は「父」の権威を中心にしたエディプス的家族からも、「母」との一体化を基礎にした日本的な母性家族からも無縁な幼年期を送ったのである。しかし同時にこのことは、九鬼が近代的「家族」という制度から最も自由な立場にいたことを意味している。

「いき」にしろ「偶然性」にしろ、後年の九鬼の哲学は、いかなる「同一性」をも拒む「二元性」を説くものであるが、それを生み出した要因の一つは、九鬼のこうした不幸な家族関係にあるのかもしれない。坂部恵（『不在の歌——九鬼周造の世界』TBSブリタニカ、一九九〇年）は正－反－合という弁証法とは異なって、最終的に統合へともたらされることのない九鬼の哲学を貫く、独特の「トリロギー」の構造に注目し、それが幼時期に体験した「容易には和解も統合も許されない壊れた宇宙」に基づくものであるとしている。

〈藍碧の岸の思い出〉

随筆「藍碧の岸の思い出」は、一九三六（昭和十一）年二月に雑誌『文藝春秋』に発表されたもので、留学中に南仏を訪れたときの回想を綴ったものである。

一九二一（大正十）年、三十三歳の時、九鬼は東京帝国大学大学院を退学し、西欧留学の途につく。この後足掛け九年近くにわたって遊学することになる。

まずドイツのハイデルベルク大学で、新カント派の西南学派の中心人物リッケルトに直接師事する。リッケルトはその時の九鬼の印象を次のように語っている。

「自分は今日、一人の日本人のために私宅講義をしてやることに決めた。お伽の国の金持のサムライであるが、その男が自分にカントの『純粋理性批判』をいっしょに読んでくれと頼むのだ。この常ならず高貴な物腰の紳士は他のどんな日本人ともまるで違って見える。背の高い痩せ形で、顔は割合に細く、鼻はほとんどヨーロッパ型、非常にしなやかな手をしている。その人の名はバロン・クキ。ドイツ語では(彼が自分でそう言ったのだが)九人の悪鬼といった意味だそうだ。」

新カント派は超越的な「価値」の体系を説くものであるが、それは抽象的な立場から演繹的に導きだされるものであるため、自然的衝動といったものは最初から問題にされていない。そのため九鬼は、そうした立場では、具体的な「生」に対する完全な解釈はできないと考えるようになっていく。

そこで、九鬼は一九二四(大正十三)年にドイツを離れパリに移る。フランスでの九鬼は、自由な雰囲気の下に次第に「生」の実相に目覚めていく。特に何度か訪れた南仏のまばゆいまでの陽光は、彼に自己の官能的な「生」をこころゆくまで解放させたようである。しかも南仏は、ニーチェやギュヨー(ギュイヨー)といった哲学者たちが「生」の哲学というものに目覚めていく舞台となった場所でもあり、九鬼は次第にそうした哲学に関心を抱くようになっていく。

彼はパリで多くの詩歌を作るようになるが、そこには異国の女性との恋を歌ったものも多い。

たをやめとタンゴを踊るわが命たまゆらなれど笑へる命

星月夜ゆめみるごとき初秋のセエヌの岸に合はすくちびる
酔ひ痴れて更けし酒場に眠れるも青き瞳の君ゆゑとせむ
くしけずるブロンドの髪灯に映えて明し幸ある閨の空気よ

九鬼はこうした女性との関係の中に溺れていく自己の情念を「血」という言葉で歌っている。

ドン・ジュアンの血の幾しづく身のうちに流るることを恥かしとせず

この「血」という言葉は、後年の随筆の中でもしばしば登場する。「私はエピクテトスよりも一層多くエピクロスによって導かれているかも知れない。私の血に交じって流れているものは意志の哲学の要素よりも享楽の哲学の方が遥かに多分であると云えよう」とか、「私のこの血の中にはあらゆる意味の冒険と猟奇を好む癖があって、いまだに抜けきらない」などと述べている。ここで九鬼が「血」という表現を使うとき、彼の脳裏にあったのは、漁色家とも噂された父・隆一の「血」であったかもしれないし、岡倉天心との熱烈な恋愛に身を投じた母・はつの「血」であったかもしれない。九鬼はそうした「血」がどのような悲劇をもたらしたかを、いやというほど味わったはずであるが、まるで宿命の糸を辿るように「生」の官能の中に引きずり込まれていくのである。

こうした「生」の解放は、哲学の場面では、新カント派、あるいはカント哲学そのものへの違和感となって現れてくる。

次の歌は、カントの説く先験的な認識の形式である「範疇」に収まりがたい自己の「生」の実相を歌ったものである。

範疇にとらへがたかる己が身を我となげきて経つる幾とせ

また次の歌では、カント哲学では説明できない自己の「生」をボードレールの『悪の華』の官能の世界に象徴させている。

「悪の華」と「実践理性批判」とがせせら笑へり肩をならべて

九鬼の心は理性と情念、精神と肉体との間で限りなく分裂していくのである。

かぎりなき矛盾のなかに悩みつつ死ぬ日の鐘や哀しからまし

灰色の抽象の世に住まんには濃きに過ぎたる煩悩の色

こうして九鬼は新カント派と決別し、ベルクソンの「生」の哲学に惹かれていくようになるのである。

〈回想のアンリ・ベルクソン〉

随筆「回想のアンリ・ベルクソン」は、一九四一（昭和十六）年三月に雑誌『理想』に発表されたものである。九鬼が留学中に初めてベルクソン宅を訪れたとき、「瀟洒な老人で如何にもパリジャンといった感じのする」ベルクソンが、「杖をつきながら立上ってフランス人独特の慇懃な言葉で」出迎えてくれた様子が感動を込めて書かれている。

なお、この随筆が書かれた年の一月にベルクソンはすでに亡くなっている。文中でも触れられているように、この前年からパリを含めた北部フランスはドイツの占領下に置かれ、ユダヤ人排斥が行われているなかで、ユダヤ人であるベルクソンは亡くなったのである。パリ陥落の報に接したとき、九鬼は次のような歌を残している。

フランスよ都巴里は陥ちしとて文化はとはに朽つる日あらじ

戦はず降りしことを責めなむにあまりに深く巴里を知れり

毀たれず巴里の都残りしをわがことのごと喜びとする

巴里びとのさのみ嘆かずあれよかし負くるも勝つも時のたはぶれ

九鬼は留学中の一九二四(大正十三)年、ドイツからフランスに移り、ベルクソンに師事する。そのときの経緯については、この随筆の中でも触れられている「日本に於けるベルクソン」(Bergson au Japon)というフランス語の論文で次のように説明している。

「我々のもとで彼〔ベルクソン〕の果たした役割は、主として形而上学への意欲を駆り立てたことであった。ドイツ新カント派の批判的形式主義によってあまりにも干からびさせられた我々の精神は、ベルクソンの形而上学的直観という「天恵の慈雨」を迎え入れたのであった。ベルクソン氏は、カントが認識の質料と形相の間に打ち立てた厳格過ぎる区別立ての中にカント主義の基本的誤謬を見てとった。……哲学することとは、直観の努力によって具体的実在の内部に身を置くことにある。……ベルクソン氏は我々に

「絶対を蘇生」させてくれた。」

ここには新カント派からベルクソンへと関心の対象を移していった九鬼自身の変遷が重ねられていると思われる。留学中に「生」の解放を体験した九鬼は、それを哲学的に裏づけてくれるものとして、ベルクソンの「生」の哲学に惹かれたのである。

また、この論文で九鬼は、ベルクソンの哲学が「絶対を直観によって把えようとする」点で仏教の「禅定」に似ており、また「水の流れ」としてイメージされる「純粋持続」は「諸行無常、生成流転」という仏教の根本観念に近く、そうしたことが日本での受容の素地となったなどとも述べている。

後に九鬼は、ベルクソンの特に時間論に注目するようになる。ベルクソンは時間を「量的時間」と「質的時間」とに分ける。「量的時間」とは時計で計れる計量的な時間のことであり、その単位が乖離的で同質的な時間である。しかし、そうした「量的時間」は空間化された時間であるという。それに対して真の時間とは「純粋持続」としての「質的時間」である。それは連続した進行であり、絶えざる異質なものへの変化であり発展であり、新たなものの創造である。「質的時間」は異質性と相互侵徹とを特色とする。

パリ時代に九鬼はベルクソンの哲学を題材にして、次のような詩を作っている。

純粋持続

（……）
空間に懸想して
時間なんてけちな私生児
産むのがそもそもの間違、
悔恨とやらろくでなしの化物
夜な夜なお前を悩ますのもそのせいだ。

・・・・

そもそも同質は妥協の基、
純粋異質の節を守れ。
過去の想起も
ときによりけり
黴だらけの可能性に指を折るは
敗者のならい。
心に叫べ

流星
電光
旋律
色彩
「私生児」としての「時間」とは、空間化された時間としての「量的時間」のことである。「悔恨とやらろくでなしの化物 夜な夜なお前を悩ますのもそのせいだ」というのは、そうした「量的時間」に拘泥して生きていると、常に過去の事への「悔恨」に縛られ、「純粋持続」と一体となって「生」の喜びに触れることができないというのだ。「そもそも同質は妥協の基、純粋異質の節を守れ」の「同質」とは、空間との「妥協」によって生じた「量的時間」のことであり、「純粋異質」とは異質なものへの絶えざる変化としての「質的時間」のことである。ベルクソンによれば、我々はさまざまな選択肢の前で躊躇する度に、選び取らなかった他の可能性をも実は生きているのであり、それによって自己の「生」を豊かなものにしてきているのだという。最後の一節「流星 電光 旋律 色彩」は、「黴だらけの可能性に指を折る」のを止め、瞬間ごとの「生」を燃焼させた世界を歌ったものであろう。「旋律」や「色彩」はベルクソンが「純粋持続」を説明するのにしばしば用いるものである。音楽では、常に新しい音符の加わってくることによって楽節全体が絶えず様相を変えていく。しかし旋律の流れは一つの全体であって、その多様性は分割されていない。また光のスペクトルにあらわれる色の連続を考えてみると、そこでは知らず知らずに赤から橙黄を経て黄に移っていき、黄から緑を経て青に移っていき、青から藍を経て菫に移っていく。その中で橙黄を取ってみれば、それは赤とも黄とも相侵し合っている。このように「旋律」や「色彩」は、異質性と相互侵徹とを特色とする流動としての「純粋持続」と似た構造をしているというのである。

こうしたベルクソンの哲学は、九鬼においては、後に説く「偶然性」の哲学ともつながるものであった。常に新たなものを創造する生命の過程には根本的な「偶然性」が存在するというのである。また晩年に書かれた詩論では、芸術的時間としてベルクソンの「質的時間」がしばしば参照されている。

〈岩下壮一君の思出〉

随筆「岩下壮一君の思出」は、岩下壮一が逝去した翌年の一九四一（昭和十六）年の『カトリック研究』の「岩下壮一師追悼号」に寄稿したものである。

九鬼が第一高等学校、東京帝国大学時代に最も親交の深かったのは岩下壮一であった。岩下は哲学者として将来を嘱望されながらも、カトリックの司祭となり富士山麓のハンセン病院・神山復生病院の院長となった人である。彼の著作『信仰の遺産』や『中世哲学思想史研究』は、日本における本格的な中世哲学研究の先駆けをなすものである。

九鬼は岩下からカトリックの感化を多大に受け、一時は北海道のトラピストの修道院へ入ろうかと思ったことさえあったという。そして、東大在学中に、神田聖フランシス・ザビエル教会で洗礼を受けている。また、九鬼がケーベル博士に提出した大学院研究報告論文は、『中世紀に於ける信仰理性問題の発展』と題する中世のカトリック神学の研究であるが、これを読むと、すでに当時九鬼が中世哲学に深い造詣をもっていたことが理解できる。このように九鬼が若い日から、当時としては珍しく中世哲学に関心を寄せ、近代哲学から比較的自由な立場にいたことは、後の彼の哲学形成に大きな影響を与えたものと思われる。ただし、九鬼の著作には仏教などからの言及も多く、彼の信仰が終生続いていたかは不明である。

さて、岩下との親交は九鬼にもう一つ重要な問題を投げかけることになる。それは岩下の妹への恋である。九鬼は岩下との交流の中で、やがて岩下の妹とも親しくなり、彼女に恋心を抱くようになったらしい。そして、結婚を考えるまでに至ったようである。「岩下君と私とは、ひょっとするともっと外面的にも近づきになる可能性が多分にあった」とあるのは、そのことを意味していると思われる。しかし、兄と同様にカトリック信仰の篤かった彼女が修道院に入ってしまったため、この恋は破局に終わる。随筆『書斎漫筆』には、次のように述べられている。

「私には『小さき花』に絡んで魂のどこからともなく浮んで来る連想がある。それは卓抜な学才を有ちながらカトリックの司祭になって富士の裾野ちかく癩病院の経営に身を捧げている私の同窓の旧友と花のような容姿を惜しげもなく捨てて聖心会の修道女になって黒衣に銀の十字架を下げている彼の妹とのことである。こういう清純な記憶が私の頭の片隅か心臓の底かどこかに消えないで残っているのは、私にとって限りもない幸福である。」

後に九鬼は彼女との恋の思い出を次のように歌っている。

加特力《カトリック》の尼となりにし恋人も年へだたりぬ今いかならん

若盛りもえつつ匂ふ恋をせしその日を今日になす身ともがな

幼い日の九鬼は母の悲恋を目の当たりにして育ったが、今度は自分自身が最愛の人との別れを体験することになったのである。実は、九鬼の異性との離別はこればかりではなかった。彼は留学中にも異国の女性との出会いと別れを体験したらしいし、また自身の結婚そのものにも失敗する。九鬼は一九一八（大正七）年、三十歳の時に前年に死去した次兄一造の未亡人九鬼縫子と結婚するが、この結婚は後に破局を迎えることになるのである。その折りには岩下に相談をもちかけたらしい。「どうも家庭のことがうまく行かないので、色々考えたあげく愚妻の霊的指導を岩下君に頼んだ」が、その後「私は家庭生活が破綻に終ったことを告げると、岩下君は暗い顔をして黙っていた」とある。

異性との破局は、九鬼の血の内に流れる「運命」のようにも思えてくる。幼少時における「父」と「母」との統合されざる世界は、今度は「男」と「女」との統合されざる世界として彼に迫ってきたのである。男女の二元的緊張関係を説いた『「いき」の構造』や、二元の遭遇邂逅を「偶然性」の本質とした『偶然性の問題』などの発想の原点は、九鬼のそうした実体験にあったといえるのかもしれない。

Ⅱ 九鬼哲学の出発点

〈時間の観念と東洋における時間の反復〉

九鬼は帰国の途につく一九二八（昭和三）年の八月、パリ近郊のポンティニーにおいて二つの講演を行っている。その内の一つが「時間の観念と東洋における時間の反復」La notion du temps et la reprise sur le temps en Orient と題する時間論である。

フランスの聴衆を前に、この講演で東洋的時間とは何かを語っている。九鬼によれば、東洋的時間の特徴は「回帰的時間」にあるという。その典型が「輪廻」である。さらに九鬼は、古代インドに生れギリシアに流れていった「大宇宙年」という時間論をもちだしてくる。それは、「輪廻」のように個人だけでなく宇宙全体が周期的に再生するというものである。それは絶対的に同一の「大宇宙年」というものが無限に繰り返されるという考え方である。つまりソクラテスは再びアテネに生れ、再びクサンティペと結婚し、再び毒を仰いで死ぬ。しかもそれが無限に繰り返されるのである。各「大宇宙年」は直線的な時間の上に並列してあるのではなく、無限に「回転する輪」としての時間のなかにある。

各「大宇宙年」は全く同一なのであるから、一つの「大宇宙年」のなかのある瞬間と全く同一の瞬間が、どの「大宇宙年」の中にも存在することになる。それゆえに、各瞬間は「無限に深い厚さをもった瞬間」としての「永遠の現在」といえる。このように未来の「大宇宙年」における今、現在の「大宇宙年」における今、過去の「大宇宙年」における今というものの統一を九鬼は「垂直的脱我」とよぶ。

ハイデッガーによれば、未来・現在・過去はそれぞれ「〜へ将来する」・「〜の傍らにある」・「〜の上に帰来する」という性格をもっており、「〜へ」zu・「〜の傍ら」bei・「〜の上へ」aufというように自己より脱して他へ行くという「脱我」Exstaseの構造をなしている。時間とは、こうした三つの「脱我」の総括的統一即ち「脱我的統一」であるというのである。九鬼は、ハイデッガーの説くこうした「脱我」を「水平的」な時間における「水平的脱我」とよぶ。

九鬼によれば、「水平的脱我」と「垂直的脱我」との主な相違は二点ある。まず、「水平的脱我」にあっては未来・現在・過去という構成要素が「連続性」の下にあって、ひと続きに流れていくのに対して、「垂直的脱我」では未来の「大宇宙年」における今、現在の

「大宇宙年」における今、過去の「大宇宙年」における今という各要素は「非連続性」の下にある。つまり、「垂直的脱我」では各「大宇宙年」における同一の瞬間はそれぞれ一「大宇宙年」ごとの隔たりがあるのである。次に、「水平的脱我」では未来・現在・過去の各要素は「純粋異質性」を表わしており、したがって時間は「不可逆的」であるが、それに対して「垂直的脱我」では時間の各要素、即ち各「大宇宙年」における同一の瞬間は「絶対的同質性」においてあり、したがって時間は「可逆的」である。

ハイデッガーの説く「水平的脱我」とは、我々が日常体験している時間を分析したものであるが、「垂直的脱我」とは、一種の「形而上学的＝神秘的」な時間である。そこでは、我々は通常の時間を乗り越え、文字通りのエクスタシス＝エクスタシーを体験する。その意味で「脱我なる語は此処ではそれの古い意義を幾分かとり戻している」のである。

九鬼は時間を生み出すものは人間の「意志」であるとした。「輪廻」も人間の「意志」が作った「カルマ（業）」によって生まれるものとされている。「大宇宙年」に関しても、一つの「大宇宙年」が終わったとき、次の「大宇宙年」を生み出す者として、「みずから時間を新たに創造する巧みな魔術師」という奇妙なものを九鬼は想定する。それは人間の「意志」を宇宙論的な規模に拡大したものなのであろう。

こうした考え方には、ニーチェの思想の影響があると思われる。そもそも、時間を生み出すものが人間の「意志」であるという考え方は、世界の本質は「力への意志」であるとするニーチェの思想から影響を受けたものであろうし、無限に繰り返す「大宇宙年」という思想に注目したのも、ニーチェの「永劫回帰」の思想の影響があったからであろう。そのように考えると、「魔術師」という奇妙な存在も、その背景にはニーチェの「超人」思想があるのではなかろうか。

さて、九鬼は最後に、こうした「大宇宙年」からの「解脱」ということを問題にする。東洋では「輪廻」のような時間は最終的には「解脱」すべきものと考えられているのと同様に、「大宇宙年」もまた「解脱」すべきものとされている。

九鬼によれば、この「解脱」には二つの方法がある。一つは仏教的な方法である。時間を生み出す「意志」を知恵によって否定し、「涅槃」を実現することによって、時間を「解脱」しようとするものである。九鬼はこれを「主知主義的超越的解脱」とよぶ。もう一つは武士道的な方法である。それは仏教の場合とはまったく逆に、「意志」を否定せずに無限に繰り返す時間を引き受けようとするものである。それは時間の中に自ら進んで身を投じ、いかなる挫折や幻滅にもめげず、自己自身の完成を無限に追い求めていくというものである。九鬼はこれを「主意主義的内在的解脱」とよぶ。前者は「非時間的な「解放」」、「永遠の休息」をめざすものであり、後者は「真・善・美の苦しい探究の無際限の繰り返しの中で真に生きるために、時間を気にしない」態度をめざすものである。前者は「不幸を避けようとする快楽主義」であり、後者は「絶えず闘い、不幸を幸福に変え、永遠に我々の内なる神に仕えるべく雄々しく決意した道徳的理想主義」である。

九鬼はこの二つの「解脱」を並置しているだけで、両者の関係については何ら触れていないが、おそらく二つの「解脱」は本質的には一つのものとして考えられているのではなかろうか。無限に回帰する時間を積極的に引き受けようとする「主意主義的内在的解脱」というものは、ただ時間の中に埋没していただけでは決して生まれないものであるはずであり、そこには時間から抜け出てそれを相対視し宇宙的な広がりの中で自己を捉えようとする「主知主義的超越的解脱」の契機が必要なはずである。そしてこの二つの「解脱」は一体となって「運命愛」といったものを構成しているのではなかろうか。

この講演で、九鬼はシシュフォスの神話を取り上げている。シシュフォスが自らの生を徒労と考えるか否かは彼が自らの生をどこまで深く愛せるかにかかっているという。九鬼の説く「回帰的時間」とは自己の生をまったく同一のままに無限回繰り返し生きてもよいと思うほど、それほど深く自己の生を愛することを迫るものなのである。「シシュフォスは幸福なのだと想わねばならぬ」と説く、カミュの作品『シシュフォスの神話』を想起する読者も多いかもしれない。

興味深いことに九鬼は「大宇宙年」の思想というものは、死後の生を信じるということを前提にしたものではないという。そもそも彼自身、霊魂不滅や死後の生を信じていない。「大宇宙年」の無限の回帰という考え方においては、人間の生は確かに無限に繰り返されはするのであるが、しかし全く同一の生が繰り返されるだけである。つまりそこでは現世の一度だけの生以外のあり方は存在しないのである。九鬼によれば、「大宇宙年」の思想は、人生を一度切りとする考え方を一層充実させ、一度の人生の瞬間瞬間をかけがえのないものとして送らせるための思想だというのである。

〈日本芸術における「無限」の表現〉

ポンティニーにおける二つの講演の内のもう一つが「日本芸術における「無限」の表現」L'Expression de l'infini dans l'art japonais と題する芸術論である。

この講演は日本の芸術の特徴を広く論じたものである。

九鬼はこの講演を岡倉天心の『東洋の理想』にある「日本芸術の歴史はアジアの理想の歴史となっている」という言葉から始めている。つまり、日本の芸術は東洋の思想を凝縮したものであるというのである。

その場合、東洋の思想とはインドの仏教と中国の老荘思想を指している。九鬼によれば、仏教とは世界が「絶対空」に帰することを体得する「涅槃」というものを理想とする「神秘主義」であるという。一方、老荘思想は、万物の内に浸透している「道」というものに従って生きることを説く「汎神論」であるという。そして両者に共通するのは、「時間と空間からの解脱」であるとする。

九鬼は日本の芸術は、これら両者に日本固有の武士道が加わって成立しているものだとする。その場合、武士道とは「絶対精神の信仰」のことであり、「物質的なるものの軽視」を教えるものとされている。したがって、仏教と老荘思想と武士道の三者が総合されて成立している日本の芸術の特色を一言でいえば、「有限における無限の理想主義的表現」ということになる。

このことを九鬼は、日本の絵画、詩歌、音楽において実証しようとする。九鬼によれば日本の絵画は「空間からの解脱」を、日本の詩歌、音楽は「時間からの解脱」を表現するものだという。

特に九鬼は、日本の詩歌の特色の一つとして、「循環する時間」というものをあげている。九鬼によれば、日本の詩歌では「循環する時間」というものが、しばしば歌われるという。たとえば、「橘やいつの野中のほととぎす」という芭蕉の句では、橘の花の香を嗅いでいる現在の瞬間の内に、かつて野原でほととぎすが鳴くのを聞きながら同じ花の香を嗅いだ瞬間が蘇ってきたことを詠んでいる。このように繰り返し訪れる同じ瞬間のことを、九鬼は「循環する時間」とよんでいる。過去の瞬間が再び甦り、現在と過去とが出会うとき、人間は通常の時間の秩序から解放されるという。明らかにここには、もう一つのポンティニー講演で語られていた「回帰的時間」における「垂直的脱我」と同じ時間観が語られている。

以上のような芸術論において、一貫して時間というものに深い関心を示し続けてきた九鬼が特に強い興味を示したのは、「時間からの解脱」をめざす詩歌・音楽であったと思われる。この後の九鬼の芸術論の中心をなすのは押韻論であるが、彼によれば押韻とは、「音」としての言葉に注目するものであり、まさに詩歌と音楽とが一体になって現実を超越するものなのである。

これまでみてきた日本の芸術の特徴は、客観的な観点からのものであるが、九鬼は最後に、日本の芸術の主観的な観点からみた機能を問題にする。九鬼によれば、主観的機能の側面からみても、日本の芸術の特色は「時間からの解脱」にあるという。

芸術家は時間の内に閉じ込められることを拒否し、時間から解脱することを切望して、永遠の美を創造する。しかもそうした芸術家の作品は、鑑賞者の側の自発性をも喚起する。作品に触発されて鑑賞者も「一大飛躍を行ない、無底の形而上学的深淵に身を投じ」るのである。つまり芸術による「時間からの解脱」は二度現れる。一度目は無限を創造する芸術家において、二度目は芸術作品を通して創造に参加する鑑賞者においてである。

こうした主観的観点からみた芸術の機能は、何も日本の芸術に限ってのことではないと思われるが、「時間からの解脱」を特徴とする日本の芸術において最もよく発揮されるということであろう。

以上のように、芸術に関するこの講演においては、現実の世界にあっては、実現困難ともいえるような「時間からの解脱」、時間論の講演の言葉を使えば「回帰的時間」における「垂直的脱我」というものを芸術の内に求めたといえよう。その意味でポンティニーにおける二つの講演は表裏一体をなすものであるといえよう。

Ⅲ 「いき」の哲学

〈「いき」の構造(抄)〉

九鬼は留学から帰国した翌年の一九三〇(昭和五)年十一月に岩波書店より『「いき」の構造』を刊行する。

すでに、九鬼はパリ滞在中の一九二六(大正十五・昭和元)年に、「「いき」の本質」という未発表の論文を書いており、その内容は基本的には『「いき」の構造』と同様であることをみると、「いき」に関する考え方の基本はすでに留学中に形成されていたといえる。安田武・多田道太郎(『「いき」の構造』を読む』朝日選書、一九七九年)は「いき」の哲学がパリで構想された点を重視し、そこには「どことなくヨーロッパ、とくにパリの文化、とりわけパリの女性の好みと対抗しようという気構え」がみられるとし、それがこの書の西洋と東洋、パリと江戸、男と女といった幾重もの二元的な緊張関係を生み出しているとしている。

「一　序説」では、「いき」という言葉が「民族」との関係において問題にされている。「民族の存在様態は、その民族にとって核心的のものである場合に、一定の「意味」として現われて来る」という。そして「その一定の意味は「言語」によって通路を開く」とされている。「大和民族」の場合は、それが「いき」という言葉であるというのだ。

また、「いき」を解明する方法論に関しては、「いわゆる「イデアチオン」を行っても、それは単にその現象を包含する抽象的の類概念を得るに過ぎない」とあるが、これはフッサールの現象学の「本質直観」をさしており、それに対して「「いき」の理解は具体的な、事実的な、特殊な「存在会得」でなくてはならない」というのは、ハイデッガーの「解釈学」をさしている。これは、論文「「いき」の本質」の方法論がフッサールに拠っていたのと大きな違いである。それは、論文「「いき」の本質」を書いた翌年の一九二七（昭和二）年に、ハイデッガーとの出会いがあったからである。

「二「いき」の内包的構造」では、「いき」という美意識の本質が男女関係にあり、それは「媚態」と「意気地」と「諦め」という三つの契機から成り立っているということが説かれている。

「いき」の精神の基本を形作るものが「媚態」である。「媚態」とは異性の征服をめざして接近しながらも、精神的合一をあえて拒否し、異性との緊張感を持続させることによって生まれる「色っぽさ」のことである。

孤独な「一元的の自己」は、それだけでは決して完結せず、必然的に「自己に対して異性を措定」し、異性との「二元的」関係のなかに入っていく。ただしその際、異性との「二元的」関係はあくまでも「可能的関係」であるという。「可能的関係」とは、「二元的関係を持続せしむること」である。つまり、異性に近づきながらも合一して「一元」化することなく、あくまでも一定の距離を置いて緊張関係を持続させることである。

こうした「媚態」の緊張関係を持続させ、それに一層の磨きをかけるのに必要なものが「意気地」と「諦め」である。そのうち「意気地」とは、異性にもたれかからない「心の強味」、反抗心としての「張り」のことである。「いき」な芸者には、こうした強い「意気地」があったという。そしてそれは、「いなせ」「いさみ」「伝法」といった江戸っ子の心意気から生まれたものであるとする。九鬼によれば、「意気地」の起源は武士道の「道徳的理想主義」にあるという。

最後に「諦め」とは、異性との離別を運命としていつでも甘受しうる、執着を離脱した「あっさり、すっきり、瀟洒たる心持」のことである。九鬼によれば、この「諦め」とは、仏教の「非現実性」に由来するものだという。仏教において「諦め」という言葉は、断念するという意味と同時に、真理を明らかにするという意味を本来もっている。九鬼は、「諦め」とは「流転、無常を差別相の形式と見、空無、涅槃を平等相の原理とする仏教の世界観」に基づくものとしている。多くの出会いと別れによって、人間関係の「流転、無常」を絶えず認識していくうちに、人はすべての人間関係の底に「空無」を見るようになるという。ここでいう「空無」とは、単なる「虚無」ではなく、仏教的な「無」に通じるものであろう。九鬼が求めたのは、「無」というものを積極的なものとして捉えることによって、変節を前提にした男女関係を「婀娜っぽい、かろらかな微笑」によって肯定しようとする姿勢である。

また九鬼は、そうした「無」という形而上的地平を、「運命」という言葉によっても表現している。そもそも「諦め」とは「運命に対する知見に基づいて執着を離脱した無関心」であるという。こうした「運命」を「諦め」たとき、我々は男女関係を「かろらか」に生きていくことができるというのである。

一言でいえば、「いき」とは「垢抜して（諦）、張のある（意気地）、色っぽさ（媚態）」であるという。

こうした「いき」な男女関係とは、「恋」とも異なるものだという。「恋の現実的必然性」は、暗い情熱によって人を縛りつけていく。それに対して「いき」は自他を縛るしめった情愛を切り捨てた「自由なる浮気心」である。

したがって、また「いき」の精神は結婚といった固定した制度とも相容れないものである。九鬼は留学中に西洋近代の恋愛観、結婚観の偽善に深く気づいたという。彼の「いき」の議論の背景には、そうしたものへの批判があるといえよう。

なお、省略した「三 「いき」の外延的構造」では、「いき」に隣接する美意識、すなわち「上品」「下品」「野暮」「派手」「地味」等との共通性と差異性が明らかにされている。また、「四 「いき」の自然表現」では、「いき」の身体的表現について、「五 「いき」の芸術的表現」では、模様、建築、音楽などによる「いき」の芸術的表現について論じられている。

最後の「六 結論」では、再び方法論的考察がなされる。そこでは、「「いき」の研究は民族的存在の解釈学としてのみ成立し得る」ことが強調される。そして、その研究は「概念的分析」へと齎されなければならないが、その根底には「意味体験」という具体的把握がなければならないとする。だからこそ、「我々の精神的文化を忘却のうちに葬り去らないこと」が強調され、それに対する「熱烈なるエロスをもち続ける」ことが説かれているのである。

しかし、民族に固有な文化としての「いき」というものは「意味体験」によってしか会得できないものとするならば、こうした考え方は、一歩間違えれば偏狭なナショナリズムに陥ってしまう危険性をはらんでいる。事実、論文「「いき」の本質」では、「但し「いき」が我邦の民族的色彩を帯びたまま、西洋の文化に輸入される事が可能であるのは言を俟たない」といった但し書きがあったが、『「いき」の構造』ではその部分は消えている。

しかし、一方で九鬼は「意味体験」と「概念的分析」との間には「越えることの出来ない間隙」が存在しながらも、「意味体験」の「論理的言表の現勢化を「課題」として「無窮」に追跡するところに、まさに学の意義は存する」としている。九鬼は「いき」の内容をできる限り論理化し、それを普遍的な光のもとに照らし出そうともしているのである。

Ⅳ　実存哲学の受容

〈実存哲学（抄）〉

この論文は、次に掲げた論文「ハイデッガーの哲学」と元来一つの論文をなしていたものであり、一九三三（昭和八）年三月に岩波講座『哲学』に「実存の哲学」として発表されたものである。この論文「実在哲学」が「実存の哲学」と題して前編をなし、論文「ハイデッガーの哲学」は「実存の哲学の一例、ハイデッガーの哲学」と題されて後編をなしていた。両論文とも一九三九（昭和十四）年に単行本『人間と実存』に収められるときに多少の修補が加えられている。

まずは、論文「実存哲学」の省略した「一」「二」の概要を述べておこう。

九鬼はまず、「存在」とは何かを問う。「存在とは何々である」と定義するとき、「何々」

ということがすでに定義されるべき存在を仮定している点や、定義のために使う繋辞「である」がすでに存在の意味を含んでいる点などから、「存在」の定義は不可能だとする。かといって、逆に「無」の定義も不可能である。なぜならば、「否定判断」とは、あるものの「無」を主張するものであるが、それは他のものの「有」を主張することになってしまうからである。「この花は赤くない」という「否定判断」は、「この花は黄色い」といった「肯定判断」に落ち着くことになる。

そのことは、一切の「存在」を否定した「非存在」というものを考えてみても同様で、「絶対無」はその実「絶対有」となってしまうという。九鬼はそれを、「二つ巴」の紋所で説明している。甲の巴が頭から尾へと次第に先細っていくところに注目すれば、「存在」から「非存在」へと次第に移行しているようにもみえる。しかしそのとき、もう一方の乙の巴は次第に太っていっている。そして甲の巴が完全に消えたところでは、乙の巴が完全な形でそれに代わっている。このように「有はつねに無を追っ駆けている」のである。あるいは同じことを、一定の湯が上から外へ流れ出る毎に同量の湯が下から湧いて来る温泉の湯槽にも譬えている。湯が流れ出るという側面のみに注目すれば、そこに「無」が考えられるのであるが、しかし一定量の湯が流れ出たときには常に同量の湯が流れ込んでおり、湯槽が全く空になることは決してない。したがって、「いわゆる空無や涅槃もそれが空無であり涅槃であると同時に積極的な光によって一ぱいに充たされていなければならぬ」という。ここには、西田幾多郎の「絶対無」の哲学に対する、九鬼なりの解釈も込められているともいえよう。

次に九鬼は、「存在」というものは「可能的存在」と「現実的存在」とに分けることができるという。「三角形とは三つの線で囲まれた面の一部である」といった場合は前者を意味し、「鉛筆で描いた三角形がある」といった場合は後者を意味している。前者が「本質」essentia であり、後者が狭義の「存在」existentia である。また両者は、それぞれ「普遍者」と「個体」とに対応している。そして九鬼は、現実に存在するものは「個体」の方であると考える。「個体」としての「現実的存在」こそが「実存」であり、「実存」の意味が最も顕著なのが人間存在であるとして、収録した「三　実存」が始まる。

人間の普遍的な「本質」が人間の「存在」を規定すると考えると、「個体」としての人間の真の意味は出てこない。「個体」の「本質」は、「個体」の「現実存在」によって瞬間毎に規定され形成されていくのである。したがって、それは「瞬間に死し瞬間に生れる」という意味で「非連続の連続」である。「実存とは選択と決定のために自覚の奥底にみずから悩むこと」であり、「各瞬間毎に如何に死ぬか如何に生きるかに徹底的に迷いぬくこと」であるという。ここで使われている「非連続の連続」という言葉も西田哲学のものである。したがって、ここで九鬼の考えている「実存」概念は、西田哲学の影響などを受けた彼独自のものであると思われる。

以上のような「実存」概念に関する説明の後で、キルケゴールとヤスパースの「実存」に対する考え方が対比されている。前者は「実存」を「普遍的抽象」に対立させ、後者は「実存」を単なる生命としての「現存在」dasein に対立させている。前者は「実存」の「現実性」に対して「普遍的抽象」の「可能性」を斥け、後者は「現存在」の「必然性」に対して「実存」の「可能性」を擁護している。ここで「実存」は「現実性」でもあり、「可能性」でもあるとされている。また「可能性」という概念は「普遍的抽象」にも「実存」にも使われている。

では、「実存のこの現実性と実存のこの可能性とは如何なる関係に立つか、また実存の可能性と抽象の可能性とは如何なる関係に立つか」ということは「実存に関する最も根本的な最も玄遠な問題」であるとしている。

「四　実存哲学」では、哲学的諸問題への通路が「実存」にあるとするのが「実存哲学」であると定義されている。しかし、一方で哲学とは普遍妥当性を要求するものであり、その意味で哲学は「本質」学である。したがって、「実存哲学」は「存在的地平と本質的地平との交叉点」に成立するというアポリアを抱えている。「哲学とは実存の地平に開示される事態について真の意味で原理的な思索をすること」であるという。その意味で「哲学は裸一貫の哲学でなければならぬ」としている。

〈ハイデッガーの哲学（抄）〉

この論文は、先に触れたように、前に掲げた論文「実存の哲学」と一つの論文をなしていたものである。

省略した「一」から「四」までは、主に『存在と時間』の内容を他のハイデッガーの著作も参照しながら要約したものである。

それを受けて、収録した「五」では、九鬼自身のハイデッガー評価が述べられている。九鬼は以下の三点においてハイデッガーを肯定的に評価している。

第一に、九鬼はハイデッガーが哲学を「現象学的存在学」と定義したことを評価する。すなわち、哲学とは対象上は「存在学」であり、方法上は「現象学」でなければならないとする。フッサールの場合は、「存在学」の方が「現象学」にとっての単なる方法としての意味しかもっていなかったのに対して、ハイデッガーの場合は、それが逆転し「現象学」の方が「存在学」にとっての方法になってきたという。そこにはスコラ哲学とアリストテレスの影響があるとしている。

したがって、ハイデッガーの用語を翻訳する場合は、あくまでも「存在学」という点を意識したものでなければならないとする。そうした観点から九鬼は Entwurf を「投企」、Geworfenheit を「被投性」、Dasein を「現存在」、Existenz を「実存」と訳したが、これらの訳語は現在でも広く用いられているものである。

第二に、九鬼はハイデッガーの「現象学的存在学」が「実存の分析論」から出発していることも評価する。それは「存在学」の基礎が、人間的生、人間的実存にあることを意味しているという。その点、ハイデッガーの「存在学」は広義の「人間学」といえる。それは直接的にはシェリング、キルケゴール、ディルタイ、シェーラー等の影響であるが、遡ればプラトン主義とプロタゴラス主義との綜合であるという。

第三に、九鬼は「実存」の現象を、主観と客観とに分離されない統一的現象として「世界内存在」と規定したことも評価する。この主張はフッサールの「志向性」の考え方、すなわち意識とは「或ものの意識」であるという考え方を発展させたものであるとする。また相関論、純粋経験論、感覚一元論等とよばれるドイツの新実証主義や英米の新実在論とも共通しているとする。

以上のように、九鬼はハイデッガーの哲学を肯定的に評価した上で、最後にハイデッガーの哲学の特色として時間論の重要性をあげるが、この点に関しては批判的である。

ハイデッガーにおいて、「世界内存在」は「共同的世界内存在」である。「現存在」は出会うべき他者としての「共同現存在」を予想しており、そこから空間性が生まれるとしている。その点は評価できるが、しかし、ハイデッガーは他者と共にある「配慮的時間」というものを、「非原本的（非本来的）」なものとしてしまったために、「現存在」の存在学的意味が時間性を中心とするものとなってしまい、「空間の実存論的展望を封鎖」してしまったとする。つまり、ハイデッガーにおいては、他者との出会いを可能にする空間性というものが充分に位置づいていないというのである。

そのことは、ハイデッガーの説く時間性が「将来」の優位とされていることに現れているという。実存の核心を「先駆的決意性」におく「可能性」の哲学が「将来」中心になるのはやむをえないにしても、時間性と同時に空間性の重要性を認めるならば、「可能性」に対して「偶然性」が、「将来」に対して「現在」が重みを増さなければならないとする。偶然の「偶」は、他の現存在に出会う「遇」である。「傍に在る今、出会う今が「永遠の今」として摑まれる時に処に、被投性は投企へ勇躍し、運命の無力は超力へ奔騰するのである」という。ハイデッガーは実存の根本的気分を「不安」Sorgeとしたが、「投企への勇躍は喜びであり、超力への奔騰は笑い」であるとしている。そして「ニイチェの明朗に帰れ、否、エピクロスの快活に帰れ」と結んでいる。

この論文では、九鬼がハイデッガーから大きな影響を受けながらも、それを自己の哲学体系の視点から客観的にとらえ直そうとする姿勢がよく理解できる。

V 「偶然性」の哲学

〈偶然の諸相〉

この論文は一九三六（昭和十一）年二月に雑誌『改造』に発表されたものである。九鬼の偶然性の哲学の完成されたものの要約として最も適当なものである。読者は『偶然性の問題』を読む前に、この論文でその概略をつかむのがよいであろう。

偶然性の哲学の内容に関する説明は、次の『偶然性の問題』の解題に譲り、ここでは、偶然性の哲学が九鬼のなかでどのような形で成立していったのか、その過程を追っておきたい。

九鬼が偶然性について触れた最も早い資料は、現在分かる範囲では在欧中に発表された詩である。一九二六（大正十五・昭和元）年の詩集『巴里の寝言』の「自問」という詩では、「一たいお前の正体は　何が何だか解らない」という実存的ともいえる問いや、「黄色い顔」という詩では、黄色人種への差別が諧謔的に歌われている。これらは、人間という一般概念に対する例外、個体、個物という「定言的偶然」を歌ったものと考えることができる。

翌一九二七（昭和二）年の詩集『破片』の「偶然性」という詩では、「不思議ぢやないか平行線の交り、これが偶然性」と歌われている。これは二つの独立した因果系列の遭遇・邂逅という「仮説的偶然」に当たる。この詩を読むと、偶然性の哲学を着想した契機の一つに、人と人との「めぐり逢ひの秘密」を解きたいという思いがあったことがわかる。

また、同じ詩集にある「人生の踊り」という詩では、「運命よ　私はお前と踊るのだ」というように、「運命」というものが問題にされている。そして、「おお、美しい音楽。星の夜空の　空の遠ちから響いて来る　天球の旋律だ」とあるように、「運命」というものが、ある種の形而上的世界に由来するものと考えられている。こうした「運命」は、後に「離接的偶然」として問題にされるものである。

そして九鬼は、こうした偶然性の意味を説明してくれる「形而上学」を求めてもいる。一九二六年の詩集『巴里心景』の詩「秋の一日」には、「形而上学のない哲学は寂しい、人間の存在や死を問題にする形而上学が欲しい」とある。

ただし、ここで注意しておくべきなのは、滞欧中の詩では、形而上的世界に関しては、「混沌」としか歌われていないという点である。先に紹介した「偶然性」という詩には、「不思議ぢやないか平行線の交り、これが偶然性、混沌が孕んだ金星」とある。また先の「秋の一日」には、「混沌より出でて混沌に入るいのち」とか、「星を生む混沌は幸なるかな」とある。この時点での九鬼は、偶然性の根源にあるものは論理的には明確にできないという思いがあったのではなかろうか。

こうした偶然性に関する着想を踏まえて、それを哲学的に体系化した最初のものは現在分かる範囲内では、帰国した年の一九二九（昭和四）年十月に大谷大学で行われた講演

「偶然性」（以下、講演「偶然性」とよぶ）である。そこでは、偶然性の意味が「論理的」「形而上的」「心理的」の三つに分けて論じられているが、ここでいう「論理的偶然」は、後の「定言的偶然」「仮説的偶然」に当たり、「形而上的偶然」は後の「離接的偶然」に当たる。

ただし、ここでの「形而上的偶然」と後の「離接的偶然」とでは重要な違いがみられる。『偶然性の問題』の「離接的偶然」を扱った個所では、「離接肢は離接的諸可能性の全体を予想している」として、一気に「諸可能性の全体」としての「形而上的絶対者」の議論を展開させていく。それに対して、講演「偶然性」では、その点が禁欲的である。科学は、偶然的と思われる事象を因果的に説明しようとしたり、確率論で説明しようとしたりするが、それは偶然性を真に説明したことにはならないとし、「偶然性に関する学的認識の限界」を強調する。それは哲学の立場においても同様で、「哲学は単に合理的認識に立脚して認識の限界を限界として示せばよい」としている。そもそも、サイコロ、競馬、ジャンケンといった遊戯のように、「諸可能性の全体」がすぐに把握できる場合と異なり、無限の可能性を想定しうる一般の現実においては、それを人間は悉く知ることはできない。九鬼は、こうした偶然性に対する学的認識の限界は、「やがて宗教の起始」になるとしている。「宗教の本質は不可知に対する帰依」であり、「偶然に対する驚異はやがて不可知に対する絶対的帰依の形を取る」としている。

以上のように、講演「偶然性」では、『偶然性の問題』のような形而上学を展開する姿勢はみられず、むしろそれに対する不可知的態度が強調されている。それが変わったのはいつからであろうか。

その端緒は、翌一九三〇（昭和五）年の京都大学での講義「偶然性」（以下、講義「偶然性」とよぶ）にみられる。そこでは、偶然性が「論理的」「経験的」「形而上的」の三つに分類されているが、これは後の「定言的」「仮説的」「離接的」に対応している。したがって、この時点で偶然性の哲学の体系がほぼ完成したとみてよい。そして、「形而上的絶対者」についての議論もここで初めて展開されることになる。では、どのような経緯でそうした議論が始まったのであろうか。

講義「偶然性」は、「第Ⅰ部　歴史的考察」と「第Ⅱ部　体系的考察」とに分かれているが、その第Ⅰ部の最後で、偶然に対して必然というものを考えようとして、「絶対者」というものを問題にしている。「絶対者は絶対者であるから絶対的に一と考えられる」が、「絶対的に一なるが故に絶対的に必然と考えられる」とし、その例としてアリストテレスの説く「不動で動かす者」をあげている。そして、偶然に関しては、「Aristoteles はそれを偶然という語では呼ばなかったが、概念としては偶然の概念を絶対者の絶対的必然性に対して立てた」とする。

九鬼によれば、「この必然と偶然との対立は中世紀に至って神の存在の証明として生かされ」、特にトマス・アクィナスがそれを神の「宇宙論的証明」に用いた。そして、それはさらに近代に入ってからもスピノザやライプニッツに受け継がれていったという。要するに、「絶対者の必然性とそれに対する偶然の意味はかように中世紀に盛んになり（尤もAristoteles に源を発しているが）、それより近世になってもKant 以前の哲学思索を支配している」というのである。

そして九鬼は、第Ⅱ部の「体系的考察」において、こうしたアリストテレス、トマスに始まる西洋の形而上学を、「形而上的偶然」の根底にある「形而上的必然」の説明として活用することとなる。

そのため、九鬼は『偶然性の問題』において、絶対者は必然と偶然という矛盾した性質を兼ね備えた「必然―偶然者」であると確かに語ってはいるが、最終的には必然性優位という印象をぬぐえない。事実、一九三二（昭和七）年の博士論文「偶然性」では、「絶対的必然は一切の偶然が亡びんがために墜落する「まことの深淵」（『純粋理性批判』B. 641）にほかならない」（2. 314）とまで述べられている。

ちなみに、この博士論文を審査した田辺元は、「形而上学の積極的見地十分明瞭ならず」と注文を加えている。すなわち「絶対者に於ける矛盾的意味」が明らかになっていないというのである。その点でいうならば、「偶然性」の哲学は、その完成を私たちに委ねられているといえるのかもしれない。

〈偶然性の問題（抄）〉

九鬼は一九三五（昭和十）年十二月に岩波書店より『偶然性の問題』を刊行する。この書を書き終えた時に次のような歌を詠んでいる。

偶然論ものしをはりて妻にいふいのち死ぬとも悔い心なし

『偶然性の問題』は質、量ともに九鬼の主著として恥じないものである。

九鬼によれば、プラトンのイデアやキリスト教の神などといった絶対不変の存在を想定する立場の影響下に展開してきた西洋の形而上学は、「必然性」の圧倒的な優位のもとにある。しかし、人生は「偶然性」に貫かれているともいえる。九鬼はそうした「偶然性」を徹底的にみすえた哲学を考えようとする。

この書で、九鬼は「偶然性」というものを「定言的」、「仮説的」、「離接的」という三つの視点から問題にしている。九鬼によれば、「必然性」に共通する性格は「同一性」ということである。そうした「同一性」が崩れ、一者としての必然に対して、他者が措定されることによって成立する「二元性」が「偶然性」の本質であるとされる。

「定言的偶然」とは「体系」に対する「孤立的事実」、あるいは「法則」に対する「例外」を意味する。たとえば、四葉のクローバーは「例外」であるがゆえに偶然的存在といえる。しかし考えてみれば、すべての「個物」は何らかの意味で孤立性や例外性をもっている。

したがって「定言的偶然」というものは、最終的には「一般概念」の必然的な「同一性」を破る「個物および個々の事象」を意味することになる。そして、「個物」のもつ孤立性や例外性を最も切実に自覚するのは、ほかならぬ人間であるという。

人間に関する真の「一般概念」とは、「固定的静的」なものであってはならず、例外的「個物」としての人間の偶然性に常に目を配り、それらを包み込もうとして絶えず変化する「生成的動的」なものでなければならない。人間は常に既成の「一般概念」を相対化し、それに懐疑の目を向け、より説得的な「一般概念」を絶えず生成していかなければならないのである。

こうした「定言的偶然」も、しかし因果という見地を導入すると偶然とはいえなくなる。たとえば、クローバーが四葉となったのは、栄養が多すぎたためとか、気候の不順のためとか、若葉のときに傷を受けたとかといった原因を考えることができる。九鬼は、こうした因果によって説明できるものは、必然的であるとする。

しかし、クローバーが若葉のときに、大風がたまたま吹いたために小石が飛んできて葉に傷を与えて四葉になったとする。だとすれば、大風が吹いたのも、小石が当たったのも偶然であり、四葉のクローバーは再び偶然的存在となる。九鬼は、このような偶然性を「仮説的偶然」とよぶ。

この「仮説的偶然」の本質は、それぞれの因果関係がもつ必然的な「同一性」が破られ、独立した二つの因果系列が「遭遇」「邂逅」するということにあると九鬼は考える。九鬼は目的手段関係というものも、因果的関係を逆にしただけで、両者は本質的に同じものだとする。旅先でたまたま知合いに出会ったとか、屋上から捨てたごみがたまたま路上を歩いていた人に当たったとかいった事態、すなわち本来めざした目的とは異なった、意図せざる目的が実現するということも「仮説的偶然」だという。

ところが、「遭遇」「邂逅」した二つの因果系列をさらに遡っていったとき、両者に共通した原因に行き当たることも考えられる。たとえば、男女の偶然的出会いも、もともと同級生であったとか、遠縁にあたっていたとかとなると必ずしもまったくの偶然とはいえなくなってくる。

しかしその場合でも、では二人がなぜ同級生になったのか、なぜ縁者として生れたのか、と考えてみると、再び偶然としかいえなくなってくる。それでも、さらに遡って考えてみれば、二人が同級生になった何らかの必然的な原因を考えることができるかもしれない。

そして九鬼は、全面的な必然性の支配を仮定して、因果の系列を無限に遡っていったとき、もうこれ以上遡ることのできない究極の原因xを想定する。xは究極の原因であるがゆえに、なぜxが生じたのかはもはや問えない。この場合、xでもyでもzでもよかったのにxが生じたのである。その際、xやyやzといった、ありえたであろう諸可能性の全体といったものは、全体という性格そのものによって、常に「同一性」を保っている。それゆえに、この全体は必然的なものである。それに対して、xそのものに注目した場合、xではなくyやzが生じてもよかったはずなのにxが生じたのであるから、それは偶然である。それを九鬼は「離説的偶然」とよぶ。こうした偶然は、今まで述べてきたすべての偶然の根源にある偶然であるから、「原始偶然」ともよばれる。

ありえたであろう諸可能性の総体としての「同一性」は、静止的な状態を保ち続けることなく、絶えず相対的な有限者へ、偶然的部分へ、つまり「離説的偶然」へと生成することによって、その具体的意味を獲得する。したがって九鬼によれば、世界の究極の根拠は、必然と偶然という矛盾した性質を兼ね備えた「必然―偶然者」なのである。

こうした「必然―偶然者」というものを、人間が最も切実な問題として受け止めるのは、「運命」というものに直面したときである。偶然としか思えないもののなかに、単なる偶然を超えた何らかの必然的なものを感じとったとき、人は「運命」というものを考えるのである。その意味で「運命」とは「必然―偶然者」なのである。

ただし、九鬼は「運命」には二種類あると説く。一つは、「目的的必然が目的的偶然を制約する」と考える「運命」概念である。それは「運命」を予め定められた必然的なものとして、ただ受動的にのみ受け止めるものである。しかし真の運命概念とは、「目的的偶然が目的的必然を制約する」ものでなければならないという。すなわち、あくまでも「目的的偶然」に対して開かれた生き方をしながら、そのなかに「目的的必然」を探り出し、発見していこうとするあり方である。それによって、われわれは潑剌たる「運命」を新たに作り出していくことが可能となるという。

本書では取りあげていないが、論文「偶然化の論理」では、この「運命」の問題がさらに展開されている。

x・y・zといった諸可能性のなかからxが実現したのだと考えることは、yでもzでもあり得たのに、外ならぬxが出たという見方によって、xという現実を一層大切にいとおしむ気持をもたらすはずである。「無限の可能を背景とする現実に、それが他の可能と絶縁して与えられたものなるが故に、他の可能よりも一層多くの愛を集中させ得る」のである。すなわち、xという現実そのものに新鮮な感動をおぼえ、それがどのような事態であろうとも、文字通り「有難い」事実として、甘受することができるというのである。

こうした考え方は、同時にさらに次のような発想も生むのではなかろうか。それは、自分には確かにxが出たが、しかしyやzが自分であった可能性も十分にあったのだという発想である。過酷な「運命」を受けた隣人がいたとき、「仮に彼と我との位置を取り代えても現実の世界の共可能性はそこなわれはしない」のである。そのときわれわれは、yやzを他人事ではなく我が事として痛切に受け止めるようになるはずである。そう考えたとき、われわれは他者の「運命」を尊重し、他者に対するいたわりを持つことができるようになるというのだ。

VI 九鬼哲学の全体像

〈人生観〉

この論文は、一九三四（昭和九）年十月に雑誌『理想』に「我が人生観」として発表されたものである。

九鬼はここで、人生観とは世界観と切り離せないものであるという立場に立って、古来形而上学の根本問題であった霊魂不滅、意志の自由、神の存在の三つについて論じている。したがって、人生観という表題にはなっているが、九鬼自身の世界観について率直に述べたものであるといえる。

まず霊魂不滅に関してであるが、九鬼はそれを明確に否定している。ポンティニー講演などで「回帰的時間」というものを説いているので、九鬼は来世の存在を前提に考えているかのような誤解を受けがちであるが、すでにポンティニー講演の注でも来世を信じていないことを明言している。まったく同じ人生が無限に繰り返されるということは、未来永劫この人生しかないということだというのである。つまり、「大宇宙年」の思想は、人生を一度切りとする考え方を一層充実させ、一度の人生の瞬間瞬間をかけがえのないものとして送らせるための思想だというのである。そして、人生は一回きりだという認識こそが「光沢と強味のある人生」を生むのだとしている。

次に、意志の自由の存在に関してであるが、九鬼はそれを全面的に肯定する。「実存」の解明を哲学の中心においた九鬼にとって、「自由を措いて実存ということは考えられない」からである。ただし問題は、「自由」の内実であろう。九鬼によれば、その場合の「自由」とは「選択の自由」のことであって、それは「性格の自由な発露」ということとは違うという。つまり、何らかの実体的な自己というものを想定して、その自在な働きを考えているのではないということである。そもそも論文「実存哲学」などでは、自己とは「瞬間に死し瞬間に生まれる」という意味で「非連続の連続」であるとしている。そうした自己とは、「瞬間瞬間に行為を無から創造するもの」であるという。すなわち、「自由」とは「無からの創造」を意味しているというのだ。つまり、「自由」の根源は、自己にあるのではなく、むしろ自己を超えた「無」にあるということになる。

たとえば、『偶然性の問題』では、「芸術的自由」に関して次のように述べている。

「芸術に於ける自由は、一切の必然性からの自由である。芸術にあっては絶対的自発性が突如として現じ、忽然として消えるところに謂わゆる霊感と冒険の偶然性があるのである。」

ただし、九鬼はこうした「自由」をまったく無方向のものとは考えていなかったようである。同じ『偶然性の問題』において、因果的にも目的的にも全く偶然のままに生きることが、より広い視点から見たときには、ある種の必然にかなったものになるという生き方を「自然」として捉え、次のように述べている。

「東洋の思想にあっては自由と自然とは乖離的対立をしないで融合相即して見られる傾向が著しい。「みずから」の有つ目的的必然性と「じねんに」の有つ因果的必然性とが「おのずから」なる自発性に止揚された段階と見ることが出来るかも知れぬ。」

つまり日本では西洋のように偶然的世界と必然的世界とが明確に区別されずに、両者が融合し、偶然にまかせて自在に生きることが、かえって大きな視野からみれば必然にかなった生き方になるという考え方があるというのである。

最後に九鬼は神について述べている。若き日にカトリックの洗礼を受けた九鬼が、その後棄教したのかどうかは不明である。その意味で、ここで九鬼が神についてどのように語っているのかは重要である。九鬼によれば、神とは自己一人を問題にする「独在論的立場」を超え、「他我の領域を開拓し」たときに現れてくるものであるという。したがって、神とは「人間全体と共に悲しみ人間全体と共に喜ぶ神」でなければならないとし、さらには「人間全体の中に住む神、人間即神」という表現も使っている。ここで九鬼が述べているものは、キリスト教的な神とはニュアンスが違うように思われる。「有よりも無を欲して自殺によって個体を終結する者があっても神は決して道学者のように批判はしないであろう」という言葉は興味深い。

〈哲学私見〉

論文「哲学私見」は、一九三六（昭和十一）年六月に雑誌『理想』の特集「我が哲学を語る」に寄稿されたものである。ここでは、九鬼が哲学というものを根本的にどのように捉えていたのかが述べられている。

九鬼によれば、「哲学とは存在一般の根源的会得」であるという。そして、「存在会得」の媒介者となるのは論理的判断であり、その意味で、哲学はその本質において何らかの意味で合理主義であるとする。したがって、より厳密にいえば、哲学は「存在一般に関する根源的合理的会得」であるということになる。

科学のめざすのも「存在会得」であるが、それは「特殊な存在領域に関する断片的仮定的会得」である。また科学が「事実学」であるのに対して、哲学は「解釈学」であり、「事実学を解釈学へ高めて行くところに会得の根源性が存している」という。

哲学による「存在一般の根源的会得」は、九鬼によれば「実存性」においてなされるしかない。それは「体験存在を有りの儘に把握し、それを論理的判断の形で言表する」ということを意味している。したがって、哲学の第一歩は「体験存在を有りの儘の姿で目撃することによつて、生を生《なま》のままで抱擁すること」にあり、その意味で「裸一貫の哲学であって初めて真に哲学の名に価する」という。この「裸一貫の哲学」という表現は、論文「実存哲学」でも使われていた。

以上のような哲学理解を、『「いき」の構造』で語られていた「いき」の分析のための方法論と比較してみると興味深い。

「「いき」を単に種概念として取扱って、それを包括する類概念の抽象的普遍を向観する「本質直観」を索めてはならない。意味体験としての「いき」の理解は具体的な、事実的な、特殊な「存在会得」でなくてはならない。我々は「いき」の essentia を問う前に、先ず「いき」の existentia を問うべきである。一言にして云えば「いき」の研究は「形相的」であってはならない。「解釈的」であるべき筈である。」

ここで語られている「存在会得」、「existentia」（実存）、「解釈的」といった概念は、論文「哲学私見」での哲学理解と共通している。ただし、「いき」の「存在会得」は「存在一般の会得」ではなく、「具体的な、事実的な、特殊な「存在会得」」であるとされている。では両者はどのように橋渡しされうるのか、興味深い問題である。

また、論文「哲学私見」で説かれている、「体験存在を有りの儘に把握し、それを論理的判断の形で言表するという方法」も『「いき」の構造』と共通しているが、『「いき」の構造』では両者の関係の「不尽性」が強調されている。

「意味体験を概念的自覚に導くところに知的存在者の全意義が懸っている。実際的価値の有無多少は何等の問題でもない。そうして、意味体験と概念的認識との間に不可通約的な不尽性の存することを明かに意識しつつ、しかもなお論理的言表の現勢化を「課題」として「無窮」に追跡するところに、まさに学の意義は存するのである。「いき」の構造の理解もこの意味において意義をもつことを信ずる。」

また、論文「哲学私見」では、「偶然性」の哲学との関連も説かれている。まず九鬼は、「存在」というものについて、「必然性」「可能性」「不可能性」「偶然性」「現実」「非現実」「実在」「虚無」という八つの存在相に分けて問題にする。「実在」が「現実」化している場合は「必然性」であり、「虚無」が「非現実」の領域にとどまっている場合は「不可能性」であるが、「非現実」でありながら「実在」性をもっている場合は「可能性」であり、「現実」でありながら「虚無」性を帯びている場合は「偶然性」であるという。

その上で、哲学とは、「偶然的存在にあって現実性の尖端を体験し、存在一般の体系に於て偶然的存在に位置を与えることによって存在一般の会得を投企する」ものであるとしている。つまり、「偶然的存在」をとらえることが、「存在一般の会得」の根本にあるというのである。このことは、九鬼が『偶然性の問題』で「偶然性」について探求したことの意義を考える上で重要であろう。

また「実存」者は時間性に纏われており、「時間的地平の開明」が「存在一般の実存的会得の深化」となるとしている。「必然性」は過去に、「可能性」は未来に、「偶然性」は現在に対応しているとされ、「偶然性」という観点から「存在一般」に迫ろうとする九鬼にとって、現在という時間が重要であったことが理解できる。

なお、「偶然性」は「現実」でありながら「虚無」性を帯びたものであるから、「偶然的存在」から「存在一般」に迫るためには、「有」と「無」の双方を問題としなければならないと九鬼はいう。九鬼によれば、「無」には「小乗的無」と「大乗的無」とがある。「小乗的無」とは「実体化された無」のことであり、それは結局「有化された無」のことである。それに対して、「有化されない無」が真の「無」であり、それは「否定に即した無」である。すなわち、「大乗的無」とは「有」の「否定」の働きを意味しており、そこでは「有」と「無」とは区別できない。したがって、「絶対有は絶対無であり、絶対無は絶対有である」のであり、「絶対者に於て有無の絶対的合一を考える如き場合の無が大乗的無である」という。「存在」を問題にするということは、同時にこうした「大乗的無」をも問題にするということである。つまり、「存在一般の根源的会得」である哲学は、より厳密にいうならば「存在及び非存在の根源的会得」でなければならないのである。

これは九鬼の持論といえるものであり、すでに論文「実存哲学」でも述べられていたし、『偶然性の問題』でも「絶対者が絶対有であると共に絶対無である」ということが強調されている。

〈人間学とは何か（抄）〉

この論文は一九三八（昭和十三）年十月に理想社から刊行された『人間学講座』に発表されたものである。当時、日本では「人間学」というものが流行したため、こうした本も企画されたのだと思われる。

省略した「一」では、まず人間学とは「人間の本質を明かにする学である」と定義され、それには、「哲学としての人間学」と「科学としての人間学」があるとされている。また狭義の「学」とはいえないが、「文芸」や「宗教」には多くの「人間知」が含まれているという。

「二」では、まずカントが「人間学」を二種類に分けていることを紹介する。それは、「自然が人間に何を作り出すかに関する探究」としての「生理学的人間学」と、「人間が自由に行為する存在者として、自己自身から何を作り出し、また作り出すことができ、且つ作り出すべきであるかに関する探究」としての「実用的人間学」である。それを受けて、さらに「人間学」の細目と取り扱いの方法について、幾人かの哲学者の「人間学」の例をあげて論じている。

収録した「三」以降では、九鬼自身の「人間学」が述べられている。九鬼は人間には三つの相があるとする。それは、「自然的人間」、「歴史的人間」、「形而上的人間」である。

人間はこれら三つの相の統一的融合においてあり、これらを統一的に把握しようとするのが哲学としての「人間学」であるとする。そして、三つの相を以下のように説明している。「自然的人間」の「人間学」は、「肉体と心との合一としての人間」を考察するものである。そこで主要な問題となるのは「情緒論」である。九鬼の哲学にとって「情緒論」は重要な位置を占めているが、それは九鬼が情緒というものを肉体と心とを結ぶかなめと考えていたからであることが理解できる。

次に「歴史的人間」の「人間学」は、「歴史の創造者としての人間」を考察するものである。そこでは「自由」ということが問題となる。九鬼は、人間を「実存」として捉え、その本質を「自由」と考えていたから、この「歴史的人間」の「人間学」は、九鬼の「人間学」全体の中核をなすものといえよう。この「歴史的人間」は、時間的構造をもっているとともに、社会的共同性をもっている。そこから「歴史的人間」は「言語人」「叡智人」「芸術人」「道徳人」「政治人」「宗教人」として特殊化されるという。

最後に、「形而上的人間」としての「人間学」は、「絶対者に接触する限りに於ける人間」を考察するものである。それは「絶対無限の域へ行く人間」を扱うものである。ただし、「絶対者」は単に時間と空間において無限を求めることによるだけでなく、「このもの」から出発し、「このもの」の原因を無限に尋ねていくことによっても明らかにすることができるという。それは、もはや原因をもたない「原始偶然」に至るということである。

『偶然性の問題』も最終的に「原始偶然」の議論に行き着くのであるが、それが九鬼なりの方法で「無限を求めること」であったことが、これによって理解できる。

この「原始偶然」に関して九鬼は、「永遠の今の自己限定とか、絶対無の自己限定とか、事実による事実自身の限定とかいう観念も、突詰めれば、原始偶然に対する種々の表現にほかならない」と述べている。「永遠の今の自己限定」、「絶対無の自己限定」、「事実による事実自身の限定」とはいずれも西田哲学の概念である。ここで九鬼は西田を意識し、自己の「偶然性」の哲学は、めざすところは西田哲学と変わりないものであることを強調していると思われる。

以上をまとめると、「自然的人間」はなぜ人間は生まれ死ぬのか、あるいは、なぜ自分は日本人として生まれたのかといったことを悩む存在であり、「歴史的人間」はなぜ真と善と美に憧れながら、偽と悪と醜のとりこであるのかと悩む存在であり、「形而上的人間」は「原始偶然」に直面して「驚き」の情に満たされる存在であるという。そして、「この謎を全面的に提出するのは形而上的人間である。謎を解こうとして絶えず悶えるのは歴史的人間である。謎に直面して身を顫わすのは自然的人間である」としている。

そして最後に「人間は神のような獣である」と結ばれているのが印象的である。それは、若い日から深い自己矛盾に苦しみ、「二元性」としての「偶然性」の哲学を展開した九鬼ならではの言葉といえよう。

Ⅶ　日本文化論

〈日本的性格〉

論文「日本的性格」は、一九三七（昭和十二）年二月に雑誌『思想』に発表されたものである。

ここで九鬼は、日本文化の性格を「自然」、「意気」、「諦念」という三つの要素からなるものとしてとらえている。この三要素は「いき」の「媚態」、「意気地」、「諦め」と似ているが、「媚態」に代わって「自然」が強調されている点が異なっている。

「自然」という考え方は、すでに『偶然性の問題』において論じられていた。そこでは、九鬼は「自然」というものを、西洋近代の「自由」の概念と対比させて語っている。普通「自由」というものは、因果的にも、目的的にも「必然」から解放されていることであると考えられる。しかし、特に西洋近代においては、因果的にも目的的にも「偶然」であることは、「自由」ではなく「恣意」とされる。西洋近代では、人間が真の「自由」を獲得する唯一の道は、みずからの意志によって、ある普遍的な原理原則としての目的的「必然」を選び取るところにあると考える。カントの場合には、自己の意志によって「道徳法則」を選び取ることが「自由」なのである。こうした西洋近代の考え方の背後にあるのは、「必然」的世界と「偶然」的世界とを明確に区別し、人間は自らの意志によって「必然」的世界を選び取ることができるのだという信念である。

こうした見方に対して、日本では因果的にも目的的にも「偶然」のままに生きることを「自然」とよんで決して否定的にはとらえない。日本において「自然」が「恣意」とみなされないのは、「偶然」にまかせて自在に生きることが、かえって大きな視野からみれば「必然」にかなった生き方になるという考え方があるからである。つまり日本では西洋のように「偶然」的世界と「必然」的世界とが明確に区別されずに、両者が融合しているのである。

九鬼は、論文「日本的性格」において、以上のような「自由」と「自然」をめぐっての日本と西洋の道徳観の違いを次のように述べている。

「日本の道徳の理想にはおのずからな自然ということが大きい意味を有っている。殊更らしいことを嫌っておのずからなところを尊ぶのである。自然なところまで行かなければ道徳が完成したとは見られない。その点が西洋とはかなり違っている。いったい西洋の観念形態では自然と自由とは屡々対立して考えられている。それに反して日本の実践体験では自然と自由とが融合相即して会得される傾向がある。自然におのずから迸り出るものが自由である。自由とは窮屈なさかしらの結果として生ずるものではない。天地の心のままにおのずから出て来たものが自由である。」

九鬼は、こうした「自然」について、賀茂真淵と本居宣長に即して説明している。真淵の説く、「天地のまにまに」、「天地の心のまにまに」、「天地に随て」といった思想は、九鬼によれば「自然のおのずからなこと」をいっているのだという。そして、こうした「自然」は単なる無秩序や混沌ではなく、規範や秩序としての「道」というものを備えているという。ただし、その「道」は「理窟」によっては決してとらえられない「おのずからな自然の道」であるというのだ。

こうした「自然」というものは、「意気」や「諦念」となって現れてくるという。真淵は「直き中に雄々しき心はあるなり」と述べているが、こうした雄々しき真心が「意気」である。つまり「自然」に生きる生き方が、力としての「意気」であるのだ。また宣長も親鸞も人智のさかしらを捨てて「自然」に随順することを説いているが、それが「諦念」である。「諦念」とは「自然」のおのずからなものへの諦めであり、「自然」を明らかに凝視することによって自己の無力が諦められるのである。

こうして、「意気」も「諦念」も「自然」を媒介にして一体化しているという。

「自然というおのずからな道は一方に於て生きる力の意気という動的な迫力と、他方に於て明かに明める諦念という静的な知見とを自己の中に措定しているということができるのである。」

武士道の死を顧みないという「意気」の裏面には、死をあっさり諦めているという「諦念」があるし、禅の「諦念」の心境は「思い切る」という形で「意気」を生み出していく。

以上の「自然」、「意気」、「諦念」の三契機は、九鬼によれば、神、儒、仏の三教にほぼ該当するという。つまり「自然」という日本古来の神道の「自然主義」の上に、「意気」という儒教（その日本的展開としての武士道）的な「理想主義」と「諦念」という仏教的な「非現実主義」という二つの外来思想が加わったものが日本の思想だというのである。

また、「自然」、「意気」、「諦念」の三契機は、日本古来の三種の神器や天皇の概念のなかにもすでに含まれているとしている。三種の神器に関していえば、「丸い和かな自然」が「玉」によって、「力としての意気」が「剣」によって、「物に動じないで静かに明かに物を映す心としての諦念」が「鏡」によってそれぞれ象徴されているという。また天皇も、もともとこれら三契機を合わせ持つものとされている。九鬼によれば「自然」とは「神的生命」をもった存在であり、それがシンボルとして顕現したものが「現御神」としての天皇であるというのである。

このようにみてくると、『「いき」の構造』の「媚態」の場合には自己と他者との「二元的」な緊張関係が根本に置かれていたのに対し、論文「日本的性格」の説く「自然」においては、すべての面で「一致融合」というものが強調されている。したがって、坂部恵（前掲書）は、「『「いき」の構造』にくらべて、疎隔の経験のなかで体験の統一を統一のままに見据えるいわば張りの強さにおいて数段劣る印象を与える」とし、その背景に、帰国後「周造の内面にはらまれた自文化と他文化の独立の二元の間の内的緊張、ないし真に開かれた文化多元主義の思考は、急速に失われ、むしろ閉鎖的な文化特殊主義ないし文化ナショナリズムへの傾きを強めて行った」ということがあると指摘している。ただし、九鬼は単純な自文化中心主義に立っているわけではない。この論文で彼は「日本主義」と「世界主義」との関係を次のように述べている。「日本主義」とは「日本人の国民的自覚に基いて日本独特の文化を強調して、自己の文化的生存権を高唱する立場」であり、「世界主義」とは「自国を価値の標準とするような独善的なことを考えないで自国以外の他の諸国の文化の特色や長所をもそれぞれ認め、その正当の権利を尊重して人類共存を意図する立場」である。九鬼はこの両者は決して矛盾するものではなく、むしろ相関的に成立するものであるとしている。世界的文化というものは各々の特殊的文化の総合の中に与えられるのであり、各国の文化の特殊性を発揮することによって世界全体の文化が進歩していくというのである。

いずれにせよ、この論文で論じられている「自然」の思想というものは、「偶然」と「必然」とをいかに統合するかという、それまでの九鬼の哲学が一貫して追求してきた問題に対する一つの結論であるということは否定できないであろう。

〈風流に関する一考察〉

この論文は一九三七（昭和十二）年四月の雑誌『俳句研究』に発表されたものである。日本の美意識である「風流」を、「離俗」、「耽美」、「自然」という三つの契機によって論じたものである。

九鬼によれば、「風流」の第一の契機は「離俗」である。「風流」とは、何よりも何らの束縛もない「風の流れ」を意味している。すなわち「風流」には、「世俗と断ち因習を脱し名利を離れて虚空を吹きまくるという気魄」がなくてはならない。九鬼は、この「離俗」を「風流」の「消極的方面」としての「道徳面」であるとしている。ここで「消極的」というのは、既存の習俗や倫理を破壊するということを意味している。

それに対して、「風流」の「積極的方面」としての「芸術面」が、第二の契機としての「耽美」である。ここで「積極的」というのは、新たな芸術を建設することを意味している。九鬼によれば、美的体験というものは絶対的で不変な側面と、個人や時代によって変化する側面をもっている。それが「不易」と「流行」である。ただし、「流行」はそのつど一定の定型となって結実する。それは、「蕉風」とか「千家流」といったように、「風」や「流」とよばれる。しかし、それは常に変革をも含んだものである。「風流」とは、このように定型化とその革新との両面をもっているのである。

以上の「離俗」と「耽美」とは循環をなしている。すなわち「風流には道徳的破壊的離俗性と芸術的建設的耽美性とが常に円環的に働いてい」るのである。それは、絶えず破壊する「離俗」による空白を埋めるように、「耽美」による芸術的建設が働くということであろう。

その際、「耽美」によって建設される美的世界とは、「自然」を基調としたものであるという。ここに「風流」の第三の要素として「自然」が登場する。「風流」においては、「自然」と芸術とは表裏一体となっているのである。

要するに「風流」とは、「風の流れ」のように「離俗」した自在人になるという道徳面における消極的破壊性を不可欠の条件とし、「自然」美を基調とした「耽美」的体験を、「風」や「流」という社会的形態において積極的に生きる人間実存のことであると九鬼はいう。

以上のように、「風流」論の中心にある概念は、論文「日本的性格」と同様に「自然」である。ただし、ここで扱っている「自然」とは人間の生き方としての「おのずから」の「自然」といったものではなく、花鳥風月としての「自然」である。また、論文「日本的性格」とは違って、流動性、破壊性といったものが強調されているといえよう。同じ年に相次いで書かれた、これら二つの論文の関係をどうみるかは興味深いテーマといえよう。九鬼によれば、以上のような「風流」が創造する美的価値の諸様相は三組の対立関係に還元される。一組は「華やかなもの」と「寂びたもの」である。これらは「対象に与えられる色合」としての美的価値の「質的規定」である。「風流」には、「華やかもの」が否定されて、漸次に「寂びたもの」に必然的に推移するという「漸進性」がみられるという。

次の一組は、「厳かなもの」と「可笑しいもの」である。「厳かなもの」とは重さをもった倫理的宗教的価値であり、「可笑しいもの」とは軽さをもった学問的知的価値である。後者は純粋な美的価値というよりも準美的価値である。両者は互いに他に急速に転化するという「交代性」をもっている。それによって「風流」は人生の悲喜劇を目撃することができるという。

最後の一組は「太いもの」と「細いもの」である。これらは「心と対象との間隔の量的関係」であり、美的価値の「量的規定」であるという。心を太くすれば対象を遠くから粗い輪郭でとらえることになり、心を細くすれば対象の細部にまで入っていくことになる。この場合は、どちらかを選択するしかなく、そこには「風流」な心の主観的決定が客観を固定させるという「不動性」がみられるという。

九鬼は、以上の六つの類型を六つの頂点とした「風流正八面体」なるものを作り、その表面あるいは内部に種々の美的価値を位置づけようとする。それによって、「しをり」、「位」、「まこと」、「もののあはれ」、「幽玄」、「優美」、「壮麗」、「侘び」などが説明される。

このように立方体の図形を作り、そのなかにさまざまな美的価値を位置づけるという手法は、すでに『「いき」の構造』にみられたものであり、九鬼の発想を理解する上で重要である。ただし、『「いき」の構造』では、対人関係における美意識が中心であったのに対して、この論文では自然美が中心をなしている。

〈情緒の系図〉

「情緒の系図」という論文は、一九三八（昭和十三）年五月に雑誌『中央公論』に発表されたものである。九鬼の哲学全体における情緒論の重要性については、論文「人間学とは何か」の解題で触れておいた。

九鬼は論文「情緒の系図」で和歌を手引きとして、四十三種類にも及ぶ情緒を分析しており、さながら情緒のマンダラを展開しているかのようである。ここでは、九鬼が日本的な情緒と考えていると思われるものを中心に取り上げてみたい。

九鬼にとって最も切実な情緒は「寂しさ」であろう。「寂しさ」は留学中の九鬼の歌に頻出している。九鬼によれば、「寂しさ」とは「欲」に伴う情緒である。「欲」は現実における対象の欠如に基づいており、この欠如に対する主観的感情が「寂しさ」であるという。人間は個体として存在する限り、存在の継続を求める「欲」と個体性の「寂しさ」とを根源的情緒としてもつとされる。

日本では、この「寂しさ」に「悲しさ」が加わった「侘しさ」というものも、しばしば強調されるとしている。ただし「寂しさ」や「侘しさ」は常に否定的な意味をもっているわけではない。日本では、「寂しさ」や「侘しさ」の欠如性そのものを楽しむまでに訓練した「寂び」や「侘び」という精神生活を高く評価する伝統があるということを九鬼は強調している。

さて、この「寂しさ」は九鬼によれば、一方で「自己肯定」において「愛」や「恋」の裏づけへと「集中」し、また他方「自己否定」において「哀れ」と「憐み」へと「放散」するという。

まず、九鬼が「自己肯定」的に他者へと「集中」する情緒と考える「愛」や「恋」についてみてみよう。「愛」という漢字を当てる大和言葉には、「はし」、「おし」、「かなし」などがある。「はし」とは「いとしい、可憐だ、したわしい」といった意味であり、「嬉しさ」という感情と結びついている。「嬉し」は「うるわし」から転じた言葉であり、その「うるわし」は「心（うら）―愛（は）し」からきた言葉であるとする。ある対象が我々に「嬉しさ」を起こさせるものであれば、その対象に対して我々は「愛」を感じるというのだ。しかし、「おし」は純粋な嬉しい感情ではなく、悲しい感情をも含み込んでいる。「おし」とは「惜しい」ということである。そこでは、「愛」は常に愛惜という形をとっている。「愛」は必ず愛するものの消滅を予見させるものである。それ故に「愛」は日本語では「かなし」でもあるのだ。

次に「恋」について考えてみよう。九鬼によれば、「恋」とは「愛」から派生した未来的感情である。「恋う」は「乞う」に通じていて（ただし、この説は今日の国語学では否定されている）、対象の欠如を未来において補充しようとする志向をもっている。対象の欠如を基礎としている以上、そこには常に「寂しい」という感情がひかえている。「恋しい」とは「一つの片割れが他の片割れを求めて全きものになろうとする感情」であり、「寂しい」とは「片割れが片割れとして自覚する感情」である。

以上のような「愛」や「恋」を、九鬼が「自己肯定」という言葉でくくっているのは、いうまでもなくプラトンの説く「エロス」を念頭においてのことであろう。しかし実際には、九鬼の説く「愛」や「恋」というものは、はかなさや有限性というものをも合わせもったものであり、単純な「自己肯定」ではないといえよう。

さて次に、「寂しさ」が「自己否定」において他者へと博愛的に「放散」する情緒である「哀れ」や「憐み」についてみてみよう。

九鬼によれば、「哀れ」とは自己の有限性に対する感情であり、「憐み」とは万物の有限性に対する感情であって、両者はともに有限性に対する情緒であるという。これらの感情は、表面的には悲しい、不快な感情であるが、しかし底では、あわれむ快感やあわれまれる快感が含まれており、快と不快とが混合した複雑な感情である。

この「憐み」は「労り」、「優しさ」と同じものでもある。「労り」とは愛する対象がさまざまな意味で自己より小さい場合に起こる感情であり、結局は「憐み」と同じものであるという。この「労り」という他者への客観的感情の裏面には「優しさ」という主観的感情がある。「優しさ」は「労り」の主観的側面であるが、労られるものもまた「優しさ」を主観性としてもっているのが普通である。

なお、主観的感情の「哀れ」と客観的感情の「憐み」とが一体となったとき「もののあはれ」という感情が生じるという。人間は、万物が有限性の極印を捺されていることに気付いた時、「憐み」の情は万物へ向って注がれる。またそれと同時に、この「憐み」によって万物が自己と一つに融け合ってくる。そうなると、万物は有限な他者であると同時に、有限な自己であることにもなる。そこから「もののあはれ」という感情が生まれてくるのである。「もののあはれ」はある意味で九鬼の情緒論を総括したものでもあろう。

以上のような「哀れ」や「憐み」というものを、九鬼が「自己否定」による「放散」という言葉で説明しているのは、明らかにキリスト教の「アガペー」を意識してのことである。しかし、「アガペー」というものが神という絶対者の無償の愛に基づくものであるのに対して、「哀れ」や「憐み」は人間が「自然」に随順し万物の有限性を自覚することによって生れるものである。

なお、本論文では余り強調されていないが、九鬼の哲学の中心テーマである「偶然性」に対応する情緒は「驚き」であるという。「驚き」は「偶然性に伴う存在論的感情」なのである。

さて、以上が九鬼の情緒論の概略であるが、ここには『「いき」の構造』にみられたような自他の緊張関係はみられない。いずれの情緒も何とか他者に手を差し出そうとする気持で貫かれている。それでも、自己と他者は遂に一体になることなく隔てられているのではあるが、人間というものが本質的にそうした有限性のもとにあることを自覚した時、自己は万物と通底するとも説かれている。晩年の九鬼が「自然」への随順というものを説き始めたとき、そこに現われた倫理とは、こうした自他の疎隔と統合の複雑な絡み合いの世界であったといえるのではないだろうか。

Ⅷ　文芸論

〈文学の形而上学〉

論文「文学の形而上学」は一九四〇（昭和十五）年十一月に発表され、翌年単行本『文芸論』（岩波書店）に収められた。

九鬼はこの論文で、詩というものの本質を時間性という点から分析している。詩とは「現在」において円熟完成したものとして「現在」的という性格をもつというのである。

九鬼によれば、学問というものは、現在の事象の原因を過去の内に探っていくものであるから、その時間的性格は「過去的」という点にある。また道徳というものは、未来において道徳的目標を達成しようとするものであるから、その時間的性格は「未来的」という点にある。それに対して、芸術一般の時間的性格は「現在的」という点にあるという。「芸術とは歴史が現在面で円熟し完成したものである。円熟の頂点に達し、完成の極に至ったものである。円熟完成した形で直観され制作され、またそれが直観され翫賞されるのである。芸術の小宇宙的構造ということが云われるが、芸術とは小宇宙として完結したものである。」

こうした芸術の中でも、絵画・彫刻・建築は「空間芸術」であり、音楽と文学とが「時間芸術」であるから、芸術の時間的性格を最もよく表現するのは、特に音楽と文学であることになる。

九鬼は、音楽や文学といった「時間芸術」を流れる時間を、ベルクソンの理論を借りて「質的時間」と考える。「質的時間」とは、随筆「回想のアンリ・ベルクソン」の解題で説明したように、異質性と相互侵徹とを特色とする「純粋持続」である。

詩を例にとると、音節を区切って五七調とか七五調とかにしてリズムをつけるのは、詩の時間を純粋な持続の緊張としての「質的時間」にしていくことである。また西洋の詩などにおいて、音に長短をつけたり、アクセントの強弱をつけたりすることなども詩の時間を「質的時間」にするものである。

そして九鬼によれば、詩の「質的時間」としての性格を最もよく表わすものが、韻であるという。なぜならば、韻というものは、音と音とが相互に浸透し合う「質的時間」のなかで成立するものだからである。

以上のように、音楽も文学も「質的時間」という点では共通しているが、しかし両者の間には、その上でさらに大きな相違があるという。

音楽の場合には、「質的時間」の持続は、音楽が音として知覚される時間、すなわち音楽が実際に充たしている時間だけの持続である。演奏時間が十分間の曲は、その十分間が時間的持続の全てである。それに対して文学は、単なる音ではなく、言語というものによって表現されるものであるため、そこに現実の時間を超えた観念的・想像的な時間が広がることになる。つまり文学の場合には、実際に文学が充たしている時間の外に、ある他の時間の持続を自己の中に内包することができる。音楽が音の知覚そのものとして時間的には「単層性」を示すのに対して、文学は言語によって観念的時間を産むことによって時間の「重層性」を構成するのである。十七音の俳句を読むには、現実の知覚的時間としては五、六秒しかかからないが、その中には一層大きな観念的時間の持続をもつことができる。

以上述べてきた文学の時間的本質を一言でいうと、「重層性をもった質的な現在」ということになる。そして、九鬼はそうした文学こそが、最も深い人間的な芸術であると説く。

「文学は時間の重層性によって生命ないし精神を形式内容の両面に亙って全的に表現し、従って人間のいのちとたましいを有りの儘に示す最も深い人間的な芸術であるということができるのである。」

さて、以上のように文学の本質は「重層性をもった質的な現在」という点にあるのであるが、しかし文学の中でもさらに細かくみていくと、ジャンルによって時間に関する重点の置き方が異なっている。

小説は過去に重点を置く。「過去」が起点になって未来に向って展開していく。それに対して戯曲は「未来」に重点を置く。人間の意志と行動とは未来を起点として発動する。それに対して、詩は「現在」を焦点としている。九鬼によれば、詩は「現在」の感動と直観とを端的に表現するものである。詩に表現される感情は押さえ切れないで「現在」の瞬間からほとばしり出てくるものである。

このように、詩は内容から見ても「現在」的なものであるが、さらに詩のさまざまな外形的な技術に関してみても、詩は「現在」的なものである。リズムとか韻とか行とか畳句とかいった詩の外形上の技術は、全て「現在」を繰り返すためのものである。これらの技術は、詩を同じ現在の場所に止まらせて足踏みをさせているようなものであり、詩を「永遠の現在」の無限な一瞬に集中させようとするものである。それ故に、詩という文学のもつ時間の「重層性」は、「現在」が永遠に繰り返す「永遠の今」を開示することになる。

すでにみたように、文学の本質は「重層性をもった質的な現在」というところにあるのであるが、その「重層性をもった質的な現在」が無限の繰り返しを含んだ「永遠の今」として顕現するのが詩なのである。

以上述べてきた詩の時間的特性というものは、明らかにポンティニー講演などで説いていた「回帰的時間」における「垂直的脱我」というものと共通している。この論文では詩における「垂直的脱我」の実現という一点に向って、全ての芸術が体系づけられているのである。現実の生においては不可能とも思えるそうした超越が、詩においては完璧に実現しうることを彼はここで説こうとしているのである。

〈日本詩の押韻（抄）〉

論文「日本詩の押韻」は、現代の日本の口語詩も韻をふむべきだということを主張したものである。

九鬼はかなり早い時期から押韻というものを問題にしていた。パリ留学中の一九二七（昭和二）年に「押韻に就いて」という論文を書き、『明星』に寄稿のため、与謝野寛、晶子のもとに送る。しかし、この論文は一九三〇（昭和五）年に雑誌『冬柏』に一部が掲載されただけで原稿は紛失している。その後一九三一（昭和六）年に岩波講座『日本文学』に「日本詩の押韻」という論文を、また同じ年に『大阪朝日新聞』にも同名の論文を発表している。そしてこの最後の論文に大幅な加筆訂正を加えたものが『文芸論』所収の「日本詩の押韻」である。この論文は『文芸論』の中の五編の論文の内でも九鬼が精根を傾けたものであり、彼が手がけた最後の力作といえる。

九鬼はこの論文の中で、まず詩というものを「形式」と「内容」とに分ける。詩の「内容」とは詩の中で歌われている、作者の感覚・感情・思想などである。それに対して詩の「形式」とは、内容を度外視した、「言語相互間の関係」のことである。この詩の「形式」というものには「律」と「韻」とがある。「律」とは「音数」のことであり、「韻」とは「音色」のことであり、いずれも「音」としての言語の問題である。

「律」や「韻」というものは、詩には必要ないという考え方もある。しかし、現代の日本詩がいかに豊富な内容を取り扱っても、はなはだしく魅力を欠いたものになっているのは「形式」が失われているからだと九鬼はいう。

ただし、現代の日本詩に七五調や五七調などの「律」を復活させることは困難であるから、問題は「韻」をどのように施すかということになる。日本語は元来押韻には適さない言葉ではないかという反対意見に対して、九鬼は次のような反駁を加えていく。

たとえば、昔から日本の詩歌には頭韻が顕著にみられる。また掛詞というものも、韻の応和が一音のなかに包摂されているものと考えることができる。また日本の詩歌には同語の反復が非常に多いが、この同語反復も韻の一種と考えられる。

また理論としても奈良朝では藤原濱成《ふじわらのはまなり》『歌経標式《かきょうひょうしき》』、平安朝では藤原清輔《ふじわらのきよすけ》『奥義抄』が、漢詩の影響のもとにではあるが、日本の詩歌における押韻の必要性を説いている。

また、そもそも日本語の構造からして日本語による押韻には無理があるという意見もある。日本語の仮名は、子音＋母音を一字で表す上に、漢字を用いることもあるため、韻を踏んでいるということが見た目にわかりにくい。日本語は子音と母音とが相半ばしており、韻を踏んでも余り音響的効果が期待できない。日本語には単語に十分なアクセントがないばかりでなく、詩の句尾は音声の低下する場所になっており、押韻は効果がない。日本語の場合には句尾にくる言葉が一部の助詞や助動詞に限られているため、脚韻を踏んでも「音の符合の偶然性」からくる詩韻の妙味に乏しい、といった理由である。

しかし、これらに対して九鬼は次のような反駁を加えている。韻というものは「文字」の問題ではなく、徹底的に「音」の問題であり、視覚の範囲に属する「文字」とは本質的に関係がない。日本詩は、西洋詩や中国詩ほど韻が強く響く必要はなく、微かな響きを楽しめばよい。倒置法によって体言を句尾に持ってきたりすれば、句尾が助詞助動詞に限定されない、といったものである。

さらに九鬼は、日本の詩歌という問題を離れて、押韻そのものの哲学的意味を論じている。

まず九鬼は押韻論において、言葉というものを徹底的に「音」の側面からみている。したがって、押韻が基本的には駄洒落と同じ遊戯であることを否定しない。

こうした「音」としての言葉に注目するということは、日本人が本来もっていた言語感覚に深く根差したものであるとする。すなわち、それは日本古来の言霊信仰を復活することであるというのだ。万葉時代に言霊信仰が成立した背景には、外来の「文字」文化への対抗心から、それまで「文字」をもたなかった大和言葉への自覚が生れたことがあったという。九鬼はラジオによる詩歌の朗読放送が盛んに行われるようになった事実を取り上げ、それによって「聴覚文明が既成の視覚文明の一角を破って、我々の生活に歌謡発生時代の原本性を再び取戻してくれた」と指摘している。

ただし、言葉の「音」としての側面は、もちろん日本語固有のものではなく、言語に普遍的なものである。したがって日本の詩に韻を踏ませることは、日本の詩に世界的な普遍性を与えることであり、それによって「初めて「言霊のさきはふ国」ということが、世界にむかって聊かの欺瞞なく云われ得るのである」という。

「韻」や「律」という形式を一切無視して、自らの内面を自由に歌おうとする「自由詩」というものは、「自己」の「感情の律動」という「主観的事実」を再現しているだけである。それに対して押韻詩は、個人の感情を超克したところに成立するものである。「現実に即して感情の主観に生きようとする自由詩と、現実の合理的超克に自由の詩境を求めようとする律格詩とは、詩の二つの行き方として永久に対蹠《たいしょ》するもの」なのである。押韻とは主体としての自己を歌うのではなく、「音」としての言葉に自らを同調させていくことなのである。広くいえば、押韻とは言葉の「意味」の根底にある「音」を顕現させることであり、「ロゴスがメロスとして目覚め」ることなのである。

また、「意味」としての言葉が同一性、九鬼の言葉でいえば「必然性」を表現するものであるとするならば、「音」としての言葉は、そうした同一性を絶えず攪乱する「偶然性」を表現するものといえよう。

事実、九鬼は押韻論が「偶然性」の哲学と深く関係するものであるとしている。彼によれば押韻というものは、より厳密にいえば、単なる「音」ではなく、「音」と「音」との出会いなのである。その意味で押韻というものの哲学的基礎は、二元の出会いとしての「偶然性」にあるといえる。押韻とは、「偶然性を音と音との目くばせ、言葉と言葉との行きずりとして詩の形式の中へ取入」れ、「生の鼓動を詩に象徴化」したものなのである。

ただし、押韻が形作る「偶然性」とは、同じ「音」と「音」との出会いによるものである。より正確にいえば同じ「音」の「繰り返し」である。その意味でいえば、押韻とは単なる「偶然性」というよりも、「必然性」と「偶然性」、同一性と差異性とのたわむれの世界といえよう。

さらにいえば、九鬼にとって押韻というものは単なる言葉の問題にとどまるものではなく、宇宙の実相を象徴するものとさえ考えられていた。詩のなかでの多様な「音」の中から、同じ「音」と「音」とが邂逅することによって、一つの「音」の「繰り返し」が生れ、そこに宇宙の「繰り返し」のリズムが顕現するというのである。九鬼は「浮世の恋の不思議な運命に前世で一体であった姿を想起しようとする形而上的要求に理解を有たない者は、押韻の本質を、その深みに於て、会得することは出来ないと云ってもよい」と述べているが、これは押韻における「音」と「音」との出会いのもつ形而上的意味を恋の出会いという比喩で語ったものであろう。

（田中久文）

解説

九鬼と現代

九鬼周造は、『「いき」の構造』の著者ということで一部の好事家に知られていたのみで、日本の哲学者のなかでもメジャーな存在とはいえなかった。しかし、一九八〇（昭和五十五）年に全集が岩波書店から刊行され、彼の仕事の全貌が明らかになると、その独創的な思索が次第に注目を集めるようになっていった。

ただし、九鬼への光の当て方は、時代によってさまざまに変遷してきた。バブル経済の時代には、日本の哲学者には珍しい思索の軽やかさが注目された。「ニイチェの明朗に帰れ、否、エピクロスの快活に帰れ」と説き、二元の自在な出会いと別れを楽しもうとする世界は当時の時代風潮に合っていた。

しかし、東日本大震災を契機に、九鬼の「運命」論の中心をなす「天災」に対する考え方が注目されるようになった。九鬼はフランスでの講演で、地震大国のなかで何度も震災を克服してきた日本人の生き方を紹介している。さらに、二〇二〇（令和二）年の新型コロナウィルスの世界的流行によって、九鬼の「天災」論は再び問題にされるに違いない。

さらに最近では、英米系の哲学で、幸運によって獲得した利益をどのように他者に再分配すべきかといった観点から、「運」というものが議論されるようになってきている。それを受けて、自己の運命と他者の運命が入れ替わっていてもおかしくないとする、「運命の分かち合い」ともいえる九鬼の発想を、格差社会の問題として解釈しようとする動きも起こっている。

また、結婚からも恋愛からも自由な男女関係を説いた「いき」の哲学は、結婚離れ、恋愛離れといわれる昨今の風潮のなかで再評価されている。

このように、時代の動きに応じて、さまざまな角度からなされてきた九鬼解釈は、彼の哲学の多面性と現代性を何よりも雄弁に物語るものであろう。

生い立ち

九鬼周造は一八八八（明治二十一）年、東京の芝に、父・隆一《りゅういち》、母・はつ（波津子・初子）の四男として生まれた。父・隆一は摂津三田《さんだ》藩の家老職の養子となった人物である。周造がしばしば武士道に言及するのは、そうした出自によるものであろう。隆一は維新後東京に出て文部省の官僚となり、省の実権を握るまでになる。その後、駐米特命全権公使、帝国博物館総長等の要職を歴任し、男爵にもなっている。美術行政にもたずさわり、フェノロサや当時部下であった岡倉天心を使って、日本の古美術の調査も行った。しかし、はつが天心とスキャンダルを起こしたため、別居ののちに離縁する。そのため、周造は幼少期を別居中の母と送ることになるが、そこに天心が時々訪れてきたという。九鬼の哲学は「同一性」が成り立たない分裂や対立に目をそそぐものであるが、そこにはそうした幼少期の事情が大きな影響を与えているのかもしれない。

一八九四（明治二十七）年、東京高等師範学校附属小学校に入学、さらに同中学校を経て、一九〇五（明治三十八）年、第一高等学校に入学する。その後、一九〇九（明治四十二）年、東京帝国大学文科大学哲学科に進む。大学ではケーベル博士に師事する。一九一二（明治四十五・大正元）年、大学を卒業し、引き続き大学院に籍を置く。

周造は学生時代に、後に日本を代表するカトリック神学者となる岩下壮一と親交をもち、彼自身も洗礼を受けることになる。ただし、その信仰がその後も続いたのかは不明である。

一九一八（大正七）年、九鬼は前年に死去した次兄一造の妻であった縫子と結婚する。しかし、この結婚は後に破局を迎えてしまう。

ベルクソンとの出会い

一九二一（大正十）年、九鬼はあしかけ九年近くに及ぶ西欧留学の途につく。まずドイツにわたり、新カント派のリッケルトに学ぶ。超越的な「価値」の哲学を説く新カント派の哲学は、日本の大正教養主義の理論的支柱でもあった。しかし、第一次世界大戦後、次第に凋落し、代わって生の哲学や実存主義が台頭してくる。

九鬼は、異国での解放感のなかで、自己の生を強く自覚するようになったこともあって、フランスに赴きベルクソンの哲学を学ぶようになる。九鬼にとってベルクソンの哲学は「天恵の慈雨」になったという。随筆「回想のアンリ・ベルクソン」には、九鬼がベルクソン宅を訪れたときの様子が感動を込めて書かれている。

しかし、やがて九鬼は生の本質を歓喜とするベルクソンの哲学とは異質なものが自己の内にあることに気づくようになっていく。彼は留学中に多くの詩歌を作っているが、それらは異国の女性との恋を題材にしたものが中心でありながら、その底には理性と情念との分裂による不安感やアイデンティティの崩壊への危機感が流れている。特に「寂しさ」という言葉が多用されているが、そこには他者との「同一性」が得られない彼の孤独感が反映している。

そうしたなかで、日本の遊里での男女関係を分析した『「いき」の構造』の原型となる論文「「いき」の本質」がパリで執筆される。日本の芸者の世界に、遊びと精神性との深い融合に基づく新たな男女関係の可能性をみようとしたことの背景には、花柳界の出身であった母の影響があるのかもしれない。またパリで書かれたということを考えれば、そこにパリと江戸、西洋と東洋との緊張関係をみることもできるであろう。

ハイデッガーの影響

ベルクソン哲学に満たされないものを感じた九鬼は、一九二七（昭和二）年にパリから再びドイツに戻り、今度は『存在と時間』を刊行したばかりのハイデッガーに師事することになる。ハイデッガーの著書『言葉についての対話』*Unterwegs zur Sprache* には、ハイデッガーの家を九鬼が度々訪問し親密に語り合った様子が述べられている。

これを機に、九鬼は日本で最初の「実存主義」の本格的な紹介者となる。「実存」という訳語も九鬼が初めて使ったものである。ただし、ハイデッガーが孤独な生き方こそ「本来的自己」の在り方とするのに対して、九鬼はあくまでも他者との「出会い」を基礎づける哲学を求めようとした。

ポンティニー講演

九鬼は留学からの帰国の途につく一九二八（昭和三）年、パリ近郊のポンティニーで二つのフランス語による講演を行う。一つは「時間の観念と東洋における時間の反復」La notion du temps et la reprise sur le temps en Orient と題する時間論であり、もう一つは「日本芸術における「無限」の表現」L'Expression de l'infini dans l'art japonais と題する芸術論である。

前者の講演では、まったく同一の「大宇宙年」が無限に繰り返されるという「回帰的時間」の考え方が展開されている。たとえばソクラテスは無限に回帰する「大宇宙年」のそれぞれのなかで、クサンティッペと無限に繰り返し結婚するというのだ。そこでは、現在の瞬間とまったく同じ瞬間が、過去・未来の無限の「大宇宙年」のなかにそれぞれ存在することになる。そう考えると、どの瞬間も「無限に深い厚さをもった瞬間」であり、その意味で各瞬間は、「永遠の現在」ともいえるという。ハイデッガーは日常の時間の構造を「脱自」Exstase とよんだが、それを「水平的脱自」とするならば、九鬼はこうした意味での「永遠の現在」を「垂直的脱自」とよぶ。

九鬼によれば、時間というものは人間の意志が生み出すものであるという。仏教は、意志そのものを否定することによって、こうした「輪廻」的な「回帰的時間」から解脱しようとする。それに対して日本の武士道は、意志を捨てずに雄々しく「輪廻」に立ち向かおうとするものだと九鬼はいう。すなわち、「無窮性のうちに無限性を、無際限のうちに無限を、終りなき継続のうちに永遠性を見出そう」とするのである。それは日常の「水平的脱自」を抜け出すことなく、そこに生きながら、瞬間毎に「垂直的脱自」を実現しようとするものである。

九鬼はこの講演の最後で、関東大震災の直後に地下鉄の再建を始めたというニュースを聞いたフランス人から、定期的に大地震がくる日本でなぜ地下鉄を建設するのかと質問されたというエピソードを紹介している。それに対して九鬼は、「新たな地震がまたもやこれを破壊するであろうが、しかり、我々はつねに新たに取りかかるであろう。我々が評価するのは意志そのもの、自己自身を完成せんとする意志なのである」と答えたという。

もう一つの講演は、こうした時間論を芸術論に応用したものである。九鬼によれば、日本の芸術の思想的背景にあるものは、仏教と老荘思想の説く「時間と空間からの解脱」に武士道の思想が加わった、「有限における無限の理想主義的表現」というものであるという。

「いき」の構造

一九二九(昭和四)年、九鬼は長い西欧留学から帰国する。この年、西田幾多郎の招きにより京都帝国大学文学部哲学科の講師に就任する。

翌一九三〇(昭和五)年、パリ滞在中に書いた論文「「いき」の本質」に手を加え、『「いき」の構造』として刊行する。両者は内容的には重なる部分が多いが、方法論としては前者がフッサールの現象学の「本質直観」の考え方を使っているのに対して、後者はハイデッガーの「解釈学的現象学」に拠っている。

九鬼によれば、「いき」という江戸の美意識の本質は、遊里における男女関係にあるという。それは男女が好意をもって近づきながらも(「媚態」)、相手にもたれかからずに相互に強いプライドをもち(「意気地」)、縁が尽きれば執着しない(「諦め」)という生き方を意味している。

九鬼は留学中に、いわゆる恋愛結婚イデオロギーの欺瞞性に気づいたという。「いき」な男女関係とは、結婚を前提としないのはもちろんのこと、「恋愛」とも異なるものだという。「恋の現実的必然性」は、暗い情熱によって人を縛りつけていく。それに対して「いき」は自他を縛るしめった情愛を切り捨てた「自由なる浮気心」であるというのだ。

「偶然性」の哲学

一九三一（昭和六）年、九鬼は父と母とを相次いで亡くす。その後妻との離婚、親友岩下壮一との死別など、晩年の九鬼にはさまざまな別れが絶えず襲いかかってくることになる。

そうしたなかで、一九三五（昭和十）年に主著となる『偶然性の問題』を刊行する。この書は、「偶然性」というものを哲学的に探究したものである。九鬼によれば、「必然性」が「同一性」を意味するのに対して、「偶然性」は「同一性」が成り立たない分裂・対立としての「二元性」を意味し、その根底にあるのは「無」であるという。

九鬼が「偶然性」の哲学においてめざしたものは、従来の硬直化した「同一性」の世界から手を切り、常に「偶然性」に対して身を開き、「偶然性」を含み込んだ自由でしなやかな生き方であった。具体的にいえば、他者と異なる個性（「定言的偶然」）を抱え込んだ人間が、しかし他者との偶然的な邂逅（「仮説的偶然」）を常に真摯に受けとめ、それを通して自己にたまたま与えられた「運命」（「離接的偶然」）を愛していくという生き方を意味している。

「定言的偶然」には、ハイデッガーから学んだ「実存」の哲学が反映している。また、「仮説的偶然」には、九鬼が私生活において何度も味わった出会いと別れの体験が影響しているといえよう。そして、「離接的偶然」には、「回帰的時間」や「運命愛」といった九鬼の形而上学が結晶している。

「自然」の思想

一九三七（昭和十二）年、九鬼は論文「日本的性格」を発表する。ここで九鬼は、日本文化の性格を「自然」、「意気」、「諦念」という三つの要素から成るものとしてとらえている。この三要素は「いき」の「媚態」、「意気地」、「諦め」と類似しているが、「媚態」に代わって「おのずから」としての「自然」が強調されている点が異なっている。

九鬼は日本的「自然」を、西洋近代の「自由」の概念と対比させて語っている。すなわち、「偶然性」のままに生きる「自然」と、倫理的「必然性」に従うという意味での西洋的「自由」とが、日本では対立的に捉えられることなく融合相即しているというのである。そこでは、「自然におのずから迸り出るものが自由」であるという。

こうした「自然」は、一方で「動的な迫力」としての「意気」と、「静的な知見」としての「諦念」というものを包み込んでいるとされる。たとえば、武士道の死を顧みないという「意気」の裏面には死をあっさり諦めているという「諦念」があるし、禅の「諦念」の心境は「思い切る」という形で「意気」を生み出している。

こうした論文「日本的性格」は、『「いき」の構造』に較べて、二元的緊張の弛緩や日本回帰の時代風潮がみられるという批判もある。しかし、そこにみられる「自然」の思想というものは、「偶然性」と「必然性」とを統合しようとした九鬼の哲学の一つの帰結であったといえよう。

詩論の意義

一九四〇(昭和十五)年、九鬼は洛外山科に新居を造営し、長年住み慣れた南禅寺草川町から移住する。新居は白木の数寄屋建築で、一木一草に至るまで九鬼の趣味によって貫かれたものであった。この新居で九鬼は芸術論の集大成として、論文集『文芸論』の完成をめざす。

そのなかの論文「文学の形而上学」では、詩というものの本質を時間性という点から分析している。詩とは現在において円熟完成したものとして「現在的」という性格をもつ。また詩の時間は「相互浸透」を特徴とする、ベルクソン的な「純粋持続」としての「質的時間」であり、また現実の時間と観念的時間との「重層性」をもった時間である。またリズム・韻・畳句といった技法は、すべて現在を繰り返すものであり、こうした詩の時間的特徴を外形上最もよく表わしたものである。以上をまとめると、詩の時間とは「重層性をもった質的な現在」が無限の繰り返しを含んだ「永遠の今」として顕現するものであるということになる。そこにはポンティニー講演で説かれていた「垂直的脱我」というものを、詩の世界にみようとする意志が感じられる。

同じく『文芸論』に収められた論文「日本詩の押韻」では、現代の日本の口語詩も「韻」をふむべきことが主張されている。「韻」とは「音」の繰り返しによる、「音」と「音」との偶然的出会いを実現させることである。そこでは詩的言語の本質が、「意味」としての言葉の底にある「音」としての言葉に求められている。

『文芸論』の完成に心血を注ぐなかで、九鬼は次第に健康を害するようになり、いまだ京都帝国大学教授在職中の一九四一（昭和十六）年五月六日ガンのために逝去し、京都の法然院に葬られた。享年五十三歳であった。

（田中久文）

九鬼周造年譜

西暦（年号）	年齢	事歴
一八八八年（明治二十一年）	〇歳	二月十五日、九鬼隆一の四男として東京市芝区に生まれる。
一八九四年（明治二十七年）	六歳	四月、東京高等師範学校附属小学校に入学。
一八九六年（明治二十九年）	八歳	父隆一、男爵位を授かる。
一九〇〇年（明治三十三年）	十二歳	四月、小学校卒業と同時に東京高等師範学校附属中学校に入学。
一九〇五年（明治三十八年）	十七歳	三月、中学校卒業。九月、第一高等学校に入学。
一九〇六年（明治三十九年）	十八歳	七月、「歴史」の及第点がとれず落第。天野貞祐、岩下壮一と親交を結ぶ。当時一高には谷崎潤一郎、和辻哲郎らがいた。
一九〇九年（明治四十二年）	二十一歳	七月、第一高等学校文科卒業。九月、東京帝国大学文科大学哲学科に入学し、ケーベル博士に師事する。
一九一一年（明治四十四年）	二十三歳	六月三日、東京神田聖フランシス・ザビエル教会で洗礼を受ける。
一九一二年（明治四十五年、大正元年）	二十四歳	七月、東京帝国大学卒業。卒業論文は「物心相互関係」に関するものであった。九月、東京帝国大学大学院に入学。成績優秀により特選給費生となる。

一九一三年（大正二年）	二十五歳	この年、大学院研究報告論文として「中世紀に於ける信仰理性問題の歴史的発展」（Die geschichtliche Entwicklung des Problems von Glauben und Wissen im Mittelalter）を提出。
一九一八年（大正七年）	三十歳	四月十七日、前年に亡くなった次兄一造の未亡人九鬼縫子と結婚。
一九二一年（大正十年）	三十三歳	七月、東京帝国大学大学院退学。十月十七日、ヨーロッパ留学に妻縫子と共に出発する。十一月末ニースに到着。
一九二二年（大正十一年）	三十四歳	十月からハイデルベルク大学に在籍。リッケルトに学ぶ。
一九二三年（大正十二年）	三十五歳	五月、ハイデルベルクで天野貞祐と会う。当時ハイデルベルクには、天野のほか三木清、阿部次郎、大内兵衛、成瀬無極、羽仁五郎らが留学していた。八月から九月にかけては、アルプス山麓で植物採集と標本作りに毎日を過ごす。十二月下旬、チューリッヒに移る。
一九二四年（大正十三年）	三十六歳	秋にパリに移る。
一九二五年（大正十四年）	三十七歳	十月、パリ大学文学部に在籍する。
一九二六年（大正十五年、昭和元年）	三十八歳	十二月、パリで「「いき」の本質」を書き上げる。この頃、ジャン＝ポール・サルトルが九鬼の家庭教師を

		した。
一九二七年（昭和二年）	三十九歳	「押韻について」を執筆（一九三〇年、その一部が『冬柏』に掲載される）。四月末、フライブルク大学に移り、フッサール現象学を学ぶ。フッサールの自宅において、ハイデッガーと会う。十一月、マールブルク大学に在籍。ハイデッガーの講義を聴講。
一九二八年（昭和三年）	四十歳	この時期夫人を連れてハイデッガー宅を訪れる。六月、再びパリに移る。八月十一、十七日にポンティニーにおいて二つの講演を行なう。秋頃、パリのベルクソン宅を訪れる。十二月、ヨーロッパ留学を終えて、アメリカ経由で帰途につく。
一九二九年（昭和四年）	四十一歳	一月二十九日、帰国。四月、京都帝国大学文学部哲学科講師に就任。十月二十七日、大谷大学において「偶然性」と題する講演を行なう。
一九三〇年（昭和五年）	四十二歳	一、二月、「「いき」の構造」を『思想』に発表。十一月、『「いき」の構造』を刊行。
一九三一年（昭和六年）	四十三歳	八月十八日、父隆一死去。享年七十九歳。十月、岩波講座『日本文学』に「日本詩の押韻」を発表。同十六、十七日、『大阪朝日新聞』に「日本詩の押韻」を発表。十一月二十日、母はつ死去。享年七十一歳。

一九三二年（昭和七年）	四十四歳	十一月九日、京都帝国大学に提出した学位論文「偶然性」により文学博士となる。
一九三三年（昭和八年）	四十五歳	三月、京都帝国大学助教授となる。また、「実存の哲学」を発表。
一九三四年（昭和九年）	四十六歳	七月十四日、随筆「根岸」を執筆。十月、「我が人生観」を発表。
一九三五年（昭和十年）	四十七歳	三月、京都帝国大学教授となり、哲学哲学史　第四講座を担当。十二月、『偶然性の問題』を刊行。
一九三六年（昭和十一年）	四十八歳	二月、「偶然の諸相」、「藍碧の岸の思い出」を発表。六月、「哲学私見」を発表。
一九三七年（昭和十二年）	四十九歳	二月、「日本的性格」を発表。四月、「風流に関する一考察」を発表。この年、随筆「岡倉覚三氏の思出」が書かれる。
一九三八年（昭和十三年）	五十歳	五月、「情緒の系図」を発表。十月、「人間学とは何か」を発表。
一九三九年（昭和十四年）	五十一歳	九月、『人間と実存』を刊行。
一九四〇年（昭和十五年）	五十二歳	四月、長年住んだ南禅寺草川町から洛外山科の新居に移る。十一月、「文学の形而上学」を発表。十二月三日、岩下壮一死去。享年五十一歳。
一九四一年（昭和十六年）	五十三歳	二月五日、「ベルクソンの思い出」を発表。三月、「回

想のアンリ・ベルクソン」を発表。四月、「岩下壮一君の思出」を発表。五月六日、午後十一時五十分逝去。享年五十三歳。六月二十二日、洛東鹿ケ谷法然院境内の墓に葬られる。九月、『文芸論』が刊行される。

本書は、ちくま学芸文庫オリジナルである。

新編 分裂病の現象学　木村敏

分裂病を人間存在の根底に内在する自己分裂に根差すものと捉え、現象学的病理学からその自己意識や時間体験に迫る、木村哲学の原型。（内海健）

近代日本思想選 西田幾多郎　小林敏明編

近代日本を代表する哲学者の重要論考を精選。理論的変遷を追跡できる形で全体像を提示する。『日本文化の問題』と未完の論考「生命」は文庫初収録。

ドイツ観念論とは何か　久保陽一

ドイツ観念論は「疾風怒濤」の時代を担った様々な思想家たちとの交流から生まれたものだった。その実情を探り、カント以後の形而上学の可能性を問う。

レヴィナスを読む　合田正人

アウシュヴィッツという異常な事態を経験した人間の運命と向き合う思想家レヴィナス。その眼差しを通し、他者・責任など時代の倫理を探る。

増補改訂 剣の精神誌　甲野善紀

千回を超す試合に一度も敗れなかった江戸中期の天才剣客真里谷円四郎。その剣技の成立過程に焦点を当て、日本の「武」の精神文化の深奥を探る。

増補 民族という虚構　小坂井敏晶

〈民族〉は、いかなる構造と機能を持つのか。血縁・文化連続性・記憶の再検証によって我々の常識を覆し、開かれた共同体概念の構築を試みた画期的論考。

増補 責任という虚構　小坂井敏晶

ホロコースト・死刑・冤罪の分析から現れる責任の論理構造とは何か。そして人間の根源的姿とは。補考「近代の原罪」を付した決定版。（尾崎一郎）

朱子学と陽明学　小島毅

近世儒教を代表し、東アジアの思想文化に多大な影響を与えた朱子学と陽明学。この二大流派の由来と実像に迫る。通俗的理解を一蹴する入門書決定版！

増補 靖国史観　小島毅

靖国神社の思想的根拠は、神道というよりも儒教にある！　幕末・維新の思想史をたどり近代史観の独善性を暴き出した快著の増補決定版。（與那覇潤）

ソフィストとは誰か？　納富信留

ソフィストは本当に詭弁家にすぎないか？　哲学成立とともに忘却された彼らの本質を精緻な文献読解により喝破し、哲学の意味を問い直す。（鷲田清一）

哲学の誕生　納富信留

哲学はどのように始まったのか。ソクラテスとは何者かをめぐる論争にその鍵はある。古代ギリシアにおける哲学誕生の現場をいま新たな視点で甦らせる。

ドゥルーズ　解けない問いを生きる〔増補新版〕　檜垣立哉

ドゥルーズの哲学は、いまという時代に何を問いかけるか。生命、テクノロジー、マイノリティといった主題を軸によみとく。好評入門書の増補完全版！

西洋哲学史　野田又夫

西洋を代表する約八十人の哲学者を紹介しつつ、哲学の基本的な考え方を解説。近世以降五百年の流れを一望のもとに描き出す名テキスト。（伊藤邦武）

ナショナリズム　橋川文三

日本ナショナリズムは第二次大戦という破局に至るほかなかったのか。維新前後の黎明期に立ち返り、その根源ともう一つの可能性を問う。（渡辺京二）

入門　近代日本思想史　濱田恂子

文明開化以来、日本は西洋と対峙しつつ独自の哲学思想をいかに育んできたのか。明治から二十世紀末まで、百三十年にわたる日本人の思索の歩みを辿る。

忠誠と反逆　丸山眞男

開国と国家建設の激動期における、自我と帰属集団への忠誠との相剋を描く表題作ほか、幕末・維新期をめぐる諸論考を集成。（川崎修）

気流の鳴る音　真木悠介

カスタネダの著書に描かれた異世界の論理に、人間ほんらいの生き方を探る。現代社会に抑圧された自我を、深部から解き放つ比較社会学的構想。

日本流　松岡正剛

日本文化に通底しているもの、失われつつあるものとは。唄、画、衣装、庭等を紹介しながら、多様で一途な「日本」を抽出する。（田中優子）

ちくま学芸文庫

近代《きんだい》日本《にほん》思想選《しそうせん》　九鬼《くき》周造《しゅうぞう》

二〇二〇年八月十日　第一刷発行

著　者　九鬼周造（くき・しゅうぞう）
編　者　田中久文（たなか・きゅうぶん）
発行者　喜入冬子
発行所　株式会社　筑摩書房
東京都台東区蔵前二―五―三　〒一一一―八七五五
電話番号　〇三―五六八七―二六〇一（代表）
装幀者　安野光雅
印刷所　株式会社精興社
製本所　株式会社積信堂

ISBN978-4-480-09982-2 C0110